STUDIA
HUMANITATIS
문명공동연구

STUDIA
HUMANITATIS
문명공동연구
10

제국, 문명의 거울

김능우 김수연 김 헌 남종국 박배형 박용진
박혜영 서정일 손현주 안재원 차지원 최진묵
지음

서울대학교출판문화원

STUDIA HUMANITATIS
문명공동연구
10

제국, 문명의 거울

초판 1쇄 인쇄 2018년 5월 10일
초판 1쇄 발행 2018년 5월 15일

지은이 김능우 김수연 김 헌 남종국 박배형 박용진 박혜영 서정일 손현주 안재원 차지원 최진묵
펴낸곳 서울대학교출판문화원
펴낸이 성낙인

출판등록 제15-3호

주소 08826 서울 관악구 관악로 1
대표전화 02-880-5252 | 팩스 02-888-4148
홍보마케팅팀(주문 상담) 02-889-4424, 02-880-7995
이메일 snubook@snu.ac.kr
홈페이지 www.snupress.com

ISBN 978-89-521-1966-7 94900
978-89-521-1575-1(세트)

이 저서는 2007년 정부(교육과학기술부)의 재원으로
한국연구재단의 지원을 받아 수행된 연구임(NRF-2007-361-AL0016).

❁ 들어가는 말

이 책은 "제국, 문명의 거울(Empire, the Mirror of Civilization)"이라는 제목으로 2015년과 2016년 두 차례에 걸쳐 개최되었던 심포지엄의 결과물이다. 그때 발표된 논문들이 청중들과 만나면서 이루어진 토의와 논쟁의 결과들이 새롭게 반영되었고, 심포지엄 이후 발표자들은 추가적으로 몇 차례 토론을 거쳐 전체 논의에 좀 더 짜임새 있는 모양을 만들어나갔다. 문명과 관련된 주제를 연구하는 학계 전문가에게 출판의 적절성을 물었고, 그들의 의견을 최대한 반영하면서 원고를 재차 다듬었다. 서울대출판문화원에 출판 신청을 하는 과정에서 지적된 사항들을 두고 토의를 거듭하여 책의 모양새를 더 다듬었다.

제국, 문명, 도시라는 주제들도 하나같이 쉽지 않지만, 다양한 시각과 관심, 연구방식을 가진 개성 강한 연구자들이 모여 단정한 모습의 책을 만드는 일이 얼마나 어려운가를 이 책의 저자 모두가 실감했다. 다양성을 최대한 존중하되, 통일성을 갖출 것. 전문성을 발휘하여 학문적으로 새로운 것을 추구하되, 독자들의 이해 수준을 고려하여 일반적인 지평을 확보할 것. 언뜻 보기에 조율하기 쉽지 않은 요구사항들을 구현하려면 여러 가지 묘안도 필요하지만, 무엇보다도 필자들 사이의 상호 이해가 중요하다. 지난한 과정을 어렵사리 지나면서 다듬은 결과, 지금 이 모습으로 독자들에게 내놓는다. 이 연구의 중요성에 공감하며, 여기에 묶인 글들이 드러내려는 쟁점이 우리가 살아가는 지금의 상황에 적절한 정보와 시각을 제공한다는 데에 동의하는 독자라면, 이후 우리 연구가 무엇을, 어떻게 해야 할지를 말해줄 수 있으리라 생각한다.

이 책은 큰 틀에서는 서울대학교 인문학연구원 HK문명연구사업단의 결실이다. 2007년 11월 1일에 시작된 이 연구사업은 이제 10년째를 맞이했다. 연구의 어젠다는 "문명의 허브를 향하여, 한국 인문학의 새로운 구상(Toward a Hub of Civilization: A New Vision of Humanities in Korea)"이다. 이 책은 그 공동연구 작업의 대표적인 성과물 가운데 하나다. 외부에서 참가한 공동연구자 2명을 포함하여 현재 총 13명의 연구자가 참여하고 있는 이 공동연구는 6년 동안 계속되어왔다.

사업을 구상하는 단계부터 모든 연구자에게 문제가 되었던 것은 어젠다의 출발점이자 목표점인 '문명(Civilization)'이었다. 누구나 다 아는 것 같은 친숙한 개념이지만, 정작 규명하려고 들면 너무나 포괄적이며, 사람마다 다른 관념을 가지고 사용하고 있기 때문에 그 의미가 다양하고 모호해 보였다. 그것을 연구의 어젠다로 내거는 순간부터 이 사업을 외부에서 바라보는 사람들은, 비관적이고 못마땅한 태도를 갖든 긍정적인 관심과 애정 어린 태도를 갖든, 이 어젠다가 어떤 구체적인 결과를 산출할 것인지를 정확하게 그려내지 못했다. 그 사정은 사업에 참여한 사람들에겐 더욱 절박한 문제였다. 어떻게 보면 지난 10년의 과정은 문명의 개념을 구체화하는 긴 여정이었다고 해도 지나친 말이 아니다.

"제국과 도시" 공동연구는 넓게 보면 그와 같은 막연한 상황 속에서 문명을 구체적으로 이해하고 연구 어젠다를 실현하기 위한 여러 가지 노력의 하나이면서 동시에 귀착점이기도 하다. 이 자리를 빌려 사업이 시작된 시점부터 1단계 사업의 마지막 해까지 사업단의 역사를 이 책이 나오기까지의 과정에 맞춰 간략하게 기술하고자 한다. 10년 동안의 사업을 마무리하고, 이를 바탕으로 후속 사업을 구상하며 추진하기 위해서는 꼭 필요한 일이기 때문이다.

사업 초기에 개시된 공동연구 가운데 하나는 '문명'의 개념을 명확하게 이해하자는 취지에서 시작된 '개념과 번역' 공동연구였다. 2007년부터 시작된 연구의 결과는 2008년 10월 10일 심포지엄을 통해 발표되었다. 청중들은 깊은 관심을 보이며 많은 조언과 질책을 쏟아냈다. 우리는 '문명'이라는 개념이 사람 수만큼이나 다양하게 사용되고 있다는 점에 새삼 놀랐고, 개념의 공통분모와 그 확장 가능성을 정교하게 다듬어야만 했다. 그 결과를 다듬고 논의하면서 『인물과 사상』에 11회(2008. 12~2009. 10)에 걸쳐 연재했고, 『문명 안으로: 문명 개념의 형성과 한자문화권의 번역과정』(한길사, 2011)이라는 제목으로 출간했다. 이 책은 문명의 서로 다른 두 얼굴, 특히 문명의 위험한 얼굴에 초점을 맞췄다. 18세기에 만들어진 'Civilization'이라는 개념이 서양인의 제국주의적 침략과 야욕을 포장하는 미사여구로 사용되었다는 것이다. 지금도 문명은 '세계화(globalization)'라는 이름으로 여전히 '서구화(occidentalization)'되는 현실 속에서 살아 있는 개념이라는 결론을 내놓았다.

개념의 탄생에서부터 번역에 이르는 과정을 두루 탐구한 첫 번째 공동연구의 뒤를 이은 주제는 '문명과 야만'의 역설이었다. 문명의 이름으로 행해지는 일들이 '문명'이라는 이름에 어울리기보다는 문명이 배제하고 폄하한 '야만'의 행태보다 더 야만스러웠던 점에 주목한 것이다. 문명은 안과 밖의 이질적인 요소를 동질화시키며 표준으로 행세하려는 경향이 강하다. 차이를 인정하며 평화로운 공존을 모색하기보다는 차이를 지우고 강자의 기준을 보편성으로 강요하려는 폭력성이 발휘된다는 것이다. 이 연구의 결과 역시 『인물과 사상』에 17회(2009. 9~2011. 1) 연재되었고, 『문명 밖으로: 주류 문명에 대한 저항 또는 거부』(한길사, 2011)라는 책으로 출간되었다. 이 책의 핵심은 서구 근대의 합리주의적 문명을 '비틀어보고' '거스르며' '벗어나려는' 다양한 시도를 살펴보는 것이었다. 이것은 문명에 대한 비판적 시각을 제공하고, 주류 문명에 저항했던 사상과 운동을 소개하는 한편, 문명과는 다른 삶을 설계했던 '반문명' 또는 '탈문명'의 움직임에 주목했다.

문명의 안과 밖을 살펴본 두 번의 공동연구와 두 권의 단행본이 본 사업단의 최초 결실이었다. 연구자들은 문명이 서구적인 것뿐만 아니라 서구 바깥에서도 다양한 모습으로 전개되어왔다는 인식에 이르렀고, 문명이 폄하한 야만은 그 자체가 하나의 문화요, 고유한 가치를 지닌 문명일 수도 있다는 결론에 이르렀다. 그러자 문명 개념에 대한 이해가 다각화되었고, 문명을 서구 근대의 특정한 것을 지칭하는 고유명사에서 시간과 공간을 넘나들며 두루 적용될 수 있는 일반명사로 받아들이게 되었다. 또한 문명은 하나가 다른 하나를 만나 싸우고, 승자가 강자를 강압적으로 지우는 방식으로만 성립된 것은 아니라는 역사적 사실들에 직면하게 되었다. 그렇게 해서 '문명의 교류와 충돌'이라는 연구팀이 구성되었다. 그 결과를 『신동아』에 16회(2011. 1~2012. 4) 연재한 후에 『문명의 교류와 충돌: 문명사의 열여섯 장면』(한길사, 2013)이라는 제목으로 출간했다.

'문명의 교류와 충돌'의 공동연구가 진행되는 동안, 문명탐사(2011. 7. 4~7. 12)도 이루어졌다. 목적지는 서양과 동양의 만남, 기독교와 이슬람의 연차적인 공존을 볼 수 있는, 한마디로 거대한 두 문명의 교류와 충돌을 가장 상징적으로 볼 수 있는 도시인 터키의 이스탄불을 비롯한 아나톨리아의 여러 도시들이었다. 답사와 공동연구의 결과는 또 다시 『신동아』에 16회(2012. 4~2013. 7) 연재되었고, "동서양의 접점: 이스탄불과 아나톨리아"라는 제목의 단행본으로 출간되었다.

또 하나 중요한 연구 주제는 도시였다. 왜냐하면 'Civilization'의 어원에는 '도시(civitas)'와 '시민(civis)'이 있기 때문이다. 도시는 부와 권력, 제도, 문화가 집중되며 성립되었고, 주변을 통제하는 구심점이며 팽창의 출발점이 되었다. 실제로 최초의 문명은 메소포타미아의 도시들에서 발생했고, 문명이 시작된 이래 세계 도처에서 도시화가 지속되었으며, 지금도 세계인구의 절반이 도시에 산다. 그야말로 "도시의 역사는 문명의 역사이며" "도시는 문명의 요람이자 삶의 공간이다." 이런 인식에서 도시에 관한 공동연구가 이루어졌는데, 주요 사상가들이 도시를 주제로 제시한 담론들을 검토하며 도시와 문명의 관계를 이해할 수 있는 통찰의 관점을 얻으려는 것이 가장 큰 목적이었다. 그 공동연구의 결과는 『사상가들, 도시와 문명을 말하다』(한길사, 2014)라는 번역모음집으로 출간되었다. 동서양의 주요 사상가들이 남긴 문헌을 통해 도시의 다양한 유형, 도시의 발전 양상과 그 과정에서 발생하는 문제점, 그 문제점을 견디지 못하고 몰락하는 도시의 모습, 그런 역사를 되돌아보며 이상적인 도시의 모습을 새롭게 상상하려는 시도를 광범위하게 검토하려는 노력의 결실이었다.

'제국과 도시'라는 제목을 내건 공동연구는 이와 같이 진행되어 온 HK문명연구사업단의 일련의 공동연구와 맥을 같이한다. 사업단 전체 연구 어젠다에 맞게 "문명의 허브를 향하여" 걸어온 연구의 행보가 문명에서 도시로, 도시에서 제국에 이른 것이다. 따라서 '제국과 도시'라는 공동연구팀은 문명 연구의 논리적 귀착점이라고도 할 수 있다. 앞서 본 것처럼 문명(civilization)의 뿌리에는 '도시(civitas)'가 있다. 도시는 문명을 이루면서 주변을 통제하는 구심점이며 팽창의 출발점이다. 그 확장의 정점에서 제국이 형성된다. 제국은 넓은 지역과 시대를 아우르는 문명을 이루면서 사람들의 삶을 지배했다. 그래서 제국은 "문명을 비추는 거울(mirror of civilization)"이며, 문명의 허브를 향하여 지난한 연구의 여정을 밟고 있는 연구자들에게 피할 수 없는, 반드시 정복해야만 하는 거대한 산과 같은 것이었다. 제국의 다양한 양상을 살펴보면서 제국이 무엇이며, 그것이 문명과 어떤 관계에 있는지, 도시는 문명과 제국 사이에서 어떤 역할을 했는지 묻게 되었다. 그리고 인간의 삶을 다루며, 인간은 무엇인가를 묻고 인간 본연의 모습을 회복하려는 인문학적인 관심에서 제국이 인문학에, 인문학이 제국에 어떤 영향을 끼치는지, 인간은 어떤 존재이기에 제국을 형성하며, 제국은 인간을 어떤 방식으로 규정하며 형성하는지를 물었다.

이런 문제의식에서 공동연구의 첫 번째 결실이 "제국, 문명의 거울 1"이라는 제목으로 열린 제23회 문명연구 심포지엄(2015. 6. 12)에서 발표되었다. 발표자들은 문학, 역사, 철학이라는 인문학적인 시각에서 제국을 해석하며 그 현재적인 의미를 추적했다. 특히 "문학, 역사, 철학, 이념 등 인문학의 중요 요소들이 특정 제국의 형성에 어떤 기여를 했는가?"라는 질문에 답하려고 했다. 또한 그 역으로 "제국은 인문학을 어떤 방식으로 구성하고 어떤 특성을 갖게 만들었는가?"라는 질문에도 답하려고 시도했다. 이와 같은 문제의식에서 제국의 역사적 경험이 부족한 우리 민족에게 결여된 인문학적 요소들을 찾아낼 수 있었다. 이를 이어 "제국, 문명의 거울 2"라는 제목으로 제24회 문명연구 심포지엄(2016. 4. 22)이 열렸다. 전반부는 제국의 형태를 완성한 로마가 주제였고, 후반부는 근대에서 현대로 시간의 흐름을 따라 제국의 몇 가지 양상을 포착하여 논쟁적인 주장을 내놓았다. 그 논의에도 일정 부분 로마의 그림자가 드리워 있기는 했지만, 그 그림자를 벗어나는 새로운 양상들이 주목할 만했다. 두 번에 걸친 '제국과 도시' 공동연구팀의 연속 심포지엄의 일부 연구 성과는 제9회 켈트 고전학 국제학술대회(The Celtic Conference in Classic, 더블린 대학, 2016. 6. 22~6. 25)에서 소개되었고, 발표된 논문 가운데 6편이 서울대 인문학연구원에서 발간하는 영문학술지 *Horizons*(vol. 7, no. 2, 2016)에 "Civilization and Cities: Too Many Romes?"라는 주제 아래 발표되었다.

이 책은 "제국, 문명의 거울"이라는 제목으로 개최된 1, 2차 심포지엄에 발표되었던 글을 묶은 것이다. 이 글들은 제국을 만드는 여러 요소와 이념 등의 개념적이고 관념적인 부분을 건드리는 것들과 구체적인 형태로 특정 공간과 시간에 구현된 여러 양상을 기술하고 분석하는 데 초점을 맞추고 있다.

광범위한 지역의 패권을 장악하고 장기간에 걸쳐 문화적·정치적·경제적인 주도권을 행사하던 권력 단위에 역사는 '제국'이라는 이름을 붙인다. '제국'은 해묵은 역사의 유물이 아니라, 현재를 진단하고 미래를 예측하며 생산적으로 구상하기 위한 인문학적 상상력의 보고(寶庫)다. 제국을 경험한 민족과 국가만이 현재의 세계화 흐름을 이끌어갈 전략을 짤 수 있다면, 제국에 대한 탐구가 없는 한 세계화의 흐름에 휩쓸리거나 주변에 머무를 수밖에 없을 것이다. 소련의 체제가 무너지고 중국이 부상하기 직전, 미국이 세계에서 가장 강력한 국가로 떠오르며 "팍스 아메리카나(Pax Americana)"의 시대를 열었을 때, 그들에게 붙여진 이름에서도, 그리고 그들이 스스로 롤모델로 삼으려 했던 것도 기원전 1세기에 성립한 로마 제국의 "팍스 로마나(Pax Romana)"였다. 영국의 식민지에서 출발한 미국이 일천한 역사에도 불구하고 세계의 패권국가로서의 위상을 가질 수 있었던 비결에는 제국을 경영한 역사적 사례들, 특히 로마를 철저히 연구한 데 있다. 그들은 제국에 대한 연구를 통해 자신들의 현재와 미래의 전략을 벤치마킹한 것이다.

정보화의 급속한 발전으로 세계가 하나의 권역으로 묶여가는 이른바 세계화의 시대를 이해하기 위해 핵심이 되는 키워드는 '제국'이다. 우리는 미국과 중국의 경쟁에서, 유럽연합의 프로젝트와 제3세계의 지역화에서 제국의 양상을 읽어낼 뿐만 아니라, 구글이나 페이스북, 아마존, 애플과 삼성 등의 글로벌 기업의 확장에서도 제국주의적 야심과 전략을 읽어낼 수 있다. 우리가 중국과 미국, 일본과 러시아 등 제국을 경험한 강대국의 역학관계 속에서 유효한 생존전략을 찾기 위해서는 제국의 속성과 생리, 허와 실을 명확하게 통찰하고 있어야 한다. 삼성, 현대, LG 등 글로벌 기업들의 활로도 실상 제국적인 마인드가 없이는 찾을 수 없을 것이다. 제국은 단순히 군사적인 확장이 아니다. 대규모의 공간 속에서 경제적인 생태계를 새롭게 창조하고 이질적인 요소들을 익숙하게 만들고 동질화시켜 나가는 문화적인 융합과 혼융의 전략에서 나오는 것이다. 우리는 이런 제국의 속성을 역사 속에서 찾아 현재의 문제를 타개해나갈 지침으로 삼아야 한다.

제국을 경험하고 여전히 위력을 떨치고 있는 강대국의 한가운데에서, 중국과 러시아라는 거대한 대륙 세력과 미국과 일본의 해양 세력이 충돌하는 교계지 한반도에서 5천 년의 역사를 꿋꿋이 견뎌온 우리 고유의 역사적 경험을 바탕으로 세계사의 주요 제국들과 그것들이 비추는 다양한 문명을 바라보는 우리의 시선과 통찰력은 세계 지성사에 어떤 기여를 할 수 있을까? 우리 인문학자들의 연구 결과가 우리가 직면한 사회적·정치적·역사적 문제를 해결하는 데에 어떤 힘을 줄 수 있을까? 한갓 문명의 도구가 아니라 문명의 중심인 인간이 인간 본연의 의미와 가치를 누릴 수 있는 삶과 사회와 역사를 구성하는 데에 우리의 연구가 어떤 역할을 할 수 있을까? 문명의 허브를 구축하고 한국 인문학을 새롭게 구상하려는 서울대학교 인문학연구원의 연구자들이 던지는 물음이다.

2018년 3월

저자들을 대표하여

김헌 씀

❁ 차례

I. 제국을 만드는 이념들

중국 고대 제국의 이념적 특성*

최진묵

1. 머리말

필자는 문명을 이해하는 다양한 요소 중에는 민족, 종교, 문화권(혹은 지역), 국가와 더불어 제국이 중요한 기준이 될 수 있다는 점을 개괄적으로 정리한 바 있다.[1] 이는 특이하게도 역사상 고대 문명이 고대 제국과 거의 동시에 출현했다는 사실에 주목하고, 역사시대 문명이 강권적인 제국 형태로 등장했다는 사실을 통해 문명사를 이해하는 데 제국을 필연적으로 검토해야 한다고 보았기 때문이다. 제국의 등장이 성곽도시에서 도시의 확대, 분업 및 전문화 등 도시의 사회팽창 결과, 이질적인 문화와의 교류와 융합의 결과이기도 하지만, 동질적인 국가의 통합에 의한 작은 국가의 확대 과정에서 제국이 등장한 또 다른 요인이기도 했다. 따라서 소규모의 국가는 내부의 사회팽창

---

* 이 글은 『인문논총』 제72권 제3호(서울대학교 인문학연구원, 2015년 8월)에 「고대 중국의 "제국"적 특성」이란 제목으로 게재된 필자의 논문을 수정·보완한 것이다.

1 Choi, Jin-mook (2014), "Understanding the Ancient Empire through Civilization Criteria," *Horizons* 5(1): 127-147.

과 외부의 정복 과정에 의해 자연스럽게 팽창하면서 제국으로 등장했지만, 제국의 정의 자체가 어려운 만큼 역사상 제국이라고 칭해지는 모든 국가를 일률적으로 단순하게 설명할 수 없다는 데 또한 문제가 있다. 특히 고대 중국의 제국화를 이러한 과정으로만 이해하는 것은 매우 어려운 일이다.

지금까지 일반적으로 고대 중국 역사 연구자들은 고대 중국을 특히 진한국가를 별 주저 없이 제국이라고 칭해왔고, 이에 이의를 제기하는 연구자도 많지 않았다. 대부분의 연구자들이 제국의 특징보다는 고대 중국의 역사상을 해명하는 데 더 관심을 가져왔기 때문이다. 그러나 필자는 세계사상 고대 제국이 형성되는 역사적 과정과 그 속성상에서 차이가 있다면, 중국 고대 국가의 '제국'적 특성을 재검토하고 제국의 개념이 무엇인지부터 출발하여 고대 중국이 과연 유기적 통일체로서의 제국이었는지, 제국이었다면 어떠한 형태와 성격의 제국이었는지에 관해 검토할 필요가 있다고 생각한다.

이른바 엠파이어(Empire)의 번역어로 등장하는 '제국'이라는 용어는 서양인이 먼저 사용했지만, 중국인이 공식적으로 사용하기 시작한 것은 1895년 마관조약[馬關條約, 일본에서는 시모노세키(下關)조약이라고 부름]부터라고 지적한다.[2] 마관조약 이후 청조는 대청제국(Great Qing Empire)이란 국호를 사용했지만, 그 이전 중국의 통일국

2 歐立德(Mark C. Elliott), 「傳統中國是一個帝國嗎?」, 『讀書』 2014.1.10. 저자는 이 글에서 중국을 제국으로 칭한 서구의 저술은 Martino Martini(1614~1661)의 *De Bello Tartarica Historia*(『韃靼戰紀』)가 처음이며, 여기에서 송 왕조 이후의 중국을 '제국'이라 칭하고 있다고 말한다. 또한 그의 1658년 출판된 *Magno Sinarum Imperio gestas complexa*(『중화대제국 전사』) 부제로 '중화제국'이란 용어를 사용하고 있음을 지적한다.

가들은 스스로를 단지 왕조명으로만 불렀다. 그럼에도 역사가들이 종종 고대 중국 국가들을 제국으로 칭해온 것은 번역어로서의 제국(Empire)과 그 속성에 관심을 두었다기보다는, 황제(皇帝)가 통치하는 나라로서의 제국(帝國), 즉 정치체제의 개념으로 사용했을 가능성이 큰 것 같다. 그러한 용례가 전통문헌에도 등장한다. 수대(隋代) 왕통(王通)의 『문중자(文中子)』에 "강한 나라는 병력으로 싸우고, 패권 국가는 지혜로 싸우며, 왕국은 의로움으로 다투고, 제국(帝國)은 덕으로 싸우며, 황국(皇國)은 무위로 싸운다"[3]라는 구절에서 제국은 황국과도 구분되지만, 왕국과 황국 사이에 위치하는 일종의 정치체제로서 제(帝)가 통치하는 나라라는 뜻이다.

이러한 측면에서 본다면 중국은 이미 진시황(秦始皇)이 육국을 통일하고 "왕 중의 왕"이라는 의미에서 황제라는 호칭을 창안하였고, 이 명칭은 청조 말기까지 지속적으로 사용해왔기 때문에 통일 중국을 제국이라고 부르는 것은 결코 어색한 일은 아니다. 다만 고대 중국을 제국이라 부르고 번역어로서 제국(Empire)의 의미를 부여하고자 한다면, 현대 학자들이 종종 제국을 종주국이 다른 국가와 지배피지배관계를 맺는 일이라고 정의하거나,[4] 다른 민족을 정복과 통제를 통해 착취하는 체제라고 보는[5] 등의 일종의 제국의 속성이 과연 고대 중국에 나타나고 있는가를 먼저 검토해야 할 것이다.

---

3 『文中子中說』(四部叢刊初篇) 卷5, 問易篇, "强國戰兵 霸國戰智 王國戰義 帝國戰德 皇國戰無爲."

4 David Abemethy (2000), *The Dynamics of Global Dominance*, New Haven and London: Yale University Press, 2000, p. 20.

5 John Starchey (1959), *The End of Empire*, London: Victor Gollanz, p. 319.

이 글은 바로 이러한 점에 문제의식을 두고 황제의 나라로서의 제국(帝國)을 번역어로서의 제국(Empire)으로 바꿔 부를 수 있는지의 문제를 고대 중국의 이념적 측면에서 고찰해보고자 한다. 즉 고대 중국이 이상적 지향점으로써 어떠한 국가를 목표로 하고 있었는가를 연구의 출발점으로 삼고, 이를 토대로 황제와 관료를 포함하는 통치자나 일반 민 등 피통치자들이 갖고 있었던 구성원으로서의 제국 인식의 문제, 즉 중국이나 혹은 천하에의 복속이나 귀속감 혹은 문화적 동일의식 등 천하관의 문제를 검토하고, 나아가 이러한 천하를 이념적으로 통합했던 유교의 가치관이 어떻게 확대 변화했는지 살펴보았다.

유교 이념의 확장성은 곧 부모에 순종하는 효의 관념이 가족윤리를 넘어 사회와 국가에 대한 복종을 의미하는 충의 관념으로 어떻게 확대되어갔는가의 문제와 천과 상제의 대리자로서의 상징성을 갖는 군주의 신하에 대한 절대적 권리가 부자윤리와 충돌하거나 모순되는 상황이 발생할 경우 이를 어떻게 처리해갔는가의 문제 등, 소국가에서 통일대국으로 확장할 때의 이념적 정착과정을 고찰해보고자 했다. 이 과정에서 고대 중국이 갖고 있었던 왕조를 넘어선 '제국'으로서의 특성을 평가할 수 있을 것으로 생각한다.

2. 소국과민(小國寡民)과 대일통(大一統)

주지하다시피 부족과 종족 단계를 넘어 하나의 국가가 형성되고, 또한 그 국가들을 통합하는 또 다른 거대한 중앙집권국가(혹은 대국 혹은 제국)가 등장하는 시기, 어떠한 형태의 국가를 건설하고, 그 국가의 이상형을 어떻게 구축할 것인가 논의하는 것은 자연스러운 일이다. 서주(西周) 이래 동성제후를 분봉하여 각기 독립적인 영역과 조세 및 행정에서 자율적인 권한을 가진 제후국(諸侯國)은 통치의 이상적인 한 단위였다. 이 시기 제후국은 사방으로 나뉘어 사국으로 칭해졌고, 천자가 거주하는 도읍은 여러 국의 중심으로서의 중국(middle kingdom)이라고 불렀다. 국(國)은 종족 내지 가족 공동체로서의 가(家)와 어울려 가국일체 혹은 국가체제를 형성하는 한 기준이었지만, 아직 여전히 천하(天下)를 하나의 공동체로 여기고 일국(一國)에 일가(一家)가 존재한다는 이른바 제국적 의식을 반영하는 천하일가(天下一家)의 관념이 형성된 상태는 아니었다. 그러나 점차 천자나 천명 등 천하를 아우르는 명칭과 이에 상응하는 장치로서 천자로서의 위상을 보증하는 정삭(正朔), 봉선(封禪), 명당(明堂), 조공(朝貢) 제도 등이 구비되었다. 현실은 언제나 천자가 온 천하를 다스릴 수 없었지만 천자가 다스리는 당위적 · 이념적 영역으로서의 천하관이 형성되면서 천하가 곧 일가라는 관념의 소산인 한가(漢家), 한천하(漢天下)라는 용어도 등장했다. 중국이 곧 천하고 천하가 곧 중국이 되어 서로 동일시되었던 것도 이러한 천하관이 형성되면서부터였다.

천자의 명칭에 걸맞게 천하의 모든 영역을 모두 다스려야 했던 중국은 천자는 제후 지위의 고하나 자신과의 친소관계를 중심으로 동심원이 권차적(圈次的)으로 확대되는 오복(五服)과 구복(九服)의 세계관[6]을 만들어냈다. 이러한 관념에 따르면 천하는 구주(九州), 중국

6 5服(甸, 侯, 綏, 要, 荒服)과 9服(侯, 甸, 男, 采, 衛, 蠻, 夷, 鎮, 藩服)에서 服은 복종한다는 의미로 사방 5백 리 혹은 1천 리마다 확대되는 이념적 공간 구분을 만들고, 이 공간에

으로 구분되는 전통적인 영역 관념을 의미했다. 이 영역에 거주하는 천하인들은 민족적 구분에 따라 중국의 제하(諸夏)와 이적(夷狄)으로 구분했지만, 실질적 지배 대상으로서의 편호제민(編戶齊民)을 실효적으로 지배하는 국가 영역이 존재했고, 이러한 유형의 국가를 천하형 국가라고 부르거나,[7] 중화 영역에 이적을 포함하여 중화적 세계제국(中華的 世界帝國)으로 부르는 경우도 있다.[8] 제국이라고 하더라도 도시국가에서 전국 시기 지역국가를 거쳐 통일제국으로 단계적으로 확대되었다고 보는 관점도 있다.[9] 어떤 명칭을 사용하든 '제국(Empire)'의 특성을 반영하는 것은 틀림없다.

그러나 이러한 '제국'을 형성시킨 초기 왕조국가는 반드시 확장적 형태의 천하국가만을 지향한 것은 아니었다. 일찍이 노자(老子)는 가장 이상적인 국가의 전형을 다음과 같이 언급한 바 있다.

> 나라는 작게 여기고 백성은 적게 여긴다. 열 사람 백 사람을 감당하는 인재가 있더라도 쓰이지 않게 하며 백성이 죽음을 중히 여겨 집을 멀리 옮기려 하지 않는다. 수레나 배가 있다 하더라도 타지 않고, 갑옷과 무기가 있더라도 벌려놓지 않으며, 백성들이 다시 새끼를 묶어 사용하도록 한다. 자기가 먹는 것은 달게 여기고, 입는 것은 아름답게 여기며, 사는 곳을 편안히 여기고 풍속을 즐거워한다. 이웃나라

거주하는 모든 민이 서주의 천자에 복종한다는 것으로 서주 시기 관념적인 천하관의 한 전형이다.

7 渡邊信一郎(2003),『中国古代の王権と天下秩序』, 校倉書房, p. 69.

8 堀敏一(1993),『中国と古代東アジア世界: 中華的世界と諸民族』, 岩波書店.

9 鶴間和幸(2013),『秦帝国の形成と地域』, 汲古書院, p. 542.

> 와 서로 마주볼 수 있는 정도고, 닭과 개 짖는 소리가 서로 들릴 정도라도 백성들은 늙어 죽을 때까지 서로 왕래하지 않는다.[10]

『노자』의 이 구절은 전래문헌과 출토문헌인 백서『노자』(帛書老子) 사이에 문자 등에서 다소 차이가 있고,[11] 해석에서도 이상사회를 말한 것이 아닌 일종의 통치술을 말한 것이라는 등의 이론(異論)이 있다.[12] 사실『노자』에는 "큰 나라를 다스리기를 작은 생선 굽듯이 한다"[13]는 표현이 등장하는 것을 보면, 노자가 대국의 통치방법에 관심을 가진 것은 사실이다. 따라서 이 "소국과민(小國寡民)"도 대국을 작은 나라나 백성이 적은 상태로 여기고 통치해야 한다는 의미로 보는 것도 무리는 없어 보인다. 다만 한대 이래 많은 문헌에서 이 구절을 이상사회를 말하는 관점으로 이해해왔고, 이 전통적 해석이 현재까지도 정설로 지지받는 점을 고려하면 소국을 이상적인 사회로 보는 노자의 관점이 반영된 것으로 보는 것은 여전히 타당하다.

그러나 노자의 이러한 언급은 문명에 대한 극단적인 혐오와 비판이 들어 있고, 인위와 문명의 성취에 대한 부정적인 태도가 논란이

10 『道德經』 80章, "小國寡人, 使有什伯之器而不用, 使人重死而不遠徙. 雖有舟轝, 無所乘之; 雖有甲兵, 無所陳之. 使民復結繩而用之. 甘其食, 美其服, 安其居, 樂其俗, 鄰國相望, 雞狗之聲相聞, 民至老死, 不相往來."

11 이 글의 쟁점이 되는 "小國寡民" 구절이 전래문헌 및 백서을본(帛書乙本) 『노자(老子)』(北京大學簡) 43장(章)에서는 그대로 출현하지만, 백서갑본(帛書甲本) 『노자』는 "小邦寡民"으로 되어 있는데, "國"이 한고조 유방(劉邦)의 "邦"자를 피휘한 것으로 본다면, 백서갑본 『노자』의 연대가 가장 빠르다는 사실을 반영한다.

12 袁青(2014), 「老子"小國寡民"新論」, 『哲學硏究』 4月, p. 125.

13 『道德經』 60章, "治大國若烹小鮮."

되어 "문명을 부정한 낙원"이라고 지적하기도 하고,[14] 문명에 오염되지 않은 자연상태로 회귀하는 장자(莊子)가 말하는 "지덕지세(至德之世)"와 같은 의미로 이해하기도 한다. 욕심이 본성을 잃게 하는 문명의 현실에 대한 강한 부정이 내포되어 있는 것이다. 다만 인간의 정치적 공동체의 가장 이상적인 범위를 "닭이 울고 개가 짖는 소리가 들리는" 물리적 공간, 즉 대국과 대비되는 소국으로 설정했다는 점에 그 의미가 적지 않다. 그렇더라도 "이웃나라와 서로 마주본다"든지 "닭과 개 짖는 소리가 들리는" 지리적 범위는 과도한 문학적 과장일 가능성이 있고 역사적 사실이라기보다는 태고사회에 대한 환상이나 기대일 수 있다. 따라서 사마천(司馬遷)도 이러한 노자의 이상이 실현될 수 없음을 일찍이 설파했고,[15] 구성원이 적은 공동체라도 내부의 갈등과 모순이 없을 것으로 보는 것은 극히 낭만적인 태도이므로 과연 소국 상태가 이상적인 국가인가에 대해서는 의문이 없을 수 없다. 그러나 여기에서 말하는 소국이 단순한 지리적 범위가 아니라 생활 속에서 인정이나 민심이 소통되는 지역이라는 의미로 받아들인다면, 전쟁과 혼란이 거듭되는 춘추시대의 일종의 피난처로서의 종족단위의 소규모 집단 정도로 이해할 수도 있을 것이다.

이러한 공동체의 경우 인간사회가 추구하는 자급자족과 평등 및 개인의 개성이 국가에 의해 억압당하지 않는 자유가 실현되는 사회가 형성될 수 있다는 점은 분명하다. 인간관계 역시 타인의 재산과

---

14 李成珪(2008), 「문명과 낙원, 유토피아」, 서울대학교 인문학연구원 HK문명연구사업단, 제2회 문명포럼 "Paradeisos: 문명과 이상향" 발표문, 11월 7일, pp. 2-4.

15 『史記』 卷129, 貨殖列傳.

이익을 침해하지 않고 개인의 욕망을 만족시킬 수 있는 자연상태의 완미한 인간낙원이 형성될 수도 있을 것이다. 그러나 '소국과민'식의 국가는 현실에서 형성된 것 같지 않고 춘추전국 시기, 적어도 개인의 생명과 가치를 존중하는 선에서의 각 제후국 간의 공존을 추구하는 관념도 형성되었다. "정강이 털 한 가닥을 뽑아 천하를 이롭게 한다고 해도 하지 않겠다"[16]는 양주(楊朱)의 보신 및 이기주의적 발상은 매우 극단적이기는 하지만, "당신에게 천하를 주는 대신 당신을 죽인다면 당신은 그것을 하겠는가"[17]라며 개인의 생명과 천하를 대비시킨 묵자(墨子)의 발상도 각기의 생활을 자신의 영역 내로 한정시키며 상대방에 대한 공벌이나 전쟁에 반대하는 현상유지 내지는 공존 논리의 일환이다. 현실에 존재하는 천하의 크고 작은 모든 국가가 궁극적으로 천의 읍에 해당되어 동등한 존재가치를 갖는다는 주장이[18] 등장한 것도 바로 이 때문이다. 물론 이러한 주장은 상대에 대한 간섭을 배제하고 자존의 가능성을 타진한 것은 사실이지만, 이는 다만 논리적일 뿐 현실에서 얼마나 영향력을 행사했는지에 관해서는 다소 회의적이라고 보는 것이 타당할 것이다.

그러나 한(漢)왕조 초기 실제로 소국과민이나 자유방임식의 국가운영이 시도되었던 것도 사실이다. 황노술(黃老術)의 유행과 황노정치의 실행은 바로 이러한 관념의 현실정치에서의 실현이었다. 청정무위(淸淨無爲)와 여민휴식(與民休息)이라는 구호를 내건 황노술은 두

16 『孟子』 盡心下, "不以天下大利 易其脛一毛."

17 『墨子』 貴義篇.

18 『墨子』 法儀篇, "今天下無大小國 皆天之邑 人無幼長貴賤 皆天之臣."

태후(竇太后)의 지지하에 현실정치에서 한때 큰 영향력을 행사했는데, 자유방임과 사회안정을 목표로 하여 부세(賦稅)와 형벌을 감면하고 농경을 장려하며 절검을 제창하여 일시 '문경지치(文景之治)'라는 성공을 거두었다. 그러나 최소의 조치로서 최대의 효과를 얻고자 했던 황노정치도 지방정부의 반란과 내부의 정치투쟁으로 종언을 고한다. 현실정치에서 이상의 실현은 불가능함이 증명된 것이다. 자연에 순응한다는 원칙이 오히려 전제 통치권력을 위협하는 상황에서 진(秦)의 단명에서 교훈을 얻은 한의 통치자들에게 이 이념은 포기할 수밖에 없었다.

봉건의 이상이 포기되고 군현에 의한 직접 지배를 기치로 내건 한무제(漢武帝)의 중앙집권정치가 등장한 상황도 이와 연관 있지만, 이러한 무제의 현실정치를 이념적으로 뒷받침한 것은 역시 대일통(大一統)의 사상이었다. 진한 시대는 일반적으로 중국 전체가 하나의 '제국(Empire)'으로 통일되어 이후 중국의 원형(prototype)으로 자리 잡았다고 보는 시기다. 물론 이 시기 고대 중국인이 스스로 자신을 '제국'이라고 칭하지 않았지만, 후세 역사가들이 칭하는 제국의 특징을 내포하고 있었고, 왕조 자체의 기능 역시 제국으로 규정지을 수 있는 가능성이 충분했다면 그것의 대표적인 증거는 대일통 관념의 형성일 것이다. 다음 글을 주목해보자.

> 어찌하여 왕의 정월이라고 말했는가? 하나로 통일된 상태를 존중했기 때문이다.[19]

---

19 『春秋公羊傳』隱公 元年條, "何言乎王正月, 大一統也."

『춘추』는 편년체로 된 역사서로, 시간 순으로 역사사건을 서술할 경우 시간의 기준을 어떻게 설정할 것인가의 문제가 필연적으로 대두될 수밖에 없었다. 『춘추』는 이 점을 일통(一統)의 강조를 통해 해결하고자 했다. 『춘추』는 시간서술상에서 단순히 연월일만 기재한 것이 아니라 "모공 모년 춘왕정월(某公 某年 春王正月)" 형식으로 연과 월 사이에 사계절과 왕이란 글자를 포함하였다. "춘정월" "하사월" "추칠월" "동시월" 등이 이런 형식인데, 여기에 또 "왕(王)"자를 집어넣은 것은 왕의 정통이 하나로 계승되는 사회를 이상적인 국가로 설정했기 때문이다. 안사고(顔師古)가 위 글에 주석한 대로 일통이란 "만물의 갖는 통이 하나로 귀속됨"을 의미하였다. 여기에는 동일한 혈연과 동질적인 문화를 갖는 국가 간의 통합과 일통체제의 구축을 통해 거대한 하나의 정치공동체, 즉 대국을 지향하는 관념이 내포되어 있다. 이것은 현실적으로는 춘추전국의 오랜 전쟁과 희생을 통해 얻어진 역사 경험의 소산이었을 것이다. 일찍이 맹자가 양혜왕(梁惠王)과 제후 간의 분규를 어떻게 해결하고 안정할 수 있는가의 문제로 대화할 때 "하나로 정해져야 한다(定于一)"[20]라고 대답했던 것은 천하 모든 국가의 정치상의 통일과 황제식의 최고 권력의 형성을 염두에 둔 것이 분명하다. 『여씨춘추』 같은 잡가류의 저작이 등장한 것도 다양한 사상적 분파를 하나로 융합하려는 시대적 노력의 일환이었겠지만,[21] "수장이 제대로 다스릴 수 없게 되자 군주를 세웠다. 군주 역시 제대로 다스릴 수 없게 되자 천자를 세웠다. 천자의 등장도 군주

---

20 『孟子』 梁惠王上.

21 洪佳景 · 李咏吟(2014), 「從"一"與"裂"之爭看"內聖外王"」, 『廈門大學學報』 3期, p. 88.

들 사이에서 나온 것이고 군주의 등장도 수장들 사이에서 나온 것이다"[22]는 언급은 현실적으로 천하의 분란을 극복하고 안정시킬 수 있는 유일한 방법은 절대적 지배자로서의 천자의 등장이라는 사실을 지적한 것이다. 곧 하나로 통일된 국가의 등장이 불가피하다는 관념을 반영하고 있다.

그러나 이러한 일통국가의 유지는 곧 부족이나 종족 연맹체를 벗어나 중앙집권화된 대국을 행정적 · 제도적으로 어떻게 통합해나가야 할 것인가의 통치방법의 문제와 연관될 수밖에 없었다. 군현제나 관료제 등의 다양한 중앙집권정책이 모색된 것은 바로 이 때문이지만, 황제를 중심으로 한 각종 예제나 제사제도 등의 구축도 이러한 대국, 즉 제국(Empire)으로 길을 여는 한 방편이었다. 일통을 유지하고 존중해야 한다는 관념에 의해 한무제 이후 『춘추』라는 역사책을 중심으로 하는 유교적 이념의 정착과정은 이 일통 관념의 승리과정이었고, '일통'은 이후 중국을 하나의 제국으로 인식하게 만드는 중요한 이념적 토대였다.

3. 제국 의식의 형성

이러한 중앙집권적 고대왕조가 후대 역사가들이 말하는 통일된 유기체로서의 제국의 기능을 수행하고 있었는가의 문제는 제국의식의 측

---

22 『呂氏春秋』(정하현 옮김, 소명출판, 2011) 孟秋紀 「蕩兵」, p. 182. "長則猶不足治之, 故立君, 君又不足以治之, 故立天子. 天子之立也出於君, 君之立也出於長."

면을 검토함으로써 설명 가능할 것이다. 제국 의식이란 국가의 구성원들이 실제 이 왕조를 제국으로 인식하고 제국의 신민(臣民)으로서의 역할을 담당하고 있었는가의 문제다. 사실 진시황이 육국통일 후 '황제' 칭호를 창안하면서 군현의 설치 및 도량형, 문자, 수레바퀴 폭의 통일 등 이미 널리 알려진 통합정책을 추진한 것은 사실이고, 이밖에 각종 행정용어나 행정문서의 형식뿐만 아니라 '정(程)'이라고 알려진 각종 작물의 생산량, 표준화된 노동량 등을 규정함으로써 일원화된 통일국가를 시도했던 것도 새삼 언급할 필요도 없다. 정치적 통합과 더불어 일련의 사회 경제적 통합을 추진한 것이다.

그러나 단명한 진대의 이러한 통합정책에 의해 지역을 넘어선 통일국가로서의 통합의식이 얼마나 형성되고 존재했었는지는 의문이다. 오히려 통합의식은 문화적 · 사상적 유대감에 의해 비로소 가능했을지도 모른다. 그런데 근래 간독자료의 분석을 통해 중앙정부의 명령이 지방관에 도달하는 문서전달의 계통과 체계가 유기적으로 작동하고 있었다는 점 등이 밝혀지면서 법령과 행정 면에서도 진한왕조의 제국적 면모들이 분명해지고 있다.[23] 특히 전한대 능읍사민(陵邑徙民) 등 강제적인 이주를 통한 능읍도시의 건설과정에서 제국의 기능과 제국의 신민으로서의 역할을 인식할 수 있었고, 위사(衛士) 등에 의한 민의 중앙이동과 변군사민(邊郡徙民), 수졸(戍卒) 등의 변경으로의 이동을 통한 국경과 경계에 대한 인식이 생성되었으며, 관리의 출장과 여행 등을 통해 황제의 명령에 의해 톱니바퀴처럼 유기적으로

23 오준석(2013), 「秦漢代 문서행정체제연구」, 경북대 박사학위논문; 富谷至(2010), 『文書行政の漢帝国』, 名古屋大学出版社.

움직이는 제국의 실상을 경험할 수 있었다는 것이다.[24] 이러한 과정으로 전한왕조에서 거대한 이른바 제국 의식이 형성되고 있었던 것은 분명해 보인다. 물론 일반 민의 제국에 대한 체험이 반드시 제국에 대한 복속과 귀속감을 의미하는 것은 아닐 것이다. 이러한 귀속감을 확인하는 것이 쉽지는 않지만, 당시 사회통합의 범위로서 중국 혹은 천하라는 범주의 문화적 동질성을 통해 이 문제를 접근해보고자 한다.

진이 육국을 통일한 후 "천하를 하나로 하고", "천하를 나누어 36군으로 하고" 등의 표현은 천하라는 용어가 구체적으로 역사현실에서 실질적 국가의 범위로 등장한 개념임을 의미한다. 이러한 천하는 『여씨춘추』의 지적에 의하면 같은 예제에 의해 복식이 정해지고, 배와 마차가 통과하는 교통의 소통지역인 동시에, 통역관을 쓰지 않아도 소통하는 공통의 언어를 갖는 지역을 의미한다.[25] 명말청초 왕부지(王夫之)도 천하를 "풍기(風氣)가 서로 호흡하여 사람의 성질이 서로 닮고 감정이 통하는 지역"으로 설명한 것도[26] 이러한 지리적 동질성을 강조한 것이다. 실제로 전한말 양웅(揚雄)은 이 천하를 5개의 방언구역으로 나눠 이 범주가 동일한 언어권임을 주장하기도 했다. 물론 각 지역의 지리적 환경이나 물산의 차이에 따라 형성된 풍속의 차

---

24 李成珪(2004), 「中國 古代帝國의 統合性 提高와 그 機制: 民·官의 移動과 '帝國意識'의 형성을 중심으로」, 『중국고중세사연구』 11 참조.

25 『呂氏春秋』 審分覽 「愼勢」, p. 516. "凡冠帶之國 舟車之所通 不用象譯狄鞮 方三千里."

26 王夫之, 『讀通鑑論』 卷3, 漢武帝. 왕부지가 말한 지리적 범주는 "북으로는 사막을 경계로, 남으로는 황하와 황수를 경계로 삼고, 서로는 대천으로 막히고 남으로는 더운 바다에서 막힌다. 합포(合浦)에서 북으로 갈석에 이르는 곳은 모두 바다로 둘러싸여 있는 곳"이다.

이는 통합권력, 즉 황제권에 의한 정치과정을 통해 가능한 것이다.

고대 중국인이 적어도 춘추전국 시기부터는 자신을 동질한 문화적 단위로서 자칭 화하(華夏) 혹은 제하(諸夏)로 생각했으며, 공통된 조선의식 및 영토 관념으로서의 중국 및 천하관도 형성되기 시작했다는 점은 일찍부터 논증되었기에,[27] 새롭게 언급할 것도 없지만 여기에서는 이 문제를 종족 · 영토 · 문화적 측면으로 나눠 몇 가지 문제를 검토해보기로 하겠다.

첫째, 종족적 측면에서 진(秦)이나 초(楚)가 어떻게 화하에 포함하게 되었는지 문제다. 『춘추좌씨전』이나 『사기』 등의 기록을 보면 초에 대해 "우리의 족류가 아니다(非我族類, 혹은 非吾族)"[28]라는 표현이 자주 등장한다. 오(吳)나 월(越)에 대해서도 "만이(蠻夷)" 혹은 "이(夷)" 등의 표현이 등장하는 것을 보면 적어도 서주에서 춘추시기에는 이들 종족이 제하에 포함되지 않은 것은 확실한 것 같다. 근래 발굴된 초간 등을 통해서도 통일 전 진과 초 사이에 문자상의 차이뿐만 아니라 행정체제, 생활풍속, 가치관 등에서도 상당한 차이가 있었다는 점이 인정되고 있고, 언어상에서도 "초어"나 "이어(夷語)",[29] "남만격설(南蠻鴃舌)"[30] 등의 표현이 있는 것을 보면 이들이 중원 국가와는 적지 않은 차이가 있었음을 확인할 수 있다. 이러한 차이가 언제 극복되었는지는 확실하지 않지만, 적어도 초대부 자낭(子囊)이 주공왕(周共王)의 시호를 논의할 때 자칭 제하에 속한다는 의식을 내보

27 李成珪(1975), 「戰國時代 統一論의 形成과 그 背景」, 『東洋史學硏究』 8, 9합집.

28 『春秋左氏傳』 成公 4年條.

29 『春秋左氏傳』 莊公 28年條, "楚語"; 哀公12年條 "夷語".

30 『孟子』 滕文公上.

인 것은 초가 화하에 편입되었음을 확인하는 실마리인 것은 분명하다.[31] 강대국이었던 초는 중원 국가와 쟁패하면서 스스로 제하에 참여했다. 어쩌면 오기(吳起)가 초국에서 변법을 주도하여 화하문화를 전파한 것도 초와 화하가 동류의식을 갖게 하는 계기였다고도 볼 수 있다.[32] 진 역시 중원 국가들에 의해 이적(伊狄)으로 묘사되기도 했지만, 진의 선조 중(仲)이 서융(西戎)에 의해 죽임을 당했을 때 그의 손자 세보(世父)가 "융이 우리 할아버지를 죽였으니 내가 융의 왕을 죽이지 않으면 읍에 들어가지 않겠다"[33]고 맹서한 것은 스스로 화하임을 선언한 일종의 자아의식의 표현임이 분명하다. 진이 지리적으로 서쪽에 치우쳐 있어 중원 국가에 의해 종종 이적시되었던 것은 분명하고 「천관서」에도 진초오월을 이적으로 묘사한 구절도 있지만, 전체적으로 『좌전』 등 다른 사료들을 통해 춘추시기 진이 화하로서의 자부심을 갖고 있었다는 점은 역사적 사실인 것 같다. 물론 화하가 종족뿐만 아니라 영역 · 문화 · 정치제도 등의 요소도 포함하는 다층적인 개념인 것은 분명하지만, 적어도 춘추 말기에는 이들 지역과 종족이 다양한 정치문화적 교류와 융합을 통해 하나의 동일한 족류로 등장하였고, 동류의식을 형성하였던 것이다. 따라서 춘추 노민공(魯閔公) 원년(기원전 661) 관중이 제환공을 도와 북적(北狄)의 침입을 받는 형국(邢國)을 도울 때 여러 번 "제하"라는 표현을 사용한 것은 비로소 화하라는 새로운 공동체가 출현한 것을 의미하는 역사적 사건이라는

---

31 李成珪(1975), p. 77; 陳致(2004), 「夷夏新辯」, 『中國史研究』 1期, p. 19.

32 邱久榮(1992), 『中國統一多民族國家的形成』, 遼寧民族出版社, p. 32.

33 『史記』 卷5, 秦本紀.

평가도[34] 지나친 것은 아닌 것 같다.

둘째, 동질한 통치범위로서의 '중국(middle kingdom)'과 천하라는 용어의 이해 문제다. 이 두 용어의 의미와 그 차이 등에 관해서는 너무나 많은 연구가 있어 새삼 언급할 필요가 없기 때문에 여기에서는 영역으로서의 의미에 집중해서 검토해보기로 하겠다. 역사상 중국이라는 국호를 쓴 왕조가 없음에도 '중국'은 오랫동안 천하라는 관념과 동일시되거나 독자적으로 존재하면서 사용되었다. 기존 연구에 따르면 중국은 지역과 문화 개념을 포함한 국가정권의 의미였다. 그중 지리적 관념으로는 천자가 거주하는 곳, 즉 경사(京師)라는 의미도 있고, 사방제후를 염두에 둔 천하의 중심, 곧 토중(土中)이나 중토(中土)의 의미로 이해하기도 했다. 또는 중앙 혹은 중심국이라는 의미로 사해, 구주, 천하 등의 용어와 함께 그 영역을 표시하는 단어이기도 했다.[35] 그러나 진에 의한 통일중국이 등장하면서 중국은 정치적 함의를 포함하기 시작했는데, 사토(四土) 사방을 통치하는 관념에서 진한 시기의 군현의 범위로 구체화되기 시작했다. 중국이 단순한 지리적 범위가 아닌 현실적 통치범위를 지칭하게 된 것이다. 종종 그 영역은 천하로도 표현되었는데, 이 점을 더욱 분명히 확인하기 위해 『맹자』의 다음 내용을 주목해보자.

> 사람들은 항상 말하기를 천하국가라고 한다. 천하의 근본은 국에 있고 국의 근본은 가에 있다.[36]

---

34 顔世安(2003), 「"諸夏"聚合與春秋思想史」, 『南京大學學報』 5期, p. 16.
35 李大龍(2007), 「"中國"與"天下"的重合」, 『中國邊疆史地研究』 9月 참조.
36 『孟子』 離婁上, "人有恒言 皆曰 天下國家. 天下之本在國 國之本在家."

이 구절에서 "천하국가"는 "천하의 국가"인지 "천하와 국가"인지 "천하와 국과 가"인지 불분명하지만, 조기(趙岐)는 주석에서 "국은 제후의 국이고 가는 경대부의 가이다"라고 해석하여 국과 가의 관념을 분명히 정의하고 있다. 즉, 국과 가는 별개의 관념이고 이것들은 각기 천하를 구성하는 개별 단위라는 것이다. 이 말은 『상서』의 "천자는 국을 세우고, 제후는 가를 세운다(天子建國 諸侯立家)"는 언급과 같은 맥락으로 국과 가가 구분되고 있음을 확인할 수 있다. 서구의 국가(State)라는 관념에는 국은 있어도 가의 관념은 포함되지 않는 점과 구별된다. 따라서 서구의 국가라는 개념은 고대 중국에서는 오히려 '천하'라는 용어에서 찾아야 할지도 모른다. 천하를 단순하게 '하늘 아래'라는 영역의 의미로 이해할 수만은 없다면, 천하는 가와 국이 확대된, 즉 가에서 국을 거쳐 천하로 확대되는 최종 정치단위로 이해해야 할 것이다. 『예기(禮記)』 예운편의 "故聖人耐而天下爲一家"라는 구절은 천하를 하나의 가족으로 하고 해내(海內)는 형제가 되어 천하를 사유재산으로 삼는 가천하(家天下)의 극치를 이룬다는 말이기도 하다.

다시 말하면 예악을 중심으로 하여 통치되는 동질적 통치단위로서 천하가 가의 관념 속에 포함되는 것이다. 이렇다면 왕 혹은 천자는 "하늘을 아버지로 하고 땅을 어머니로 하여 천의 아들이 된다"[37]는 표현이 등장하는 것도 이해되며, 천자를 민의 부모로 여기는 인식도 충분히 가능하게 된다. 출토문헌 중 상해박물관장(上海博物館藏) 전국초죽서(戰國楚竹書)에 「민지부모(民之父母)」라는 편은 공자와 자

37 『白虎通』 爵篇, "王者 父天母地 爲天之子也."

하의 문답을 통해 "어떻게 민의 부모가 될 수 있는가?"를 논하고 있다.[38] 천자를 민의 부모에 비유한 것은 곧 민과 천자가 하나의 가족이 된다는 의미다. 이러한 관계 속에 천자와 민은 부모와 자식의 관계로써 동질화되는 것이다. 천하는 천자가 통치해야 할 관념적인 영역인 동시에 혈연을 기준으로 동질화된 하나의 가족으로서의 관념을 포함하고 있음을 확인할 수 있다.

이와 함께 영역으로서의 천하관에 새로운 인식을 가져다준 것은 한무제 시기 장건(張騫)의 원정이었다. 장건의 여행과 그 정보는 한대인들에게 외부세계와의 교류 탐색에 대한 기본적인 욕구를 자극하여 이후 지속적인 서역 탐방과 활발한 인적교류의 촉매 역할을 했다. 이민족에 대한 정책의 일환으로 보내진 왕소군(王昭君)이나 전쟁 등으로 포로가 되었던 이릉(李陵), 혹은 사신으로서의 소무(蘇武)와 같은 다소 비극적인 교류가 없었던 것은 아니지만, 장건의 서역 출사(出使) 이후 반초(班超) 반용(班勇)형제가 서역의 교통을 개척했고, 감영(甘英)은 페르시아만에 도달하기도 하는 등 적극적이고 주체적인 외부세계와의 교류도 적지 않게 나타났다. 특히 외부의 경제나 문화에 의한 자극은 일정 정도 중원의 제국을 변화시키는 계기가 되었고, 중국을 세계사의 무대에 등장시키는 역할을 했던 것도 사실이다. 그러나 애석하게도 이러한 교류와 접촉이 고대 중국인이 가진 화와 이의 천하관을 근본적으로 변화시키지는 못했다.[39] 사이(四夷) 지역은 점차 확대되었고 일부는 중국의 내지로 편입되기도 했지만 중국은 여전히

38 이 내용은 전래문헌에는『禮記』孔子閑居 및 表記에도 등장한다.

39 葛兆光(2007),「古代中國人的天下觀念」,『九州(第四輯)』, 商務印書館, pp. 124-125.

천하의 중심이었고, 이들의 심리에 아직 "세계"는 존재하지 않았던 것이다. 이것은 확실히 새롭게 접한 서역 문명이 중국에 거센 도전을 줄 만한 수준에 도달하지 못함으로 인해 한(漢)은 여전히 현실에 안주하였고, 무제기 흉노전쟁도 위청(衛靑)이나 곽거병(郭去病) 등의 사례에서 보듯 일정한 성공을 거둠으로써 대국으로서의 자신감을 유지할 수 있었기 때문인 것 같기도 하다. 따라서 천하의 범위를 벗어난 이역(異域)으로서의 서역은 새롭고 진기한 호기심의 대상이기보다는 오히려 이민족에 대한 차별과 무시를 전제로 하는 이질적이면서 교화 혹은 위복(威服)의 대상으로 인식될 수밖에 없었을 것이다.

그러나 이 과정에서 알려진 천하의 범위를 벗어난 이역 혹은 절역(絶域)으로서의 서역세계에 대해 '외국(外國)' 혹은 '서역'이라는 표현이 등장하기 시작했다는 점이 주목된다. 다음을 검토해보자.

> 장건이 (서역의) 길을 처음 뚫은 이후 사자로 가는 사람은 모두 박망후 장건을 이야기하면서 성신(誠信)으로 외국을 깨우치고, 이렇게 함으로써 **외국** 또한 한나라의 사자를 믿게 되었다. … 그런 다음 사신을 더욱 자주 안식(安息) · 엄채(奄蔡) · 여헌(黎軒) · 조지(條枝) · 신독국(身毒國)에 보냈다. 천자가 대원의 말을 좋아했으므로 이를 구하려고 오가는 사자가 끊이지 않았다. 여러 **외국**으로 나가는 사자의 일행은 많을 경우에는 수백 명, 적을 경우에도 백여 명에 이르렀고[40] (강조는 필자)

40 『史記』 卷123, 大宛列傳, "然張騫鑿空, 其後使往者皆稱博望侯, 以爲質於外國, 外國由此信之…因益發使抵安息 · 奄蔡 · 黎軒 · 條枝 · 身毒國. 而天子好宛馬, 使者相望於道. 諸使外國一輩大者數百, 少者百餘人."

서역 여러 나라를 종종 '외국'으로 칭한 것은『사기』 이외 기본적으로 『한서』에서도 그대로 사용되고 있다. 『한서』는 『사기』「대원열전(大宛列傳)」에 해당하는 것을 「서역전(西域傳)」으로 바꿔 '서역'이란 개념을 사용하기 시작했지만, 이러한 용어들은 기본적으로 전통적인 사이(四夷)에 포함되지 않던 새로운 영역에 대한 인식인 것이다. 이들 영역에 대해 "천자가 외국이란 곳은 절원(絶遠)한 땅이고 사람이 즐겨 갈 만한 곳이 못 된다고 여겼다"[41]는 기사는 외국 내지는 서역은 중국과 다른 무언가 이질적인 곳으로 자신이 통치해야 할 범위로서의 천하에 포함시키지 않았다는 의미로 이해된다.

한편 '외국'이 대등하지는 않지만 적어도 사이와는 다른 지역이라는 의미라면, '적국'은 천하에 포함되지 않으면서 적대적 혹은 필적하는 국가라는 뜻을 함축하고 있다. 적국이라는 말은 진한시대 이전부터 자주 사용되던 단어였지만, 중국이 통일된 후 한대에는 흉노에게 주로 사용되었다. 한과 흉노는 "이웃하는 적국(鄰國之敵)"이었으며 사마천도 "남으로 중국과는 적국이 되었다"고 기술하고 있다.[42] 문제 시기 흉노에 대해 두 나라(二國), 양국, 양주(兩主), 형제 등의 호칭을 사용하면서 "짐과 선우가 부모가 되고 양국의 민이 일가가 되도록 하자"는 식의 언급을 했던 것은 천하에 "양주"가 공치하는 국면을 인정하는 것이다.[43] 이들 양주가 다스리는 영역은 한 문제가 말했듯

---

41 『史記』 卷123, 大宛列傳, "天子爲其絶遠, 非人所樂往."

42 『史記』 卷110, 匈奴列傳, "然至冒頓而匈奴最彊大, 盡服從北夷, 而南與中國爲敵國, 其世傳國官號乃可得而記云."

43 王永平(2015), 『從"天下"到"世界"; 漢唐時期的中國與世界』, 中國社會科學出版社, p. 53.

이 "장성 이북은 선우가, 장성 이남은 한의 천자가 통제하는 것"[44]처럼 장성이 그 기준이었다. 그러나 장성은 단순히 중국과 비중국, 문명과 야만, 농경과 유목을 가르는 경계선만이 아니라, 진한 황제에게는 천자의 덕이 부족하여 사해를 아우르지 못함으로 진정한 천자가 아니라는 것을 세상에 드러내는 것으로 일종의 무능과 수치를 상징하는 것이기도 했다.[45] 어찌되었든 한 문제는 천하에 하나의 국가가 있어야 한다는 당위성과는 별도로 천하의 현실적 영역이 있음을 스스로 인정하는 것이고, 천하를 문명 내지는 농경사회 등 동질적 범위로 축소 설정하는 인식이 있었음을 알 수 있다.

중국이나 천하가 문화적으로 동질적인 지역이라는 점은 자아의식을 통해서 확인해볼 수 있다. 세계문명사적 관점에서 볼 때 대체로 제국은 자기중심적 사고를 갖고 있고 일정 지역에서의 유일권력에 대한 욕구를 갖고 그것을 추구하고 있었다는 점을 부인하기 어렵다. "모든 길은 로마로 통한다"는 말대로 로마인이 신이 선택하고 인도한 자신들이 세계의 중심이라는 인식을 가졌다는 사실은 잘 알려져 있지만, 이외 여타 고대 문명도 세계를 인식하는 과정에서 스스로 자신을 세계중심에 놓았던 것은 공통된 현상임이 확인되고 있다. 이러한 원인은 다른 지역에 대한 몰이해, 자기문화의 우월성에 대한 과신 등에서 비롯되었을 것이다.[46] 『사기』 「서남이열전」에는 야랑(夜郎)

44 『史記』 卷110, 匈奴列傳, "長城以北, 引弓之國, 受命單于, 長城以內, 冠帶之室, 朕亦制之."

45 邢義田(2011), 「從古代天下觀看秦漢長城的象徵意義」, 『天下一家』, 中華書局, pp. 110-124.

46 王永平(2015), 『從"天下"到"世界"; 漢唐時期的中國與世界』, 中國社會科學出版社, pp.

왕이 한의 사신에게 "한과 야랑 중 누가 더 큰가?"라는 질문을 던지는 상황이 있다. 야랑왕의 이 질문은 교통로나 정보가 없는 상황에서나 가능한 질문이고 현실과는 맞지 않지만, 스스로 대국을 자처하는 자신감 내지는 과장이 포함되어 있음도 부정할 수 없다.

자신과 타자를 구분하는 중요한 기준 중 하나는 문화적 자신감이었다. "중국은 시서예악(詩書禮樂)의 법도로 정치를 하나 융(戎)은 그렇지 않다"는 등의 표현도 그렇지만,[47] 이적(夷狄)은 음식이나 주거, 풍속에서 중국과 다르다는 언급은 사료 곳곳에서 찾아볼 수 있다. 따라서 중국은 하나의 문화적 공동체로서의 의미가 강하게 담겨 있다는 사실을 간과해서는 안 된다. 화는 이에 비해 문화적 선진이며 이른바 문명세계였다. 그렇기 때문에 『맹자』에서도 "내가 하(夏)를 써서 이(夷)를 변화시킨다는 말은 들어보았지만, 이로 변한다는 것은 듣지 못했다"고[48] 말했던 것이다. 이러한 화이관은 문화에 대한 자신감을 넘어 이적을 금수로까지 인식하는 극단적인 이적에 대한 무시로 나타났다.

따라서 이들에 대한 귀복이나 교화의 대상일 뿐, 정복이나 통치의 대상은 아니었다. 반고(班固)는 이 점을 잘 지적하고 있다. "이적은 중국과 습속이 다르고 음식이 같지 않고 언어도 통하지 않는다. … 그러므로 성왕은 그들을 금수로 대하고 더불어 서약도 정벌도 하지 않는 것이다. …그 땅은 경작하여 먹을 수도 없고 그 백성들은 신

18-25.

47 『史記』 卷5, 秦本紀.

48 『孟子』 滕文公上, "吳聞用夏變夷者 未聞變于夷者也."

하로도 기를 수 없다."[49] 이러한 논리는 후대에 더욱 치밀해져 중원 민족도 문화를 잃으면 이로 전락하고, 이라도 중원문화를 익히면 화가 될 수 있다는 논리로 발전하게 된다. 화와 이의 구분이 종족이 아니라 전적으로 문화에 의해 결정된다는 발상이다. 선진적이고 문명화된 문화에 대한 일종의 자부심, 그 동질문화공동체에 대한 자신감 등이 형성 존재하고 있음을 확인할 수 있다.

이렇게 볼 때 고대 중국에서의 천하는 이질적인 민족과의 통합이 아니라 본래 동질적이거나 혹은 동질화된 문화와 민족 간의 통합으로 인식했으며, 국가와 가족을 하나로 통합하는 제국화된 관념으로 기능했던 것이다. 물론 여기에서 동질적이라는 개념을 어떻게 정의하는가에 논란이 있을 수 있지만, 적어도 로마 제국에서와 같은 확연한 이질성이 존재하지 않았다는 점을 강조하는 것으로 이해해도 좋을 것이다. 고대 중국에서 간혹 존재했던 이질적인 민족 간의 통합의 경우 민족이라는 개념을 확대해 한족과 이민족을 동질화함으로써 문제를 해결했다. 본래 고대 중국의 중심을 이루는 민족이었던 화하족(華夏族)은 진한제국 시기 한족(漢族)이라는 개념으로 확대되었다. 곧 고대 중국의 제국은 여러 개의 제후국을 하나의 국가로 만들어 좀 더 큰 대국, 즉 천하국가가 되는 과정이었다. 한족은 다시 수당(隋唐)대에는 중화민족(中華民族)으로 확대되면서, 사실상 이질적인 모든 민족은 중국이라는 용광로에 녹여져 동질적인 민족으로 재탄생되었다. 따라서 고대 중국에서의 제국의 성립은 국가의 발전단계에 따른 성

49 『漢書』 卷94, 匈奴傳下.

장이라기보다는 하나의 국가가 동질성, 즉 종족이나 영토 이외의 문화라는 기반하에 통합되어가는 형태로 이해하는 것이 타당하다고 생각하며, 문화적 동질성 속에 정치 사회경제적 사회통합의 제도가 정착되면서 하나의 제국으로서의 귀속의식도 형성되었을 것이다.

4. 유교적 관념의 확대와 변화 과정

전국시대 통일로 가는 것이 대세라는 관념이 공통적으로 형성되어 있었다고 하더라도 방법론상의 차이는 크게 나타났고, 역사적 추세로 볼 때 분열을 해소하기 위해서는 필연적으로 전쟁을 거치지 않을 수 없었을 것이다. 전국시기 각종 전쟁의 명분과 인의에 의한 전쟁 등에 관한 논설이 강조되었던 것도 이러한 이유 때문이다. "살인을 즐기지 않는 자가 하나로 만들 수 있다"[50]는 말이나, 『여씨춘추』에서 무력을 이용하여 통일된 중앙집권국가를 건립해야 한다는 의식을 가지면서도 '의병(義兵)'의 방법을 강조한 것도 바로 이 때문이다. 그러나 좀 더 광대해진 영역과 확대된 혈연사회를 통합하기 위해서는 과정으로서의 전쟁보다는 그 통합을 유지시키는 이념에 의한 국가의 통합을 증대하는 장치가 필요했고, 이것은 바로 유교 이념의 확대 해석 과정을 거쳐야 했다. 유교는 한무제 이후 중국을 통합하는 중요한 이념이었지만, 종족적 질서 속에서 형성될 때의 원초적 유교와는 사

50 『孟子』 梁惠王上, "不嗜殺人者能一之."

뭇 다른 양상을 보였다.

천하를 일가로 한다는 것은 본래 자애와 효제(孝悌) 등 가족의 윤리에 의해 천하를 지배한다는 의미를 내포한다. 유교는 이러한 가족 윤리를 가장 풍부하게 보유한 사상이었기에 전한 내내 유교적 예제의 정비나 이념 구축 등 일련의 유교국가 완성과정이 진행되었다. 하지만 왕조의 종족적 · 영역적 확장은 가족적 원리로 왕조를 통치하는 데 모순과 갈등을 야기했다. 그중 하나는 효 관념에 관한 것이었다.

유교 이념의 중요한 한 축인 효는 단지 자신의 부모에게 순종을 의미하는 것이 아닌 군주와 국가에 대한 복종과 종속을 의미하는 관념으로 확대되었으며, 전체적으로 일정한 질서와 권위에 대한 순종을 의미했다. 『여씨춘추』 효행람이나 『대대례기(大戴禮記)』의 효에 관한 4개의 편(증자입효, 대효, 본효, 사부모) 등 초기 문헌에 따르면 원래의 효는 자신의 신체가 부모의 유체(遺體)라는 인식하에서 자기 신체의 보존 논리가 강하다. 따라서 전쟁에서 용감하게 싸우기보다는 자신의 신체와 목숨을 보전하기 위해 소극적으로 싸웠고, 수영이 아닌 배를 타고 강을 건너며, 가시덤불이 있는 좁은 길이 아니라 대로를 이용하여 자신의 신체를 위험에 빠뜨리지 않는 행위를 하는 것이었다. 부모에게서 받은 신체를 보존하는 것이 자신의 부모에 대한 최대의 효라는 관념이다. 그러나 통일국가에서 이러한 논리는 더는 통용되지 않았으며, 전쟁에서 자신의 몸을 돌보지 않고 용감하게 싸우고 자신을 희생하더라도 사회와 국가에 봉사하는 것, 즉 충이야말로 최대의 효라는 식으로 변화하기 시작했다. 국가 이념을 담은 『효경』에서 효가 모든 가치 중 가장 우선인 것으로 인식되면서 "하늘의 불변의 도리고 땅의 올바른 도의고 백성의 행실이다"라고 하여 우주의 법칙으로까지 승화된 것도 제국화된 관념으로서의 효의 이념화가 이루어졌기 때문이다. 따라서 효는 더는 가족윤리에만 머물지 않고 사회나 국가의 윤리로 기능했으며, 국가 전체가 하나의 가족이 되는, 즉 가와 국이 일체화된 천하일가(天下一家)의 관념이 고대왕조의 지배이념으로 기능했다.

한편 부권(父權)과 군권(君權)의 모순과 충돌 상황에서도 부권보다 군권을 우선시하는 논리의 구축과정이 진행되었다. 군신과 부자의 윤리는 기본적으로 국가윤리와 가족윤리의 문제지만, 그 우선순위는 친족 내지는 종족사회가 점차 국가로 확대되어가는 역사적 과정 속에서 모순과 충돌이 있었던 것이 분명하다. 공자와 직궁(直躬)이 양을 훔친 아버지를 고발할 것인가의 문제를 놓고 논쟁한 일화는 유명하지만, 『맹자』에서도 천자(天子)에 즉위한 순(舜)이 자신의 어버이를 신하로 취급할 것인가 등의 질문이 등장하는 것은 과도기 사회에서 현실상의 군신윤리와 부자윤리 간의 충돌 상황을 보여주는 사례들이다.

원초적 인륜관계의 원형은 『곽점초간(郭店楚簡)』「육덕(六德)」에서 볼 수 있다.[51] 여기에서는 "아버지를 위해 군주와의 관계를 끊을 수 있지만, 군주를 위해 아버지와의 관계를 끊지 않는다(爲父絶君, 不爲君絶父)"고 말한다. 또한 처보다는 형제를, 친구보다는 종족을 우선한다는 언급이 이 구절 다음에 이어지는데, 이는 혈연관계가 사회적

---

51 『곽점초간』「육덕(六德)」에서는 인간관계의 기반으로 여섯 종류 인간의 존재방식(六位: 夫, 婦, 君, 臣, 父, 子)과 이에 상응하는 추상적인 사회적 역할로서의 존재방식을 제시하고(六職: 率, 從, 使, 事, 教, 受), 이것을 규율하는 윤리를 6덕(智, 信, 義, 忠, 聖, 仁)이라고 표현했다.

관계보다 우선한다는 의미다. 곧 군신과 부자의 윤리가 상호 모순될 경우 천륜에 속하는 부자관계를 우선한다는 원칙을 천명한 것이다. 동시에 『곽점초간』「어총 1(語叢一)」에서도 군신관계는 부자관계와 달리 천륜의 혈연관계가 아니고 후천적 선택 관계라고 주장한다. 부자와 형제, 종족을 군신과 부부, 친구관계에 우선하는 것은 중앙집권적 통일국가가 형성되기 이전의 가부장적 친족질서를 존중하는 제후국 내지는 그 이전 단계의 사회적 전통을 반영하는 것임에 틀림없다.

그러나 민과 다른 초월성과 신성성을 갖는 천자로서의 제왕은 천이나 상제의 분신으로서의 성격을 갖는다. 이러한 성격의 군신관계에서 군주는 신하의 천이 되어 가족윤리를 뛰어넘는 절대성을 갖는다. 군신관계가 부자관계를 우선하는 논리가 만들어지는 것이다. 『백호통의』에서 군신관계가 삼강의 으뜸이 된 것도 이 때문이지만, 특히 일원화된 통일적 지배를 강조하는 제국화된 국가에서 군신관계는 무엇보다도 우선시되는 인륜관계가 아닐 수 없었다. 따라서 효와 충의 갈등에 관한 사례는 관념적인 것이 아니라 실제 현실에 등장했다. 후한말 요서태수 조포(趙苞)는 선비(鮮卑)에게 어머니와 처자를 잡힌 상황에서 항복하여 그 어머니를 살리지 않고 전쟁을 통해 국가에 대한 충(忠)을 다하고 있다.[52]

이러한 고사는 한대의 효 관념과 '효로써 천하를 다스린다(以孝治天下)'는 이념이 군주가 가부장적 지위를 획득함으로써 제국통치에 필요한 복종적인 인간을 요구하는 것일 뿐 원초적 효의 관념과는

52 『後漢書』卷81, 趙苞傳, p. 2692.

거리가 있다는 점을 입증한다. 사실상 한대의 효는 통치의 안정을 보증하고 충을 요구하기 위한 전제로서 성립된 것이다.[53] 제국 재통합을 위해 최소한의 필요한 요구였는지도 모른다. 이것은 혈연과 지역을 뛰어넘은 제국화된 국가에서 가족과 친족윤리의 배타성이 군주통치의 절대성과 양립할 수 없는 상황에서 이념의 확장성을 보여주는 것이다. 그러나 가족주의를 기반으로 하는 유교논리의 확장과정에서 군신관계와 부자관계의 모순과 충돌은 단순히 군신관계의 우위만을 인정한 채로 방치된 것은 아니다. 제국의 이념은 효를 충으로 전환시켜 양립의 논리를 만들어냈으며 때로는 군신과 부자윤리의 절충을 택하기도 했다.

황제를 최고의 효자로 부각시키고, 군주와 부친을 일체화하는 논리를 만든 것도 이 때문이다. 후한대 질운(郅惲)은 황제에 대해 스스로를 "폐하의 효자"라고 불렀지만, 전한대부터 두주(杜周) 양창(楊敞), 후한대의 경엄(耿弇) 등은 황제를 군부(君父)라고 칭하기도 했다. 사실 이렇게 군주와 부친을 일체화하는 관행은 이미 무제 시기의 엄조(嚴助)가 "군주를 섬기는 것은 부모를 섬기는 것과 같다"[54]고 언급한 이후 확산된 전통이었다. 군주에 대한 충을 부모에 대한 효와 동일시하여 적절하게 양립시켰던 발상이다. 물론 부모의 상을 위해 잠시 관직을 떠나는 관행 및 아버지와 군주의 상이 겹친 경우의 절충방식, 부모의 원수에 대한 복수 허용과 사화죄(私和罪)의 적용, 부모의 죄에 대한 은닉 허용의 관습, 불효죄에 대한 처벌 등도 국가윤리와 가족윤

53 李成珪(1998), 「漢代 "孝經"의 普及과 그 理念」, 『韓國思想史學』 제10집 참조.

54 『漢書』 卷64上, 嚴助傳, "臣事君 猶子事父母也."

리의 양립을 위한 다양한 조치 중 하나였다. 특히 『백호통의』의 「왕자불신(王者不臣)」에서 이적은 당연히 신하로 하지 않지만 이 외에도 "선대 왕의 후손은 신하로 하지 않고", "왕은 처의 부모는 신하로 하지 않으며", "제후를 순전한 신하로 취급하지 않는다", "시봉(始封)의 군은 제부(諸父) 곤제(昆弟)를 신으로 하지 않고"라는[55] 등의 불신의 규정을 설정했다. 이러한 유보 규정은 주로 가족관계상의 위계질서로 인해 군신관계가 성립될 수 없는 경우가 있음을 분명히 보여준다. 이것은 가와 국이라는 통일국가의 두 근간을 양립시키면서 통일국가의 지배체제를 확립하려는 의도가 분명하지만, 이상화된 통일국가의 논리만으로 혈연관계를 과도하게 규제할 수 없었던 왕조 후기 후한대의 사회상황과도 관련 있을지도 모른다. 결국 군권은 혈연관계의 부권이 발전한 것이라는 근본적인 인식이 완전히 무시될 수는 없었던 것이다.

결국 후한대 황제들은 민과는 전혀 무관한 자신들만이 의도하는 이상적 국가상을 『백호통의』를 통해 반영하고자 했고, 이를 정책집행을 통해 실행함으로써 일정한 효과를 거두고자 했다. 그러나 이는 집권자 측의 통일국가관에 불과했고, 민간사회의 도덕과 국가윤리와는 상당한 거리가 있었다. 결국 『백호통의』를 통한 후한의 재통합과 통일국가의 구축은 단지 천에 합리적 근원을 갖는 군주에의 충성을 주장하는 데 그친 실천윤리의 강조였을 뿐, 좀 더 보편적이고 태평한 이상사회를 실현하는 질서와 그것을 담당하는 논리로 승화되지 못했

55 『白虎通義』 卷7, pp. 316-322. "王者所不臣者三 何也 謂二王之後 妻之父母 夷狄也," "王者不純臣諸侯何," "始封之君 不臣諸侯昆弟何."

다. 고대 통일국가는 이념적으로 붕괴되었고, 중국은 다시 한 번 분열의 시기로 접어들게 되었다.

5. 맺는말

이상에서 본 바와 같이 고대 중국은 대일통이라는 관념하에서 영역의 확장성을 갖고 있었던 동시에, 천하 내지는 중국을 동질적인 종족 문화 영역으로 인식하는 제국 의식을 공유하면서, 동시에 원시 유교 이념의 확장과 절충에 의해 통일적인 이념을 구축했다. 이렇게 영토의 확장성이나 동질화라는 측면에서는 고대 중국 통일국가의 성립을 번역어로서의 제국(Empire)으로 볼 충분한 근거가 있는 것 같다.

그러나 고대 중국의 진한 제국은 이른바 중화제국이라고 부르는 당(唐) 제국과는 다소 차이가 있다. 문화상에서는 한당문화(漢唐文化)라고 병칭하듯 큰 범주에서의 차이는 무시할 수 있는 정도라 해도, 영토상에서도 서쪽으로 탈라스까지 뻗친 당(唐)왕조와 당연히 큰 차이가 있고, 민족상으로도 한족이 주체가 되는 진한 제국은 호(胡)라고 불리는 이민족까지를 포함하여 중화민족을 구축했던 당과 크게 다를 수밖에 없다. 진정한 의미에서의 제국(Empire)은 어쩌면 당 제국이라고 보아야 할지도 모른다. 다만 진한 제국은 시기상으로도 고대 로마 제국과 대비되며, 한무제와 카이사르 및 광무제와 콘스탄티누스가 비교되기도 하고, 다른 지리적 환경에 처해 있으면서도 정치 사회 체제나 제도 등에서도 상당한 유사성도 있기에 자주 비교되고 있다.

그럼에도 문화와 민족이 다른 이질적인 부분을 정복 통합하면서 제국의 길을 걸었던 로마는 다분히 동질성 혹은 동질화의 과정을 통해 확대되었던 진한 제국과는 다소 다르다. 로마와 진한의 차이는 정복과 통일의 차이로 표현할 수도 있을 것이다. 또한 로마 제국이 보편성과 유일신 신앙에 기초한 기독교라는 세계종교와 결합한 것과 달리, 진한 제국은 물론 유교의 종교성 여부에 대한 논쟁이 있더라도 어떠한 종교와도 결합하지 않았다는 점에서 명확한 차이가 있다. 따라서 이러한 측면에서 중국 고대국가를 제국으로 정의하기는 다소 주저되는 것이다. 그러나 제국의 정의가 어려운 것만큼 그 양상도 다양하고 역사과정 속에서 형성되는 역사 속의 제국이 동일할 수 없다는 사실을 인정한다면, 고대 중국의 통일국가 역시 광범위한 범주에서 제국의 한 유형으로 보는 것은 타당할 것이다.

참고문헌

자료

『郭店楚簡』(『郭店楚墓竹簡』, 文物出版社, 1998)

『老子』(『老子校釋』, 新編諸子集成)

『讀通鑑論』(上海古籍出版社, 1995)

『孟子』(『孟子注疏』, 欽定四庫全書本)

『墨子』(『墨子閒詁』, 中華書局, 新編諸子集成, 1986)

『文中子中說』(四部叢刊初篇)

『白虎通義』(『白虎通疏證』, 中華書局)

『史記』(中華書局標點校勘本)

『上海博物館藏戰國楚竹書』(馬承源 主編, 上海古籍出版社, 2004)

『呂氏春秋』(정하현 옮김, 소명출판, 2011)

『禮記』(孫希旦 撰, 『禮記集釋』, 中華書局)

『春秋公羊傳』(『春秋公羊傳解詁』, 四部備要本)

『春秋左氏傳』(楊伯峻 編著, 『春秋左傳注』, 中華書局, 1990)

『後漢書』(『中華書局標點校勘本)

논저

오준석(2013), 「秦漢代 문서행정체제연구」, 경북대 박사학위논문.

李成珪(1975), 「戰國時代 統一論의 形成과 그 背景」, 『東洋史學研究』 8, 9합집.

李成珪(1998), 「漢代 "孝經"의 普及과 그 理念」, 『韓國思想史學』 제10집.

李成珪(2004), 「中國 古代帝國의 統合性 提高와 그 機制: 民·官의 移動과 '帝國意識'의 형성을 중심으로」, 『중국고중세사연구』 11.

李成珪(2008), 「문명과 낙원, 유토피아」, 서울대학교 인문학연구원 HK문명연구사업단, 제2회 문명포럼 "Paradeisos: 문명과 이상향" 발표문, 11.7.

葛兆光(2007), 「古代中國人的天下觀念」, 『九州(第四輯)』, 商務印書館.

邱久榮(1992), 『中國統一多民族國家的形成』, 遼寧民族出版社.

歐立德(Mark C. Elliott) (2014), 「傳統中國是一個帝國嗎?」, 『讀書』 1.10.
顔世安(2003), 「"諸夏"聚合與春秋思想史」, 『南京大學學報』 5期.
王永平(2015), 『從"天下"到"世界": 漢唐時期的中國與世界』, 中國社會科學出版社.
袁青(2014), 「老子"小國寡民"新論」, 『哲學研究』 4月.
李大龍(2007), 「"中國"與"天下"的重合」, 『中國邊疆史地研究』 9月.
陳致(2004), 「夷夏新辯」, 『中國史研究』 1期.
邢義田(2011), 「從古代天下觀看秦漢長城的象徵意義」, 『天下一家』, 中華書局.
洪佳景 · 李咏吟(2014), 「從"一"與"裂"之爭看"內聖外王"」, 『廈門大學學報』 3期.
堀敏一(1993), 『中国と古代東アジア世界: 中華的世界と諸民族』, 岩波書店.
渡邊信一郎(2003), 『中国古代の王権と天下秩序』, 校倉書房.
富谷至(2010), 『文書行政の漢帝国』, 名古屋大学出版社.
鶴間和幸(2013), 『秦帝国の形成と地域』, 汲古書院.

Abemethy, David (2000), *The Dynamics of Global Dominance*, New Haven and London: Yale University Press.
Choi, Jin-mook (2014), "Understanding the Ancient Empire through Civilization Criteria," *Horizons* 5(1): 127-147.
Starchey, John (1959), *The End of Empire*, London: Victor Gollanz.

그리스 문명 위에 세워진 헬레니즘 제국: 이소크라테스의 범그리스주의를 중심으로*

김 헌

1. 머리말

서구 문명의 뿌리에는 그리스 문명이 있다고 한다. 더 정확하게 말하면 기원전 5~4세기에 아테네를 중심으로 형성된 그리스 고전기 문명이 서구의 현재를 만들었다는 것이다. '고전기(Classical Period)'라는 말 자체가 이미 서구 문명 전체의 전범(典範)이 기원전 5~4세기 그리스 문명임을 시사한다. 이 시기는 평화로운 환경은 아니었다. 오히려 거대한 전쟁과 함께 이 시대의 막이 열리고 크고 작은 전쟁들이 줄을 잇는다. 먼저 기원전 499년, 동방의 거대한 제국 페르시아의 다레이오스(Dareios, 기원전 550~486) 왕이 아테네를 노리고 대규모 원정을 시도했다. 수백 개의 작은 도시국가(Polis)들로 나뉘어 자치적인 체제를 꾸려오던 그리스는 왕을 중심으로 대규모의 강력한 중앙집권적인 체제를 갖춘 페르시아에 비하면 오합지졸처럼 보였다. 하지만 아테

---

* 이 글은 『인문논총』 제72권 제3호(서울대학교 인문학연구원, 2015년 8월)에 「이소크라테스의 범(汎)그리스주의」란 제목으로 게재된 필자의 논문을 수정·보완한 것이다.

네는 마라톤 전투(기원전 490)에서 전력의 열세를 딛고 영리한 전략과 용감한 행동으로 페르시아 원정군을 몰살시키며 기적과도 같은 승리를 거두었다. 그렇게 실패한 다레이오스 왕의 그리스 원정은 그의 아들 크세르크세스(Xerxes, 기원전 518~465)에 의해 재개되었다. 이번에는 스파르타와 그 동맹군이 아테네와 함께 페르시아의 대군에 저항했다. 레오니다스(Leonidas) 왕은 영화 〈300〉의 소재가 되기도 한 스파르타의 정예용사들과 함께 테르모퓔라이 전투(기원전 480)에서 죽음을 두려워하지 않고 페르시아 대군과 맞서 싸웠다. 비록 패하긴 했지만 승리에 못지않은 위대한 패배였고, 승리자는 패배자들보다 훨씬 더 큰 타격을 입어야 했다. 필사의 저지선을 뚫고 내려온 페르시아군을 기다린 것은 테미스토클레스(Themistocles, 기원전 524~459)가 이끄는 아테네 해군이었다. 대규모의 페르시아 해군을 좁은 해협으로 유인한 아테네의 전략은 완벽했다. 이것이 바로 살라미스 해전(기원전 480)이었고, 페르시아는 엄청난 타격을 입고 물러나야만 했다.

거대 제국 페르시아를 상대로 두 번의 승리를 이끈 아테네와 스파르타는 군사, 정치, 경제 면에서 그리스 세계의 패권을 쥐게 되었다. 물러난 페르시아의 야욕이 완전히 근절되지 않은 상태에서 그리스는 그들의 재침을 막기 위해 예전처럼 독립적으로 흩어져 있을 수만은 없었다. 탄탄한 동맹의 결성이 필요했다. 에게해 주변은 델로스 섬을 기점으로 해상동맹이 결성되었다. 아테네가 델로스 동맹의 수장 역할을 하면서 해상의 패권을 쥐게 되었다. 반면 남쪽에는 스파르타를 중심으로 펠로폰네소스 동맹이 결성되어 있었다. 이 가운데 아테네의 부상(浮上)이 주목할 만하다. 아테네는 정치 군사적 패권을 이용하여 막대한 재정을 운영할 수 있었고, 그 힘을 바탕으로 찬란한 문화의 꽃을 피웠다. 이른바 '소프트 파워(soft power)'의 경쟁력을 최고조로 고양시킨 페리클레스(Pericles, 기원전 495~429)는 델로스 동맹의 금고를 아테네의 아크로폴리스로 옮겨오면서 정치·경제·군사의 '하드 파워(hard power)'가 아테네의 것이 되게 하였으며[1] 이 둘을 효과적으로 결합하면서 아테네의 '스마트 파워(smart power)'[2]는 그야말로 절정에 올랐다. 이 시기의 문화적인 성취는 그리스 문명의 정수가 되었으며 서구문명의 뿌리가 되었다. 그 원동력은 아테네가 제국적인 패권을 행사하며 얻은 정치·경제·군사적인 힘에서 나온 것이다. 다시 말해 아테네가 제국의 면모를 갖추면서 그리스 문명이 절정에 이른 것이다.

정치·문화·경제·군사의 중심지가 되면서 다양한 지식인이 아테네로 몰려왔다. 아테네의 민주정은 시민뿐만 아니라 타 지역의 지식인에게 자유로운 토론의 장을 제공했고, 다양한 분야의 상상력을 자극했다. 프로타고라스, 고르기아스, 힙피아스 등 '소피스트'라 불리는 지식인들은 언어의 한계를 타진하며 교육의 새로운 바람을 일으켰고, 그들에 맞서 논쟁하던 소크라테스(기원전 469~399)는 '철학'이라는 지적 활동의 실체를 드러내주었다. 그리스 비극은 전통적인 신화와 서사시의 전통을 계승하면서도 비판적으로 발전시켜 서

---

1 '소프트 파워'와 '하드 파워'의 개념에 관해서는 J. S. Nye and R. O. Keohane (1977), *Power and Interdependence: World politics in transition*, Boston: Little Brown and Company를 참조하라.

2 '스마트 파워'에 관해서는 J. W. Ernest (2008), "Hard Power, Soft Power, Smart Power," *The Annals of the American Academy of Political and Social Science* 616(1): 110-124를 참조하라.

구 드라마와 문예 창작의 원천이 되었다. 아이스퀼로스(Aeschylos, 기원전 525~455), 소포클레스(Sophocles, 기원전 497~406), 에우리피데스(Euripides, 기원전 480~406)가 비극을 대표하는 3대 작가로 꼽힌다. 헤로도토스(기원전 484~425)는 그리스가 직면한 갈등과 불화의 조짐을 위기로 진단하면서 페르시아 전쟁의 찬란한 기억을 책에 담아 그리스의 단결을 촉구하기도 했다. 그의 역사책은 그를 역사의 아버지로 만들어주었다. 그러나 외부의 적을 몰아낸 그리스에는 얼마 지나지 않아 내부의 패권을 두고 치열한 경쟁이 시작되었다. 선봉에 선 두 도시는 아테네와 스파르타였다. 결국 그들은 27년간 진행된 펠로폰네소스 전쟁(기원전 431~404)에서 전력을 다해 싸웠고, 두 도시의 경쟁에 다른 도시국가들도 편을 갈라 개입하면서 그리스 전체는 또 다시 전쟁에 휩싸였다. 그렇게 그리스 고전기의 전반부인 기원전 5세기가 저물어갔다. 전쟁은 스파르타의 승리로 끝났고, 아테네는 치유하기 힘든 상처를 입고 말았다. 이 시기를 기록한 투퀴디데스(기원전 460~400)의 필체는 놀라웠다. 객관적인 사실에 기반하여 아테네의 운명을 냉철하게 예감하며 명료하게 그 전개를 그려나갔다. 전쟁의 아픔을 온몸으로 느끼던 민중의 고통을 풍자와 해학으로 달래며 평화와 진보의 전망을 상상했던 아리스토파네스(기원전 446~386)의 희극은 지금까지도 그 경쟁자를 찾기 힘들 정도다.

기원전 399년 소크라테스의 죽음은 기원전 4세기의 전망을 우울하게 만든 상징적 사건이었다. 아테네 민주주의는 건강한 힘과 방향성을 잃고 헤매는 것만 같았다. 반면 전쟁을 승리로 이끈 스파르타는 그리스 전체를 통제할 만한 제국적 시스템을 갖추고 있지 못했다. 소수의 시민이 다수의 노예를 통제하며 폐쇄적인 연합을 유지했기 때문에 외연의 확장이 쉽지 않았던 것이다. 그 사이 전쟁에서 패했던 아테네가 국력을 추스르며 스파르타에 도전하기 시작했고, 코린토스와 테베 등의 도시국가들이 새롭게 패권에 도전하며 스파르타의 경쟁자로 등장했다. 그러나 누구도 압도적인 힘을 발휘하지 못했다. 그리스 도시국가들 사이에 갈등과 혼란은 가중되었고, 지난 세기에 물러났던 페르시아는 그리스 내부의 갈등을 적절하게 이용하며 자신들의 정치적·군사적 영향력을 키워나갔다. 스파르타가 열세에 몰리면 그들에게 재정과 군사적 지원을 보냈고, 스파르타가 커지는 것 같으면 아테네나 테베를 도와 견제하는 식이었다.

이런 갈등의 와중에도 그리스 아테네의 지성은 무력해지거나 녹슬지 않았다. 서양철학사의 흐름을 가장 요령 있게 설명하는 말로 "서양철학은 플라톤의 각주에 불과하다"는 화이트헤드(A. N. Whitehead)의 말이 자주 언급되곤 하는데, 플라톤(기원전 428~348)이 바로 이 혼란의 시기에 활동하던 철학자였다. 그의 뒤를 이어 아리스토텔레스(기원전 384~322)는 세상의 모든 지식을 하나의 체계 안에 담아내려는 듯, 백과사전적 박식함을 유감없이 발휘하며 철학의 절정을 이루었다. 소크라테스, 플라톤, 아리스토텔레스로 이어지는 학맥은 인류 역사상 가장 위대한 것이라 해도 지나친 말이 아닌 듯싶다. 한편 데모스테네스(기원전 384~322)를 비롯해서 수많은 정치연설가는 아테네와 그리스를 위한 비전을 제시하며 서구 민주주의의 토론 문화와 수사적 역량의 원형을 보여주었다.

그리스 내부의 혼란과 갈등, 외부 세력의 위협에서 위기에 빠진 그리스에 새로운 지평을 연 세력은 그리스 북부의 마케도니아였다. 특히 마케도니아의 알렉산드로스 대왕(기원전 356~323)의 업적은 눈

부시다. 그는 막강한 군사력을 키워 그리스 패권에 도전하던 아버지 필립포스(기원전 382~336)의 구상을 완벽하게 실현시켰다. 그리스 내부를 군사적으로 통합하고 그 힘을 모아 마침내 페르시아로 건너갔다. 거대한 페르시아의 영토를 정복하여 그리스의 영향권 아래 놓은 것은 물론, 이집트를 정복하고 멀리 인도 서부까지 단기간에 광활한 영토를 정복했다. 가히 '헬레니즘 제국'이라 할 수 있는 새로운 제국을 건설한 것이다. 그는 군사적 원정으로 통합된 지역 안에 아테네를 중심으로 한 그리스 고전기의 위대한 업적을 심어놓은 것은 물론, 이방의 문화를 적극적으로 수용하려는 열린 태도로 동서 문화의 융합의 기틀을 마련하기도 했다. 알렉산드로스 대왕의 행적에 주목하면 당연히 조명받는 철학자가 있다. 바로 아리스토텔레스다. 그는 아테네에서 교육받고 연구하고 교육하며 대부분의 시간을 아테네에서 보냈지만, 원래 마케도니아 출신이다. 그런 인연으로 필립포스는 알렉산드로스의 어린 시절 교육을 아리스토텔레스에게 맡겼다. 그래서 알렉산드로스의 정치적 야망과 문화적 안목은 많은 부분 아리스토텔레스의 교육에서 비롯된 것이라는 추정은 합리적이다.

그 외에도 주목할 사람이 있다. 바로 이소크라테스(기원전 436~338)다. 그는 플라톤과 동시대에 활동한 지식인이며, 플라톤보다 먼저 학교를 세워 교육계에서 활동했으며, 플라톤보다 훨씬 더 인기 있고 영향력도 컸다. 이소크라테스는 주로 수사학교사로 알려져 있지만, 자신의 활동을 '철학(philosophia)'이라 불렀다. 그러나 그의 철학은 경쟁자였던 플라톤의 강력한 도전과 비판의 대상이었다. 그런데 우리가 이소크라테스에게 주목해야 하는 이유는 다른 무엇보다도 그의 정치적 비전 때문이다. 그는 시민들이 모인 제전이나 의회에 나가 정치연설을 하지는 않았지만, 그대신 자신의 연설문을 공적인 모임에서 끊임없이 발표했다. 특히 당대 그리스가 직면한 위기를 정확하게 진단하고, 그 위기를 극복할 정치적인 방안을 제시했다. 그가 평생 동안 주장한 정치적 이념을 흔히 '범(凡)그리스주의(Panhellenism)'[3] 라고 부른다. 그것은 필립포스와 알렉산드로스가 추구했던 그리스 통합과 페르시아 원정을 골자로 하는 것이었다. 거기에는 그리스 문명과 역사에 대한 자부심이 배어 있으며, 그것을 바탕으로 거대한 제국을 이룩하려는 꿈이 한껏 채워져 있다. 한마디로 그것은 알렉산드로스가 이룩한 거대한 헬레니즘 제국의 실현을 가능하게 한 이념적인 밑그림이었던 것이다.

2. 범그리스주의의 배경과 이념

기원전 4세기에 그리스가 직면한 위기를 극복하기 위해 이소크라테스는 '범그리스주의'를 내놓았다. 그는 기원전 380년경 아테네에 학

3 '범그리스주의'는 그린(P. Green)의 보고에 따르면, 그로테(G. Grote)의 *A History of Greece: From the earliest period to the close of the generation contemporary with Alexander the Great* (London, 1846-1856)에서 처음 사용했다(P. Green, 1996, "The Metamorphosis of the Barbarian: Athenian Panhellenism in a changing world," R. W. Wallace and E. M. Harris, eds., *Transitions to Empire: Essays in Greco-Roman history, 360-146 BC, in Honor of E. Badian*, pp. 5-36, Norman and London: University of Oklahoma Press, pp. 6, 28 n. 7). '범헬라스주의'라는 번역도 가능하지만, 김봉철의 번역을 따랐다. 김봉철(2001), 「이소크라테스의 유럽 관념의 실상과 한계」, 『서양고전학연구』 제16권, p. 48. 이 논문에서 김봉철은 "범그리스주의의 대표적인 주창자는 단연 이소크라테스였다"고 밝힌다.

교를 세우고 활동했는데[4] 인재를 양성하는 일뿐만 아니라 당대 아테네와 그리스가 직면한 정치적 사안에 관해서도 시의적절한 의견을 제시했다.[5] 그가 범그리스주의를 처음 공개적으로 제시한 것은 「시민 대축전에 부쳐(Panegurikos)」라는 연설문에서였다.[6]

> 이제 이방인들을 상대로는 전쟁을 하되, 우리 자신은 '한마음 한뜻(homonoia)'이 될 것을 제안하려고 합니다.(3)[7]

여기에서 "이방인"이란 거대한 제국의 페르시아인을, "우리 자신"이란 소규모 도시국가에 흩어져 살던 그리스인을 가리킨다. 기원전 4세기에 아테네는 20만 명 정도를 헤아리는 작은 도시국가였지만[8] 이소크라테스는 약 5천만 인구를 헤아리는[9] 거대 제국 페르시아를 공격

---

4 이소크라테스가 학교를 세운 것은 392년으로 플라톤이 아카데미아를 세우기 약 5년 전이었다. 당대 학생들의 수나 영향력을 비교한다면 이소크라테스가 플라톤보다는 더 컸던 것 같다. 물론 플라톤의 아카데미아가 이소크라테스의 학교에 버금가는 명성을 얻을 만큼 성장했다는 평가도 있다. M. Canto-Sperber (1998), *Philosophie grecque*, Paris: PUF, p. 194.

5 김헌(2015b), 「이소크라테스와 시민 교육」, 『서양고전학연구』 54권 1호, pp. 35-64.

6 이 연설문은 기원전 380년경에 유포되었으며, 다른 연설가에 의해서 올륌피아 축제 기간에 발표되었다(G. Norlin, 1928, *Isocrates*, Vol. 1, Cambridge, Mass.: Harvard University Press, p. 119). 그러나 작성된 기간은 기원전 390년부터 380년까지 약 10년이 걸린 것으로 알려져 있다. J. E. Sandys, ed. (1872), *Isocrates: Ad Demonicum et Panegyricus*, London, reprinted 1979 by Arno, pp. xlii-xliii.

7 이 글은 주로 『시민 대축전에 부쳐』에서 이소크라테스의 범그리스주의를 검토할 것이다. 이후 괄호 안의 번호는 이 연설문의 해당 부분을 가리킨다.

8 J. Ober (2010), "Wealthy Hellas"(Draft for the Transactions of the American Philological Association, 2011), Princeton/Stanford Working Papers in Classics, p. 27.

9 E. Yarshater (1996), *Encyclopaedia Iranica*, Routledge & Kegan Paul, p. 47. "Largest

하자고 배포 있게 주장했다. 이런 과감성은 기원전 5세기에 아테네가 갖게 된 역사적인 경험에서 비롯되었다. 아테네는 페르시아의 두 차례 대규모 침략에 맞서 기적 같은 승리를 거두면서 그리스를 구했고, 퇴각한 페르시아의 야욕과 재침략의 의지를 봉쇄하기 위해 델로스 동맹을 구상했으며, 동맹의 맹주로서 '제국'적인 패권을 행사했다. 이소크라테스의 공세적인 메시지는 아테네의 역사적인 기억과 저력에 바탕을 두고 현재의 위기를 직시하며 그려낸 정치적 상상력의 결정체였다.

그러나 인용된 이소크라테스의 정치적 구상이 그리스인의 군사적인 자신감과 제국주의적 팽창 의욕을 반영한 것이라고만 볼 수는 없다. 오히려 그리스가 직면했던 내부의 분열과 갈등, 전쟁에서 비롯된 위기의식의 발로였다. 그가 민감했던 그리스의 위기는 아테네와 스파르타 사이에 벌어졌던 펠로폰네소스 전쟁의 여파였다. 두 도시국가는 페르시아 전쟁을 승리로 이끈 주역이었지만, 외세를 물리친 전쟁이 끝나자 두 도시국가 사이에는 그리스 내전이라고 할 수 있는 펠로폰네소스 전쟁이 벌어졌다. 30년 가까이 진행된 전쟁은 스파르타의 승리로 끝났고, 스파르타는 패배한 아테네에 30인 참주의 괴뢰정부를 세웠다. 그러나 아테네는 곧 참주들을 몰아내고 민주정을 회복하여 국력을 추스리기 시작했다. 새롭게 다시 일어선 아테네는 테베와 코린토스, 아르고스 등과 함께 반(反)스파르타 연합전선을 만들어나갔다. 그러자 스파르타는 지난날의 적이었던 페르시아와 손을

---

empire by percentage of world population," Guinness World Records(검색일: 2015. 3. 11).

잡았다. 기원전 387년 양 진영 사이에는 '왕의 협정'이 체결되었다.[10] 스파르타는 그리스 본토에 대한 패권을 페르시아로부터 인정받으면서 그 대가로 페르시아에 이오니아의 그리스 식민도시국가들에 대한 통제권을 페르시아에게 인정했다.[11] 페르시아의 지원을 받은 스파르타는 그리스 도시국가들에 페르시아보다 더 위험한 존재가 되었고, 내부의 갈등은 점점 고조되었다.[12] 그리스 도시국가들 사이에 벌어진 경쟁 때문에 그리스 전체의 위기가 고조되는 상황에서[13] 범그리스주의는 갈등을 진정시키고 평화를 회복하며 발전을 도모할 수 있는 공동의 해법으로 이소크라테스가 던진 카드였다.

---

10 평화조약을 맺게 된 원인에는 페르시아와 스파르타의 갈등도 있었다. 페르시아 전쟁이 끝나고 얼마 후(기원전 401) 페르시아의 총독이었던 퀴로스가 그리스의 용병을 고용하여 아르타크세르크세스왕에게 반란을 일으켰다. 이때 스파르타는 페르시아에 맞선 퀴로스를 지원했다. 페르시아 왕은 발끈했다. 기원전 395년 테베와 아테네가 주축이 된 포이오티아 동맹군이 스파르타를 상대로 코린토스 전쟁을 일으켰을 때, 페르시아는 포이오티아 동맹군을 지원했다. 스파르타는 페르시아의 힘에 굴복해야 했다. 전쟁은 페르시아와 스파르타가 "왕의 협정"(안탈키다스 조약, 기원전 387)으로 막을 내렸다.

11 스파르타는 펠로폰네소스 전쟁이 막바지에 이른 기원전 415년경 해군력을 보강하기 위해 페르시아의 지원을 받은 적이 있다. 그 지원 덕택에 스파르타는 아테네의 해군력을 압도할 수 있었고 전쟁을 승리로 이끌 수 있었지만, 그 대가로 이오니아 지역의 그리스 식민도시국가들을 페르시아에 양보해야만 했다. 이와 같은 전례는 기원전 4세기에 이르러서 다시 아테네와 경쟁을 하는 와중에 되풀이되었다. P. Carlier (1995), *Le IVe siècle grec jusqu'à la mort d'Alexandre*, Paris, pp. 11-14.

12 S. Usher (1990), *Greek Orators III: Isocrates, Panegyricus and Ad Nicoclem*, Warminster: Aris & Phillips, p. 19.

13 헤로도토스에 따르면, 다레이오스왕이 집권한 이후 이어지는 3세대 동안 그리스는 그 이전의 20세대 동안보다 더 많은 불행을 겪었는데, "그중 일부는 페르시아인들에게 당한 것이었지만, 일부는 헬라스의 주도적인 국가들 사이에 패권(arkhê)을 두고 벌인 전쟁에서 비롯된 것이었다." 헤로도토스, 『역사』 제6권, p. 98. 인용문은 천병희(2009, 숲)의 번역을 고친 것.

"우리 자신들 사이에 존재하는 경쟁심을 버리고 함께 힘을 모아 이방인들과 전쟁을 하자"[14]는 이소크라테스의 범그리스주의는 두 부분으로 이루어진다. '그리스 내부의 이질성을 극복하고 동질성을 구축하려는 의지'와 '위협적이고 이질적인 그리스 외부 세력에 대한 정복', 즉 '이질적인 외부를 자신의 것에 맞춰 동질화하는 욕망'이다. 그런데 범그리스주의는 모든(Pan-) 그리스(Hellas) 사람들이 비록 수많은 도시국가에 흩어져 살고는 있지만, 같은 핏줄의 한 민족이니 서로 싸우지 말고 한마음 한뜻이 되어 평화롭게 살자는 주장만으로도 충분히 의미가 있어 보인다. 굳이 통합된 여세를 몰아 외부의 세력을 공격해서 정복해야 할 이유는 없어 보인다. 다시 말해 제국주의적 팽창은 범그리스주의를 넘어서 일종의 잉여처럼 보인다.

실제로 범그리스주의는 그 잉여적인 함축으로 해석되었다. 플라워(M. A. Flower)의 보고에 따르면, 그것은 크게 "두 가지로 구분되는, 그러나 서로 연결된 의미를 갖는다."[15] 첫째, "그리스라는 종족적인

14 『시민 대축전에 부쳐』 19. 여기에서의 수사학적 배치는 앞에서 인용한 『시민 대축전에 부쳐』 3에서의 배치와 사뭇 다르다. 그는 그리스인들의 하나 됨을 앞에 제시하고 동방원정을 뒤에 제시하는 방식으로 논리적인 순서를 제대로 지키고 있다. 『시민 대축전에 부쳐』를 발표한 때로부터 41년이 지나 97세에 쓴 『전 아테네 축전에 부쳐(*Panathenaikos*)』(13-14)에서도 이와 같은 배치를 하고 있다. "저는 헬라스인들이 서로 한마음 한뜻이 되어 저 이방인들을 치기 위한 원정을 떠나야 한다고 촉구하는 한편, 우리 모두가 함께 아주 크고 조건이 좋은 지역을 식민지로 삼기 위해 파병을 하자고 제안합니다. … 이것보다도 더 아름답고 더 중요하며 우리 모두에게 더 많은 이익을 가져다줄 수 있는 행위를, 설령 여러분 모두가 함께 모여 찾는다고 해도, 발견할 수는 없을 것입니다."

15 M. A. Flower (2000), "From Simonides to Isocrates: The fifth-century origins of fourth-century panhellenism," *Classical Antiquity* 19(1): 65-66.

정체성의 개념"이다. 그리스 사람은 같은 종족(또는 민족)이며, 이방인들(특히 페르시아 사람)과는 구분(또는 대립)된다는 것이다. 이와 같은 개념은 페르시아의 침략과 항전을 통해 형성되어 급속하게 발전되었다.[16] 여기에서 외부, 특히 페르시아에 대한 이질감과 적대감이 생길 수도 있다. 둘째 의미는 좀 더 적극적이며 공격적이고 이념적인 것이다. 이것은 그리스 사람들의 민족적 동질성을 확인하고 회복하며 확립하는 것에 그치지 않고, 이질적이며 적대적인 대상을 공격하고 정복하려는 욕망으로 이어진다. 플라워는 바로 이 개념에 특히 관심을 집중시킨다.[17]

플라워는 기원전 5세기에서 4세기에 이르는 그리스 지성사의 흐름을 따라가며 여러 사람들의 범그리스주의의 주장을 수집하여 그 개별적인 특징을 잘 보여주었으며, 범그리스주의가 그리스의 하나됨에 멈추지 않고 페르시아에 대한 선제적인 공격을 포함하고 있다는 공통의 특징도 잘 보여주었다. 그러나 왜 두 계기가 하나로 묶일

---

16 E. Hall (1989), *Inventing the Barbarian: Greek self-definition through tragedy*, Oxford: Clarendon Press; J. M. Hall (1997), *Ethnic Identity in Greek Antiquity*, Cambridge: Cambridge University Press.

17 플라워에 따르면, 페르시아에 대한 민족적 이질감이나 적대감에서 그치지 않고 동방원정을 통한 페르시아의 정복을 범그리스주의의 궁극적인 목적으로 해석하는 학자들은 다음과 같다. J. Kessler (1911), *Isokrates und die panhellenische Idee*, Paderborn; J. H. Sussman (1921), *Die Grundzüge der panhellenischen Idee im 5. und 4. Jahrhundert v. Chr.*, Zürich; G. Mathieu (1925), *Les idées politiques d'Isocrate*, Paris; S. Perlman (1976), "Panhellenism, the Polis and Imperialism," *Historia* 25: 1-30; M. B. Sakellariou (1980), "Panhellenism: From concept to policy," *Philip of Macedon*, M. Hatzopoulos and L. Loukopoulos, eds., Athens: Ekdotike Athenon S.A., pp. 128-145; P. Green (1996), pp. 5-36.

수 있는지에 관해서는 명확한 해명을 찾기 힘들다. 이 글은 그 부분의 해명에 초점을 맞춘다. 간략하게 말하면, 이소크라테스가 범그리스주의를 종족이 아니라 이념의 동질성으로 규정하려고 했기 때문에, 종족에서 이질적인 페르시아를 '그리스'라는 공동체 안에 강제로라도 포섭하려는 제국주의적인 전략을 갖게 된다는 것이다.

실제로 이소크라테스는 그리스를 혈연적인 종족적 공동체로 보지 않았다. 그에게 '그리스'는 같은 교육을 받고 같은 사상을 갖게 되어 역사와 종교를 공유하며 운명을 같이하는 이념적 공동체였다. 혈연적 공동체라면 외연의 확장은 제한적이며 더디게 진행될 것이다. 그러나 특정한 사고방식과 생각만 같이한다면 하나가 될 수 있다는 이념의 공동체를 내세우면, 그 외연은 혈연이나 지역에 제한을 받지 않고 확장될 수 있다. 실제로 이소크라테스는 그리스를 하나의 이념의 공동체로 규정하고, 이념의 공동체로 그리스를 묶어준 것이 바로 아테네였다고 주장한다.

> 우리 도시[아테네]는 현명한 생각에서나 말하는 것과 관련해서나 다른 사람들보다 너무나 앞서 나간 나머지, 이 도시에서 배운 학생은 다른 사람의 교사가 되었습니다. 또한 '헬라스 사람들'이라는 이름이 더는 종족이 아니라 그런 생각을 가리키는 것이라는 의견을 만들었고, 공통되는 태생적 조건을 갖는 사람이 아니라 우리의 교육을 함께 받은 사람들이 오히려 '헬라스인들'이라고 불릴 수 있도록 만들었던 것입니다.(50)

이소크라테스는 그리스(헬라스)라는 공동체를 혈연적인 동질성이 아니라 생각과 사상의 동질성 위에 성립한다고 규정한다. 그가 말한 '한마음 한뜻(homonoia)'도 혈연적인 동질성을 강조하는 것이 아니다. 그야말로 생각이 같다는 뜻이다. 같은 생각을 갖게 하는 것은 교육이다. 교육을 통해 사람들은 같은 역사와 문화와 가치를 공유할 수 있다.

이념적 공동체로서의 '그리스'를 만드는 데 앞장선 것은 단연 아테네였다. 아테네는 서로 다른 도시국가에 사는 사람들이 같은 생각을 갖게 한 교사와 같은 존재였고, 수많은 도시국가를 건설하여 사람들이 건너가 살 수 있게 해주었고, 다른 도시 사람들의 궁핍을 외면하지 않고 돌보아주었다. "이방인을 우호적으로 환영하고 모든 사람들을 한 집안 사람처럼 대했으며"(41) 페이라이오스 항구를 세워 여러 지역의 무역을 가능하게 했다.(42) 모든 그리스인이 참여하고 외국인도 참관할 수 있는 다양한 종교적 행사와 축제를 개최하는 것도 서로 적대감을 풀고 서로에 대해 호의적인 태도를 취하며 새로운 동료의식을 만들 수 있는 전통도 마련해주었다.(43)

또한 지혜를 사랑하고 가르치는 '철학(philosophia)'도 만천하에 보여주었다.(47) 이소크라테스의 철학은 플라톤이나 아리스토텔레스의 그것과는 사뭇 달랐다. 철학이 '지혜(sophia)에 대한 사랑(philo)'이라고 할 때, 이소크라테스가 생각하는 지혜는 '급박한 정치적 상황에서 시의적절한(kairos) 판단을 내릴 수 있는 현명함(phronêsis)과 그 생각을 말(logos)에 담아 의견(doxa)을 구성하는 능력'이었다.[18] 따라서 말

---

18 따라서 지혜를 사랑하는 철학은 그런 현명함과 능력을 추구하며 자기 영혼을 돌보는 것(epimeleia tês psukhês) 그리고 다른 이들에게 그런 능력과 현명함을 가르치는 교

은 절대적인 진리를 탐구하는 도구라기보다는 공동체 구성원의 소통을 가능하게 해주고 한마음 한뜻이 될 수 있도록 서로 다른 의견을 확인하고 조율하는 공적인 도구였다.

그밖에도 이소크라테스는 종교와 신화, 법과 제도, 군사적 연대의 기억과 역사 등을 한마음 한뜻을 이루는 중요한 요소로 꼽았다. 이런 요소들은 같은 말을 쓰면서 민족적으로 동질적인 그리스 사람들을 한마음 한뜻으로 묶을 수 있었다. 그런데 그것뿐만이 아니다. 그리스를 이념적 공동체로 규정하는 순간, 민족적으로 이질적인 사람들조차도 그리스인으로 포섭할 수 있다는 확장성을 갖는다.

3. 문명화와 계몽적 성격

이소크라테스의 생각을 확대 해석하면, 누구나 그리스의 말과 정신, 가치와 이념을 배워 자기 것으로 삼는다면, 비록 그가 혈통이나 종족으로는 이민족이며 심지어 페르시아인이라고 할지라도 그리스인이 될 수 있다. 게다가 그리스의 정신과 문화, 세계관과 사고방식, 정치와 법의 원칙이 인류에게 가장 위대한 것이고 누구나 존중하고 따를 수밖에 없는 보편적인 의미와 가치를 갖는다고 확신하게 되면, 그리

육(paideia)이었다. Kim, H. (2012), "Isocrates' Philosophy in Relation to Education," *The Journal of Greco-Roman Studies* 47: 5-33; 김헌(2013), 「이소크라테스의 철학과 파이데이아에서의 '의견(doxa)': 플라톤의 '의견' 개념과 비교 연구」, 『서양고전학연구』 제50집, pp. 73-99; 김헌(2016), 「그리스 고전기에 아테네가 보여준 철학」, 『서양고전학연구』 제55권 2호, pp. 145-182.

스를 확장하는 일은 보편적 가치를 실현하는 문명사적 사명이 된다. 인간이면 누구나 '그리스인'이 되어야 하며, 그리스를 중심으로 세계 시민주의(cosmopolitanism)를 이루어야 한다고 생각하기 때문이다. 따라서 범그리스주의의 궁극적인 내용은 '미개하고 야만적인' 이질적인 대상들을 위대한 그리스의 정신과 문화로 개화시키는 일까지 함축하게 된다.

아리스토텔레스에 따르면, 그리스가 하나가 된다는 것은 단순히 혈통적으로 그리스인만이 하나의 공동체를 이루는 것에 그치지 않고, 이념적으로 이질적인 이방의 페르시아인을 그리스인으로 만드는 일을 포함한다. 그래서 진정한 그리스인이라면 세상 모든 사람을 그리스적인 것으로 한마음 한뜻이 되게 해야 하며, 문명화의 깃발을 들고 페르시아로 원정을 떠나야만 한다. 이렇게 그의 범그리스주의의 두 부분은 자연스럽게 연결된다. 이념적으로 한마음 한뜻이 되는 그리스 공동체를 만들자. 위대한 그리스 문명으로 하나가 되자. 그러니 야만적인 이방인을 그리스인으로 만들자. 그들의 제국을 그리스의 제국으로 만들자! 이와 같은 범그리스주의라면 문명화(civilization)와 계몽(enlightenment)의 사명으로 충만한 것이 된다.

물론 이소크라테스가 이와 같은 '오리엔탈리즘'적 제국주의를 의식했는지는 심각한 논쟁의 대상이 될 것이다. 그의 범그리스주의가 그런 함축을 갖는지도 마찬가지다. 어쩌면 이소크라테스의 주장이 그렇게 야심만만하지 않고 의외로 단순한 것일 수도 있다. 페르시아를 가만 두면 자꾸 그리스를 건드리고 분열시키며 호시탐탐 그리스를 침략하려고 하니까, 그럴 바에는 아예 먼저 그들을 쳐서 고통과 파멸과 위험의 불씨를 죽이자는 전략일 수도 있다. 그리스의 내부 분열과 궁핍과 같은 정치적이고 경제적인 문제는 페르시아 제국을 정복함으로써 해소할 수 있다는 셈법에서 범그리스주의를 주장한 것일지도 모른다. 그렇다면 이소크라테스는 플라워의 첫 번째 개념처럼 민족적인 동질성을 강조하여 범그리스주의를 주장하는 것이 더 유리했을 것이다. 문화적 우월성이나 이념적인 동질성보다는 민족적인 동질성을 강조하는 것이 단합을 더욱 강하게 하고 페르시아의 위협에 맞서 하나로 뭉쳐야 할 이유를 훨씬 더 강하게 부각시킬 수 있기 때문이다.

그럼에도 이소크라테스가 그리스를 이념적 공동체로 주장한 것은 문명화와 계몽의 사명에서가 아니라, 단순히 아테네가 주도권을 쥐고 그리스의 지도자 역할을 해야 하는 이유를 강조하기 위해서였을 수도 있다. 『시민 대축전에 부쳐』가 발표될 당시에 객관적인 국력은 스파르타가 아테네보다 우위에 있었다. 이런 상황에서는 아테네가 스파르타보다 정신적이고 이념적인 측면에서는 훨씬 더 우위에 있다고 강조해야 한다. 이소크라테스는 이 연설문의 앞부분에서는 스파르타와 아테네가 힘을 합쳐 그리스를 이끌어야 한다고 주장했다. 그러나 그는 곧바로 의견을 수정했고, 스파르타보다는 아테네가 주도권을 갖는 것이 더 좋다고 주장했다. 일단 과거 역사를 상기하면서 아테네가 군사적으로 저력이 있음을 보여주었으며(99) 그와 동시에 스파르타가 페르시아와 손을 잡고 그리스의 패권을 노렸으며 그 대가로 이오니아 지방의 그리스 도시국가들을 페르시아에 넘겨주었다고 공격했다. 페르시아는 타협의 대상이 아니라 전쟁의 대상이며, 그들을 끌어들여 그리스의 평화를 유지하려는 것은 어리석은 일이라는 것이다.(125)

이소크라테스의 주장은 명백하다. 그리스가 내부의 분열과 갈등, 다툼을 멈추고 하나가 되어야 하고, 하나 된 그리스를 아테네가 주도권을 쥐고 이끌고 나갈 것.[19] 그렇지만 물음은 여전하다. '좋다. 아테네가 그리스 세계의 단합을 주도할 지도자로서의 조건을 갖췄다고 하자. 그런데 왜 그리스가 페르시아를 쳐야 하지?' '페르시아는 위험하니까. 언제 우리를 칠지 모르니까.' 이것은 불충분한 대답이다. 그런 이유라면 방어체제를 굳게 하는 것으로 충분하기 때문이다. 군사를 모아 페르시아를 친다는 것은 그 자체로 위험한 일이며, 승산도 많지 않아 보인다. 위험 요소를 완전히 뿌리 뽑아야 한다는 주장만으로는 동방원정의 정당성을 얻기 힘들다. 실제로 기원전 5~4세기에 범그리스주의를 두고 많은 그리스의 지도자들이 고민하는 과정에서 동방원정에 대한 경계심을 표했으며, 이소크라테스의 촉구와 권유에

---

19 이소크라테스는 아테네가 단독으로 주도권을 쥐어야 한다고 주장했다고 해석하는 것이 자연스러운데, 이와 같은 해석은 다음과 같은 글에서 읽을 수 있다. T. T. B. Ryder (1965), *Koine Eirene: General peace and local independence in ancient Greece*, London: Oxford University Press, p. 50; J. Dillery (1995), *Xenophon and the History of His Times*, London: Routledge, p. 56. 그러나 플라워는 이와 같은 해석을 반대한다. 이소크라테스가 선택한 고도의 수사학적 전략을 제대로 포착하지 못한 순진한 해석이라는 것이다. 당시 스파르타는 아테네가 넘볼 수 없는 패권을 차지하고 있었고, 아테네에게 최선은 스파르타와 함께 주도권을 나누는 것이었다. 이런 상황에서 스파르타-아테네의 쌍두마차 체제를 유지하기 위해 가장 효과적인 수사학적 방법은 "아테네가 스파르타보다 주도권을 쥘 자격이 더 많다는 것을 보여주는 것"이었다. 그의 수사학적 전략은 결국 아테네가 주도권을 단독으로 갖는 것(sole hegemony; cf. 18-20, 99)이 더 낫다고 주장함으로써 이소크라테스는 아테네가 스파르타와 함께 주도권을 쥘 수 있기를(shared hegemony; 17, 185, 188) 희망했다는 뜻이다. M. A. Flower (2000), p. 94; 김헌(2015a), 「『시민 대축전에 부쳐』에 나타난 이소크라테스의 수사적 전략」, 『수사학』 제24집, pp. 49-89.

유력한 지도자들이 부응하지 않았다.

이소크라테스가 최초로 '범그리스주의'를 주장한 것은 아니다. "물론 저는 자칭 소피스트라고 하는 사람들의 많은 수가 이런 말을 하겠다고 달려들었다는 사실을 잘 알고 있습니다."(3) 대표적으로 꼽히는 사람이 소피스트인 고르기아스와 법정연설문 작성가인 뤼시아스다. 그들만이 아니다. "우리 자신들이 서로에 대해 가지고 있는 적대감은 완전히 풀어버리고 그것을 그 이방인[20]에게로 돌려야 한다고 훈계하면서, 우리 사이에서 벌어지는 전쟁에서 생겨난 불행과 그를 치는 원정에서 생겨날 이점들을 자세하게 열거하는 사람들이 있습니다."(15) 이소크라테스는 이런 사람들의 정치적 비전을 계승했던 것이다.

기원전 5세기부터 4세기를 살아가던 그리스 사람들에게 페르시아는 강력한 적대국이었고 두렵고 위협적인 존재였다. 이방인들에 대해 그리스인이 소리 높이는 호언장담, 문화적·정신적 자신감과 정치적 우월감은 그들의 가슴 속에 잠재되어 있던 두려움의 반증이기도 했다. 헤로도토스는 그와 같은 적대감을 상호적인 것으로 재구성했다. 그는 그리스와 이방인, 유럽과 아시아, 두 진영의 갈등이 여자 문제로 시작되었다는 전설을 전해주었다. 먼저 포이니케인들이 그리스로 와서 이오 공주와 여인들을 납치해서 이집트로 달아났다. 그러자 크레타인들은 포이니케의 튀로스로 가서 에우로파를 납치했고, 이올코스의 이아손은 콜키스로 가서 메데이아 공주를 납치했다. 아

20 페르시아의 왕 아르탁세르크세스(기원전 404~359)를 가리킨다.

시아의 차례가 되자 트로이아의 파리스는 스파르타로 가서 메넬라오스의 왕비 헬레네를 납치했다. 그리스인들은 헬레네를 빼앗기자 대군을 일으켜 아시아를 공격했고 트로이아의 군대를 궤멸시켰다. 동방의 페르시아인의 눈에 이것은 서방의 과잉반응이었다. 여기에서 그리스에 대한 페르시아인의 적대감이 비롯되었다고 헤로도토스는 말한다.[21]

트로이아 함락에 대한 아시아인의 보복은 오랫동안 이루어지지 않았다. 오히려 그리스가 다시 아시아를 도발했다. 아테네를 비롯한 그리스의 도시국가들은 아시아 대륙으로 건너가 식민도시를 건설했는데, 이것도 그리스가 아시아를 침략한 사례였다.[22] 페르시아가 그리스의 식민도시들을 정복하자, 기원전 499년에 이오니아에 살던 그리스인들은 강하게 저항했다. 이들은 그리스의 도시국가들에 도움을 요청했다. 헤로도토스의 기록에 따르면, 밀레토스의 참주였던 아리스타르고스는 스파르타의 클레오메네스를 찾아와 원조를 요청했는데, 그때 이미 동방원정까지 제안했다고 한다.

> 헬라스 신들의 이름으로 간청하오니, 그대들은 같은 핏줄을 가진(homaimonas) 이오니아 사람들을 노예 상태에서 구해주십시오. 그대

---

21 헤로도토스, 『역사』 제1권 4-5.

22 "전쟁이나 내분 때문에 나라에서 쫓겨난 자들 가운데 가장 유력한 자들이 헬라스의 다른 지방에서 안정된 공동체인 아테네로 망명하여 그곳 시민이 되었고, 그 결과 도시의 인구가 증가하여 앗티케 땅으로는 수용할 수 없게 되자, 아테네는 이오니아 지방에까지 이주민을 내보냈다." 투퀴디데스, 『펠로폰네소스 전쟁사』 제1권 2.6. 천병희의 번역(숲, 2011)을 고쳐서 인용했다.

들에게 그것은 쉬운 일입니다. 이방인들은 용감하지 못한 데 반해, 그대들은 전쟁에 관해서는 가장 뛰어난 능력(aretē)을 갖춘 전사들이기 때문입니다. … 코아스페스 강변에 수사가 자리 잡고 있는데, 수사는 대왕이 거주하고 그의 보고(寶庫)들이 있는 곳입니다. 그대들이 이 도시를 함락하면 제우스와도 부를 겨룰 수 있을 것입니다. … 손쉽게 아시아 전역의 패권을 차지할 수 있는데, 어째서 다른 길을 선택하시렵니까?[23]

아리스타르고스는 혈연적인 동질성을 강조하는 한편, 동방원정의 정치경제적 이익이 무엇인지를 분명하게 밝혔다. 그러나 클레오메네스는 그의 제안을 거절했다. 반면 아테네는 지원군을 이오니아에 파견했고, 페르시아의 사령부가 있는 사르디스까지 진격했다. 그러나 페르시아는 기원전 494년에 이오니아의 반란을 완전히 진압했고, 아테네에 대한 응징으로 그리스를 침공했다.

페르시아 전쟁은 이렇게 시작되었다. 헤로도토스가 전해준 것처럼 단순히 '여자 문제'가 아니라 정치경제적이며 군사적인 것이었다. 트로이아 전쟁에서 그리스인이 보여주었던 동방원정에 대한 군사적 대응으로서의 서방원정이었다. 천신만고 끝에 전쟁은 그리스 연합군의 승리로 끝났다. 그러나 그 이후 페르시아는 계속해서 그리스에 위협적인 존재였다. 헤로도토스가 트로이아 원정을 페르시아 원정에 빗대어 이야기한 것도 사실은, 페르시아 전쟁에서의 승리에도 불구

---

23 헤로도토스, 『역사』 제5권 49.

하고 여전히 가시지 않는 페르시아에 대한 두려움을 감추려는 그리스인의 허세로 읽힐 수 있다.

그리고 트로이아 전쟁을 노래한 호메로스의 『일리아스』와 『오뒷세이아』가 문서화되고 인문교양 교재로서 권위를 본격적으로 인정받았던 시기를 기원전 9~8세기가 아니라, 페르시아 전쟁 이후인 기원전 5~4세기 그리스 고전기로 끌어내릴 수 있다는 주장도[24] 같은 맥락에서의 정치적·군사적인 이유가 있다. 그리스인이 페르시아의 위협에 대한 공포와 두려움을 떨쳐버리기 위해 아킬레우스와 오뒷세우스를 영웅으로 기억하고 교육할 필요가 있었던 것이다. 아이스퀼로스, 소포클레스, 에우리피데스 등 기원전 5세기 그리스 고전기의 작가들이 트로이아 전쟁의 일화를 아테네 시민들이 모두 모인 디오뉘소스 극장의 비극 무대에 올려놓았던 것도 이와 같은 정치적인 분위기와 관련이 깊을 것이다.[25]

실제로 범그리스주의는 페르시아 전쟁 이전에는 찾아보기 힘든

24 이태수(2013), 「호메로스의 영웅주의 윤리관」, 『서양고전학연구』 제50집, pp. 6-8.

25 기원전 4세기 중엽 동방원정을 감행한 알렉산드로스 대왕의 일화는 그와 같은 문화적 취향의 정치적 이념화를 보여준다. 알렉산드로스는 페르시아를 정복하기 위해 창과 칼뿐만 아니라 트로이아 전사들의 무용담으로 무장했다. 그는 어려서부터 '아킬레우스'라고 불렸고 아킬레우스를 자신의 이상형으로 삼았으며 동방원정의 의미를 그에게서 찾았다. 기원전 334년에 코린토스에서 그리스인들의 회의가 열려 페르시아 원정이 결정되었을 때, 알렉산드로스가 그리스 연합군을 이끌 총사령관으로 공표되었다. 그는 트로이아 원정의 최고 사령관이었던 아가멤논의 뒤를 잇는 제2의 아가멤논으로 자리매김되었고, 아킬레우스의 뒤를 잇는 제2의 아킬레우스가 되길 원했다. 그의 동방원정은 개인적인 야심의 실천이기도 했지만, 페르시아 전쟁 이후 본격화된 범그리스주의적 감정과 열망의 완결판이었다.

것이었다.[26] 서로 흩어져 싸우던 그리스인들이 공동의 거대한 적을 맞이하는 순간 자신들이 같은 민족으로 뭉쳐야만 할 공동체의 일원임을 자각한 것이다. 범그리스주의가 페르시아 전쟁을 계기로 탄생한 것이었으므로 그리스의 하나 됨은 역사적인 경험을 통해 형성되었던 관념이었고, 페르시아를 공세적으로 치자는 것 역시, 일단은 고통스러웠던 전쟁의 역사적 경험을 미래에는 반복하지 않으려는 데서 나오는 생존 전략이었을 것이다.

페르시아 전쟁을 종식시킨 플라타이아 전투(기원전 478)의 승리를 노래한 시모니데스(기원전 556~468?)의 시 한 구절에서 이미, 웨스트(M. L. West)가 복원한 바에 따르면, 그리스인들이 동방원정을 열망하고 있음을 보여준다. "[아레스는 새로운] 연합군을 완성하여 [메디아인들(페르시아인들)을] 아시아에서 몰아낼 것이며, [제우스는 아테네에게 나중에] 고개를 끄덕여 주었다네."[27] 이것은 거대 제국의 침략을 성공적으로 막아낸 감격이 아시아로 쳐들어가 페르시아인을 몰아내야겠다는 자신만만한 야심으로 표현된 것이다. 그리스의 정신적이고 이념적인 자산에 대한 자신감과 문명화, 계몽의 의지는 보이지 않는다. 오

26 많은 학자들은 범그리스주의가 형성된 것을 대체로 기원전 5세기 후반으로 잡는다. P. Cartledge (1993), *The Greeks*, Oxford: Oxford University Press, p. 43; J. de Romilly (1988), *Les grands sophistes dans l'Athènes de Périclès*, Paris, Éditions de Fallois; S. Perlman (1976), pp. 1-30. 특히 로밀리(J. de Romilly)는 범그리스주의를 소피스트운동과 함께 형성된 것으로 보았다. 그러나 많은 문헌적인 증거들은 플라워가 보여주는 바와 같이 페르시아 전쟁이 종료된 후인 5세기 전반에도 이미 동방원정의 구상들이 있었음을 보여준다.

27 M. L. West (1993), "Simonides Redivivus," *Zeitschrift für Papyrologie und Epigraphik* 98, S. 1-14.

히려 원정에 대한 자신감의 바탕에는 페르시아의 위협에 대한 두려움을 이겨내야만 한다는 안전의 욕구가 깔려 있다. 따라서 동방원정에 대한 촉구는 감정적이며 방어적인 함축을 가진 것이었지 적극적인 이념은 아니었을 것이다. 중요한 것은 그리스가 더는 페르시아의 침략에 노출되지 않도록 단합된 힘을 갖추는 데 있었다.

이러한 페르시아에 대한 공세적인 의미의 범그리스주의는 기원전 5세기부터 꾸준히 성장했다. 기원전 466년 팜퓔리아의 에우뤼메돈 강에서 동방의 세력들을 상대로 승리를 거둔 키몬은 페르시아와의 전쟁을 재개하기 위해 스파르타의 도움이 필요하다고 생각했다. 그의 의도는 육상에서의 스파르타 전력과 해상에서의 아테네의 전력이 전체 그리스를 이끌어 페르시아를 공격하겠다는 것이었다. 키몬을 두고 "전 그리스인들의(panhellēnōn) 최선의 지도자"라고 노래한 희극작가 크라티노스의 표현에서[28] 키몬의 범그리스주의의 공세적 태도를 읽을 수 있다. 페르시아 원정을 위해 그가 주장한 아테네와 스파르타의 '쌍두마차체제'는 페르시아 전쟁의 승리에 대한 기억에서 비롯된 역사적 산물이었다. 그러나 키몬의 구상은 펠로폰네소스 전쟁으로 깨졌고, 두 도시국가는 물론 그리스 전체가 전쟁의 고통으로 시달려야 했다.

그런데 키몬은 왜 페르시아에 대한 원정을 주장했을까? 그는 페르시아를 그리스에 위험한 세력으로 생각했으며, 그리스의 단합과 발전을 위해서는 페르시아를 정복하는 것이 가장 유력한 방법이라고

---

28 플루타르코스의 『키몬의 생애』 10.4. (크라티노스의 단편 1)

판단했던 것이다. 아리스토파네스가 『뤼시스트라테(*Lusistratē*)』에서 스파르타와 아테네의 어리석음을(1129-1134행) 특히 스파르타의 배은망덕을 비판하면서(1143-1146행) 페르시아 전쟁의 기억을 되살려냈고, 둘 사이의 친애(philia)와 맹약을 기원했는데(1246-1268행) 바로 이 대목에서 키몬의 정치적 구상의 근본적인 취지를 읽어낼 수 있다.

한편 에우리피데스의 비극 『아울리스의 이피게네이아』는 트로이아 원정을 위해 자신의 목숨을 희생하는 아가멤논의 딸 이피게네이아의 비장한 각오를 아테네 시민들에게 상기시켰다.

> 헬라스를 위해 제 목숨을 바치겠어요. 그대들은 나를 제물로 바치고, 트로이아를 함락하세요. 그것은 두고두고 내 기념비가 되고, 내 자식이, 내 결혼이, 내 영광이 될 거예요. 어머니, 헬라스인들이 이방인들을 지배해야지 이방인들의 지배를 받아서는 안 돼요. 이방인들은 노예고, 헬라스인들은 자유민이니까요.[29]

여기에서 그리스인이 페르시아인의 침략과 지배를 두려워하는 이유가 드러난다. 나아가 페르시아를 정복해야 하는 이유도 보인다. 그것은 정치적인 우월감으로 표현되었다. 노예이며 야만적인 이방인들에게 자유민이며 문명인인 그리스가 지배를 받을 수는 없고 오히려 그 반대여야 한다는 것이다. 적에게 당한 패배는 그 자체로 고통이겠지만, 그 적이 문명인이 아니라 야만인이며, 관대하고 너그러운

29 에우리피데스(2009), 『아울리스의 이피게네이아』 1397-1401, 천병희 옮김, 숲.

자유시민이 아니라 패악질을 부끄러워 할 줄 모르는 노예라면 그 패배는 결코 견딜 수 없는 것이 되고 만다.

이 대목에서 범그리스주의는 새로운 국면을 맞이한다. 그리스 문화의 우월성에 대한 이념, 그리고 그리스 정신이 세계를 지배해야 하는 보편적 가치를 가지고 있다는 생각이 범그리스주의의 중요한 요소가 된다는 것이다. 이로써 그리스인은 단순히 혈통으로 결정되는 것이 아니라, 자유인이라는 정치적인 이념으로 규정되어야 한다. 그리스인이란 단순히 그리스 종족을 뜻하는 것이 아니라 자유를 누리며 자유를 지키는 시민을 뜻한다. 그리고 페르시아의 위협을 완전하게 해결하는 것은 단순히 군사적으로 페르시아를 굴복시키고 지배하는 것이 아니라 자유와 문화, 말과 지혜를 사랑하며(philosophos) 철학을 존중하며, 아름다움을 사랑하는(philokalos) 그리스인으로 만들 때만 가능하다. 설령 그 이념은 구체적으로는 군사적 원정으로 실천해야 하지만, 궁극적으로는 페르시아를 포함하여 전 세계인이 이념적으로 그리스인이 될 때 완성되는 것이다. 이와 같은 범그리스적 의식은 기원전 4세기에 이소크라테스에 이르러 이념적 측면에서 명확해진다.

4. 맺는말: 헬레니즘 제국의 성립과 경계의 목소리

그리스의 단결과 페르시아에 대한 원정을 역설했던 이소크라테스는 스파르타와 아테네가 공동의 주도권을 행사하는 '범그리스주의'를 구상했다. 그러나 그것이 여의치 않자, 아테네가 단독으로 주도권을 행사하여 그리스를 통합하고 동방원정에 나서줄 것을 제안했다. 그는 자신의 정치적인 신념을 피력하고 구현하기 위하여 정치적인 연설문(logos)을 썼다.[30] 그러나 아테네가 페르시아 전쟁 이후에 누렸던 패권을 회복하고 그리스 세계를 한마음 한뜻으로 묶어 이끌어나갈 수 있는 역량을 보여주지 못하자, 그는 그리스 전역에서 그의 뜻을 실현할 가능성이 있는 정치인들을 찾아서 연설문과 편지를 썼다.[31]

『시민 대축전에 부쳐』를 발표한 지 약 12년째 되는 해, 이소크라테스는 당시 카르타고인들과의 전쟁에서 승리를 거둔 시라쿠사의 참주 디오뉘시오스 1세를 주목했다.[32] 그에게 편지를 써서 "헬라스의

---

30 그는 정치적인 글쓰기를 한 최초의 인물로 평가되기도 한다. J. Ober (1998), *Political Dissent in Democratic Athens, Intellectual Critics of Popular Rule*, Princeton: Princeton University Press; D. M. Timmerman (2002), "The Aristotelian Fix: Fourth century B.C. perspectives on political deliberation," *Rhetoric Society Quarterly* 32(3): 77-89; 김헌(2015b), pp. 35-64.

31 이소크라테스의 범그리스주의에서 한마음 한뜻이 된다는 것의 구체적인 의미가 문제다. 그것은 하나의 단일한 정치체제를 구성하는 데까지 이르는 것인가, 아니면 도시국가들의 자유와 자치를 전제로 평화적 공존체제를 구축하자는 것인가? 이소크라테스가 기원전 4세기의 위기 상황에서 그려내는 이상적인 정치체제는 무엇인지가 불분명하다. 그는 플라톤이나 아리스토텔레스의 생각과 유사한 '최선자들의 지배(aristokratia)'를 주장하면서도 귀족정과 민주정이 혼합된 정체를 이상적인 것으로 보기도 하고(『전 아테네 시민축전에 부쳐』 131; 김봉철, 2004, 제4장 「이소크라테스와 아테네 정체개혁」), 특정 정체를 옹호하는 대신 어떤 형태든 정치체제(politeia)가 있는 것이 무정부 상태보다는 낫다고 보면서, 권력을 가진 자의 덕(aretē)이 중요하다는 입장을 취한 것으로 해석되기도 한다. D. Konstan (2004), "Isocrates' Republic," *Isocrates and Civic Education,* T. Poulakos and D. Depew, eds., Austin: University of Texas Press, pp. 107-124.

32 이소크라테스의 경쟁자였던 플라톤도 디오뉘시오스의 정치적 조언자였다. 그는 디오뉘시오스를 찾아갔고, 철학이 정치에 어떻게 적용될 수 있는지를 가르쳤다. 하지만 그는 곧 플라톤의 조언에 흥미를 잃었고 급기야 플라톤을 죽이려고까지 했다. 간신히 목숨을 건진 플라톤은 노예로 팔려갔지만, 안니케리스의 도움으로 아테네로 돌

구원(또는 안전)"과 관련해서 그리스의 내분을 종식시켜 하나로 묶고 페르시아로 원정을 떠날 수 있는 지도자라고 추켜세웠다. 그는 아테네가 언제든 그를 도울 것이라는 사실을 강조했다.

> 우리의 도시는 당신이 헬라스에 좋은 일이 생기도록 하기 위하여 행동한다면 기꺼이 당신과 함께 싸울 자세가 되어 있는데, 어떻게 당신에게 지금 주어진 이것보다 더 멋진 적기(適期)가 있을 수 있겠습니까?[33]

그러나 디오뉘시오스는 답이 없었다. 사실 그는 이소크라테스의 편지를 받기 직전에 세상을 떠나고 말았던 것이다.

기원전 356년 이소크라테스는 스파르타의 아르키다모스 3세에게도 편지를 보냈다.[34]

> 저는 믿습니다. 다른 헬라스인들이 만약 모든 사람 가운데서 말로써 그 누구보다도 멋지게 헬라스 사람들을 설득하여 이방인들을 겨냥한 군사적 원정으로 불러 모을 수 있는 사람을 선택하고, 원정을 성공적으로 이끌 수 있을 것으로 보이는 행위를 가장 신속하게 실행할 수 있는 인물을 선택해야만 한다면, 그들은 우리를 대신해서 다른

아갈 수 있었다.

33 「디오뉘시오스에게 보내는 편지」 8.

34 이 편지가 이소크라테스의 것이 아닐 수도 있다는 의혹이 있다. L. F. Smith (1940), *The Genuineness of the Ninth and Third Letters of Isocrates*, Lancaster: PA.

> 사람을 선택하지는 않을 것이라고 말입니다.[35]

그러나 아르키다모스도 그의 기대에 부응하지 못했다.

이소크라테스가 마지막으로 주목한 인물은 마케도니아의 필립포스였다. 기원전 342년 만 94세였던 그는 필립포스에게 편지를 썼다. 그는 '최근에' 필립포스가 이방인들을 대상으로 군사적 원정을 떠나 전쟁을 치르는 와중에[36] 불필요하게 무모한 행위를 하다가 위험에 빠져 부상을 입었던 사실을 알고 답답한 마음에 편지를 보냈던 것이다. 필립포스가 그리스를 통합하고 페르시아의 원정을 완수할 인물이니, 제발 사소한 전쟁터에 뛰어들어 경거망동하지 말고 신중하고 사리분별 있게 행동하라고 충고했다. 덧붙여 아테네가 마케도니아의 가장 유용한 연합군이 될 수 있을 것임을 강조했다.

> 저는 아테네에 관하여 이것을 말할 수 있습니다. 즉 당신이 헬라스 사람들을 위해서도 당신의 사안들을 위해서도 아테네보다 더 유익한 도시를 찾을 수 없다는 것입니다.[37]

이와 함께 이소크라테스는 필립포스의 아들 알렉산드로스에게도 편지를 보냈다. 당시 알렉산드로스는 14살 소년이었으며, 아리스토텔레스의 가르침을 받고 있었다. 이소크라테스는 플라톤의 제자였던

---

35 「아르키다모스에게 보내는 편지」 17.

36 이 편지를 쓴 시기에 필립포스는 트라키아인들과 원정 전쟁(기원전 342~339)을 벌이고 있었다.

37 「필립포스에게 보내는 첫 번째 편지」 17.

아리스토텔레스를 염두에 둔 듯, 쓸데없는 논쟁술에 너무 많은 시간을 들이지 말라고 조언하면서, 알렉산드로스에 대한 기대와 희망을 숨기지 않았다.

현존하는 마지막 편지는 기원전 338년 가을에 필립포스 2세에게 보낸 것이다. 이 편지는 이소크라테스가 만 98세가 되던 해, 카이로네이아 전투에서 아테네가 마케도니아에 패배한 직후, 이소크라테스가 세상을 떠나기 직전에 쓴 것으로 그가 남긴 최후의 글이다. 그는 아테네와 마케도니아의 적대적인 싸움에 유감을 표명했다. 그리고 필립포스에게 그리스를 통합하고 아시아로 원정을 떠나 페르시아를 정복하라는 메시지를 마지막으로 보냈다. 먼저 그는 이전에 필립포스를 위해 썼던 연설문의 일부를 상기시켰다.

> 그 당시 저는 이런 조언을 드렸습니다. 당신이 우리의 도시[아테네]와 라케다이몬의 도시[스파르타]와 테베인들의 도시와 아르고스인들의 도시를 중재한 다음에 헬라스인들을 한마음(homonoian)이 되게 해야만 한다고 말입니다.[38]

그러나 평화로운 연대의 꿈은 전쟁으로 깨졌다. 이소크라테스의 정치적 구상 가운데 반쪽은 타격을 입은 것이다. 그 대신 분명해진 것이 있었다. 그리스가 하나가 되어 페르시아를 향해 동방원정을 떠나야만 한다면, 그 원정의 선봉에 서서 모든 것을 주도할 지도자가

---

38 「필립포스에게 보내는 두 번째 편지」 2.

누구인지는 가시화되었기 때문이다. 그가 꿈꾸던 정치적 비전의 반쪽은 그래서 여전히 희망적이었다. 깨어진 반쪽, 즉 전쟁과 불화의 상처를 최대한 빨리 치유하고 이제 필립포스를 중심으로 뭉쳐 아시아를 향해 나아가기만 하면 된다. 필립포스도 그런 생각이었다. 그리스를 통합했으니 아시아를 향해 나가고 싶었던 것이다.[39] 필립포스의 동방원정 계획은 그 자신의 정치적 야망이었으며, 이소크라테스의 구상과는 상관없이 이루어진 것일까? 아니면 이소크라테스의 조언에 따라 필립포스가 행동한 것일까? 이소크라테스는 분명히 그에게 연설문과 편지를 보내 그와 같은 구상을 전했음에도 불구하고, 이 물음에 확실하게 대답할 수는 없었다.

어쨌든 그가 그리던 정치적 구상이 이루어질 시기에 이르렀다. 그는 마지막 힘을 다해 필립포스에게 정치적인 야망과 힘을 실어주려고 했다. 그의 수사는 마치 필립포스의 자신감과 야망을 반영하듯이 극단적인 과장으로 한껏 부풀어올랐다. 그가 만약 페르시아로 건너가 아시아를 정복한다면, 그것은 그에게 위대하고 아름다운 명성을 줄 것이며, 인간이 할 수 있는 일의 한계를 넘어 신의 지경에 이르게 할 것이라고 말했다. "그때에 당신에게 남은 것은 신이 되는 것뿐입

39 기원전 338년 카이로네이아 전투가 끝난 후에 코린토스 회의가 열렸다. 이 회의에서 필립포스는 동방원정에 대한 의지를 표명했다. 이에 관해 김봉철(2004, p. 281)은 이렇게 정리했다. "기원전 338년의 코린토스 회의에서 의결된 결의내용은 이소크라테스의 범그리스주의 구상과 상당히 유사하다. 코린토스 회의에서는 모든 그리스인들의 자유와 독립이 천명되고 그리스 전체의 일반적 평화가 추구되었으며, 또 페르시아 원정이 의결되고 필립포스가 그 총사령관으로 선출되었다. 이 결정들은 이소크라테스의 평소 주장과 거의 일치한다."

니다."[40] 이소크라테스는 자신이 평생 꿈꾸며 갈고 닦아온 정치적 구상이 필립포스를 통해 실현된다면, 자신의 삶은 의미를 얻게 되는 것이라 생각했다.

> 저는 이런 이유만으로도 제 고령의 나이에 대해 감사한 마음입니다. 왜냐하면 제가 지금 이 순간까지 제 생명을 연장해왔기 때문에, 제가 젊은 시절 마음속에 그렸던 것들과 『시민 대축전에 부쳐』라는 연설문과 예전에 당신에게 보냈던 연설문에서 쓰려고 노력했던 것들이 지금 당신의 실천들에 의해서 그 일부가 이루어지고 있음을 보고 있고, 또 다른 일부는 이제 곧 이루어질 것이라는 희망을 품기 때문입니다.[41]

그러나 그 희망은 필립포스에 의해서가 아니라 그의 아들 알렉산드로스에 의해 이루어졌다. 필립포스는 동방으로 건너가기 전에 암살당했고, 그의 뒤를 이은 알렉산드로스가 그리스를 군사적으로 통합하고 동방원정을 떠나 인도 서부까지 정복했던 것이다. 알렉산드로스는 이소크라테스의 구상을 알고 있었고, 그것에 따라 동방원정을 감행한 것일까? 둘의 관계에 관심이 집중되는 대목이다. 많은 학자는 이 가능성에 대해 회의적이었지만, 다시 검토할 필요가 있다. 두 사람 사이의 직접적인 관련성은 잠시 보류하더라도, 두 사람의 주장과 실천 사이에는 뗄 수 없는 동일성 또는 유사성이 존재하기 때문에

40 「필립포스에게 보내는 두 번째 편지」 4.

41 「필립포스에게 보내는 두 번째 편지」 6.

적어도 그 동일성과 유사성에 관한 분석은 필요한 것이다.[42] 일부 학자들이 이소크라테스가 필립포스에게 썼던 연설문과 편지를 알렉산드로스가 나중에라도 읽었을 개연성은 매우 높다고 추정하는 이유가 바로 여기에 있다.

역사적으로 볼 때, 이소크라테스에서 정점을 찍은 범그리스주의는 알렉산드로스의 동방원정으로 실현되었다. 그러나 그것은 그리스 역사에서 긍정적인 것으로만 평가될 수는 없다. 특히 문화와 예술, 철학의 관점에서 보면 더더욱 그렇다. 알렉산드로스의 갑작스러운 죽음으로 거대한 정복지가 분할되자, 그리스 문명의 찬란했던 '고전기'가 끝났다. 그것은 자유로운 시민들이 도시국가를 중심으로 꽃 피워 낸 문화의 종말을 뜻했다. 실제로 알렉산드로스의 동방원정으로 건설된 제국의 문화는 다양성과 융합의 양상으로 새로운 국면을 맞이했지만 그 이전 시기와 비교하여 주목할 만한 결과물을 내지 못했다. 결과적으로 범그리스주의, 특히 그것에 함축되어 있던 제국주의적 팽창이 그리스 문명의 역동성을 억눌렀다고 해도 지나친 말이 아니다.

이런 부정적인 결과를 예측했던 것인 양, 범그리스주의의 정치적이고 제국주의적인 야심과 팽창을 경계하며 동방원정의 위험성을 비판하는 목소리가 기원전 5세기부터 4세기에 이르기까지 아테네에서는 내내 끊이지 않았다. 이제 범그리스주의를 경계하던 다양한 목소리를 문학과 역사, 철학의 영역에서 대표적인 사례를 살펴보면서 글

---

42 P. Merlan (1954), "Isocrates, Aristotle and Alexander the Great," *Historia: Zeitschrift für Alte Geschichte*, Bd. 3, H. 1, S. 60-81; M. L. W. Laistner (1930), "The Influence of Isocrates's Political Doctrines on Some Fourth Century Men of Affairs," *The Classical Weekly* 23(17): 129-131.

을 마무리 짓도록 하겠다. 이들은 그리스의 문명을 꽃 피웠던 도시국가 체제를 선호했으며, 그를 바탕으로 그리스인들이 서로 적대하지 않고 평화롭게 지내는 공존의 원칙에 동의했던 사람들이다. 그러나 그들은 범그리스주의의 다른 한쪽, 즉 제국주의적 팽창과 군사적인 동방원정에 대해서는 반대하거나 극히 경계했다.

기원전 472년에 아이스퀼로스는 이례적으로 역사적인 사실을 소재로 한 비극 『페르시아인들』을 무대에 올렸다. 그는 이 작품에서 살라미스 해전(기원전 480)에 참전한 용사의 고귀한 자세와 페르시아 제국의 불경스러운 오만과 무례의 비극적 종말을 보여주었다.

> 오 헬라스의 아들들이여(ō paides Hellēnōn), 진격하라! 조국의 자유를 위하여! 자식들과 아내들의 자유를 위하여, 조상들이 물려준 신들의 처소들과 조상들의 무덤의 자유를 위하여! 지금 이 모든 것이 걸려 있다!(402-405행)

그리스의 전사들은 페르시아 제국의 침략에 맞서 조국과 자유를 지키기 위해 싸웠다. 아이스퀼로스는 그들의 희생을 고귀한 것으로 찬양한다. 그러나 그의 비극이 페르시아에 대한 군사적인 응징과 동방원정을 촉구하기 위한 것이라고 해석할 수는 없다. 그가 강조하고 싶은 것은 페르시아인들의 폭력이 빚어낸 파멸과 불행을 추억하는 것이다. 페르시아가 분수를 모르고 신이 그어놓은 한계를 넘어 신의 뜻을 거스르는 무례한 폭력을 범하다가 신들에게서 벌을 받았다는 '반면교사'의 메시지를 던짐으로써, 자신만만한 아테네의 제국주의적 야심을 경계하려는 것이다. 그는 그리스 내부의 동질성 회복의 정서를 불러일으키려는 것에는 찬성하지만, 그 힘을 가지고 헬레스폰토스를 넘어 페르시아를 치는 동방원정을 촉구하는 것에는 경고의 메시지를 던졌다.

이와 같은 태도는 헤로도토스에게도 찾아볼 수 있다. 플라워의 분석에 따르면,[43] 헤로도토스는 스파르타의 클레오메네스에게 아시아로 원정을 떠나자고 제안했던 밀레토스의 아리스타고라스와 스퀴티아 사절들의 제안을 이성적이지 못한 것으로 보았다.[44] 페르시아 전쟁이 있기도 전에 아시아로 건너가 페르시아를 무너뜨리고 패권을 차지할 수 있다는 제안 자체가 헤로도토스가 사후적으로 구성해낸 허구일 가능성이 높다. 그의 기록은 페르시아 전쟁 이후 생겨나고 커져가는 아테네의 제국주의적 욕망, 즉 "페르시아 제국의 정복은 가능하며 바람직하고, 크세르크세스가 그리스를 종속시키려고 했던 시도의 실패에 대한 논리적 결과"[45]라는 신념을 과거 속에 투사시킨 것으로 볼 수 있다. 그리고 헤로도토스가 "전쟁이 평화보다 못한 만큼이나 내분은 합심하여 전쟁을 하는 것보다 못하다"[46]는 것은 인정했지만, 동방원정을 적극적으로 찬성한 것이라고 할 수는 없으며, 궁극적으로는 아테네인에게 그 어떤 형태의 제국주의적 팽창도 위험한 일이라고 경고했던 것이다.[47]

43 M. A. Flower (2000), pp. 69-76.

44 헤로도토스, 『역사』 제5권 49, 『역사』 제6권 84.

45 M. A. Flower (2000), p. 76.

46 헤로도토스, 『역사』 제8권 3.

47 플라워의 보고에 따르면(p. 75, n. 39), 다음과 같은 학자들이 이와 같은 해석을 했다. J. L. Moles (1996), "Herodotus Warns the Athenians," *Paper of the Leeds International Latin Seminar*, vol. 9, Leeds: Franois Cairns, pp. 259-284; C. Pelling (1997), "East

기원전 4세기에 플라톤도 아테네와 그리스 도시국가의 팽창을 바람직하지 못한 것으로 비판했다. 플라톤은 다른 점에서도 그랬듯이, 정치적인 구상에서도 이소크라테스와 날카롭게 대립각을 세웠다. 그는 『국가』에서 일부의 사람이나 특정 집단이 행복해지는 것이 아니라 시민 전체가 최대한 행복해지는 정의롭고 이상적인 국가, "아름다운 나라(kallipolis)"를 구상하면서 아테네의 제국주의적 팽창을 경계했다. "각자가 자신의 한 가지 일에 종사함으로써 각자가 여럿이 아닌 한 사람으로 되도록 하고, 또한 바로 이런 식으로 해서 나라 전체가 자연적으로 여럿이 아닌 한 나라가 되도록 하며"(423d) "나라가 커지더라도 하나로 머물러 있게 되는 한도까지, 즉 그 정도까지 키우되 그 이상은 키우지 않는"(423b) 정책을 제안했다. 뒤집어보면 제국주의적인 팽창의 욕망은 국가의 평화와 존립, 발전에 도움이 되지 못하므로 억제하는 것이 좋다는 주장이다. 플라톤에 따르면, 현명하고 지혜로운 통치자들이라면 "이 나라를 규모에 있어서 어느 정도로 크게 만들어야 하고, 또 그만한 크기만큼의 영토만 경계를 긋고서는 다른 땅에 대해서는 상관하지 않게 하는 기준"만을 고민하는 것이 바람직하다. 이와 같은 생각을 가진 사람들에게 범그리스주의는 내부의 갈등과 분열, 다툼과 전쟁을 제어하고 자치와 자유를 상호 존중하며 평화를 유지하는 이념으로만 의미가 있다. 그 이상으로 더 나아간다

---

is East and West is West—Or Are They? National Stereotypes in Herodotus," *Histos* 1: March; C. Dewald (1997), "Wanton Kings, Pickled Heroes, and Gnomic Founding Fathers: Strategies of Meaning at the End of Herodotus's *Histories*," D. H. Roberts, F. M. Dunn, and D. Flower, eds., *Classical Closure: Reading the end in Greek and Latin literature*, pp. 62-82, Princeton: Princeton University Press.

고 해도, 외부의 거대한 세력의 침략을 막아내기 위해 일시적으로 연대하는 수준에서 그칠 것이다. 플라톤의 정치적인 구상은 5세기에 싹터나 4세기에 이소크라테스에 의해 본격화된 범그리스주의에 대한 가장 강력한 철학적 안티테제로 보인다.[48] 이런 관점에서 플라톤의 국가론과 이소크라테스의 동방원정을 비교하는 것은 기원전 5~4세기 그리스 고전기의 정치적인 상황과 흐름을 이해하고 평가하는 데 중요한 연구가 될 것이다.

48 플라톤의 『국가』 인용문은 박종현의 번역임. 2005, 서광사(초판은 1997).

참고문헌

김봉철(2001),「이소크라테스의 유럽 관념의 실상과 한계」,『서양고전학연구』 제16권, pp. 37-62.

김봉철(2004),『전환기의 지식인, 이소크라테스』, 신서원.

김 헌(2013),「이소크라테스의 철학과 파이데이아에서의 '의견(doxa)': 플라톤의 '의견' 개념과 비교 연구」,『서양고전학연구』 제50권, pp. 73-99.

김 헌(2015a),「『시민대축전에 부쳐』에 나타난 이소크라테스의 수사적 전략」,『수사학』 제24집, pp. 49-89.

김 헌(2015b),「이소크라테스와 시민 교육」,『서양고전학연구』 제54권 1호, pp. 35-64.

김 헌(2016),「그리스 고전기에 아테네가 보여준 철학」,『서양고전학연구』 제55권 2호, pp. 145-182.

에우리피데스(2009),『아울리스의 이피게네이아』, 천병희 옮김, 숲.

이태수(2013),「호메로스의 영웅주의 윤리관」,『서양고전학연구』 제50권, pp. 5-32.

Canto-Sperber, M. (1998), *Philosophie grecque*, Paris.

Carlier, P. (1995), *Le IVe siècle grec jusqu'à la mort d'Alexandre*, Paris.

Cartledge, P. (1993), *The Greeks*, Oxford: Oxford University Press.

Dewald, C. (1997), "Wanton Kings, Pickled Heroes, and Gnomic Founding Fathers: Strategies of Meaning at the End of Herodotus's Histories," *Classical Closure: Reading the end in Greek and Latin literature*, pp. 62-82, ed. by D. H. Roberts, F. M. Dunn, and D. Flower, Princeton: Princeton University Press.

Dillery, J. (1995), *Xenophon and the History of His Times*, London: Routledge.

Flower, M. A. (2000), "From Simonides to Isocrates: The Fifth-Century Origins of Fourth-Century Panhellenism," *Classical Antiquity* 19(1): 65-101.

Green, P. (1996), "The Metamorphosis of the Barbarian: Athenian Panhellenism in a changing world," *Transitions to Empire: Essays in Greco-Roman history, 360-*

146 BC, in Honor of E. Badian, pp. 5-36, ed. by R. W. Wallace and E. M. Harris, Norman and London: University of Oklahoma Press.

Grote, G. (1846-1856), *A History of Greece: From the earliest period to the close of the generation contemporary with Alexander the Great*, London.

Guinness World Records, "Largest Empire by Percentage of World Population," Retrieved 11 March 2015.

Hall, E. (1989), *Inventing the Barbarian: Greek self-definition through tragedy*, Oxford: Clarendon Press.

Hall, J. M. (1997), *Ethnic Identity in Greek Antiquity*, Cambridge: Cambridge University Press.

Haskins, E. V. (2004), *Logos and Power in Isocrates and Aristotle*, Columbia: University of South Carolina Press.

Janik, J. (2012), *Political Concepts and Language of Isocrates*, Kraków.

Kessler, J. (1911), *Isokrates und die panhellenische Idee*, Paderborn.

Kim, H. (2012), "Isocrates' Philosophy in Relation to Education," *The Journal of Greco-Roman Studies* 47: 5-33.

Konstan, D. (2004), "Isocrates' Republic," *Isocrates and Civic Education*, pp. 107-124, ed. by T. Poulakos and D. Depew, Austin: University of Texas Press.

Laistner, M. L. W. (1930), "The Influence of Isocrates's Political Doctrines on Some Fourth Century Men of Affairs," *The Classical Weekly* 23(17): 129-131.

Mathieu, G. (1925), *Les idées politiques d'Isocrate*, Paris.

Merlan, P. (1954), "Isocrates, Aristotle and Alexander the Great," *Historia: Zeitschrift für Alte Geschichte*, Bd. 3, H. 1, Franz Steiner Verlag.

Moles, J. L. (1996), "Herodotus Warns the Athenians," *Paper of the Leeds International Latin Seminar*, vol. 9, Leeds: Francis Cairns, pp. 259-284.

Norlin, G. (1928), *Isocrates*, vol. 1, Cambridge, Mass.: Harvard University Press.

Ober, J. (1998), *Political Dissent in Democratic Athens, Intellectual Critics of Popular Rule*, Princeton: Princeton University Press.

Ober, J. (2010), "Wealthy Hellas"(Draft for the Transactions of the American Philological Association, 2011), Princeton/Stanford Working Papers in Classics.

Pelling, C. (1997), "East is East and West is West—Or are They? National Stereotypes in Herodotus," *Histos* 1: 51-66.

Perlman, S. (1976), "Panhellenism, the Polis and Imperialism," *Historia* 25: 1-30.

Poulakos, T. (1997), *Speaking for the Polis, Isocrates' Rhetorical Education*, Columbia:

University of South Carolina Press.

Poulakos, T. and Depew, D., ed. (2004), *Isocrates and Civic Education*, Austin: University of Texas Press.

Romilly, J. de (1988), *Les grands sophistes dans l'Athènes de Périclès*, Paris, Éditions de Fallois.

Ryder, T. T. B. (1965), *Koine Eirene: General peace and local independence in ancient Greece*, London: Oxford University Press.

Sakellariou, M. B. (1980), "Panhellenism: From concept to policy," *Philip of Macedon*, pp. 128-145, ed. by M. Hatzopoulos and L. Loukopoulos, Athens: Ekdotike Athenon S.A.

Sandys, J. E., ed. (1872), *Isocrates: Ad Demonicum et Panegyricus*, London, reprinted 1979 by Arno.

Smith, L. F. (1940), *The Genuineness of the Ninth and Third Letters of Isocrates*, Lancaster: PA.

Sussman, J. H. (1921), *Die Grundzüge der panhellenischen Idee im 5. und 4. Jahrhundert v. Chr.* Zürich.

Timmerman, D. M. (2002), "The Aristotelian Fix: Fourth century B.C. perspectives on political deliberation," *Rhetoric Society Quarterly* 32(3): 77-89.

Too, Y. L. (1995), *The Rhetoric of Identity in Isocrates: Text, power, pedagogy*, Cambridge: Cambridge University Press.

Usher, S. (1990), *Greek Orators III: Isocrates, Panegyricus and Ad Nicoclem*, Warminster: Aris & Phillips.

West, M. L. (1993), "Simonides Redivivus," *Zeitschrift für Papyrologie und Epigraphik* 98: 1-14.

Yarshater, E. (1996), *Encyclopaedia Iranica*, London: Routledge & Kegan Paul.

후마니타스! 보편 이념인가, 제국 이념인가?*

안재원

1. 머리말

후마니타스(humanitas)는 "사람다움," "사람을 사람답게 기르는 마음", "사람을 바탕으로 여기는 생각"을 가리키는 말이다. 이 말을 만든 사람은 키케로(Marcus Tullius Cicero)다. 그에 따르면, 후마니타스는 사람의 본성을 탐구하는 학문이었고, 사람을 사람답게 기르는 교육이었다.[1]

> 이 모든 덕목을 지키는 파수꾼은 수치를 피하고 특히 명예를 추구하고 부끄러움을 아는 마음(verecundia)이다. 그렇지만 이 덕목 모두

---

* 이 글은 『서양고대사연구』 제45집(한국서양고대역사문화학회, 2016년 6월)에 「Humanitas! 보편 이념인가, 제국 이념인가?」란 제목으로 실린 필자의 논문을 수정·보완한 것이다.

1 A. Balbo (2011), "Humanitas in the Imperial Age: Some reflections on seneca and quintilian," *Greco-Roman Studies* 47: 63-93; Ahn (2013), "Humanitas in the Late Republican Age: Focusing on Cicero's de oratore," *Horizons* 4(2): 1-30.

는 대개 마치 마음의 어떤 버릇(habitus animi)으로 자리 잡고 있으며, 덕목 각각은 덕 고유 속성에 의해서 상호간에 구별되도록, 구축되어 있다. 이 덕목에 의해서 행한 일이 명예로운 것이고 최고의 칭찬을 받는 것은 따라서 당연한 것이다. 한편 제대로 된 공부와 기술을 통해서 마치 미리 가꾸어지고 갖추어져서 덕 수행을 돕기 위해 마음 안에 자리잡고 있는 어떤 습관들이 있다. 사적인 영역에서는 문법, 산수, 음악, 기하학, 천문학, 기마술, 사냥술, 무기 다루는 법을 그 예로 들 수 있다. 공적인 영역에서는 특히 덕을 키우거나 신을 섬기거나 부모를 모시거나 친구를 위하거나 우선적으로 그리고 각별하게 대접해야 할 손님에 대한 예의(禮儀)와 연관된 노력과 공부가 아주 중요한 예다.[2]

후마니타스는 보편 이념으로서 서양의 인문주의를 대표하는 개념으로 자리 잡는다.[3] 이 개념은 통상적으로 정신-문명의 관점에서 많이 언급되어왔다.[4] 하지만 이 개념은 물질-문명의 관점에서도 중

2 키케로, 『수사학』 79-80.

3 J. Christes (1995), *Cicero und der roemische Humanismus*, Berlin: Humboldt-Universität; R. Rieks (1967), *Homo, humanus, humanitas: Zur Humanität in der lateinischen Literatur des 1. nachchristlichen Jahrhunderts*, München: Wilhelm Fink Verlag; S. Mayer (1950), "Humanitas bei Cicero," *Dissertation*, University of Freiburg.

4 I. Heinemann (1993), "Humanitas," *Realencyclopaedia Pauly-Wissowa Suppl*. V. coll. 282-310, Stuttgart: Metzler; N. I. Herescu (1948), "Homo, humus, humanitas: Préface à un humanisme contemporain," *Bulletin de l'Association Guillaume Budé*. N. 5, 64-76, Paris: Ass. Guillaume Budé; I. Niethammer (1808), "Philanthropinismus-Humanismus," *Texte zur Schulreform*, W. Hillebrecht, ed., Weinheim-Berlin-Bassel

요하다. 이는 두 측면으로 나누어 해명된다. 제도사의 관점에서 후마니타스는 국가 형성에서 결정적인 역할을 했고, 나아가 제국으로의 확장에서도 매우 중요한 역할을 수행했다. 규모에 있어서 도시 국가의 단계에서, 효율성은 문제가 많지만 그럼에도 누구나 쉽게 동의할 수 있는 정체가 공화정인데, 이 체제를 가능케 한 개념이 후마니타스였다. 하지만 이 개념의 확장성은 여기에서 그치지 않고, 제국 통치의 확장과 통치체제의 보편성을 선전하는 이념으로 사용되었다. 다민족, 다문화, 다종교, 다인종이 통합함에 있어서 요청되는 공통 준거 개념이 후마니타스였기 때문이다. 다시 말해, 제국의 통합을 가능케 하는 토대가 되는 개념이 후마니타스 개념이었다. 또한 후마니타스 개념은 물질-문명의 관점에서도 중요한 역할을 수행했다. 물화(物化)의 표준 혹은 척도 개념이 후마니타스 개념이었기에. 여러 이야기를 해야 하겠지만[5] 이 글에서는 정치의 관점에서 후마니타스 개념이 먼저

(Kleine Pädagogische Texte 29); J. G. Herder (1793-97), *Briefe zur Beförderung der Humanität, 3. Sammlung* 27; now in Deutschen Textarchive.

5 이 논의에 대해서는 R. Hingley (2005), *Globalizing Roman Culture: Unity, diversity and empire*, London: Routledge, pp. 50-69; S. Belmessous (2013), *Assimilation and Empire: Uniformity in French and British colonies, 1541-1954*, New York: Oxford University Press, pp. 5-7; G. Woolf (1998), *Becoming Roman: The origins of the provincial civilization in gaul*, Cambridge: Cambridge University Press, pp. 48-76; A. Parchami (2009), *Hegemonic Peace and Empire: The Pax Romana, Britannica and Americana*, London: Routledge, pp. 15-30 참조. 이 연구들은 2000년대에 들어와서 활발하게 진행되고 있는 로마 제국에 대한 논의들인데, 이 논의들은 G2 시대의 영향을 받은 연구들이라 할 수 있다. 이 연구들은 기본적으로 두 가지 흐름으로 정리된다. 하나는 서양 유럽의 '로마화(Romanization)'의 양상을 추적하고 이를 바탕으로 로마 제국과 현대 제국의 특징을 비교하는 연구다. 다른 하나는 18세기 이후 서양의 근대화와 제국주의가 확산되는 과정에서 로마 제국의 통치와 지배 방식이 어떤 방식으로 활

어떻게 보편 개념으로서 작동했는지를 살펴보겠다. 이어서 제국 이념으로 어떻게 활용되었고 구체적으로 어떤 방식으로 물화되어가는지를 소개하겠다. 맺는말에서는 후마니타스 개념의 양면성을 검토하겠다. 후마니타스 개념의 양면성을 검토하고, 여기에 중국의 패권 구조를 파악하기 위해 현대에도 로마 제국의 역사를 배워야 하는 이유를 보충하겠다.

2. 보편 이념으로서 후마니타스

정치적 맥락에서 볼 때, 보편 이념으로서 후마니타스 개념은 다섯 가지 특징을 지닌다. 차례로 소개하겠다. 먼저, 후마니타스는 교육 프로그램으로서 그 중심에 시민 교육을 둔다. 한 인간이 태어나면 자신의 의지와 관계없이 부여되는 것들이 있다. 이름과 성이다. 성은 가족과 가문으로 연결되고, 가문은 씨족으로 확장된다. 씨족(tribus)은 종족(natio) 단위로 상승한다. 종족의 조직 특성은 혈통과 지역적 경계의 같음이다. 세상사에는 혈통과 지역 범위 내에서 해결될 수 있는 것들이 있고, 종족 범위를 뛰어넘는 것들도 있다. 예를 들면 전쟁은 공동체(communitas)를 구성하는 모두의 이해관계(res publicae)와 관련된 공동의 문제다. 이러한 공동의 문제를 담당하는 것이 국가(civitas)

용되었고, 그것이 특히 근대 국가의 형성 과정에서 로마 제국이 어떤 영향을 행사했는지를 탐구하는 연구다. 나의 글은 후마니타스의 이념이 알프스 이북 지역에서 진행된 로마화의 과정에서 어떤 방식으로 작용하는지를 탐구하는 것임을 밝힌다.

다. 종족과 국가의 분리 문제를 본격적으로 다룬 사람은 로마의 정치가이자 법률가였던 키케로였다. 키케로는 자신의 저서 『법률론(*De Legibus*)』(기원전 52~51)에서 자신에게는 두 개의 조국이 있다고 주장한다.

> 하나는 태어난 장소에 따라 [부여되는] 조국이고 다른 하나는 [국가가 부여한] 시민권의 획득으로 속하게 된 조국이네. 예를 들어 저 카토(Cato, 기원전 234~149)는 비록 투스쿨룸 지역 출신이지만 로마 인민의 시민권을 받았네. 그래서 태생상 투스쿨룸 사람이지만 시민으로는 로마인이어서 장소상의 조국과 법률상 조국이 다른 것이네. … 그러나 우리는 법률상의 조국을 더 우선시해야만 하네. 법률상의 조국에 기초해 국가 전체에, [누구에게나 공통적으로 해당하도록] '공동의 일(rei publicae)'이라는 이름이 성립하는 것이네.[6]

'공동의 일'이란 곧 '공동의 이해관계를 공동으로 책임지고 다루는 것'을 의미하고, 이것이 바로 '공화정'을 의미한다. 이와 관련해서, 키케로는 '태생의 조국(patria naturae)'보다 '법률상의 조국(patria iuris)'을 상위에 놓는다. 그 이유로 그는 개개인에 대하여 태생의 조국의 영향보다 법률상의 조국이 미치는 영역이 훨씬 넓고 보편적이고, 그래서 '공동의 일'이라고 할 것이 더 많으며, 종국에는 전체 구성원을 하나로 묶을 수 있다(universae civitati)는 점을 든다. 왜냐하면 국가란

6 키케로, 『법률론』 제2권, 2.5.

누구에게나 해당하고 모두의 이해관계와 연관된 문제를 다루는 것이기 때문이라고 한다. 누구에게나 해당되는 문제를 하나의 단위체 아래에서 강제력을 동원해 처리할 수 있는 조직이 키케로에게는 '법률상의 조국'이다. 키케로에 따르면, 법률이 결여된 조직은 국가(civitas)로 간주할 수 없다.

> 마르쿠스: 법률이 결여된다면, 그 때문에 그것은 도저히 국가라고 간주할 수 없지 않나?
> 퀸투스: 다른 방식으로 말할 수 없지요.[7]

'국가우선주의'를 강조하자는 것은 아니다. 물론 근대의 국가주의와는 양상을 달리하지만 고전-고대적인 정치철학에서 국가와 같은 정치적 공동체는 개인보다 우선한다.[8] 이는 아리스토텔레스의 『니코마코스 윤리학』 이후로 중세까지 이어지는 전통이다.[9] 그러나 위에서 인용하고 해설한 키케로의 글을 통해 필자가 강조하려는 것은 오히려 시민(civis)은 종족/민족(natio)과 국가(civitas)의 분리를 통해서 탄생한다는 점이다.

먼저 민족/종족과 국가가 분리된 원인을 살펴보자. 다종족으로 구성된 로마의 상황은 로마의 내적 안정과 평화를 유지하기 위해 여러 민족과 종족들에게 보편적으로 통용될 수 있는 기준과 규칙의 확

---

7 키케로, 『법률론』 제2권, 5.12. Marcus Lege autem carens civitas estne ob ipsum habenda nullo loco? Quintus Dici aliter non potest.

8 아리스토텔레스, 『정치학』 1253a28.

9 아퀴나스, 『신학대전』 IIa-IIae, quaest. 124, art. 4, ad 3; Ia-IIae, quaest. 92, art. 1.

보가 필연적일 수밖에 없었는데, 바로 이 필연성이 종족과 국가를 분리시켰다고 할 수 있다. 이러한 역사적 배경과 별도로 오히려 중요한 점은 고대 로마에서조차 시민 개념은 특수성인 종족과 보편성인 국가의 분리를 전제한다는 것이다. 그래서 키케로는 제도(institutio)로서의 국가(civitas)를, 각 구성원의 합의와 동의에 의해 수립되고, 누구에게나 공평하게 적용되며, 그래서 누구에게나 통용될 수 있는 기준과 규칙 체계라고 규정한다. 시민이란 키케로에게 바로 이러한 기준과 규칙에 의해 규정된 자격과 신분을 가지고 있는 법적 인격체다.[10] 즉 법적 규칙이 정하는 바에 따라 개별적 개인과 국가 공동체와의 관계 규정이 발생하는데, 그런 관계 규정에 따라 국가 공동체와 개별적 개인 사이에 의무-권리관계가 성립되고, 시민이란 그가 어떤 종족 출신인가와 무관하게 이 관계의 주체일 수 있는 자를 뜻할 뿐이다.[11] 이와 같은 시민 개념의 정립을 통해서 공동의 것과 사적인 것이 더욱 명확하게 구분된다. 참고로, 공(公)은 공(公)이고, 사(私)는 사(私)라는 점을, 즉 공사(公私)의 구분을 정치가의 제일 덕목으로 여겼던 사람들이 로마인들이었다. 이는 로마의 초대 황제인 아우구스투스도 예외

10 가이우스, 『법학제요』 제1권 48-53장.

11 이와 관련된 전거는 키케로의 『의무론』 1권 124장이다. Ac ne illud quidem alienum est, de magistratuum, de privatorum, [de civium], de peregrinorum officiis dicere. Est igitur proprium munus magistratus intellegere se gerere personam civitatis debereque eius dignitatem et decus sustinere, servare leges, iura discribere, ea fidei suae commissa meminisse. Privatum autem oportet aequo et pari cum civibus iure vivere neque summissum et abiectum neque se efferentem, tum in re publica ea velle, quae tranquilla et honesta sint; talem enim solemus et sentire bonum civem et dicere.

가 아니었다는 점에서 쉽게 확인된다. 사연인즉 이렇다. 아우구스투스에게는 직계 자식으로 외동딸 율리아만 있었다. 딸의 혼인을 통해서 후계자를 확보하려 여러 차례 시도한다. 결국 의붓아들인 티베리우스를 양자로 삼는다. 서기 14년 그의 죽음과 함께 티베리우스를 시작으로 네로 황제에 이르기까지 이후 율리우스 클라우디우스 가문의 통치가 네로 황제까지 반세기가량 유지될 수 있게 된다. 이는 아우구스투스의 가족의 희생이 있었기에 가능한 것이었다. 그 희생의 주인공이 율리아였다. 말 그대로 비극의 주인공이었다. 정략결혼의 희생자였기 때문이다. 그녀는 간통법 위반 혐의를 뒤집어쓰고 추방된다. 죽을 때까지, 죽어서도 로마로 돌아오지 못한다. 공과 사의 철저한 구분 때문이었다. 시민 개념과 공사의 구분은 황제 통치의 제정기에도 여전히 위력을 발휘했다.

다음으로, 키케로의 후마니타스는 신의를 중시하는 계약 정신을 중시한다. 이 정신은 "계약은 지켜져야 한다(pacta servanda sunt)"[12]는 문장으로 표현된다. 키케로가 던지는 의문이다.

> 법무관들이 자주 입에 올리는 '강제나 사악한 속임수에 의해서 성립된 것이 아닌' 계약과 약속은 항상 지켜져야 하는가?[13]

---

12 서양의 계약 정신의 전통 일반에 대해서는 H. Wehberg (1959), "Pacta Sunt Servanda," *The American Journal of International Law* 53(4): 775-786 참조.

13 키케로, 『의무론』 제3권 92장. Pacta et promissa semperne servanda sint, qvae nec vi nec dolo malo, ut praetores solent, facta sint.

이 물음에 대한 키케로의 입장은 단호하다. 약속은 지켜져야 한다는 것이다. 물론, 상황과 맥락에 따라 약속 이행 여부는 조정이 가능하지만, 불가피한 경우가 아니라면 약속은 지켜져야 한다는 것이다. 태양의 신 아폴론과 그의 아들 파에톤의 이야기가 그런 사례라고 한다.

> 네가 약속한 이들 자신에게 유익하지 않은 약속은 결코 지켜서는 안 된다. 태양신은 아들 파에톤에게, 옛날이야기를 들자면, 아들이 원하는 것이 무엇이든지 자신은 그것을 들어주기로 약속했다. 아들은 아버지의 마차를 타보는 것을 소원했다. 소원을 들어주었다. 그러나 아들은 마차를 세우기 전에 번개에 맞아 불타버리고 말았다. 아버지의 약속이 지켜지지 않았으면 얼마나 좋았을까?[14]

인용은 약속에 대한 키케로의 입장이 맹목적인 것이 아님을 잘 보여준다. 즉 약속은 합리적인 선에서 이행되어야 한다는 것이다. 사정이 이러함에도, 약속은 지켜져야 한다는 것이 더 근본적인 원리임은 분명하다. 다음은 태양신 아폴론이 아들 파에톤의 소원을 들어주겠다는 약속을 하고 난 다음에 한 말이다. 오비디우스의 생각이다.

> 아버지는 맹세한 것을 후회했다. 아버지는 세 번 네 번/ 빛나는 머리를 저으면서 말했다. 나의 말이/ 너의 말 때문에 경솔한 것이 되어버

14 키케로, 『의무론』 제3권 94장.

렸다. 아아 약속을 지키지 않으면/ 좋으련만! 고백건대, 아들아, 이것만은 너에게 지키고 싶지 않구나. 하지 말라고 설득하고 싶구나.[15]

아들은 결국 제우스의 번개를 맞아 불타 죽는다. 아폴론도 이런 사정을 잘 알고 있었지만 약속은 약속인지라 아들과의 약속을 이행한다. 왜냐하면, 서양고대인에게 약속은 당사자들만의 것이 아니라 신들에게도 하는 맹세로 이어져 있기 때문이다. 약속이 맹세로 이어지는 한 약속은 반드시 지켜져야 한다. 합리적이지 않을 경우에 약속을 지키지 않아도 된다는 키케로의 말은 여기에는 해당되지 않는다. 아폴론은 약속을 지키겠다는 맹세를 지하 세계의 강인 스튁스에게 걸고 해버렸기 때문이다. 참고로, 헤시오도스에 따르면, 제우스가 우주의 여러 신에게 그들의 명예와 권한을 지켜주고 보장하겠다는 약속을 하는데, 그 약속을 보증하는 증표가 스튁스 강이었다. 물론, 신화적인 이야기로 볼 수 있다. 그러나 약속과 맹세는 공동체의 통합에 있어서 결코 낡고 오래된 옛날이야기가 주는 교훈이 아니다. 한 사회와 공동체를 통합함에 있어서 신의만큼 중요한 것이 없기 때문이다. 다시 키케로의 말이다.

정의의 토대는 신의다. 신의는 말과 약속의 변함없음이고 진실됨이다. 여기에서, 비록 이것이 어떤 이들에게는 아마도 세련되지 않게 보일지라도, 나는 감히 말들이 어디에서 생겨났는지를 열심히 탐구

15 오비디우스, 『변신이야기』 제2권 49-53절.

했던 스토아 학자들을 흉내낼 것인데, 나는 '말대로 이뤄졌다(quia fiat)'에서 신의(fidem)라는 말이 나왔다는 주장을 신뢰하고자 한다.[16]

각설하고, 정의가 사회 통합의 기본 원리라는 점은 의심의 여지가 없다. 키케로에 따르면, 정의를 가능케 하는 토대 조건이 신의다.

이어서 키케로의 후마니타스는 신의 관점이 아닌 인간의 관점에서 인간을 보려는 세계관을 견지한다. 이는 다음과 같이 해명된다. 로마인들은 인간과 신 사이에 성립해 있는 의무-권리관계를 *ius*와 *fas*라는 단어로 표현한다. 그들은, 인간의 입장에서 볼 때, 인간이 신에게 뭔가를 요구할 수 있는 권리를 *ius*로, 신을 위해 뭔가를 수행해야 하는 의무를 *fas*라고 부른다. 반대로 신의 입장에서 볼 때, 인간에 대해서 신이 가지고 있는 권리가 *fas*이고, 인간에 대해서 신이 해야 하는 의무가 *ius*인 셈이다. 설명이 좀 복잡해졌는데, 한마디로 하면, 인간의 권리가 신의 의무고, 인간의 의무가 신의 권리인 셈이다. 이와 같은 신과 인간 사이의 관계 규정을 통해서 인간과 신은 오랫동안 사이좋게 지낼 수 있었다. 그런데 문제가 발생한다. 인간들이 그만 신의 대리인들의 정체를 꿰뚫어보게 된 것이다. 그들이 신이 아니고, 인간이라는 것을 알아차리고 만 것이다. 이는 곧 헤게모니 쟁탈전으로 이어지게 되는데, 대표적인 사건이 프로메테우스와 제우스 사이에 벌어진 주도권 다툼이다. 이 다툼에서 칼과 무력의 힘을 믿는 대장장이 일파를 대표하는 이가 프로메테우스이고, 신과 인간관계를 전통적

16 키케로, 『의무론』 제1권 23장.

인 법도와 관례에 따라 유지하려는 이가 제우스다.[17] 인간의 관점에서 인간을 이롭게 하려고 노력하는 프로메테우스와 이를 방해하려는 제우스가 치열하게 머리싸움을 벌이는데, 이 싸움에서 제우스가 주장하는 핵심 논거는 이렇다. 인간과 신 사이의 전통적인 관계 규정을 깨지 말라는 것이다. 이 관계 규정 일반이 res divina(신적인 일)인데, 이를 흔들지 말라는 것이다. 이에 반해서 프로메테우스가 주장하는 핵심은 이렇다. 인간의 일은 인간 스스로가 알아서 처리할 수 있도록 하자는 것이다. 곧 정-교(政-敎) 분리를 하자는 것이다. 이 분리를 통해서 신들의 세계(res divina)에서 인간의 세계(res humana)을 갈라내자는 것이다. 결국, 인간의 세계는 다음과 같은 과정을 통해서 신의 세계로부터 분리-독립하게 된다.

우선, 인간과 신 사이의 관계는 대등하지만 동등한 것은 아니다. 예컨대, 인간의 죽음 문제는 신의 관할 영역이다. 만약 인간이 신과 동등하다면, 인간의 죽음 문제에 대해서, 우주의 작동 방식과 원리에 대해서 참여할 수 있는 권리가 인간에게 주어져야 한다. 그러나 이것은 인간의 일이긴 하지만 인간의 권리 영역 밖에서 관장되는 문제들이다. 인간이 그럴만한 능력의 소유자도 아니기 때문이다. 이렇게 인간과 신은 권리 영역에 있어서 동등한 존재가 아니다. 하지만 인간과 신은 인간적인 일에 상호 대등한 관계 주체로서 참여할 수 있다. 그런데 신의 영역에 인간이 도전하고 개입하는 것에 대해서 신은 가차 없이 인간을 벌할 수 있다. 왜냐하면 이는 권리 침해이

17 헤시오도스, 『신통기』 507행 이하.

므로. 이를 그리스 사람들은 hybris(오만)라고 부른다. 하지만, 역으로 신도 인간의 영역에 함부로 침입해서 권리 침해로 보이는 일을 해서는 안 된다. 인간들 사이에서 벌어지는 일 중에는 신이 자신의 대리자를 내세워서 직접 개입할 수 있는 부분이 있고, 없는 부분이 분명히 있기 때문이다. 신이 함부로 개입할 수 없는 영역이 바로 세속(世俗) 세계(res humana)다. 이 세속 세계가 바로 "공통의 유용함(utilitatis communione)"을 위해서 법적 합의를 통해서(iuris consensu) 조직된 대중(大衆)의 공동체(societas mutitudinis)가 운영하는 나라다. 이 인민-공동체가 운영하는 공동의 나라가 국가-공동체(res publica)다. 그러니까 법이 보장한 동등한 권리의 주체들의 집합체인 인민이 합의해서 공통의 유익함을 추구하는 조직이 바로 국가-공동체인 셈이다. 이와 같은 과정을 통해서 국가-공동체는 예전에 신들이 했던 역할을 담당하게 된다.

따라서 공동체와 개인과의 관계 규정에 대한 해명이 요청되는데, 개인과 국가 사이의 관계를 집중적으로 고민한 이들이 스토아 철학자[예: 파나이티오스(Panaitios, 기원전 180~100)]들이다. 아쉽게도 이들의 작품은 전해내려오지 않는다. 하지만 키케로의 『의무론(*De officiis*)』이 남아 있다. 이 책에서 키케로는 이를테면 '의무(officium)' 개념의 정의와 그것들의 종류 그리고 개인과 공동체와 관계를 집중적으로 고찰한다. 참고로, 키케로의 『의무론』이 다시 부각되기 시작한 것은 르네상스 시대 이후부터다. 그러니까, 서양 문명이 중세의 신본주의(divinitas)에서 벗어나 인본주의(humaismus)로 회귀하는 데 키케로의 저술들의 영향이 지대했다는 소리다. 어쨌든, 키케로의 후마니타스는 중세의 신본주의의 대척점에 서서 세속 세계의 새로운 편성에 관여하는데, 후마니타스 정신은 여러 종교의 공존 가능성에 관한 모색이 시급한 현 시점에도 유효하다 하겠다.[18]

아울러 키케로의 후마니타스 개념은 도시인문학(urbanitas)[19]의 특징이 강하다. 요컨대, 도시 로마는 익명성이 보장되는 곳이다. 또한 도시 로마는 매우 좁은 공간에서 많은 사람이 더불어 살아야 했던 곳이다. 특히 로마는 국가의 규모가 키케로 당시에 이미 제국으로 커지면서 도시 로마에는 수많은 사람이 몰려들었고 이로 말미암아 수많은 사건이 발생했다. 사고들도 터져나왔다. 그런데 이것들 대부분은 국가 규모에서 씨족 내지 부족 중심의 농경사회에서는 포착되지 않았던 갈등과 경쟁에서 야기된 문제들이었다. 도시의 익명성과 제국의 다양성이 만들어낸 것들이다. 소위 도시 문명에서 발생되는 인간 문제와 사회 문제들의 해결책에 대한 고민과 반성을 포괄하는 개념이 키케로의 후마니타스였다. 그가 강조했던 생각은 교양이었다. 이에 대한 증인은 겔리우스다.

---

18 참고로, 후마니타스 개념은 시대와 문명의 특징에 따라 대립 상대를 달리한다. 개념이 만들어졌던 초기에는 진리 중심주의(veritas)에 맞섰다. 진리의 필연성과 강제성에 우선순위를 부여하는 입장에 상식의 합리성과 설득의 개연성을 내세웠던 주장은 후마니타스 정신에 기반한 것이었다. 이런 특징 때문에 후마니타스 정신은 중세에는 특히 신본주의의 압박을 받을 수밖에 없었다. 현대에 들어와서도 사정은 마찬가지인데, 다만 이제는 대립 개념이 바뀌었다. 과학맹신주의(scientianissimus)와 자본물신주의(capitalismus)가 그것들이다. 과학과 자본의 절묘한 결합 덕분에 탄생한 흐름이 신자유주의인데, 이 흐름에 맞선 사람들이, 그들이 키케로의 작품을 읽었든 그렇지 않든 간에, 내세우는 기치가 실은 후마니타스다(조윤찬, "왜 후마니타스인가?" 경향신문 2014년 7월 14일 칼럼 참조).

19 E. S. Ramage (1963), "Urbanitas: Cicero and Quintilian, a Contrast in Attitudes," *The American Journal of Philology* 84(4): 390-414.

라틴어 단어를 처음 만들었고 이 단어들을 제대로 사용할 줄 알았던 옛 어른들은 'humanitas'라는 단어를 사람들이 생각하고 있는 의미도 아니고 어떤 진심 어린 마음과 모든 인간을 향해 평등하게 열려 있는 호의를 뜻하는 그리스인들의 '박애(philanthropia)'라는 개념으로도 생각하지 않았다. 대신에 그들은 그리스인들이 paedeia(교육, 교양)라 부르는 것을 바로 humanitas(인간다움)라고 불렀다. [이를] 나는(아마도 겔리우스) 유익하고 선하며 좋은 학문을 [획득하기 위해 배우는 과정인] 교육-교양이라 부른다. 이러한 학문들을 진심으로 열망하고 추구하는 자들이야말로 가장 인간적인 자들이다. 왜냐하면 이 학문에 열정을 갖는 것과 그것을 배우고자 함은 모든 생물 중 인간에게만 주어진 [본성]이기 때문이다. 이런 이유에서 "humanitas"라고 불리게 되었다. 옛날 어른들은 모두 이 의미로 사용했다. 다른 어떤 이보다 마르쿠스 바로와 마르쿠스 툴리우스[키케로]가 그랬는데, 모든 책이 이를 명백하게 증명하고 있다.[20]

동양 문명이든 서양 문명이든 인간을 인간답게 만들고 인간답게 사는 길에 관한 논의는 많다. 문제는, 그 논의들이 도시 문명에서 요청되는 요구를 충족시키는 것들이고, 이를 해결하기 위한 적극적인 문제의식을 가졌느냐다. 이와 관련해서, 문명사의 관점에서 도시 문명의 인문학적 특성에 대한 논의는 거의 없었다는 것이 내 생각이다. 인류가 지금과 같이 거대 도시에서 거주하는 형태의 문명 조건에서

20 겔리우스, 『아티카의 밤들』 제13권 17장 1-2절.

모여 살기 시작한 것은 산업화 이후인 대략 18세기부터이기 때문이다. 이에 대한 증인은 라이프니츠(Gottfried Wilhlem Leibniz, 1646~1716)다.

> 일찍이 누가 믿을 수 있었겠는가? 도대체 이런 종족이 세상에 있다는 것을 말이다. 물론 나의 개인적인 의견이기는 하지만, 우리 유럽인들은 미풍양속의 모든 세련됨을 위해서 배우고 익힌 사람들이다. 그럼에도 이런 우리보다 교양이 우러나는 세련된 생활 양식에 대한 가르침에 있어서 더 뛰어난 종족이 있기에 말이다. 여하튼 간에 내가 이 종족을 더 잘 알게 되면 될수록, 나는 이 사실을 중국인들에게서 확인하였다. … 일개 농부에 불과할지라도 심지어 일개 하인에 불과할지라도, 중국인들은 친구들에게 안부를 묻고 혹은 오랫동안 만나지 못한 경우 서로의 얼굴을 살피며 기뻐한다. 아주 사랑스럽고 아주 존경스럽게 서로를 극진히 떠받든다. 이런 모습에 우리 유럽인들은 놀라서 어안이 벙벙할 정도로 말이다. 이와 같은 농부와 하인들의 예의 방식은 심지어 우리 유럽의 귀족들이 자랑하는 온갖 예법에 도전할 정도다. 하물며 고위 관리들 고급 학자들은 굳이 말할 필요가 있을지 싶다.[21]

인용에서 주목해야 할 것은 "교양이 우러나는 세련된 생활 양식"이라는 표현이다. 원어는 "civilitas"다.[22] 예의, 교양을 뜻하는 프

---

21 라이프니츠, 『중국에 대한 최신 소식들(*Novissima Sinica*)』, pp. 11-12.

22 문명을 뜻하는 영어 단어는 civilisation이다. 이 개념은 로마 제정기에 문명의 의미로 사용된 humanitas에 대응되는 개념이다. 흥미로운 점은, 르네상스 시대 이후 humanitas 개념이 인문학을 지칭하는 전문용어로 자리 잡게 되면서 문명에 해당되

랑스어 civilité가 여기에서 유래했다. 라이프니츠가 이 말을 강조한 것은, 물론 예의범절을 중시한다는 중국에의 찬양도 한몫 거들었지만, 17세기 말부터 급속하게 진행된 유럽 도시의 팽창과 발전과 직결되어 있었기 때문이다. 그러니까, 급작스럽게 대도시로 성장한 유럽의 도시들, 예를 들면 런던과 파리는 갑작스럽게 몰려든 사람들이 더불어 모여 살기 위한 어떤 제도적 기반과 시민 교양이 마련되어 있지 않는 상황이었다. 이런 혼란스런 상황을 극복하기 위해 라이프니츠에 의해서 제안된 개념이 시민 교양에 해당하는 "civilitas" 개념이었다. 따라서, 이 개념은 통상적으로 한국에서는 정치적 권리 개념으로 알려져 있지만, 그것이 아니고 시민 교양 혹은 예의범절 혹은 교양 에티켓을 뜻했다. 도시의 공기가 제공하는 자유를 누리기 위해서는 예의가 절실했고, 그 절실함의 역사적 배경은 도시의 급성장과 급팽창과 직결된 문제였다. 이와 같은 절실함을 해결하기 위해서, 유럽의 도시들은 소위 인문적 시민사회 구축을 지속적으로 시도했는데, 유럽의 대도시들이 상대적으로 안정적이고 세련되었다는 인상을 주는 것도 실은 이 덕분이다. 특히, 도시의 발전 기획과 관련해서, 공간

는 개념으로 civilitas가 자리를 잡았다는 사실이다. 이와 관련해서, civilitas가 영어 civilisation으로 수용되어 널리 퍼지게 된 계기는 1767년 출판된 애덤 퍼거슨(Adam Ferguson)의 *Essay on the History of Civil Society*를 통해서다. 그러나 퍼거슨이 주장하는 civilisation 개념은 라이프니츠가 주장하는 세련됨과 예의를 강조하는 도시인문학과 그 궤를 같이하는 것으로, 그 기원 역시 아마도 라이프니츠의 영향을 받은 것으로 추정된다. 흥미로운 것은, 이 시기의 civilisation 개념은 도시의 세련됨을 함의하는 말이었지만 18~19세기 근대 제국주의에 들어서서는 문명과 야만을 구별하는 개념으로 확대되었고, 이 과정에서 문명을 지칭하는 용어로 humanitas 개념이 civilitas 개념에 자신의 자리를 내주게 되었다는 사실이다.

의 재구성 내지 도시의 제도적 운영에만 관심을 기울이지 않고, 기본적으로 인문적 시민사회 구축을 위해 지속적으로 노력했다는 점은 눈여겨봐야 할 부분이다. 각설하고, 라이프니츠가 중국을 보면서 경의를 표했던 교양이 우러나는 세련된 생활 방식이 다름 아닌 키케로가 강조했던 도시의 세련됨(urbanitas)이다.[23] 물론, 이 "세련됨"은 교양을 뜻한다. 그렇다면, 도대체 이 세련됨은 구체적으로 어떻게 드러나는 것일까? 키케로에 따르면, 그것은 "웃음"이었다.

> 그때 술피키우스가 말했다. 도대체 무슨 이유로 우리가 카이사르를 봐주어야 하는가? 그가 비록 유머에 있어서는 크랏수스에게 자리를 양보한다 할지라도, 웃음에 관한 연구에서는 그 자신이 특히 심혈을 기울였기 때문이다. 이 웃음 전체를 아우르는 본성이 어떤 것이고 어디에서 생겨나는지에 대해서 우리에게 설명을 하려 하지 않기에 하는 말이다. 기지와 세련된 웃음의 유용함과 힘이 위력적이라고 인정하고 있음에도 말이다.[24]

하지만 키케로가 강조하는 웃음은 싸구려 몸짓에 의존하는 것이 아니다. 그것은 인문 교양을 바탕으로 하는 것이었다.

---

23 라틴어 urbanitas에 해당하는 그리스어는 asteismos다. 이 단어의 astu로 그 형용사 asteios는 『오뒷세이아』에서 도시와 시골을 구별하는 의미로 사용된다. 로마의 도시 문제를 인문학의 관점에서 다룬 작품들은 호라티우스나 유베날리스와 같은 작가들이 지은 『풍자』다. 안타깝게도 『풍자』에 대한 국내 연구는 전무한 형편이다.

24 키케로, 『연설가에 대하여』 제2권 231장.

웃음의 자리는, 거의 영역이라 할 수 있는데—웃음이 아주 가까운 것에서 찾아지기 때문이다—추하고 망가지는 것에 속한다. 어떤 추함을 추하지 않는 방식으로 드러내거나 표현해낸 것들은 그 자체로 아주 큰 웃음을 자아내기 때문이다. 그러면 세 번째 해명으로 가겠다. 웃게 만드는 일은 연설가의 일임은 당연하다. 유쾌함은 유쾌하다고 느끼는 사람에게 호의를 이끌어내는 바로 그런 것이기 때문이다. 혹은 사람들은 모두 종종 특히 답변하는 사람이 내놓는 한 단어에 담긴 예리함에 감탄하기 때문이다. 심지어 때때로 신랄하게 공격하는 사람의 한 마디도 그렇다. 혹은 [웃음은] 적을 깨버리고, 적을 저지하며, 적을 가볍게 만들어버리고, 적을 두렵게 만들며, 적을 반박하기 때문이다. 혹은 [웃음은] 연설가를 세련되고 교육을 잘 받았고 기지가 넘치는 사람을 드러내 보여주기 때문이다. 특히 엄중함과 가혹함을 부드럽게 만들며 종종 아주 곤란한 상황을, 이는 말의 논리로 쉽게 풀 수가 없는데, 이런 상황마저도 유머와 기지로 완화시키기 때문이다.[25]

참고로, 인류의 주요 문명의 특징을 농경사회나 유목사회의 관점에서 접근하는 연구는 많다. 하지만 문명사의 관점에서 도시 문명의 특징을 기술한 저술은 그렇게 많지 않다. 이와 관련해서, 도시 문명의 특징을 세련됨과 교양으로 규정하고, 세련된 도시인의 특징을 웃음을 잘 부릴 수 있는 것으로 보는 키케로의 특징은 매우 독특하고, 이에 대한 후속 연구가 요청된다 하겠다. 이와 관련해서는 키케로의

---

25 키케로, 『연설가에 대하여』 제2권 236장.

『연설가에 대하여』 제2권이 핵심 문헌이다. 키케로가 웃음을 이토록 강조하는 이유는 무엇일까? 그것은 한편으로 정치 세력 간의 힘겨루기가 민주주의의 근간 규칙인 다수결의 원리를 바탕으로 함에도, 흔히 의사당에서 볼 수 있듯이, 세력 간의 물리적인 충돌을 극복함에 있어서 가장 효율적인 수단이 웃음이었기 때문이다. 다른 한편으로 도시 생활의 긴장과 갈등을 완화하는 방법이 웃음이기 때문이다. 도시의 생기는 웃음에서 생겨나는 것이기 때문이다. 이런 의미에서 웃음은 도시의 윤활유다.

결론적으로 소위 도시 문명에서 발생되는 인간 문제와 사회 문제들의 해결책에 대한 고민과 반성을 담은 것이 키케로의 인문학이라고 하겠다. 서양의 근대 도시들과 현대 도시들에 사는 사람들이 사는 방식의 기원이 키케로의 인문학에 있다 해도 틀린 말은 아닐 것이다. 이와 관련해서 키케로는 인문학의 여러 학문 가운데에서도 수사학을 절대로 포기해서는 안 된다고 강조하는데, 실은 온갖 종류의 긴장, 경쟁, 갈등, 정쟁, 한마디로 충돌과 다툼의 중심에 자리 잡고 있는 학술이 수사학이기 때문이다. 그런데 키케로는 그 수사학의 정수에 해당하는 자리에 웃음을 놓는다. 이는 매우 독특한 시각이라 할 수 있다. 여느 인문학 저술에서도 볼 수 없는 것이기 때문이다.

마지막으로 키케로의 후마니타스 개념은 이성과 합리성을 기본 원리로 삼는 보편인문학[26]을 지향한다. 이는 다음에서 잘 드러난다.

---

26 여기에서 말하는 보편인문학이라는 개념은 19세기 서양 고전학계와 국가주의자들 사이에서 벌어진 고전 개념에 대한 논쟁에서 사용된 보편주의 이념을 지칭하는 것임을 밝힌다. 이는 정확히 국수주의에 대립되는 개념으로 사용되었다. 이와 관련해서는, August Böckh의 *Enzyklopaedie und Methodenlehre der philologischen*

한 사회는 어떤 사람이(일과 사람들의) 관계망 속에서 하는 역할과 몫에 따라, 즉 (그 일과 조직에 대한) 참여와 기여의 정도에 따라 (자신이 행한 바에 대한) 좋음(보상과 이익)이 가장 많이 주어질 때, 가장 잘 유지되고 통합된다. 그러나 인간 사회와 공동체의 자연적 본성과 원리에 대한 탐구는 더 높은 심급에서 논의돼야 할 것이다. 첫번째 원칙은 인간이라는 종을 보편의 심급에서 묶는 연대(societas)를 통해서 구별되고, 이 연대의 사슬(vinculum)은 이성(ratio)이고 언어(oratio)이기 때문이다. (이성 혹은 합리로부터 뒷받침되는) 언어는 (문젯거리를) 증명하고 명백하게 하고(docendo), 교육하고(discendo), 의사소통하게 하며(communicando), 묻고 따지면서 토론하게 하고(disceptando), 판단하게 하여(iudicando) 사람과 사람을 (이해할 수 있도록 하여) 서로 묶고 연결시키는바, 이는 자연 본성이 인간에게 부여한 어떤 사회성(societas) 때문에 가능하다. 사실 어떤 인간도 들짐승의 본성과 크게 차이나지 않는다. 때때로 말이나 사자도 용기를 가지고 있다고 종종 인정하는 바이기 때문이다. 하지만 우리는 짐승들이 정의(iustitia), 평등(aequitas), 선함(bonitas)을 가지고 있다고 말하지는 않는다. 짐승들은 이성과 언어를 가지고 있지 않기 때문이다.[27]

내 생각에, 위 인용은 키케로의 후마니타스가 보편인문학을 지향했음을 명백히 보여준다. 사람과 사람을 묶는 힘이 이성이고 언어이기 때문이다. 그도 그럴 것이, 키케로가 인간의 본성으로 내세우는 정

Wissenschaften(1881)를 참조하라.

27 키케로, 『의무론』 제1권 50장.

의와 평등 그리고 선함이 인류의 보편 가치임을 부정할 수 있는 사람은 없을 것이기 때문이다.

정리하자. 키케로의 후마니타스 개념은 혈통 중심의 종족과 시민을 기본 단위로 해서 성립하는 국가의 구분을 전제로 성립한 시민인문학(studium civile)이다. 키케로의 후마니타스 개념은 계약 정신을 바탕으로 하는 이념이다. 키케로의 후마니타스 개념은 신본주의가 아닌 인본주의에 중시하는 이념이다. 키케로의 후마니타스 개념은 농경 문명이 아닌 도시 문명에서 요청되는 도시인문학이다. 키케로의 후마니타스 개념은 이성과 언어에 기반한 합리적 설득 능력을 중시한다.

문명사의 관점에서, 보편 이념으로서 키케로의 후마니타스 개념은 크게 두 가지 중요한 특징을 지닌다. 첫째는 내용적인 특징이다. 이와 관련해서는 키케로가 정의와 평등과 선함을 사람다움의 기준으로 제시한다는 점을 지적하고자 한다. 이에 대해서는 이어지는 장에서 다시 해명하겠다. 둘째는 형식적인 특징이다. 이와 관련해서 키케로는 사람 안에 여러 인격(persona)이 있고,[28] 사람(persona)과 사건(res)을 분리하고, 사람과 행위(actio), 사건과 행위로 분리할 수 있는 방식을 제공했다는 점을 강조한다. 이 구별은 나중에 개인의 개별 행위를 법률로 지배하고 이를 통해서 국가를 통합하고 통치할 수 있는 토대를 제공하고, 이 토대 위에서 작동하는 정치적 공동체가 공화국

28 헤겔의 Persönlichkeit 개념은 키케로의 persona 개념의 영향을 받은 것으로 추정된다. 주목해야 할 점은, 키케로가 persona 개념을 통해서 의무를 강조했다면, 헤겔은 권리를 강조했고 그 권리를 Freiheit 개념을 정당화하는 근거로 사용했다는 것이다. 고대 로마 제국과 현대 미국 제국 사이에서 발견되는 차이는 어쩌면 여기에서 해명될지도 모르겠다.

이다. 아무튼, 방법론적인 관점에서 이 구별 방식이 중요한 이유는 구체에서 추상으로, 특수에서 일반으로, 개별에서 보편으로 사유를 끌어올리는 데에 큰 기여를 했기 때문이다. 이 구별은 여기에서 멈추지 않고 말과 감정의 분리로 이어지는데, 이 또한 종족, 종교, 지역, 혈통, 인종 등의 특정 맥락 의식을 뛰어넘는 연습을 제공하기에 공동체 구성을 위해서 중요하다. 결론적으로, 공화국이라는 정체는 이와 같은 사유의 보편 원리를 바탕으로 작동할 때에 가능한 무엇이라는 점을 강조하고자 한다. 이와 같은 보편 원리는 나중에 살펴보겠지만 제국 이념으로 자리 잡는다. 참고로, 사도 바울도 로마에서 재판받을 때 "Civis Romanus Sum!"[29](나도 로마 시민이다!)이라고 일갈한다. 바울의 사례는 공화정 체제의 도시 로마가 제국 로마로 확장함에 있어서 그 확장 원리가 이 구별에 그 기원을 두고 있음을 보여준다. 어쨌든, 인격, 사건, 행위의 구별은 법률 체계의 구성 원리로 자리 잡는다. 이에 대해서는 이어지는 대목에서 상술하겠다.

3. 제국 이념으로서 후마니타스

후마니타스라는 용어는 키케로의 『아르키아스 변론(*Pro Archia*)』에서

29 이 말의 원천은 키케로의 『베레스 고발 연설』이다. 제2권 5장 162절: civis Romanus sum. 이 말은 사도 바울이 로마 관리에게 자신도 로마 시민이므로 로마 시민의 권리를 인정해달라고 요구하면서 사용된다(『사도행전』 제22장 27절 참조). 이 말은 1963년 베를린을 방문한 존 F. 케네디 대통령이 "나도 베를린 사람이다(Ich bin ein Berliner.)"라는 말로 응용하기도 한다.

처음 등장한다. 다음과 같다.

> 사람다움을 위한 목적(quae ad humanitatem pertinent)에 봉사하는 학문들은 모두 서로가 서로를 묶는 공통의 사슬에 묶여 있다. 마치 혈연에 의해 연결된 것인 양 결속되어 있다.[30]

하지만, 후마니타스라는 개념은 키케로가 생각했던 것보다 더 넓은 의미로 사용되었다. 대표적으로 세 사람을 증인으로 부르겠다. 먼저 카이사르(Gaius Julius Caesar)를 부르겠다.

> 이곳의 모든 사람 중에서 벨가이 사람들이 가장 사납다. 다른 무엇보다도 로마 식민지의 문화와 문명(cultus atque humanitas)에서 가장 멀리 떨어져 있다. 장사꾼도 그들을 거의 방문하지 않는다. 사람의 마음을 여자처럼 유약하게 만드는 물품을 가지고 오는 일도 아주 드물다. 벨가이 사람들은 레누스 강 너머에 거주하는 게르마누스인들과 이웃하고, 그들과 끊임없이 전쟁을 치르고 있다.[31]

인용에서 카이사르는 humanitas를 문명의 의미로 사용하고 있다. 흥미로운 점은, 카이사르가 이것들을 로마 제국의 경계 안쪽과 경계 바깥쪽을 구분하는 개념으로 사용하고 있다는 사실이다. 경계 안쪽

---

30 키케로, 『아르키아스 변론』 제2장. Etenim omnes artes, quae ad humanitatem pertinent, habent quoddam commune vinculum, et quasi cognatione quadam inter se continentur.

31 카이사르, 『갈리아 전쟁기』 제1권 1장.

을 사람이 사는 곳으로, 바깥쪽을 비록 "가장 사나운" 사람들이 사는 곳으로 구분하고 있다. 경계 안쪽을 문화와 문명의 지역으로, 경계 바깥쪽을 야만과 폭력의 지역으로 구획하고 있는데, 이런 인식은 카이사르만의 것은 아니다. 저 멀리는 호메로스가, 아주 가까이로는 카이사르 당대에 활약했던 지리학자 스트라본(Strabon, 기원전 64~서기 19)이 문명의 경계를 "사람이 사는 곳(oikomene)"과 괴물이 사는 곳에 두었기 때문이다.[32] 따라서 카이사르가 여기에서 사용하는 후마니타스 개념은 한편으로 문명과 야만을 구분하는 것이고, 다른 한편으로 제국 이념으로 사용된 것이다. 이를 뒷받침해주는 표현은 식민지를 지칭하는 개념인 "provincia"다.[33]

두 번째 증인은 로마의 역사가 타키투스(Publius Cornelius Tacitus)다. 제정기에 활동한 타키투스는 카이사르보다 더 적극적으로 후마니타스를 제국 이념으로 활용한다.[34] 전거는 다음과 같다.

> 아그리콜라는 흩어져서 사는 거친 브리타니아인들이 그 때문에 호전적인 사람들이 싸움을 멈추고 오락을 제공함으로써 휴식을 좋아하게 만들려고 했다. 그래서 사적으로 권고하고 공적으로 도왔다. 신

32 P. Veyne (1980), "L'empire Romain," *Le Concept d'Empire*, Duverger, ed., Paris: PUF, pp. 121-130.

33 J. Richardson (2008), *The Language of Empire: Rome and the idea of empire from the third century BC to the second century AD*, Cambridge: Cambridge University Press, pp. 79-86.

34 P. Veyne (1993), "Humanitas: Romans and non-Romans," *The Romans*, A. Giardina, ed. and L. G. Cochrane trans., Chicago: The University of Chicago Press, pp. 342-370.

> 전과 광장과 집들을 짓도록 말이다. 자발적인 사람들은 칭찬했고, 게으른 자들은 꾸짖었다. 그리하여 명예에로의 자발적인 경쟁이 억지 강요를 앞섰다. 귀족의 자제에게는 자유교양학문을 가르쳤다. 브리타니아인들의 재능이 갈리아인들의 노력을 앞섰다. 로마인의 말인 라틴어를 거부했던 자들도 이내 연설을 배우고 싶어 안달할 정도였기에. 이로부터 또한 우리의 행동 방식과 토가(로마의 옷)가 눈에 띄게 크게 늘었다. 조금씩 조금씩 나쁜 풍속의 유혹에 빠져들었다. 주랑과 목욕탕과 주연에 말이다. 아무것도 모르는 사람들은 이를 문명(humanitas)이라고 불렀다. 비록 그것이 자신들을 노예로 만드는 것의 일부분임에도 말이다.[35]

인용에 따르면, 아그리콜라는 브리타니아인을 길들이기 위해서 로마화 정책을 적극적으로 추진한다. 구체적으로 두 가지를 추진한다. 하나는 교육이다. 다른 하나는 도시 건설이다. 이 과정 전체를 후마니타스라고 부른다는 점이 흥미롭다. 타키투스 자신도 후마니타스 정책을 노예화 전략의 하나로 소개한다는 점이 재미있는데, 어쨌든, 이 글의 논지와 관련해서, 후마니타스가 제국 이념으로 활용되고 있다 하겠다. 이와 관련해서, 브리타니아 사람들이 후마니타스를 "사람이 사람답게 사는 방식", 곧 문명으로 이해하고 있다는 언명에 눈길이 간다. 두 가지 이유에서다. 하나는 후마니타스 개념이 제국 로마의 확장에 적극적으로 활용되었음을 보여주는 전거이기 때문이다. 다른

---

35 타키투스, 『아그리콜라』 21장.

하나는, 근세의 제국들이 문명 개념을 식민지 지배에 사용했던 논리와 유사하기 때문이다.[36]

세 번째 증인은 로마의 건축가 비트루비우스(Marcus Vitruvius)다. 자유교양학문에 대한 비트루비우스의 생각을 소개하겠다. 그의 말이다.

> 그런데 저들은 모든 학술이 대상과 주제를 논의함에 있어서 상호 결합되어 있고 서로 소통하고 있다는 점을 주목했기에, …, 마치 하나의 몸이 여러 지체로 구성되어 있듯이, 자유교양교육(encyclios disciplina)은 그렇게 하나로 구성되어 있다.[37]

비트루비우스의 생각은 후마니타스에 대한 키케로의 생각과 거의 일치한다.[38] 후마니타스라는 말 대신에 자유교양학문이라는 표현을 사용했을 뿐이다. 물론, 엄밀하게 비교해보면 차이가 없는 것은 아니지만,[39] 학문의 본성에 대한 생각에 있어서는 큰 차이가 없다. 중요한 것은 유사함이다. 그것을 인문학이라 부르든 자유교양학문이라 부르든, 그것들의 표지 아래에 놓인 제반 학문들을 키케로도 하나의 혈통으로 묶인 가족으로 보고 있고, 비트루비우스도 하나의 몸으

---

36 S. Belmessous (2013), pp. 5-7; A. Parchami (2009), pp. 15-30.

37 비트루비우스, 『건축십서』 제1권 12장.

38 Chr. Høgel (2015), *The Human and the Humane: Humanity as argument from Cicero to Erasmus*, Vandenhoeck & Ruprecht, p. 72.

39 안재원(2015), 「자유교양학문(encyclo paedeia)의 형성과 전개」, 『서양고전학연구』 제54권 2호, pp. 147-189 참조.

로 파악하고 있기 때문이다. 이 점에서 비트루비우스가 키케로의 학적 전통을 계승했음은 분명한데,[40] 주목해야 할 점은 자유교양학문에 속하는 개별 학문들을 비트루비우스는 하나의 신체로 파악했다는 것이다.[41] 여기에서 우리는 후마니타스 개념에 대한 새로운 이해[42]를 획득할 수 있는데, 그것은 다름 아닌 비트루비우스에게 후마니타스는 정신적인 이념이 아닌 몸과 관련된 것들 일반을 지칭하는 개념이라는 점이다. 이는 후마니타스 연구사에 있어서도 중요하다. 왜냐하면, 앞에서 언급했듯이, 후마니타스를 주로 정신-문명적인 측면에서 연구해온 게 학계의 관행이었기 때문이다. 하지만 나는, 이 글을 통해서, 물질-문명의 관점에서도 후마니타스 개념이 중요하다는 점을 강조하고자 한다. 이를 뒷받침해주는 논거는 세 가지다.

첫째, 비트루비우스의 후마니타스 개념은 타키투스의 예에서 살필 수 있는 물질문명을 지칭하는 개념이다.[43] 전거는 다음과 같다.

> 그 물은 더러운 질병의 오염이 아니라 문명의 달콤함에 유약해진 야만인들의 정신 상태로 말미암아 그런 오명을 얻게 되었다.[44]

---

40 S. Querzoli (2003), "Materia and Officia of Rhetorical Teaching in Book II of the Institutio Oratoria," *Quintilian and the Law: The art of persuasion in law and politics*, O. Tellegen-Couperus, ed., Leuven: Leuven University Press, pp. 37-50 참조.

41 I. McEwen (2003), *Vitruvius: Writing the body of architechture*, Cambridge: The MIT Press, pp. 145-153 참조.

42 비트루비우스의 후마니타스 개념은 로마 제정 초기에 유행한 카이사르의 후마니타스 개념을 수용한 것으로 보인다. 여기에서 비트루비우스가 건축학을 왜 후마니타스 개념에 포함시키지 않고 자유교양학문으로 지칭했는지가 드러난다.

43 Chr. Høgel (2015), p. 73 참조.

44 비트루비우스, 『건축십서』 제2권 8장.

둘째, 한편으로 비트루비우스의 건축은 신체의 비례에 근거하고, 다른 한편으로 건축에 사용되는 척도의 기준이 사람의 몸을 기준으로 삼고 있다.[45] 전자와 관련된 전거는 다음과 같다.

> 어떤 건물도 대칭과 비례 없이 구성의 원리를 얻을 수 없을 것이다. 만약 좋은 풍채를 가진 사람의 사지에 대한 정확한 비례를 계산할 수 없다면 말이다.[46]

후자를 위한 전거는 다음과 같다.

> 사람 몸은 본성적으로 다음과 같이 구성되어 있다. 얼굴은 턱으로부터 앞이마의 끝부분과 머리카락의 가장 낮은 뿌리까지 이르는 부분인데, 이 부분은 전체 길이의 십분의 일에 해당한다. 한 뼘은 손목으로부터 중지 끝부분까지 길이인데, 이도 마찬가지다. 머리는 턱으로부터 정수리까지를 말하는데, 이는 팔분의 일에 해당한다. 가슴의 가장 윗부분의 목에서 머리카락의 가장 낮은 뿌리까지는 육분의 일이다. 가슴 중앙으로부터 정수리까지는 사분의 일이다. 얼굴에 관련해서는 턱 아래에서부터 코 바로 밑까지가 삼분의 일이다. 코는 콧구멍에서부터 양 눈썹 사이의 중심까지인데, 이도 마찬가지다. 여기서부터 머리카락의 가장 낮은 뿌리에 이르는 부분이 이마인데, 이

45 I. McEwen (2004), *Vitruvius, or the Hidden Menace of Theory*, Hamburg: Materialverlag, pp. 10-11 참조.

46 비트루비우스, 『건축십서』 제3권 1장 1.

도 삼분의 일이다. 발의 길이는 신체의 육분의 일이다. 팔뚝은 사분의 일이고, 가슴의 넓이는 사분의 일이다. 다른 지체도 마찬가지로 자신의 고유한 대칭 비례를 가지고 있다. 고대의 화가들과 조각가들이 이를 이용했고 불멸의 명성을 누렸다. 마찬가지로 신성한 건물들의 지체도 최고의 조화를 이루어야만 한다. 전체의 총체적인 크기에 개별 부분들이 가장 어울리는 비례로 호응관계를 유지하면서 말이다. 마치 몸의 중심이 본성적으로 배꼽이듯이 말이다. 왜냐하면 사람이 팔과 다리를 벌리고 등을 지고 눕는다면, 콤파스의 중심이 배꼽에 놓인다. 원을 그리면 손가락의 끝과 발가락의 끝부분이 선에 닿는다. 몸에서 원의 형태를 만들 수 있듯이, 바로 그렇게 몸 안에서 방의 형태가 발견될 것이다. 왜냐하면, 발바닥에서 머리끝까지와 양팔을 활짝 폍쳤을 때의 길이를 재보면, 그것의 높이와 넓이가 같다는 것을 발견할 것이다. 마치 정방형의 평면에 해당하는 길이를 말이다.[47]

이해를 돕기 위해서 레오나르도 다빈치가 위의 내용을 바탕으로 그린 인체비례도를 소개하면 그림 1과 같다.

셋째, 도시 건설도 후마니타스 개념을 바탕으로 한다. 앞에서 언급한바, 건축물이 신체의 유추물이었듯이, 도시도 기본적으로 신체 유추의 연장체이기 때문이다.[48] 도시 건설의 경우, 광장이 중요하다.

---

47 비트루비우스, 『건축십서』 제3권 1장 2-3.

48 A. Ph. Lagopoulos (2009), "Semiotics of the Vitruvian City," *Semiotica* 174(1/4): 193-251.

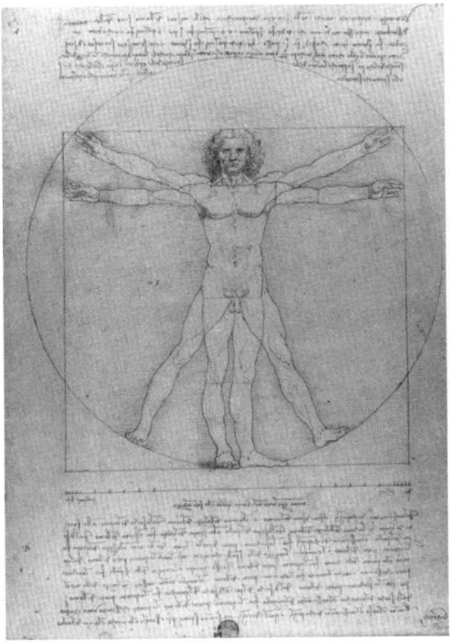

그림 1 다빈치가 금속 펜으로 그린 인체비례도 (1490)
출처: https://en.wikipedia.org/wiki/Vitruvian_Man#/media/File:Da_Vinci_Vitruve_Luc_Viatour.jpg

왜냐하면 도시의 배꼽(omphalos urbis)이 광장이기 때문이다. 비트루비우스의 말이다.

> 카이사르여, 셋째와 넷째 책에서 신전들에 대해서 논했으므로, 이 책에서는 공적인 장소에 대한 배치를 해명하겠습니다. 당연한 것이지만 광장을 첫번째 자리에 배치해야 함을 말씀드립니다. 왜냐하면 관리들이 공적인 일과 사적인 일을 처리하고 관리하는 곳이 광장이기 때문입니다.[49]

---

49 비트루비우스, 『건축십서』 제5권 서문 5. Itaque, Caesar, tertio et quarto volumine aedium sacrarum rationes exposui, hoc libro publicorum locorum expediam dispositiones. Primumque forum uti oporteat constitui dicam, quod in eo et publicarum et privatarum rerum rationes per magistratus gubernantur.

인용에서 살필 수 있듯이, 비트루비우스는 광장을 도시의 한 중심에 놓고 그 주변에 도시의 주요 기능을 순차적으로 배치한다. 이렇게 진행된다. 먼저 도시의 중심에 빈터가 있다. 그 빈터를 중심으로 주랑들을 세운다. 그 주랑들 사이에 상점들이 공간을 배당받는다. 이어서 국고, 감옥, 의회도 공간을 배정받는다. 다음으로 극장이 자리를 차지한다. 여기에 목욕탕도 빠질 수 없다. 물론 경기장도 자기 자리를 배정받는다. 마지막으로 항구도 자기 자리를 차지한다. 이렇게 배치된 건축 공간들은 도대체 무엇들일까? 이것들은 앞에서 말한 광장에서 이루어졌던 경제, 정치, 문화라는 문명, 비트루비우스의 말에 따르면, 후마니타스의 여러 기능이 건축이라는 옷을 입은 것에 다름이 아니다. 사실, 도시란 광장의 여러 기능이 물질화된 공간일 것이다. 더 정확하게 말하자면, 광장에는 두 모습의 공간이 있다. 하나는 '공간으로서의 광장'이고, 다른 하나는 '기능으로서의 광장'이다.

결론적으로 '기능으로서의 광장'이 물질화된 공간이 도시라는 소리다. 또한 '공간으로서의 광장'의 운명도 가장 안전하고 가장 확실한 방식으로 살아남는다. 도시의 한가운데에 있는 빈터가 바로 그곳이기 때문이다. 비트루비우스가 도시를 세움에 있어서 그 중심에 첫 번째로 놓으라고 말하는 빈터가 바로 그곳이다. 그런데 비트루비우스에 따르면, 그 빈터는 그냥 공터가 아니다. 도시의 비례와 균형을 잡는 저울(libra) 역할을 하는 곳이기 때문이다. 다시 말해, 광장의 규모에 따라 광장을 둘러싸고 있는 건물과 거리의 비례가 결정되기 때문이라고 한다. 이쯤 되면, 광장은 그냥 중심지가 아니다. 도시의 배꼽이다. 이와 관련해서는 두 종류의 그림을 통해서 보충하겠다. 하나는 사람과 건축의 비례관계를 잘 보여주는 그림이다.

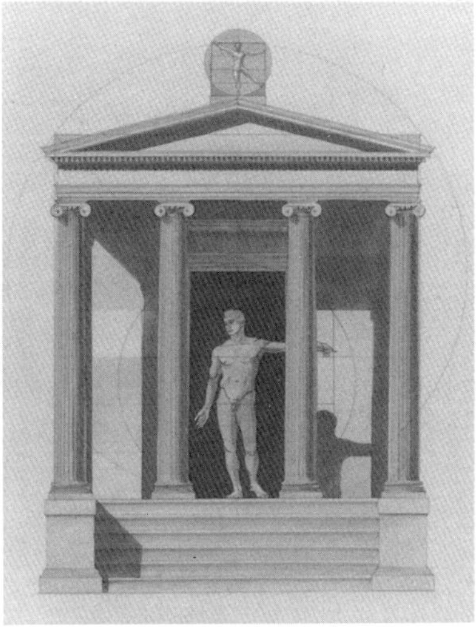

그림 2 Th. G. Smith(2003)가 번역한 *Vitruvius: On Architecture*의 표지
출처: http://www.theculture concept.com/the-classical-orders-of-architecture-landmark-engravings

그림 2는 앞에서 소개했듯이, 건축이 인체의 비례물임을 잘 보여주는 사례다.[50] 그림 3은 도시의 배꼽인 광장이 어떤 원리에 입각해서 조성되는지를 보여준다.

그림 2는 로마의 주요 문화 시설인 극장이 인체 비례에 맞추어서 건설되었다는 점을 명백하게 보여준다. 그런데 이 그림에서는 들리지 않는 사실이 하나 있다. 다름 아닌 그림의 극장이 사람의 말소리가 어디에서나 들릴 수 있는 구조로 지어졌다는 사실이다. 이와 관련해서 한 가지는 로마의 광장도 마찬가지로 소리의 비례 원리에 입각해서 지었음을 강조하고자 한다.[51] 온갖 소리가 소통하는 공간이 포

50 P. Gros (2001), "La Géométri platonicienne de la notice vitruvienne sur l'homme parfait (De architectura, III, 1.2-3)," *Annali di Arcitettura* 24: 15-24 참조.

51 James Harvey McGregor, "Roman Forum," in *Rome from the Ground up*, Cambridge, Mass.: Havard University Press, pp. 38-39 참조.

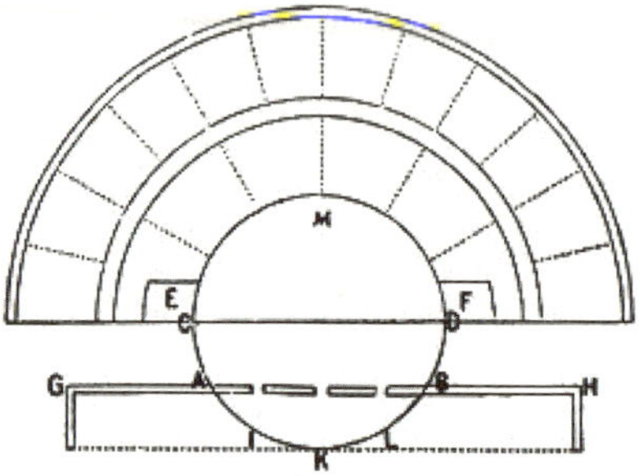

FIG. 205
PLAN OF A ROMAN THEATER, ACCORDING TO VITRUVIUS

그림 3 비트루비우스의 공법에 따라 지어진 로마의 극장
출처: http://www.forumromanum.org/life/johnston205.jpg

룸이었고, 그 소리들의 승패를 결정하는 곳이 광장이었기에 광장을 지음에 있어서 소리의 비례를 계산하는 것은 너무도 당연한 일이었을 것이다. 시장, 법정, 민회가 열리는 곳이 광장이었기 때문이다. 광장 자체가 문명의 공간인 셈이다. 이에 대해서는 앞에서 인용한 타키투스의 『아그리콜라』가 여실한 사례를 제공한다. 어쨌든, 비트루비우스는 이런 성격의 문명을 후마니타스라고 부른다. 결론적으로 후마니타스는 물질-문명을 지시하는 언표임이 분명하다.

정리하자. 카이사르는 로마 제국의 경계를 구분하는 개념으로 후마니타스를 문명의 의미로 사용했다. 타키투스도 후마니타스를 문명 개념으로 사용했다. 그에 따르면, 로마 경계 너머에 사는 야만의 지역을, 즉 로마의 식민지로 만드는 것, 로마화가 곧 문명이었다. 그런데 이와 같은 문명화의 결정적인 수단이 로마식 교육과 로마식 도시 만들기였다. 그렇다면 문명화 자체가 실은 제국의 확장 방식인 셈이다. 그런데 비트루비우스에 따르면, 도시는 신체의 연장체다. 한편 비트루비우스 자신도 도시 문명을 후마니타스라고 불렀다. 사정이 이와 같다면, 제국 문명의 뿌리 개념이 후마니타스일 것이다. 이런 이유에서 후마니타스를 제국 이념으로 보는 것도 하등 이상할 것은 없을 것이다. 하물며, 도시를 구성하는 원리가 인체를 구성하는 사지의 조화와 건축물의 척도가 개별 지체 자체들이기에 그렇다. 후마니타스 이념이 제국 이념으로서 어떤 방식으로 이용되었고, 구체적으로 식민지를 로마화하는 과정에서, 혹은 문명화하는 과정에서 어떤 물적 원리로 작동했는지에 대한 이야기다.

4. 맺는말

후마니타스는 양면성을 띤 개념이다. 보편 이념이고 제국 이념이다. 때로는 따로 때로는 함께 나타난다. "따로 또 함께" 개념이다. 국가와 문명의 발전 과정에서 때로는 보편 이념으로 강조되는 것으로 보이기도 하고, 때로는 제국 이념으로 부각되어 보이는 것일 뿐이다. 부족국가에서 도시 국가의 공화국으로 이행할 때에 후마니타스는 보편 이념으로 작동한다. 시민과 국가의 탄생과 형성에 교육을 통해서 결정적인 기여를 한 것이었기 때문이다. 요컨대 근대 국가가 탄생할 때 결정적인 기여를 한 프랜시스 베이컨(Francis Bacon, 1561~1626)의 4대 우상(종족, 동굴, 시장, 극장)에 대한 비판이[52] 크게 보면 키케로의 후마

---

52 S. Corneanu and K. Veremir (2012), "Idols of the Imagination, Francis Bacon on the Imagination and the Medicine of the Mind," *Perspective on Science* 20(2): 183-206 참조.

니타스 개념과 같은 궤도 위에 있다는 정도만 언급하겠다. 그런데 제국은 기본적으로 물리적인 힘을 바탕으로 한다. 그러나 힘은 정복에는 효과적이지만 지배에는 한계를 노출한다. 이때 요청되는 것이 후마니타스 프로그램이었다. 문명의 이름으로 말이다. 후마니타스의 이와 같은 양면성을 가장 극적으로 잘 보여주는 문건이 『로마법 대전(*Corpus Iuris Civilis*)』 중 『법학제요(*Institutiones*)』다. 제1권의 시작 부분이다.

> 정의는 각자에게 그 자신의 권리를 부여하는 확고하고 영속적인 의지다. 법학은 신의 일과 인간의 일에 대한 지식이고, 옳음과 그름에 대한 앎이다. … 법의 가르침은 다음과 같다. 명예롭게 사는 것, 타인을 해치지 않는 것, 각자에게 그 자신의 것을 주는 것이다. 이 공부는 두 분야로 나뉜다. 공적인 분야와 사적인 분야가 그것들이다. 공법은 로마 국가의 성립 조건에 관한 것이고, 사법은 개인의 이익과 연관된다. 따라서 사법에 대해서 말해야 한다. 그것은 자연적인 것, 종족에 관련된 것, 시민에 관한 것으로 구성되어 있다.[53]

인용은 로마 제국의 법체계가 앞에서 언급한 키케로의 후마니타스가 지향했던 보편 이념의 원리에 기초해 있음을 잘 보여준다. 세 가지 점에서 그렇다. 먼저, 자연과 종족으로부터 시민의 구별을 들 수 있다. 인종, 혈통, 종교, 지역을 아우르기 위해서는 보편 이념으로서

53 가이우스, 『법학제요』 제1권 1-4장.

시민 개념(pesona)이 중요하다. 제국은 이것들을 묶어낼 수 있는 시민이라는 최소 공통성에 기초한 정치체인 셈이다.

다음으로 사태, 사건과 이해관계(res)를 지역, 종족 등의 특정 맥락인 아닌 공과 사의 보편 맥락으로 접근한다. 이는 각자의 것은 각자에게라는 원칙을 바탕으로 한다. 예를 들면, 사적인 것은 사적인 것에, 공적인 것은 공적인 것에 맡겨야 한다는 원칙에 입각해서 공동의 일(res publica)은 공동체에 부여하자는 논리가 성립하고 이를 근거로 국가가 성립한다. 그리고 개인과 국가의 관계를 의무와 권리라는 계약관계로 해명한다. 참고로, 각자의 것은 각자에게의 원칙이 정의, 더 정확하게는 분배 정의인데, 앞에서 인용했듯이, 키케로는 이 정의를 인간의 본성 가운데에 하나로 규정한다.

마지막으로, 로마 제국의 법체계의 목적 이념이 기본적으로 후마니타스다. 명예롭게 사는 것, 각자에게 그 자신의 것을 주는 것, 타인을 해치지 않는 것이 후마니타스의 하위 가치들이다. 중요한 것은 각자와 타인이 추상화와 일반화의 심급에 서 있는 인격체(persona)로서 자신의 권리가 법적으로 자격을 획득한 형식이라는 점이다. 여기에서는 고향, 신분, 종교, 혈통, 인종은 문제가 되지 않는다. 로마 제국이 하나의 정치체로 묶일 수 있는 원리가 여기에서 해명된다 하겠다. 그것은 다름 아닌 후마니타스라는 보편 이념 덕분이었다. 사정이 이와 같다면, 보편 이념 안에 이미 제국 이념이 내재해 있다고 해도 틀린 말은 아닐 것이다. 다만, 보편 이념이 제국의 통치와 지배에 동원되고 활용될 때에 그것은 제국 이념으로 보인다고 할 수 있을 것이다.

결론적으로 묻자. 여기-지금 우리의 관점에서 후마니타스는 보편 이념인가? 아니면 제국 이념인가? 두 가지 관점에서 답할 수 있다. 한편으로, 물질적인 관점에서 후마니타스는 제국 이념이다. 물질 문명의 표준을 결정하는 것이 사실 제국의 힘이기 때문이다. 다른 한편으로, 정신적인 관점에서 후마니타스는 보편 이념이다. 근대 국가 가운데에서 어느 국가도, 그것의 규모가 도시 국가든 미국이나 중국과 같은 패권 제국이든 간에, 키케로가 『의무론』에서 말하는 인간 규정(humanitas)의 핵심 개념들인 정의, 평등, 좋음을 국가 구성의 원리로 삼지 않는 나라가 없기 때문이다. 조금 과장하면, 후마니타스는 무한 개념이다. 비록 국가 규모의 크기에 따라 제국 이념으로 보이지만, 그것은 기본적으로 보편 이념이기 때문이다. 사례를 들겠다. 로마의 서사시인 베르길리우스(Publius Vergilius Maro)의 말이다.

> 나는 무한 제국을 주었다. (Imperium sine fine dedi)[54]

해당 문장의 전체 문맥은 다음과 같다.

> 두려워 마라, 베누스여, 네 백성의 운명은 확고하다./ … / 백성들은 로물루스의 이름에서 자신들을 로마인이라 부를 것이다./ 나는 그들에게 시간과 공간의 한계를 주지 않았다./ 나는 무한 제국을 주었다. 또한 지금은 두려움에서/ 바다와 대지와 하늘을 뒤흔들며 괴롭히는 유노도/ 마음을 바꾸어 토가를 두르는 종족인 로마인을,/ 세계의 주인으로 인정하고 나와 함께 돌볼 것이다./ 이것이 나의 뜻이다.[55]

---

54 베르길리우스, 『아이네이스』 제1권 281행.

55 베르길리우스, 『아이네이스』 제1권 257-283행.

인용은 천상의 주신 제우스가 자신의 딸인 베누스 여신에게 로마의 운명에 대한 예언이다. 한마디로, 로마인의 시조인 아이네아스가 유노 여신의 질투와 분노로 말미암아 지금은 고생하고 있지만, 종국엔 세계의 지배자가 될 것이라고 한다. 그것이 "자신의 뜻", 곧 제우스의 뜻(Dios boule)이라고 한다. 그렇다면, 제우스의 뜻은 과연 이루어졌을까? 대답은 양가적이다. 한편으로 "아니오"라고, 다른 한편으로 "예"라고 답해야 하기에. 전자에 대한 해명을 먼저 하면 이렇다. 그러니까, 역사적 실체로서 로마는 사라지고 없기에. 이 점에서 제우스의 뜻은 실현되지 않은 셈이다. 그렇다면, 후자의 경우는 어떻게 해명해야 하나? 이에 대해서는, 로마가 남긴 "무한 제국"은 문명의 기억 속에 살아 있다는 정도의 해명이 가능할 것이다. 조금 보충하겠다. 모든 국가는 그 규모에 준해서 그에 맞는 정치와 문화의 기준과 척도를 가지고 있다. 씨족 중심의 부족 단계에 있는 나라는 그 나름의 규모에 따라, 도시 중심의 종족 국가는 그 나름의 규모에 따라, 다종족과 다국가의 단계를 넘어서는 제국 단계에 있는 나라도 그 규모에 따라 자신의 크기와 무게를 유지하고 균형을 잡을 수 있는 구조와 체계를 가지고 있다. 서구 역사에서, 로마는 제국 단계에 이르는 규모로 힘과 크기가 성장한 나라에서는 어김없이 되살아난다. 세계를 지배하고 통치해 본 경험이 이전 자신들의 종족 역사에서는 찾을 수 없기 때문이다. 이런 까닭에서, 로마는 일정 정도 이상의 규모로 커진 국가의 역사에는 항상 반복되어 나타난다. 이런 의미에서, 로마는 지금도 살아 있는 제국이다. 이런 이유에서, 세계를 움직이는 게임의 기본 판과 그 판의 규칙을 이해하기 위해서는 좋든 싫든 배워야 할 것 가운데 하나가 로마 제국의 역사일 것이다.

각설하고, 로마 역사를 알아야 하는 이유는 크게 두 가지다. 우선, 미국이 현대의 로마이기 때문이다. 그렇다면, 현대의 로마가 단적으로 한반도의 문제와 관련해서 펼치는 전략-전술이 어떤 원리에 입각해 있는지를 파악하는 것과 관련해서 고대 로마가 세계를 지배할 때 사용하던 전략-전술에 대한 이해도 매우 중요한 참조 사례일 것이다. 이것이 로마를 알아야 하는 첫번째 이유다. 두 번째 이유는 아주 뜻밖의 사례일 텐데, 다름 아닌 중국이다. 사연인즉 이렇다. 중국인 지인에 따르면, 중국의 공산당 통치체제가 로마의 원로원의 그것과 구조적으로 매우 유사하고, 이런 이유에서 중국의 학자들이 로마의 원로원 역사를 매우 심도 깊게 연구한다고 한다. 한편으로 일당 중심의 통치체제라는 점에서, 다른 한편으로 소수의 원로 그룹 세력들이 막후에서 최고 결정을 내린다는 점에서 고대 로마의 원로원 정치와 중국의 현대 공산당의 통치 방식이 서로 맞닿아 있기 때문이라고 한다. 물론, 이에 대해서는 많은 논구가 요청된다. 그럼에도, 사정이 이와 같다면, "무한 제국"에 대한 제우스의 뜻은 어쩌면 이런 방식으로 실현되고 있는지도 모르겠다.

참고문헌

안재원(2015), 「자유교양학문(encyclo paedeia)의 형성과 전개」, 『서양고전학연구』 제54권 2호.

Ahn, Jaewon (2010), "Cicero's Humanitas and the Idea of the Ars Perfecta," *New Zealand Association of Classical Teachers* (*NZACT*) 37(1): 20-26.

Ahn, Jaewon (2010), "A Comparative Research on Cicero's orator perfectus and Confucius' rex perfectus(聖君)," *Papers on Rhetoric* X, pp. 1-22, ed. by Lucia Calboli Montefusco, Rome: Herder.

Ahn, Jaewon (2011), "Cicero's Humanitas in Forensic Speech," *Classica Revista Brasileira de estudos clássicos* 22(2): 216-228.

Ahn, Jaewon (2013), "Humanitas in the Late Republican Age: Focusing on Cicero's De oratore," *Horizons* 4(2): 1-30.

Appian (1973), *Bellum Civile*, trans. by H. White, Cambridge, Mass.: Harvard University Press.

Balbo, A. (2011), "Humanitas in the Imperial Age: Some reflections on seneca and quintilian," *Greco-Roman Studies* 47: 63-93.

Bauman, R. (2000), *Human Rights in Ancient Rome*, London: Routledge.

Beckmann, F. (1952), *Humanitas: Ursprung und Idee*, Münster: Aschendorff.

Belmessous, S. (2013), *Assimilation and Empire: Uniformity in French and British colonies, 1541-1954*, New York: Oxford University Press.

Büchner, K. (1961), "Humanum und humanitas in der römischen Welt," *Studium Generale* 14: 636-646.

Cairns, D. (2013), "Revenge, Punishment, and Justice in Athenian Law," *Proceedings of the Tenth Japan-Korea-China Symposium in Ancient European History*, 36-44. Beijing Normal Education University, October.

Christes, J. (1995), *Cicero und der roemische Humanismus*, Berlin: Humboldt-

Universität.

Cicero, Marcus Tullius (1931), *Pro rege Deiotaro*, trans. by N. H. Watts, Cambridge, Mass.: Harvard University Press.

Cicero, Marcus Tullius (1942), *Cicero: De partitione oratoria*, trans. by H. Rackam, Cambridge, Mass.: Harvard University Press.

Cicero, Marcus Tullius (1956, 1923), *Pro Archia*, trans. by N. H. Watts, Cambridge, Mass.: Harvard University Press.

Cicero, Marcus Tullius (1968, 1913), *Cicero: De officiis*, trans. by W. Miller, Cambridge, Mass.: Harvard University Press.

Cicero, Marcus Tullius (1970, 1928), *Cicero: De legibus*, trans. by C. W. Keyes, Cambridge, Mass.: Harvard University Press.

Cicero, Marcus Tullius (1970, 1928), *Cicero: De Republica*, trans. by C. W. Keyes, Cambridge, Mass.: Harvard University Press.

Cicero, Marcus Tullius (1971, 1923), *Cicero: De amicitia*, trans. by W. A. Falconer, Cambridge, Mass.: Harvard University Press.

Cicero, Marcus Tullius (1971, 1939), *Cicero: Orator*, trans. by H. M. Hubbel, Cambridge, Mass.: Harvard University Press.

Cicero, Marcus Tullius (1973, 1933), *Cicero: Academica*, trans. by H. Rackam, Cambridge, Mass.: Harvard University Press.

Cicero, Marcus Tullius (1993, 1902), *Rhetorica: Volume 1: Libros de Oratore Tres*, ed. by A. S. Wilkins, Oxford: Oxford University Press.

Cicero, Marcus Tullius (2001), *Cicero: On the Ideal Orator* (De oratore), translated, with an introduction, notes, appendixes, glossary and indexes by James M. May and Jakob Wisse, Oxford: Oxford University Press.

Cicero, Marcus Tullius (2004, 1977), *Cicero: Epistulae ad Familiares*, ed. by D. R. Shackleton-Bailey, Cambridge: Cambridge Classical Texts and Commentaries, Cambridge University Press.

CIL. Corpus Inscriptionum Latinarum I 2, 6.7: 3.

Corneanu, S. and Veremir, K. (2012), "Idols of the Imagination, Francis Bacon on the Imagination and the Medicine of the Mind," *Perspective on Science* 20(2): 183-206.

Cousin, J. (1967), *Études sur Quintilien*, Paris: Boivin, 1936, Amsterdam: Verlag P. Schippers N. V.

Crifò, G. (1993), "A proposito di humanitas," *Ars boni et aequi, in Festschrift für*

Wolfgang Waldstein zum 65, *Geburtstag*, pp. 79-91, ed. by M. S. Schermaier-Z. Végh, Stuttgart: Steiner.

Gellius, Aulus (1927), *The Attic Nights of Aulus Gellius*, trans. by J. C. Rolfe, Cambridge, Mass.: Harvard University Press.

Gros, P. (2001), "La Géométri platonicienne de la notice vitruvienne sur l'homme parfait (De architectura, III, 1.2-3)," *Annali di Arcitettura* 24: 15-24.

Haffter, H. (1967), "Die römische Humanitas," *Römische Wertbegriffe*, pp. 468-482, ed. by H. Oppermann, Darmstadt: Wissenschaftliche Buchgesellschaft.

Harder, R. (1934), "Nachträgliches zu humanitas," *Hermes* 69: 64-74.

Heinemann, I. (1931), "Humanitas," *Realencyclopaedia Pauly-Wissowa Suppl*. V. coll. 282-310, Stuttgart: Metzler.

Herder, J. G. (1793-97), *Briefe zur Beförderung der Humanität, 3. Sammlung* 27; now in Deutschen Textarchive.

Herescu, N. I. (1948), "Homo, humus, humanitas: Préface à un humanisme contemporain," *Bulletin de l'Association Guillaume Budé*. N. 5, 64-76, Paris: Ass. Guillaume Budé.

Hingley, R. (2005), *Globalizing Roman Culture: Unity, diversity and empire*, London: Routledge.

Høgel, Chr. (2015), *The Human and the Humane: Humanity as argument from Cicero to Erasmus*, Vandenhoeck & Ruprecht.

Kaster, R. A. (1986), "Humanitas and Roman Education," *Storia della Storiagrafia* 9: 5-15.

Kohn, George C. (1999), *Dictionary of Wars*, Revised edition, New York: Facts on File.

Kupiszewski, H. (1979), "Humanitas et le droit romain," *Major viginti quinque annis*, pp. 85-103, ed. by S. E. Spruit, Assen: Van Gorcum.

Lagopoulos, A. Ph. (2009), "Semiotics of the Vitruvian City," *Semiotica* 174(1/4): 193-251.

Manthe, U., ed. (2004), *Gaius: Institutiones*, Darmstad: Wissenschaftliche Buchgesellschaft.

Mayer, S. (1950), "Humanitas bei Cicero," *Dissertation*, University of Freiburg.

McGregor, J. H. (1946), "Roman Forum," *Rome from the Ground Up*, Cambridge, Mass.: Havard University Press,

McEwen, I. (2003), *Vitruvius: Writing the body of architecture*, Cambridge: The MIT Press.

McEwen, I.(2004), *Vitruvius, or the Hidden Menace of Theory*, Hamburg: Materialverlag.

Mercier, St. (2013), "The Sage and Saint: A student of the stoics' reading of the Zhongyong," *Horizons* 4(2): 1-37.

Nielson, Kristina P. (1984), "Aeneas and the Demands of the Dead," *The Classical Journal* 79(3): 200-206.

Niethammer, Fr. I. (1968), "Philanthropinismus-Humanismus," *Texte zur Schulreform*, ed. by W. Hillebrecht, Weinheim-Berlin-Bassel (Kleine Pädagogische Texte 29).

Nikolaïdis, A. G. (1980-81), "A Note on the Relationship between Philanthropia and Humanitas," *Platon* 33: 350-355.

Parchami, A. (2009), *Hegemonic Peace and Empire: The Pax Romana, Britannica and Americana*, London: Routledge.

Perl, G. (1973), "Römischer Humanismus vor Ausprägung des Humanitas-Begriffes," *Philologus* 117: 49-65.

Querzoli, S. (2003), "Materia and Officia of Rhetorical Teaching in Book II of the Institutio Oratoria," *Quintilian and the Law: The art of persuasion in law and politics*, pp. 37-50, ed. by O. Tellegen-Couperus, Leuven: Leuven University Press.

Ramage, Edwin S. (1963), "Urbanitas: Cicero and quintilian, a contrast in attitudes," *The American Journal of Philology* 84(4). http://www.jstor.org/stable/293235: 390-414.

Rancière, Jacques (2010), "What Is Meant by 'Terror'," *Horizons* 1(1): 119-134.

Raschke, W. R. (1987), "Arma pro amico: Lucilian satire at the crisis of the Roman Republic," *Hermes* 115: 299-318.

Richardson, J. (2008), *The Language of Empire: Rome and the idea of empire from the third century BC to the second century AD*, Cambridge: Cambridge University Press.

Rieks, R. (1967), *Homo, humanus, humanitas: Zur Humanität in der lateinischen Literatur des 1. nachchristlichen Jahrhunderts*, München: Wilhelm Fink Verlag.

Salmon, E. T. (1958), "Notes on the Social War," *Transactions and Proceedings of the American Philological Association* 89: 159-184.

Schadewaldt, W. (1973), "Humanitas Romana," *Aufstieg und Niedergang der römischen Welt*, vol. 1, bk. 4, S. 43-62, ed. by H. Temporini, Berlin: Walter de Gruyter & Co.

Seel, O. (1962), *Paideia und Humanitas*, Landau: Humanistiches Gymnasium.

Strasburger, H. (1966), "Der Scipionenkreis," *Hermes* 96: 60-72.

The Twelve Tables (2005), trans. by P. R. Coleman-Norton, The Project Gutenberg, ebook: www.gutenberg.org.

Ulpianus (1963), *Digesta*, vol. 2, ed. by P. Kreuger and Th. Mommsen, Hildesheim: Georg Olms Verlag.

Vergil (1910), *Vergil: Aeneid*, trans. by Th. C. Williams, Boston: Houghton Mifflin Co.

Veyne, P. (1980), "L'empire Romain," *Le Concept d'Empire*, ed. by Duverger, Paris: PUF.

Veyne, P. (1993), "Humanitas: Romans and non-Romans," *The Romans*, ed. by A. Giardina and trans. by L. G. Cochrane, Chicago: The University of Chicago Press.

Vitruvius (1970, 1931), *Vitruvius: On architecture*, ed. and trans. by Fr. Granger, Cambridge Mass.: Harvard University Press.

Wehberg, H. (1959), "Pacta Sunt Servanda," *The American Journal of International Law* 53(4). http://www.jstor.org/stable/2195750: 775-786.

Woolf, G. (2003, 1998), *Becoming Roman: The origins of the provincial civilization in gaul*, Cambridge: Cambridge University Press.

Wright, M. R. (1995), "Self-Love and Love of Humanity in De finibus 3," *Cicero the Philosopher*, pp. 171-195, ed. by J. G. F. Powell, Oxford: Clarendon.

제국의 상상(想像): '모스크바-제3로마' 이념과 러시아 제국*

차지원

1. 머리말

우리는 왜 제국을 이야기하려 하는가? 그것은 전 지구화, 세계화가 우리의 현실 삶 깊숙이 침투한 지금, 이제 제국은 세계를 움직이는 법칙 자체가 된 것 같기 때문이다. 우리는 일상에서 세계의 이 끝에서 저 끝으로 세계를 가로지르는 수많은 것을 공유하며 전 세계를 포섭하는 것들에 지배받는다. 넓게는 돈의 제국, 문화의 제국 혹은 삼성 제국, 애플 제국, 그리고 좀 더 미세한 차원에서는 하나의 상품이나 현상, 특별한 한 인물도 제국을 이룬다. 빅맥의 제국, 아이폰의 제국, 혹은 스티브 잡스의 제국 등등…

여기서 우리는 제국 혹은 제국적인 것과 필연적으로 맞부닥칠 수밖에 없다. 아마도 이제 스스로 제국이 되지 못할 때 우리는 다른 제

* 이 글은 *Horizons: Seoul Journal of Humanities* 7(2) (Institute of Humanities, Seoul National University, December, 2016)에 "Imagining an Empire: The Idea of "Moscow-The Third Rome" and the Russian Empire"란 제목으로 게재된 필자의 논문을 보완·수정한 것이다.

국으로 흡수되고 통일되며 스스로의 정체성을, 스스로의 가치를 잃게 되지 않을까.

그렇다면 제국은 어떻게 만들어지는가? 어떻게 제국이 될 수 있는가? 제국은 무엇보다도 통합이며 중심이다. 제국은 모든 것을 포괄하고 포섭할 수 있는 보편과 규준을 만듦으로써 모든 것을 스스로에게 통합할 수 있다. 또한 제국은 그 외부의 것에 대해 끊임없이 중심이 됨으로써 외부의 것을 제국으로 끌어들일 수 있다. 제국은 어떤 의미로든 보편이나 중심이 되고자 하는 욕망에서 시작된다. 이러한 보편과 중심으로의 권력적 움직임은 그것이 무엇이든 스스로의 정체성을 제국적인 것으로 만들려는 강한 이념적 동인에 의해 뒷받침된다. 제국은 일차적으로 현실정치의 차원에서 이룩되는 것임을 부정할 수 없지만, 현실정치의 통합 행위를 배면에서 추동하는 이념적 정당화 없이는 결코 실현될 수 없다. 제국의 중심 권력도, 그것의 대상이 되는 변방의 경계들도, 의식적이든 무의식적이든 제국 이념에 의한 일반적 동의 및 인식의 작용 없이는 정치적 팽창 행위를 실행할 수도 수용할 수도 없다.

이러한 맥락에서 16세기부터 20세기까지 수세기에 걸친 지난한 역사를 통해 이룩된 러시아 제국의 예는 제국적 팽창을 추동한 강한 이념적 동인의 역할을 가장 여실히 보여준다. 러시아는 세계의 중심이 되고자 하는 제국적 욕망을 인문학적 상상력을 통해 구성된 문화 담론 속에 투사하며 끊임없이 제국적 팽창이라는 정치적 현실을 일구어나갔다. 러시아의 제국에 대한 열망은 상상을 통해 현실이 되었다. 러시아인들은 제국에 대한 끊임없는 상상을 통해 제국을 이룩했고, 유럽의 변방에서 가장 늦게 출발한 그 제국은 문명과 문명을 가로지르는 독특한 제3의 문명을 소유한 가장 광활하고 열린 세계 제국의 가능성을 보여주었다. 러시아에서 제국의 이념은 제국의 현실보다도 선험적이고 실체적이다.

여기서는 러시아가 이룩한 그토록 광대한 제국의 물질적 현실 뒤에 있었던 제국의 이념을 들여다보려 한다. 세계의 중심을 향한 제국적 야망의 시작과 구성의 역사 속으로 들어가서 인문학적 상상력이 어떻게 제국의 이념을 일구어냈는지, 러시아 제국의 물질적 현실을 추동한 제국의 이념과 그 이념을 일구어낸 인문학적 상상력의 힘이 얼마나 거대하고 근원적인 것이었는지를 아는 일은 제국을, 혹은 제국적 정체성을 이해하는 첫걸음이다.

"러시아 이념(русская идея)": 세계의 전유(專有)

블라디미르 푸틴(Владимир Путин)이 집권한 2000년 이후 러시아는 자국 국경을 넘어서 경계이월적이고 팽창적인 제국적 공간을 형성하려는 움직임을 뚜렷히 보이고 있다. 이는 과거와는 다른 역사적·물질적 조건하에서 물론 이전의 군사적이고 정치적인 제국주의와는 다른 질(質)과 다른 뉘앙스를 띠고 있지만, 그것은 분명히 세계를 전유하려는 제국주의적 사유로부터 나오는 행보임에 분명하다. 그야말로 러시아는 현재 러시아 연방의 국경이 아니라 '새로이 상상되는 제국'의 경계로서 스스로의 제국적 존재를 주장하려 한다. 현재의 러시아 연방은 제국의 주된 권력의 장이며 권력들의 결합체가 되는 공간 그리고 위계적으로 조직된 민족 상호간의 체계를 보증하는 중심으로[1] 나서며, 러시아가 자국을 둘러싼 공간에서 제국적 구조를 도모하고 있음을 직접적으로 증명한다.

그러나 다시금 제국의 출현을 암시하는 러시아의 움직임을 단순히 과거 양극체제를 지배했던 '소련의 부활'이나 그에 대한 향수로만 해석한다면, 일견 사사건건 미국과 서구에 대립하고 독자적 노선을 걸으며 자국을 중심으로 하는 세력권을 형성하려는 엇나간(?) 러시아를 이해하기 어렵다. 러시아의 이러한 팽창적인 움직임, 제국적 확장은 언제나 러시아의 사상적 흐름으로부터 깊숙이 뒷받침되어왔기 때문이다. 그것은 러시아가 단일국가를 이루었던 시점으로부터 시작된 부단한 자기 정체성의 모색이며 수세기에 걸쳐 일어났던 '동(東)과 서(西)'에 관한 지난한 지적 논쟁, '러시아 이념(русская идея)'의 역사를 통해 얻은 고뇌에 찬 자기 정의의 움직임이기 때문이다.[2]

푸틴 정부의 행보와 러시아의 제국적 팽창에 동기를 부여하고 있는 것은 제정 러시아 말기에 나타났던 유라시아주의(евразийство) 이념의 21세기 버전인 신(新)유라시아주의다.[3] 19세기 후반에 나타났던 유라시아주의를 통해 러시아는 동서 갈등을 조정하고 양자의 문화

---

1 И. Герасимов, С. Глебов, А. Каплуновский, М. Могильнер, А. Семенов (2009), "От редакции," *Ab Imperio*, 3/2009, С. 14.

2 세계 전유에 대한 러시아의 이와 같은 강한 동력이 러시아 정체성 깊숙이에서, 러시아의 정신 가장 깊숙한 곳에서 뒷받침되고 있는 점을 고려하지 않는다면 러시아에 대한 시각과 평가는 서구와 미국 중심의 편향된 것에서 벗어나기 힘들다. 러시아의 제국적 팽창은 수세기 동안 언제나 서구로부터 강한 견제와 저항을 받아왔다는 점 또한 현재 러시아와 미국 및 서구의 관계를 이해하는 데 반드시 고려해야 할 역사적 사실이다.

3 러시아의 현실정치 및 정책에 직접 맥락을 부여하고 있는 신유라시아주의 이념은 현재 알렉산드르 두긴(Александр Дугин)에 의해 주도적으로 이념화되고 있다. 유라시아주의 및 특히 신유라시아주의의 전반적인 역사와 발전에 대해서는 다음을 보라. 김홍중(2014), 「유라시아주의의 제 양상: 지정학에서 지역주의로」, 『노어노문학』 제26권 제1호, 한국노어노문학회, pp. 283-309.

패러다임이 가진 힘을 통합적으로 포섭하여 보다 높은 제3의 문화 패러다임을 창출하는 것을 러시아의 역사적 사명으로 삼고, 자신의 정체성을 유라시아라는 통합적인 표상으로 제시한 바 있다. 세계를 전유하려는 제국적 동력은 18세기와 19세기 유럽의 강자로 등장하여 군림했던 러시아 제국을 통해 러시아의 민족적 기억으로 각인된다. 이 시기 러시아의 제국주의적 팽창 역시 엄청난 지적 작업을 거쳐 생산된 이념에 의해 뒷받침되었다. 19세기 러시아는 서구주의와 슬라브주의의 대립이라는 예의 긴 지성사적이고 현실정치적인 사건을 통해 동과 서 양자의 패러다임을 모두 포섭했고, 이 긴 논쟁과 실험 이후 동서의 대립과 충돌의 구도를 극복하고 이를 오히려 복합적이고 통합적인 문화적 '중심'의 장으로 구성해냄으로써 러시아를 유라시아를 포괄하는, 즉 범세계적 문화를 전유하는 주체로서 설정해냈다.[4] 러시아가 세계무대에서 가장 강력한 영향력을 발휘했던 19세기에 러시아 제국의 현실정치는 이처럼 더 강력한 자기 정체성의 이념으로 뒷받침되고 있었던 것이다.

그러나 여기서 간과할 수 없는 문명사적 사실은 제국적 팽창의

---

4 도스토예프스키는 「푸슈킨 동상 제막식 연설」, 「작가일기」 등에서 아시아에 대한 러시아의 태생적인 권리와 러시아의 세계사적 사명에 관해 역설한 바 있다. 「작가일기」에서 그는 다음과 같이 이야기한다. "러시아는 유럽에만 있는 것이 아니라 아시아에도 있다. 러시아인은 유럽인일 뿐 아니라, 아시아인이기도 하다. … 아시아 속에는 아마도 유럽에서보다 훨씬 더 많은 우리의 희망이 존재할 것이다. 러시아의 미래의 운명 속에서 아마도 아시아는 우리에게 중요한 출구가 되어줄 것이다." 도스토예프스키가 말했듯이 19세기 후반에 와서는 유럽 대신 아시아가 러시아의 "출구"로 등장한다. 도스토예프스키는 이제 러시아가 아시아로 눈을 돌려야 할 것이라 말하며 러시아는 양 대륙을 새로운 종합의 개념으로 통합해야 하며 여기서 러시아가 아시아적 정체성을 통해 유럽을 구원할 세계사적 사명이 있다고 주장했다.

역동적 과정으로서의 러시아의 국가적·민족적 정체성은 결코 천부적이거나 태생적인 것이 아니라는 사실이다. 그것은 자기 정체성과 그것의 실현에 관한 러시아인들의 지속적인 사유의 산물이자 현실정치의 결과물이었고, 그 양자의 상호작용 과정에서 생산되고 발전된 '구성'적이고 '조작'(?)적인 것이었다. 그들은 그것을 '러시아 이념'이라고 불렀다. 러시아 이념은 현실 정치의 지표면 아래 잠재해 있다가 국가의 "기축적 순간들(осевые моменты)"에[5] 결정적으로 활성화되는 오래된 '신화'처럼 살아나와 러시아의 제국적 정체성에 대한 자기 기술로 작동한다.

현재에도 물론 러시아는 러시아 이념의 새로운 변용을 통해 21세기의 새로운 세계질서 속에서 새로운 제국을 상상하고 있다. 포스트 소비에트 러시아가 이처럼 '세계' 전체를 전유하려는 보편적이고 포괄적인 제국적 팽창의 동력을 고스란히 이어받고 있다는[6] 사실은

---

5 Маршал По (2000), "Изобретение концеции "Москва–Третий Рим"," *Ab Imperio*, 2/2000, С. 61.

6 논란의 여지는 있지만, 이런 점에서 본다면 인권과 민주주의, 주권을 앞세운 서구의 거센 비판을 받고 있는 푸틴의 행보는 극단적인 것이 아니라 매우 현실적이며 균형 잡힌 것이라고 할 수도 있다. 이에 관해 김병호는 다음과 같이 지적한다. "정치학자 니콜 잭슨은 푸틴의 외교 정향을 '실용주의적 국가주의(pragmatic nationalism)'로 본다. 이는 '자유주의적 서구주의(liberal westernism)'와 '근본주의적 국가주의(fundamental nationalism)'의 중간에 위치해 있으며 푸틴은 이러한 극단을 적절히 조화시키고 있다는 것이다. 실용주의적 국가주의는 자유민주주의와 시장경제를 지향하지만 서방을 맹목적으로 추종하지 않고 지정학에 기반하여 러시아의 국익을 철저히 고려한다. 또한 강대국화를 지향하지만 세력 확장을 통한 제국주의를 추구하지 않는다는 점에서 근본주의적 국가주의와 다르다. 특히 '힘의 균형(balance of power)'을 중시하기 때문에 나토 확대처럼 러시아가 유라시아 세력권 유지를 위협받는 데 대해서는 강하게 반대한다." 김병호(2012), 「'유라시아연합'의 정체성과 실현가능성: 향후 설립에 따른 정

러시아와 어쩔 수 없이 국경을 맞대고 살아야 하는 우리가 이해하지 않으면 안 될 현실이다.

러시아 이념은 본질적으로 제국적인 것일 수밖에 없었다. 전술했듯이 역사의 시작부터 러시아는 경계를 넘어 여러 민족을 통합해가며 형성되었다. 그러므로 끊임없이 민족지적 경계를 이월해가며 그것을 국가적 통일이라 주장했던 러시아에게 제국적 다양성과 혼종성은 국가적 정체성 자체와 다름 없다. 애초부터 다양한 인종적·민족지적 집단을 아울러야 했던 러시아에서 러시아 이념이란 필연적으로 이질적인 것, 다른 것을 포섭하고 '타자'에게로 경계를 확장하며 보다 높은 질서를 제시하고 보다 더 보편적인 규범으로 사회를 합리화하는 통합적 사유로서 일구어진다. 그러므로 러시아 이념은 세계를 전유하는 제국에 대한 상상(想像)으로 구성되었고, 수많은 인종적·민족지적 경계들의 새로운 통합과 질서화를 통해 실현된 러시아의 현실정치는 러시아의 정체성을 기술하는 러시아 이념의 제국적 지향에 역으로 확고한 물적 근거를 부여했다. 이념과 현실의 상호작용에 의해 제국의 '상상'은 신화 혹은 전설에서 역사적 사실로, 당위에서 존재로 확립될 수 있었다. 그러면서 러시아 이념은 러시아의 확고한 자기 기술의 담론이 되었고 "제국으로서의 운명"은[7] 러시아의 국가적

치·경제적 효과를 중심으로」, 『러시아연구』 제22권 제1-1호, 서울대학교 러시아연구소, p. 100. 물론 자원과 산업을 국유화하고 언론을 철저하게 통제하고 있는 푸틴이 과연 "자유민주주의와 시장경제의 지향"을 적절히 실행하고 있는지는 논란의 여지가 있지만, 푸틴은 집권 초기부터 미국의 독주에 의한 세계화 대신 "다극화"의 세계질서를 주장해왔으며, 현재 미·중의 구도에서 러시아가 또 다른 균형자로 작동하고 있다는 점에서 김병호 등의 견해는 타당한 측면이 있다.

7 Дэвид Схиммелпеннинк Ван Дер Ойе (2001), "Идеологии империи в России

미래에 대한 암시가 되었다.

문화담론이 언제나 가장 폭발적인 이념적 동인으로 작동해왔음은 일반적으로 널리 동의되는 전제 사실이다. 제국으로의 욕망을 담아낸 문화담론은 러시아에서 스스로 세계의 중심이고자 하는, 주변을 통합하고 주변으로 팽창하려는 제국의 정체성을 구성하게 되었다. 제국의 정치현실에 있어 이념의 역할, 나아가 그것의 근원이 되는 '인문학적 상상력'의 역할은 그러한 의미에서 현실 정치가들이 평가하는 것보다 깊숙하고 끈질기다.[8] 러시아 이념은 그러한 인문학적 상상력의 거대한 힘을 여실히 보여준다. 신화적 상상의 '말'은 러시아 이념이 만들어낸 역사를 통해 '삶'이 되었다.

러시아인들의 러시아 이념 깊숙이 자리한 제국적 팽창의 이념은 어디서 기원했는가. 마치 선험적인 것처럼 신화화된 이 팽창과 확장의 이념의 기원이 어떻게 '생산'되고 '구성'되었는가. 이제 러시아 이념의 저변에 깔린 제국성의 시작과 구성의 역사 속으로 들어가서 러시아 제국을 이룩한 인문학적 상상력이 어떻게 역사적 현실을 만들어냈는지를 살펴보려 한다.

имперского периода," *Ab Imperio*, 1-2/2001, С. 215.

8 또한 제국의 역사에서 이념과 이상, 사상의 역할에 관한 이러한 문제의식이 유효한 것은 "위에서", 그리고 "전체로" 보려는 기존의 제국사 관점을 극복하는 "밑으로부터의 시각"으로 구성되는, 그리고 문화와 담론을 중심으로 제국의 본질에 다가가는 신제국사의 관점을 제기할 수 있는 가능성 때문이다. 다음을 보라. И. Герасимов, С. Глебов, А. Каплуновский, М. Могильнер, А. Семенов (2009), С. 11. 더불어 이러한 신제국사의 국면이 현재 러시아 연방이 상상하는 새로운 '제국'의 가능성을 설명해줄 수 있다는 기대 때문이다.

2. 신화와 역사의 교차: '흰 두건 이야기'와 '모스크바-제3로마' 이념

러시아 이념의 시작은 무엇이고 어디인가. 우선 그것은 '모스크바-제3로마설'이라 생각된다. 모스크바가 로마 제국을 계승한다는 예언이 국가 이념으로 정립된 모스크바-제3로마설의 함의는 당시 슬라브 세계에 널리 확산되던 '제3로마' 개념에서 집약적으로 표현된다.[9] 15~16세기 러시아가 모스크바 공국을 중심으로 단일국가로 통합되며 제국적 팽창을 이루던 시기, '비잔티움과 로마의 계승'의 이념, 그리고 제3로마의 이념은 모스크바 공국에 적용되며 전(全) 러시아적 의미를 획득한다. 역사적 상상력은 현실적 근거에 의해 보편적인 국가 이념으로 증폭되었으며, 이러한 국가 이념에 의해 제국의 팽창 행위는 합리화되고 정당화되었다. 제3로마 이념에 의해 제국성은 러시아의 국가 운명에 대한 필연적인 정의로 확립되었다.

제3로마 이념의 국가적 이념화에 결정적으로 공헌한 상상력의 산물은 「흰 두건 이야기」와 모스크바-제3로마설을 담아낸 대표적 문

---

9 제3로마설은 애초에 이슬람 세력이 남슬라브 지역에 세력을 확장하면서 촉발되었다는 견해도 있다. 발칸의 슬라브인들은 이슬람 세력에 대항하기 위해 비잔티움을 대체할 제3로마 이념을 확산시켰다는 것이다. 14세기경의 불가리아 문헌에는 당시 불가리아의 수도였던 트이르노보가 새로운 콘스탄티노플이라는 언급이 발견된다고 한다. 이러한 견해에 따르면 애초에 남슬라브 통치자들의 것이었던 제3로마 이론은 모스크바의 팽창과 더불어 모스크바의 대공에게 적용되며 전(全) 러시아적 의미를 가지게 되었다. 다음을 보라. Владимир Кантор (2013), "《Москва–Третий Рим》: реалии и жизнь мифа," *Вестник Европы*, no, 36. С. 144-145.

헌으로 알려진 성직자 필로페이(Филофей)의 「서한」이다.[10] 이 두 문헌은 어떻게 상상력과 현실의 교차를 통해 국가 이념이 만들어지는지를 여실히 보여준다.

흰 두건 이야기는 15세기 말에 발생한 것으로 추정된다. 이야기의 가장 원형이 되는 본은 15세기 말 노브고로드 본으로, 「노브고로드의 흰 두건 이야기」라는 제목을 가지고 있다. 이 작품은 노브고로드의 대주교 겐나디(Геннади)를 돕던 번역가이자 통역관이던 드미트리 게라시모프((Дмитрий Герасимов, 1465~1535)가 썼다. 드미트리 게라시모프는 겐나디 밑에서 활동하다 로마를 방문해 「그리스의 흰 두건 이야기」를 구해 돌아왔고, 이 필사본과 구전, 그리고 실제 역사적 인물들을 인용해서 러시아를 위한 새로운 이야기를 지어냈다.[11] 「노

---

10 모스크바-제3로마설의 첫 기원을 필로페이의 「서한」 이전인 1492년 대주교 조시마가 「부활절 연표(Изложение пасхалии)」 서문에서 모스크바를 "새로운 콘스탄티노플"이라고 언급한 것으로 거슬러 올라가야 한다고 보는 견해도 있다. 조시마의 "새로운 콘스탄티노플-모스크바"라는 언급이 직접적으로 모스크바-제3로마 이념으로 연결되는 것은 아니지만, 당시 콘스탄티노플의 몰락이라는 역사적 사실과 종교서들의 예언을 통해 무르익은 종말론적 분위기 속에서 모스크바를 콘스탄티노플에, 그리고 이반 III세를 콘스탄티누스 대제에 비견한 조시마의 시각은 분명히 모스크바가 비잔티움에 필적하는 제국적 권력이 될 수 있음을 암시하고 있음은 분명해 보인다. 조시마의 문헌에 관해서는 다음을 참고하라. 엄충섭(1990), 「'모스크바-제3로마' 이론에 관한 연구」, 『노어노문학』 제3권, p. 207; 김은실(2013), 「중심-탈중심주의의 문화정치학: 조선중화주의와 모스크바-제3로마사상을 중심으로」, 『정치사상연구』 제19집 제2호, p. 143.

11 「노브고로드의 흰 두건 이야기(Повесть о новгородском белом клобуке)」가 러시아에서 생겨난 배경에 관해서는 다음과 같은 이야기가 정설로 평가된다. 드미트리 게라시모프는 대주교 겐나디 밑에서 종교 서적의 수집과 번역 작업을 맡아하던 인물로 외교적 사안과 부활제 조직 업무차 로마를 방문한다. 그는 공식적인 임무 외에 겐나디 대주교로부터 받은 밀명을 짊어지고 있었다. 이야기에 선행하는 것은 겐나디 대주교에게 보내는 게라시모프의 서한이다. 서한에서 작가 게라시모프는 흰 두건에 관

브고로드의 흰 두건 이야기」(이하 「흰 두건 이야기」)의 간략한 내용은 다음과 같다.

> 불치병을 앓던 콘스탄티누스 황제는 추방된 교황 실베스터의 도움으로 병을 완치한다. 황제는 이에 대한 보상으로 기독교 교회를 인정하고 국교로 받아들였다. 기독교에 귀의한 황제는 이후 제국의 왕관을 교황에게 넘기고자 했다. 교황이 이를 겸손하게 거절하자 황제는 그에게 흰 두건을 준다. 흰 두건은 영적 권위가 세속적 권위보다 더 우월하다는 상징이자, 흰색은 그리스도의 부활과 광명을 나타낸다. 로마에서 교황에게 최고의 권력을 넘겨준 콘스탄티누스 황제는 제국의 도시를 영원히 떠나고자 비잔티움으로 갔고, 이 도시는 이후 '콘스탄티누스의 도시', 즉 '콘스탄티노플'이라 불리게 된다.
>
> 이후 흰 두건은 로마 교황들에 의해 소중히 모셔졌다. 그러나 9세기 무렵 샤를마뉴 대제가 서구를 통치하고 교황 포르모수스가 교황의 주교구를 통치하게 되면서 동로마 교회와 서로마 교회의 분열이 일어나고, 서방교회는 모든 교회에 대해 로마 교황의 우선권을 주장하는 교리를 발전

한 문서를 찾아야 할 곳인 로마에 무사히 도착했다고 쓴다. 그는 로마에서 어렵사리 이 문서를 얻어낸다. 로마는 수치 때문에 이 이야기를 조심스럽게 숨기고 있었기 때문이다. 그러나 로마 교회의 문서보관인은 드미트리에게 호감을 느꼈으며 그의 간청에 자비를 베풀어 문서에 관한 다음과 같은 이야기를 들려준다. 흰 두건에 관한 이야기의 그리스 원본은 콘스탄티노플의 패망 이후 경건한 그리스인들에 의해 로마로 보내졌으나 로마 교회의 수장들은 이를 없애버리고 다만 그 사본만을 비밀히 숨겨두었다는 것이다. 드미트리는 문서보관인에게 애걸하여 이를 얻어내고 러시아어로 개작하여 이를 겐나디에게 알린다. Н. К. Гудзий (состав.) (1962), *Хрестоматия по древней русской литературе XI - XVII веков*, Москва, С. 241-242.

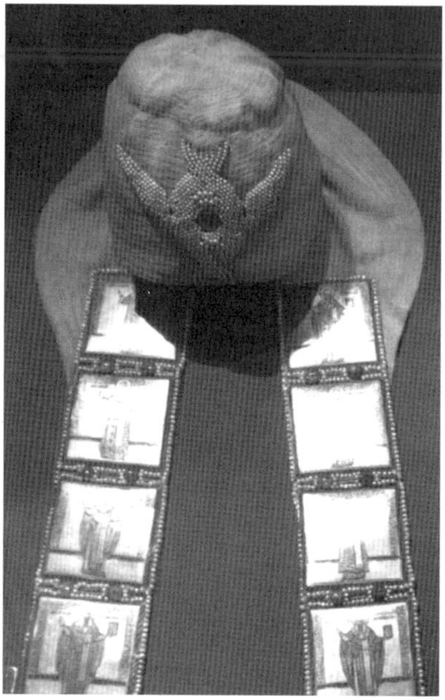

흰 두건(크레믈린 박물관 소장)

시키면서 '라틴 이단'의 새로운 교리를 개발한다. 이때부터 로마 교황들은 흰 두건을 경배하지 않고 모독하고 파괴하고자 했다.

이때 기적의 힘이 흰 두건을 구원했다. 당시 콘스탄티노플의 총대주교 필로테우스는 꿈에서 후광을 두른 젊은이로부터, 라틴 이교도의 교황들이 흰 두건을 모독하고 없애려 하니 자신에게 보내질 것이고, 흰 두건을 받아 축복의 말과 함께 러시아 땅의 대(大) 노브고로드로 보내라는 계시를 듣는다. 총대주교 필로테우스는 콘스탄티노플이 함락되고 기독교는 제3로마인 러시아 땅에서 번영하리라는 예언을 듣게 되고, 그는 다가오는 불행을 슬퍼하며 흰 두건을 노브고로드로 보낸다. 그리하여 그리스도의 은총과 성 필로테우스와 콘스탄티노플의 총대주교의 축복을 받으며 흰 두건은 대 노브고로드 대주교들의 머리 위에 상징처럼 씌워지게 되었다. 이것이 바로 오늘날까지 전해오는 성스러운 흰 두건에 관한 이야기다.[12]

12 「노브고로드의 흰 두건 이야기」의 요약은 다음 책의 요약 번역본을 참조하여 필자가 간략하게 한 것이다. 조주관(2013), 『16세기 러시아문학』, 지식을만드는지식, pp. 112-127.

이 이야기에 등장하는 "러시아 땅의 제3로마"라는 구절이 모스크바-제3로마 이념의 연원이다. 그러나 이와 더불어 좀 더 직접적인 근거로서, 모스크바가 제3로마라는 개념은 1510~1520년 프스코프의 성(聖) 엘레아자르 수도원의 수도사 필로페이가 바실리 III세(재위: 1505~1533)에게 보낸 일련의 「서한」에서 언급된다. 「서한」의 일부를 인용하면 다음과 같다.

> 옛 로마는 이단 아폴리나르의 불신앙으로 인하여 넘어졌고 두 번째 로마인 콘스탄티노플 교회의 문은 아가리안의 후손들의 도끼와 잘메로 잘려 나갔습니다. 이제 당신의 강력한 왕국, 새로운 제3로마의 성스러운 사도의 성당은 정교 신앙으로 하여 이 땅에서 세상 끝까지 태양보다도 더 밝게 빛납니다. 축복받은 차르여, 당신의 나라가 정교신앙을 가진 모든 왕국이 당신의 왕국으로 하나가 될 것임을 알게 하소서. 오직 당신 하나만이 하늘 아래 전 세상의 기독교인에게 차르가 될 것입니다.
>
> …잘 들으시고 기억하십시오, 명예로운 차르여, 모든 기독교 왕국이 당신의 왕국으로 합쳐질 것입니다. 두 로마가 쓰러지고 세 번째가 일어서 있습니다. 네 번째는 없을 것입니다. 위대한 신의 말씀에 따라, 당신의 기독교 왕국은 다른 것으로 대체되지 않을 것이니, 기독교 교회를 위하여 축복받은 다니엘의 말씀이 실현될 것입니다.[13]

13 필로페이의 「서한」 원문 및 그것의 현대 러시아어 번역은 다음을 참조했다. Послания старца Филофея. Подготовка текста, перевод и комментарии В. В. Колесова, Электронные публикации, Институт русской литературы (Пушкинского Дома) РАН. http://lib.pushkinskijdom.ru/Default.aspx?tabid=5105 (검색일: 2015. 4. 20). 위

흥미로운 것은 위 두 문헌에서 발견되는 "제3로마로서의 러시아", "제3로마로서의 모스크바 공국" 등의 암시가 상호작용하여 '모스크바-제3로마설'의 이념으로 발전하게 되는 현실적 맥락이다.

「흰 두건 이야기」는 애초에 노브고로드 교회와 관련한 것이었다.[14] 그러나 필로페이의 「서한」에 등장하는 "제3로마로서의 모스크바"라는 구절을 통해 "러시아 땅에 존재하는 제3의 로마"의 의미는 노브고로드에서 모스크바로 교체된다. 당시 모스크바 공국은 러시아 제국을 이끄는 가장 강력한 공국이었고 모스크바를 '제3로마'라 정의한 필로페이의 구절에 의해 「흰 두건 이야기」의 함의는 모스크바로 전이되고 결국 전(全) 러시아적인 것으로 확대된다. 「흰 두건 이야기」의 이념적 변전(變轉)은 이러한 의미에서 매우 흥미롭다. 이는 제국의 담론에서 역사적 상상력의 중요성을 보여주는 동시에, 이러한 역사적 상상력과 이념이 역사적 사실과는 사뭇 다른 삶을 살며 허구와 현실의 경계를 넘나들면서 현실의 삶을 형성하는 힘을 가질 수 있

에서 인용된 한국어 번역은 앞의 현대 러시아어 번역을 참조하여 필자가 번역한 것이다.

14 「흰 두건 이야기」의 발생은 러시아 교회가 비잔티움의 권력과 종교적 권위를 계승한다는 이념에서 비롯되었다. 비잔티움 교회는 1439년 플로렌스의 공의회와 1453년 터키의 콘스탄티노플 점령 등의 사건으로 인해 러시아 땅에서 드디어 그 권위를 상실하게 되었다. 그러나 눈여겨보아야 할 것은, 이 이야기에서 비잔티움 교회의 계승자는 모스크바 교회가 아니라 노브고로드 교회라는 점이다. 이러한 정황은 당시 모스크바와 노브고로드 간에 존재하던 경쟁관계와 관련되어 있다. 노브고로드는 이미 모스크바에 상당히 종속되어 있던 상황이었음에도 불구하고 자신의 정치적·종교적 권리를 주장하려 했던 것이다. 이야기는 종교적 계승에 관한 이념과 나란히 러시아가 비잔티움의 세속적 권력 역시 승계한다는 생각을 전개하고 있다. Н. К. Гудзий (состав.) (1962), С. 241-242.

음을 보여주기 때문이다.

언급했듯이 「흰 두건 이야기」에 등장하는 "러시아 땅에 존재하는 제3의 로마"는 원래 노브고로드를 지칭했다. 1478년 노브고로드가 모스크바에 합병되자 대주교 겐나디는 모스크바의 지배에 대항하여 노브고로드 교회의 독립성과 기독교적 정통성을 강조하기 위해 이 이야기를 쓰도록 했던 것이다. 그러나 노브고로드 교회의 원래 의도와 정반대로 이 이야기는 모스크바 혹은 전 러시아적 함의가 부여되며 오히려 모스크바와 러시아 정교회 일반의 우월한 지위와 기독교적 정통성을 인정하는 근거로 받아들여졌다. 당시 역사적 현실의 요구가 그러했던 것이다. 즉, 모스크바 공국에 의한 '러시아 땅'의 통일과 부흥이라는 전도양양한 현실 속에서 "러시아 땅에 존재하는 제3의 로마"라는 구절과 흰 두건의 이전에 관한 이야기가 암시하는 로마와 비잔티움 계승, 그리고 기독교 수호의 미래지향적 함의는 사회적 의식 속에서 이미 쇠락의 길에 접어든 노브고로드에 관한 국지적인 것이 아니라 당연히 전 러시아로, 그리고 가장 강력한 공국 모스크바로 투사되었다. 이처럼 현실적 요구와 교차되며 생산된 '제3로마로서의 모스크바'에 관한 생각은 또한 필로페이의 「서한」과 교차되면서 더욱 확고한 것이 되었을 것이다.

그리하여 「흰 두건 이야기」는 14세기 말부터 수세기 동안 수많은 판본과 이설로 반복, 재생산되며 러시아 교회와 우월성, 기독교적 정통성을 정당화하는 이념적 담론이 되었고, 나아가 러시아 제국의 정치적 팽창을 뒷받침하는 이념적 근거로 작동했다.

필로페이의 「서한」 역시 이념이 만들어지는 유사한 맥락을 보여준다. 「서한」도 「흰 두건 이야기」와 같은 이념적 전회를 겪는다. 필로페이의 「서한」은 사실 근본적으로 종교적인 성격을 가진 것으로 비잔티움의 몰락 이후 기독교의 유일무이한 수호자로서 러시아의 사명을 역설한 것이었다.

이처럼 여러 연구자가 필로페이의 「서한」이 원래 정치적 의미가 아닌 종교적 의미를 가진 것이었다는 점을 역설한다.[15] 필로페이의 '제3로마로서의 모스크바'라는 언급은 원래는 모스크바를 기독교 제국으로서 찬양하려는 의도는 전혀 없었다고 평가된다. 당시 바실리 III세는 프스코프를 합병했고 그 과정에서 그의 군사들은 피점령지에서 매우 잔혹한 행위를 저질렀다. 필로페이는 군주의 도덕성에 호소함으로써 점령국의 폭력을 막으려 했다. 그는 바실리 III세의 재위를 신의 섭리에 따른 것이라 말하며 그러므로 하느님을 두려워하고 지

15 사실 필로페이의 동기가 근본적으로 종교적인 것임은 인정할 수 있다. 15세기 초반 필로페이가 작성한 서한들에 관한 한 연구에서는 필로페이의 역사관과 모스크바-제3로마 이념에 관해 다음과 같이 밝히고 있다. 성경에 근거한 역사신학의 관점을 가지고 있었던 필로페이는 역사적 과정의 원인은 전적으로 신의 뜻(божественная воля)에 있다고 보았다. 왕국의 멸망은 신에 대한 진정한 신앙을 수호하지 못했기 때문이라 보았던 그는 콘스탄티노플의 멸망과 가톨릭 로마의 명백한 건재함이라는 두 현상의 공존을 어떻게든 정당화해야 했고, 이를 다음과 같이 말함으로써 가톨릭 로마를 부정한다. "그것은 위대한 로마의 성벽이 비록 포위되어 있지 않더라도, 그들의 영혼이 악마에게 사로잡혀 효모를 넣지 않은 빵을 먹기 때문이다." 뒤이어 필로페이는 효모를 넣어 발효시킨 빵이야말로 진정한 성찬식의 빵이라는 당시 널리 퍼져 있던 관념을 제시한다. 이로써 그는 모스크바 공국이 유일하게 독립적이며 무결한 기독교 왕국으로서 진정한 로마라고 선언할 논리적 근거를 얻게 되었던 것이다. 필로페이 「서한」의 자세한 내용에 관해서는 앞의 각주 13)에서 언급된 콜레소프(В. В. Колесов)의 필로페이 「서한」 번역 및 주석을 참조하라. 여타 연구에서 역시 대부분 필로페이의 「서한」이 종교적 성격임을 강조하며 그의 「서한」이 다분히 세계를 종말론적으로 보고 있다고 말한다. 필로페이에게 가톨릭은 가짜 기독교도들이었으므로, 그에게 서구에서 기독교의 종말은 명백한 것이었다. 다음을 보라. В. Кантор (2013), С. 147.

상의 부와 명예를 경계하라고 청한다. 필로페이의 모스크바-제3로마 이념이란 실상 제국의 군사적 정복을 정당화하려는 것이 아니라 차르에게 정교 수호의 사명감을 부여하여 기독교도로서의 선정을 베풀기를 권하는 도덕적 설교를 위한 고도의 수사(修辭)였던 것이다.

그러나 러시아를 '제3의 로마'라 정의한 이 구절은 서신이 쓰여진 직접적 동기와 전체적인 의미 맥락으로부터 독립해 나와 그 자체적인 이념적 삶을 살게 된다. 제2의 로마로 칭해진 비잔티움 제국을 계승하여 제3로마가 되는 러시아의 운명에는 기독교의 수호자라는 종교적 함의보다는 종교적 권력과 정치적 권력이 결합된 강력한 제국으로서의 형상이 투사된다. '제3로마로서의 모스크바' 이념에 담긴 제국적 함의는 또한 성경의 다니엘서로 거슬러 올라간다. "하나의 진실한 신앙을 가진 왕국이 세워질 것이며 이는 결코 멸망하지 않을 것이다"라는 다니엘서(7:27)의 구절은 로마와 비잔티움이 무너진 세계에서 러시아가 유일한 구원자가 되리라는 이념의 기원으로 받아들여졌다. 이와 같은 성서적 근거는 모스크바-제3로마 이념을 더욱 강화했음은 쉽게 이해할 수 있을 것이다. 이렇게 하여 두 이야기는 로마를 계승하여 세계와 기독교를 이끄는 강력한 제국으로서 러시아의 운명을 암시하는 종교적 예언으로 인식되었다.

「흰 두건 이야기」와 '모스크바-제3로마 이념'은 러시아 제국의 여명이 밝아오던 시기 팽창과 지배를 정당화해야 했던 제국적 야망을 통해 제국적 담론이 어떻게 생산되는지를 보여준다. 애초에 러시아의 제국적 팽창과 세계 전유의 사명이라는 이념과는 무관한 이 두 종교적 전설들은 당시 강력한 제국에의 야망을 가진 러시아의 역사적 상상력을 통해 재해석되고 재생산되었으며 이후 수세기 동안 러시아의 탈영토적·탈경계적 확장을 뒷받침하는 가장 강력한 제국의 이념으로 변형된 모스크바-제3로마 이념으로 가공되었다. 이처럼 「흰 두건 이야기」와 필로페이의 「서한」은 역사적 상상력이 실제 정치현실과 만나면서 그 현실을 추동하는 강력한 이념이 될 수 있으며, 이러한 정신적 이념이 해당 사회에 확산되면서 얼마나 강력한 영향력을 발휘할 수 있는지에 대한 생생한 실례가 된다.

1990년대 이후 모스크바-제3로마 이념과 러시아의 실제 정치현실 사이의 영향관계가 과장되어 있다는 견해가 자주 등장한다. 이러한 견해는 러시아 이념과 모스크바-제3로마 이념의 직접적 관련성을 부정한다. 관련 연구자들은 원래 종교적 성격의 문헌인 필로페이의 「서한」에서는 기독교 왕국으로서의 러시아에 대한 생각 정도를 찾아볼 수 있는 것이지, 이를 러시아 이념이 내포하는 제국적 팽창을 근거하는 엄청난 세계 구원의 사명감에 대한 암시와 연결짓는 것은 지나친 확대 해석이라 주장한다. 또한 이들은 러시아 이념은 19세기 러시아의 제국적 국가 이념으로서 만들어진 것으로 러시아 이념과 모스크바-제3로마 이념과의 연관은 당시의 제국적 팽창의 이념을 배경으로 한 다분히 조작된 것이라고 평가한다.[16]

---

16 필로페이의 「서한」에 대해서는 크게 두 가지 해석이 존재한다. 첫째는, 가장 일반적으로 만나게 되는 것으로, '러시아 이념'의 콘텍스트로 필로페이의 「서한」을 이끌고 들어오며 이 「서한」이 로마에서 새로운 로마, 콘스탄티노플로, 그리고 모스크바로 이어지는 제국적 권력의 전승에 대한 정치적 근거를 제공한다는 평가다. 이때 필로페이의 이념은 중세 유럽에서 새로운 유럽 왕조들을 로마 제국의 적법한 계승자로서 위상을 정립하기 위한 근거를 제공했던 이른바 '제국 전이(translatio imperii)' 이념의 영향하에 있게 된다. 둘째 해석은, 「서한」의 정치적 의미를 인정하지 않는 것이다. 대표적으로 19세기 말 철학자이자 미학자인 블라디미르 솔로비요프(Владимир

그러나 이러한 견해는 종교와 정치의 분리라는 근거 자체에서 오류를 범하고 있다고 생각된다. 종교와 정치가 분리되어 있지 않던 15~16세기 러시아에서 고위 성직자 및 교회의 공식적 견해를 표현하는 서한과 종교문헌의 이념이 현실정치와 분리되어 있었다고 생각

Соловьёв)는 필로페이가 언급한 로마란 제국을 염두에 둔 것이 아니라 교황을 염두에 둔 것이라고 주장한다. 이러한 해석은 모스크바-제3로마라는 이념을 '제국 전이'라는 유럽 모델의 틀에서 보는 것에 반대한다. 울리야노프의 견해에 따르면, 모스크바-제3로마 이념의 제국적 모티프는 16세기가 아니라 알렉산드르 II세 치하의 이념적·정치적 기후로 거슬러 올라가야 한다고 주장한다. 즉 모스크바-제3로마 이념은 당시 이른바 '동양 문제(восточный вопрос)' 및 러시아 제국주의의 발전과 관련되어 있다는 것이다. 다음을 보라. Н. Ульянов (1994), "Комплекс Филофея," *Вопросы истории*, no. 4, С. 152-162. 다른 한편, 마샬 포(Marshall Poe) 등 일부 학자들은 필로페이의 이데올로기가 당시 제국 전이 이념을 반영하고는 있지만 유토피아적 국가주의를 가지는 것은 아니라고 평가한다. 다음을 보라. М. По(2000), С. 61-86; 이지연(2012), 「우상으로부터 기념비로」, 『러시아어문학연구논집』 제40집, p. 262. 이러한 견해들, 즉 필로페이의 '제3로마' 개념의 국가이념적 의미, 정치적 의미를 부정하는 여러 견해의 근거는 필로페이의 「서한」이 종교적인 목적을 가진 것이며, 제3로마는 근본적으로 기독교 로마로부터 비잔티움으로의 전통, 즉 기독교 수호라는 종교적 전통과 사명을 의미한다는 것에 있다. 이들은 필로페이의 「서한」이 쓰여졌을 당시 비잔티움의 몰락과 몽골로부터 독립한 러시아의 부흥이라는 두 사건을 통해 러시아인들에게 모스크바가 진정한 기독교적 정통성을 계승한 왕국이 되어야 한다는 생각 정도는 널리 퍼져 있을 법하더라도, 적어도 그것이 제국적 팽창을 근거하는 엄청난 세계 구원에 대한 사명감으로까지 발전되어 있다고 보기는 어려울 것이라 평가하며 '모스크바-제3로마' 이념에서 세계적 팽창을 암시하는 국가이념적 성격을 발견하는 것은 과장된 것이라고 평가한다. 이들은 이 이념이 모스크바 공국 시대에 국가의 정치적 행위를 결정하는 보편 이념으로 이론화될 수 없었으며 「서한」에서 발견되는 몇 구절을 통해 이론적으로 정식화된 이념을 주장하는 것은 무리가 있다고 본다. 이러한 맥락에서 칸토르 역시 필로페이의 글이 러시아의 이념 구조에 영향을 주었다는 것은 터무니없다고 평가한다. 그는 모스크바-제3로마 이념의 연구가 19세기에 와서야 이루어졌으며 필로페이의 「서한」은 1861~1863년에 와서야 출판되어 대중에게 알려졌다는 점을 근거로 들며 모스크바-제3로마 이념의 문제를 본질적으로 종교적인 것으로 본다. 다음을 보라. В. Кантор (2013), С. 150.

하는 것은 지극히 현대적인 관점이며, 중세 러시아에 대한 이러한 평가는 시대착오적이다.[17]

필로페이 자신이 전적으로 종교적인 사명을 염두에 두고 「서한」을 썼더라도 당시 세계관에서 그에게 종교와 정치는 결코 분리되어 있는 것이 아니라 같은 차원의 현실이었을 것이다. 더구나 러시아 정교에 대한 한 연구에서 지적한 대로, 러시아 정교는 무엇보다 "정치적 구성 인자로서의 기능을 가졌던 것이다."[18] 기독교 수호라는 종교적 사명은 곧 현실정치의 세계 수호의 사명과 다름 없다. 비잔티움 전통은 근본적으로 교회 권력과 세속 권력의 결합이었으며, 러시아인에게 로마는 기독교 로마로서 마찬가지로 교회와 정치가 일체가 된 제국이었던 것이다. 오히려 이러한 관념이 현실정치의 영역에서 국가 이익을 위해 재가공되었으며, 현실정치와 국가 이익을 위해 보다 정교하고 추상화된 국가 이념은 오직 현실보다 더 높고 절대적인 영역이라고 생각되는 차원에서 암시된 이념, 즉 종교적 담론으로서 가공될 때 확고한 것이 될 수 있었다.

더구나 당시 러시아 정교 내에서 교권과 속권과의 관계에 관련한 분파적 상황, 즉 필로페이가 현실정치와 긴밀히 연관되어 있는 교단인 소유파(所有派)/요십파(派)에 속해 있었음을 들어 필로페이의 사상이 완전히 종교적인 것이라고만 생각할 수 없으며, 명백히 현실정

---

17 다음을 참고하라. 정세진(2009), 「러시아정교의 민족주의에 관한 소고: 모스크바 제3로마 이론, 러시아정교와 이슬람의 관계를 중심으로」, 『노어노문학』 제21권 제4호, p. 675.

18 정세진(2009), p. 671.

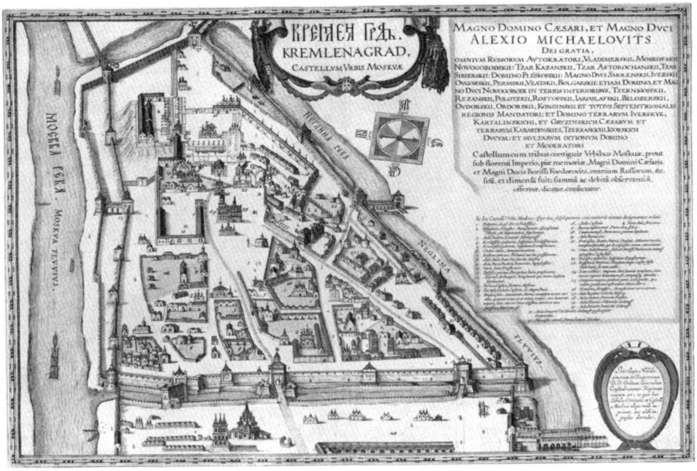

모스크바(16세기 후반)

치적 영향을 가졌다고 평가하는 연구도 있다.[19] 엄충섭에 따르면 필로페이의 모스크바-제3로마 이념은 "모스크바를 중심으로 러시아를 통합하려는 모스크바의 군주들에게 좋은 이론적 근거를 제공해주었으며" "러시아 영토가 모스크바 공국에 의해 통합되어야 한다는 국민적이거나 민족적 분위기를 형성해"주었다.

또한 당시 모스크바-제3로마 이념이 이론적으로 정교화된 것이 아니었다 하더라도 국가 이념의 핵심은 이론화 여부가 아니라 그것이 권력자의 정치 행위와 그것을 수용하는 일반 대중 및 사회 간의 조응을 이루어내는지의 여부다. 정교의 본산인 비잔티움의 몰락으로

19 엄충섭은 모스크바-제3로마설의 현실정치적 의미와 관련하여, 필로페이가 교권에 대한 속권의 우위를 인정하여 교회의 재산 소유를 보장받으려는 소유파(요십파)에 속해 있었으며, 소유파는 정교와 교회의 특권을 보존하기 위해 국가 권력과 긴밀한 협력을 필요로 했다는 점을 근거로 밝히고 있다. 엄충섭(1990), pp. 212-216.

종말론적 인식이 팽배해 있던 러시아 사회에 모스크바-제3로마 이념은 모스크바 공국의 팽창과 이에 의한 전 러시아의 통일을 수용할 정신적 근거가 되었다. 이렇게 모스크바-제3로마 이념은 결과적으로 "여러 공국의 정치적 통합의 명분이 되었으며" 러시아에 강력한 제국적 권력의 근거를 제공해주었다.[20] 비잔티움의 몰락과 모스크바 공국의 팽창, 이 두 역사적 사건의 결합은 오직 종교적 이념에 의해 이루어질 수 있었고 모스크바 공국, 나아가 러시아의 제국적 팽창은 종교적 예언에 의해서만 정당화될 수 있었던 것이다.

역사적 상상력에 의해 만들어진 제3의 로마 이념은 러시아의 제국적 야망에 엄청난 현실정치적 동력을 부여해주었다. 모스크바의 위정자들은 이를 적극적으로 활용해 신정(神政)이 결합된 강력한 제국과 그 제국의 팽창을 근거하는 국가적·민족적 신화로 삼았다. 모스크바-제3로마 이념의 정치적 의미를 축소하려는 한 연구자 스스로 주장했듯이 "이념은 역사적 자료와는 다른 삶을 사는" 것으로,[21] 16~17세기에 걸쳐 「흰 두건 이야기」가 러시아 전역에서 수많은 판본으로 나타난 사실에서 보듯이 종교적 전설과 예언으로 전해진 모스크바-제3로마 이념은 종교 혹은 정치의 영역을 넘어서 정교에 뿌리박은 러시아 민중의 삶 속에 각인되어갔다. 역시 이 연구자 스스로 모스크바 차르의 로마 선조에 대한 전설은 모스크바 루시에 널리 퍼져 있었다고 언급하고 있다.[22] 16세기 사회는 이미 필로페이의 생각

20 김은실(2013), p. 145.
21 В. Кантор (2013), С. 150.
22 В. Кантор (2013), С. 149.

을 수용할 준비가 되어 있었다. 모스크바에 의한 전 러시아의 통일에 대한 생각은 "당시 결코 조화로운 상태에 있었다고 볼 수 없는 러시아의 지정학적 그림에 대한 러시아인들의 인식에 비약을 가져올" 수 있었던 것이다.[23]

모스크바 이반 뇌제 사후 모스크바-제3로마 이념은 필로페이의 「서한」의 경계 너머로 확장되어 수많은 공식적·비공식적 문헌에서 확산되고 재생산되었다는 코레네프스키의 주장에서[24] 알 수 있듯이, 여기서 문제는 이념의 종교성이나 정치성 여부 혹은 이론적 정식화 여부가 아니라 그것이 사회적 요구와 만나고 접촉하는 지점이며 그것이 재해석되고 재생산되는 과정이다. 모스크바-제3로마 이념은 러시아가 비잔티움의 몰락이라는 역사적 사건을 통해 구성한 역사적 상상력의 소산이었다. 그러나 이는 모스크바 공국을 권력의 중심으로 하여 민족적 경계들을 넘어 슬라브 세계를 아우르는 광대한 제국으로 팽창하던 러시아의 현실정치적 상황 속에서 유럽(/세계)의 변방이 아니라 유럽(/세계)의 중심이 되려는 강력한 사회적 요구에 부응하며 러시아의 제국적 팽창 이념의 근원이 되었다.[25]

---

23 В. Кантор (2013), С. 149.

24 Андрей Кореневский (2001), "Кем и когда была "изобретена" теория "Москва–Третий Рим"?" *Ab Imperio*, 1-2/2001, С. 89.

25 김은실(2013), pp. 143-144; 정세진(2009), pp. 676-679.

3. 신화에서 국가 이념으로: 페테르부르크와 모스크바-제3로마 이념의 근대적 변용

모스크바-제3로마의 이념은 표트르(Пётр, 재위: 1682~1725) 대제가 근대 러시아 제국의 초석을 놓은 18세기에도 여전히 국가 이념의 동력으로 작동했지만 근대적 개혁을 지향한 표트르 대제와 당대 러시아의 사회적 요구에 의해 상당한 변용을 겪는다. 그것은 모스크바 공국으로 대변되는 과거 역사를 완전히 청산하고 유럽 역사에서 시작되는 러시아의 새로운 역사를 쓰려 했던 표트르 대제의 개혁에 의해 모스크바-제3로마 이념은 시대적 요구에 맞추어 재조정되어야 했기 때문이다.

모스크바-제3로마 이념의 근대적 변용의 핵심은 로마 지향성과 제국 의미의 세속화에 있다. 이로 인해 제3로마 개념이 담고 있는 국지성(locality)은 유럽 일반적인 '제국전이설'의 보편성과 일반성으로 대체된다. 이 이념은 16세기 모스크바 공국 시대에는 사실 명시적인 국가 이념으로서 국가체제에 반영되었다기보다는 아직 러시아인의 내면에서 위정자들의 실제 정치 행위를 승인하는 의식적 기제로 작동했다고 할 수 있다. 하지만, 18세기 즈음에는 표트르 대제의 제국 이념을 통해 제국의 건설을 암시하는 명시적인 국가적 신화로 발전한다. 18세기 표트르 대제의 새로운 근대 제국 건설에 대한 열망과 함께 종교성과 국지성을 탈피하고 '로마'와 '제국 전이(translatio imperii)' 이념으로 변용된 모스크바-제3로마 이념은 18세기 근대 러시아 제국에서 수도의 건설과 통치체제의 정비, 문화제도의 발전을 통해 가시적으로 표현되면서 제국을 형성하는 국가 이념으로 자라났다.

근대 러시아 제국에서 일어난 모스크바-제3로마 이념의 변용은 무엇보다 표트르 대제의 대개혁에서 비롯되었다. 무엇보다 그것은 대개혁의 급진성에 원인을 두고 있었다. 러시아의 18세기는 표트르 대제에 의한 대변혁, 즉 서구화와 근대화를 표방한 개혁정책에 의해 역사상 가장 두드러진 전환기를 이룩했다. 18세기에 러시아는 중세적 사고방식에서 탈피하여 근대적인 계몽정신과 합리주의를 수용했고, 변방의 모스크바 공국 시대를 벗어나 위풍당당한 유럽적 제국으로 이행했다. 그러나 대제의 개혁정책은 러시아의 역사를 완전히 다른 궤도 위에 옮겨놓는 것이었다. 급속한 서구화를 지향한 표트르 대제의 개혁 시대는 러시아 역사상 전무후무한 거대한 단절과 정신적 분열을 가져왔다는 평가를 받는다. 표트르의 시대는 이른바 '표트르 이전의 러시아/구(舊)러시아 대(對) 제국 러시아/신(新)러시아'라는 구분을 만들어냈다. 표트르 대제는 유례를 찾아볼 수 없을 정도로 급격하고 단호하게 과거의 유산을 청산하고 서유럽의 공통된 역사에 참여하는 것만이 러시아의 진정한 국가적 이상이라고 공언했다.

과거와의 급진적이고 전면적인 단절을 표방한 개혁 이전의 러시아의 모든 물질적·정신적 유산이 부정되면서 모스크바는 개혁 러시아에는 부정적 상징이 된다. 모스크바에 대한 부정과 더불어 모스크바-제3로마 이념에 담겨 있던 비잔티움 계승 및 정교의 함의는 희석된다. 그러나 모스크바와 비잔티움에 대한 부정이 곧 16세기에 있었던 제국적 팽창을 부정한 것은 아니었다. 열등한 과거를 극복하고 근대적 제국을 건설하고자 했던 표트르 대제의 열망은 더욱 강력한 팽창의 이념을 필요로 했고, 이러한 정치적 필요에 의해 모스크바-제3로마 이념은 강력한 세속 제국으로서의 로마 제국의 상(像)을 통해 새로이 변용된다.

과거 모스크바 공국 시대 모스크바-제3로마 이념이 표방하던 신정일치의 종교적 제국으로부터 18세기 표트르의 시대에 요구된 강력한 세속적 제국으로서의 러시아라는 국가 이념의 이동은 모스크바-제3로마 이념에 이미 잠재된 것이었다. 제3로마 개념은 본래부터 이중적인 것으로, 제1로마, 원래의 로마 제국과 제2로마인 비잔티움, 그리고 종교성과 세속적 왕권이라는 두 축을 결합하고 있다. 17세기까지 모스크바-제3로마 이념은 제2로마, 즉 비잔티움 제국에 대한 투사로 기울어 있었지만 이제 모스크바와 정교적 과거와 단절한 유럽적인 세속 제국 러시아는 원래의 제국, 로마의 축 방향으로 진동한다.[26] 이에 관해 로트만(Ю. М. Лотман)과 우스펜스키(Б. А. Успенский)

26 신정일치의 종교적 제국으로부터 강력한 세속적 제국으로서의 러시아로의 이념적 변용의 가능성은 모스크바-제3로마 이념에 애초부터 잠재해 있었다. 러시아의 정교적 과거를 부정하고 세속권력을 강화하는 표트르 대제의 개혁 이념이 과거로부터 내려온 제3로마설의 이념을 국가체계의 다양한 측면에서 반영하고 있다는 점을 처음으로 지적한 이들은 러시아의 저명한 기호학자이자 문화학자인 유리 로트만과 보리스 우스펜스키였다. 이들은 공동으로 저술한 유명한 논문 「표트르 I세의 이데올로기에 나타난 모스크바-제3로마설의 반향」에서 표트르 대제의 개혁정치와 새로운 수도 페테르부르크 건설의 기획 속에서 다시금 제3로마설의 이념이 발견되고 있음을 지적했다. 로트만과 우스펜스키의 모스크바-제3로마 이념의 18세기적 변용과 로마 지향성에 대한 논의를 정리하면 다음과 같다.

모스크바 공국의 정치를 거쳐 17세기 말에 이르러 제3로마가 애초에 가졌던 두 가지 의미, 종교적 의미와 정치적 의미는 일종의 신정(神政) 이론으로 통합된다. 하지만 본질적으로 이중적인 개념은 불가피하게 진동한다. 그러므로 제3로마의 개념에는 해당 시대의 요구에 따른 '선택'의 가능성이 또한 잠재되어 있을 수밖에 없었다. 제3로마 개념의 이중적 함의 중 하나는 종교성이며, 다른 하나는 최고 권력과 왕권이다. 전자의 해석에서 '제3로마'는 예루살렘과의 연관성이, 후자의 해석에서는 제국 로마와의 연관성이 강조된다. 이러한 일련의 상징들은 러시아가 제3로마설이라는 패러다임을 통해 선택했던 국가 발전의 방향을 문화적으로 약호화해서 보여준는 표트르 대제가 "국가적 지향에 관한 두 가지 대안, 즉 신성(神聖)의 집중으로서의 수도냐 아니면 제국적 로마의 그늘이 드리워진 수도냐의 갈림길에서 후자를 선택했다"고 지적한다.[27]

그러므로 표트르 대제는 그의 제국을 모스크바와 비잔티움 너머의 로마로 직접 투사함으로써 강력한 세속적 정치권력으로서의 로마 제국의 상(像)을 국가이념화했다. 비잔티움은 모스크바 및 정교와의 연관성으로 인하여 후면으로 물러나고 로마가 직접 표트르 대제의 새로운 제국의 이념적이고 물리적인 모델이 되었다. 또한 이상적인 제국이자 이상적인 문명사적 경험으로서의 로마의 역사가 러시아 제국의 실제 과거(표트르 이전의 과거)보다 더 적통적인 역사로서 18세

다. 어지러운 내정과 대외관계를 정리하고 제국으로 발돋움하게 된 17세기 말 새로운 시대에 모스크바 공국은 국가적 지향성을 설정함에 있어 새로운 선택 앞에 직면했다. 그것은, 제3로마설이 가진 종교적 · 정교적 함의로 인해 이제까지 제3로마 개념 안에 혼재되어 있던 두 가지 개념, '새로운 예루살렘'이냐 '새로운 로마'냐 사이에서의 불가피한 선택이었다. 표트르 대제는 국가적 지향에 관한 두 가지 대안, 즉 신성(神聖)의 집중으로서의 수도냐 아니면 제국적 로마의 그늘이 드리워진 수도냐의 갈림길에서 후자를 선택했다. 이와 같은 세계제국 로마의 함의를 향한 국가성 이념하에서 표트르 대제의 러시아는 "새로운 로마로서의 페테르부르크"라는 관념을 발전시킨다. 여기서 로마는 신성의 중심이라기보다 "올바른" 국가 권력의 정수이자 모델로서 이해될 것이다. 또한 "페테르부르크가 진짜 새로운 로마"라는 관념은 새로운 수도 페테르부르크에서 신성함은 주된 것이 아니라 국가성에 종속된 것이라는 생각에 있다. 국가 공무의 종사란 곧 조국에 대한 봉사이며, 조국에 대한 봉사가 곧 영혼의 구원에 이르는 예배와 마찬가지로 이해되었다. 여기서 일어나는 것은 제3로마설에 내재한 이중성의 전복된 양상이다. 따라서 오히려 페테르부르크의 신성함이란 곧 이 도시의 강력한 국가성으로부터 비롯한다. 페테르부르크를 새로운 로마, 제3로마라 주장할 근거는 오히려 강력한 국가적 이념이었다. 표트르 시대의 서구화와 근대화 패러다임에서 제3로마의 신성함은 강력한 국가성으로 대치되기 때문이다. 다음을 보라. 유리 로트만 · 보리스 우스펜스키(1993a), pp. 259-280.

27 유리 로트만 · 보리스 우스펜스키(1993a), pp. 266-267.

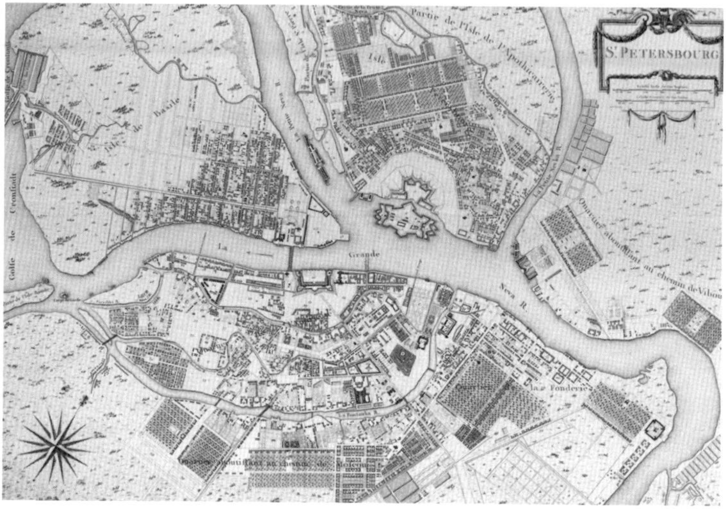

페테르부르크 도시 계획도(1753)

기 초 러시아 제국에 접붙여진다. 이제 제국의 이념은 모스크바-제3로마로부터 "새로운 로마 제국으로서의 러시아" 혹은 "새로운 로마로서의 페테르부르크"로, 그리고 모스크바-제3로마 이념과 비잔티움으로부터 만들어졌던 기독교 수호라는 이념적 명분은 로마 이념을 통해 보다 보편적이고 일반적인 의미에서의 제국 전이로 이전된다. 이러한 '제국의 전이'에 관련하여 1759년 에카테리나(Екатерина) 여제의 측근이었던 그리고리 코지츠키(Grigorii Kozitskii)는 "고대 로마의 역사보다 우리 시대에 더 가까이 있는 역사는 없다"고 공언한 바 있다.[28] 로마 이념과 유럽 일반의 제국 전이로의 새로운 이념적 변용

---

28 코지츠키의 언명은 다음에서 재인용했다. Stephen L. Baehr (1978), "From History to National Myth: Translatio imperii in eighteenth-century Russia," *The Russian*

을 통해 표트르 대제의 러시아는 기독교(정교) 제국이라기보다 근대 유럽적 제국으로서 정의된다.

로마의 투사가 내포하는 이념적 함의는 표트르 자신의 로마적 상징성을 통해 일차적으로 보여진다. 표트르 대제가 1721년에 '차르'라는 명칭 대신 '임페라토르(император)'라는 새로운 타이틀을 수용한 사건은 이처럼 그가 변용된 모스크바-제3로마 이념, 즉 제국 로마와 그 세속성을 지향하고 있음을 명백히 보여준다.[29]

통치자에 대한 구(舊)러시아적 명칭인 '차르'를 유럽적이고 제국적 명칭인 '임페라토르'로 개칭함으로써 표트르는 통치자의 명칭으로부터 과거 역사의 궤적, 즉 구 러시아와 구 정교적 함의를 지워버리려 했다. 그리고 유럽적이며 근대화된 제국 러시아를 건설하려 했던 그는 지역적 차르가 아닌 보다 보편적이고 세계적인 의미의 보편적 임페라토르가 되고자 했던 것이다. 실상 동일한 어원과 동일한 의미를 가진 두 명칭 사이의 개칭은 명백히 이념적 전환을 의미한다.[30]

Review 37(1): 1.

29 로트만과 우스펜스키는 과거와의 과격한 단절과 급진적인 서구지향을 표방한 표트르 대제의 개혁에 여전히 지속되고 있는 모스크바-제3로마 이념의 반향에 관한 연구에서 표트르 대제가 러시아의 군주를 일컫는 전통적 명칭인 '차르'를 '황제/임페라토르'로 대체한 사건 역시 궁극적으로 제국적 지향을 내포하고 있다는 점에서 모스크바-제3로마 이념을 계승하고 있다고 평가한다. 유리 로트만 · 보리스 우스펜스키(1993a), pp. 261-262.

30 로트만과 우스펜스키에 따르면, 사실상 두 명칭은 모두 로마 제국의 황제 시저로부터 유래한 것으로 동일한 어원과 동일한 의미를 가진다. 동일한 개념이 다만 시대적 맥락과 결부되어 다른 이념적 지향을 내포하면서 서로 반의어로 인식되었을 뿐인 것이다. 로트만과 우스펜스키에 따르면, 이러한 개칭은 실상 패러다임 방향의 재조정을 의미했다. 문제는 제국적 팽창의 세속성과 국가성이었다.
로트만과 우스펜스키는 표트르 대제 치세에 와서 기독교 황제와 기독교 제국의 형상

이제 국지적인 제3로마 개념은 보편이자 원형인 로마 개념으로 역전된다.

그러나 이러한 개칭, 그리고 패러다임의 전환이 본질적으로 통치자들이 가졌던 제국적 팽창의 지향을 바꿔놓은 것은 아니었다. 표트르 대제는 차르라는 명칭이 가진 모스크바 유산의 함의를 거절하고자 했지만, 과거 전(全) 러시아를 통일한 모스크바 공국의 차르가 가졌던 제국적 팽창의 야망은 마찬가지로 여전히 경계이월적인 것이었다.[31] 거대한 단절과 개혁의 시대는 "동란의 시대(Смута)" 이후 가속

들은 보다 세속적 함의를 강하게 보여주는 "정복과 지배라는 서구 신화"에 의해 뒤로 물러나게 되었다는 사실을 통해 표트르 대제 시기 모스크바-제3로마 이념이 변주된다고 설명한다. 표트르 대제에 의해 과거에 존재하던 차르의 상(像)은 완전히 다른 것이 되었다. 정복과 팽창, 군사적 업적은, 러시아 차르는 스스로의 권력으로서, 성스러운 대관식 전통의 자리가 아니라 전장에서 스스로 공을 세울 의무가 있다는 사실을 명백히 밝혀주었다. 이러한 정복자의 형상으로 인해 권력의 근원에 대한 옛 전설은 더는 통하지 않게 되었다. 표트르 제국의 이념은 합리주의 시대의 전형적인 것이었다. 이 시대에는 통치자의 절대권을 합법화해주는 것은 러시아의 "보편적 복지"에 대한 기여 여부였다. 황제는 "조국의 아버지"가 되었고 이제 군주와 신하의 관계는 물려받은 권리와 개인적 의무의 기초에서가 아니라 국가 공무라는 의무에 기초하여 세워져야 했다. 다음을 보라. 유리 로트만 · 보리스 우스펜스키(1993a), p. 270. '임페라토르'라는 명칭은 바로 이러한 세속적 국가성에 의해 규정된 로마제국적 군주를 의미하기 위하여 요구되었고, 절대군주 권력의 정당화에 있어 이러한 방식 역시 바로 로마 제국의 그것이었다.

31 사실 이미 '차르'라는 명칭의 의미에는 17세기 말에 이르러 이 시기에 움트기 시작한 세속적 관료제 정부의 강력한 통치자, 영토의 정복자, 그리고 귀족과 군대의 지배자인 세속 군주로서의 의미가 부각되어 있었다. 17세기 말 차르의 명칭과 권력체계의 성격은 제3로마설의 제국적 함의가 개혁의 시대에 접어든 러시아에서 어떻게 변형되는지를 보여준다. 차르의 명칭을 통해 기독교 제국의 함의는 명백히 정치적 경계를 확장하는 세속권력적 제국의 함의로 교체된다. 1654년 우크라이나, 1656년 빌리노(리투아니아의 수도 빌리뉴스의 옛 이름)를 병합하면서, 이미 전제군주는 "대(大)루시, 소(小)루시, 그리고 백(白)루시 전체의 차르(царь всея Великая, Малая и Белая Руси)"라 칭

화된 제국적 팽창이라는 러시아 역사의 행보에 더욱 박차를 가했으며 오히려, 제3로마설에 담긴 팽창의 이념은 서구화와 근대화 지향을 통해 세속화되면서 더욱 노골적인 정치적 동력으로 작동했다.

이처럼 표트르 대제 스스로 18세기 러시아의 변용된 제3로마 이념, 즉 로마 이념의 한가운데에 있었고 그 자신이 로마 이념의 한 기호가 되었다. 표트르의 로마화는 그와 콘스탄티누스 대제와의 동일화를 통해 또한 드러난다. 표트르의 로마 지향은 과거와 마찬가지로 제국적 팽창의 정치 행위에 근거한 것이었지만, 군주이며 황제로서의 표트르의 정통성과 권위는 과거 제3로마 이념과 달리 전적으로 제국 로마적인 것이었다. 즉 그것은 혈연보다 정치적 공적에 의해 정당화된다. 16세기에 모스크바의 대공들이 혈연관계에 의해 로마와의 연관을 주장했다면, 표트르 대제에 관해서는 혈연관계라는 전통적 관념에 더해서 18세기 새로운 러시아 제국의 규준이 된 국가성에 의해, 즉 황제로서 이룬 위대한 업적과 공훈에 의해 로마 황제 콘스탄티누스와의 동일성/동등성이 주장된다. 콘스탄티누스 대제가 콘스탄티노플을 세움으로써 서에서 동으로 나아갔다면, 표트르 대제는 동에서 서로 나아가며 그가 세운 페테르부르크는 유럽을 새로 재편할

해진다. 1667년 선언된 알렉세이 미하일로비치의 인장에 새겨진 쌍두 독수리에 씌워진 세 개의 왕관은 카잔과 아스트라한 그리고 시베리아를 상징했고, 독수리를 에워싼 세 개의 기둥은 대루시, 소루시, 백루시를 의미한 것이었다. 더불어 차르는 자신의 타이틀에 "성스러운/성자"라는 명칭을 결합함으로써 종교성에 있어 신하들을 압도하는 수호자로서의 의미를 획득하게 된다. 차르 표트르의 타이틀에서는 "대러시아의 지배(великоросийское царствие)"라는 개념이 나타나는데, 이는 러시아 영토뿐 아니라 비러시아 영토 또한 종속시키는 제국적 절대국가를 의미하는 용어였다.

것을 전망했다.[32]

표트르는 이러한 로마 이념을 자신이 건설한 제국의 새로운 수도 페테르부르크에 깊숙이 아로새겨놓았다. 페테르부르크는 표트르의 기획, 즉 서구적 개혁과 역사적 단절, 즉 구(舊)러시아와의 확실한 결별을 말해주는 공간적 상징이었다. 페테르부르크 이전에 러시아는 무(無)였고 진정한 역사는 페테르부르크로부터 시작된다. 그러므로 페테르부르크는 끊임없이 로마와 동일시되었다. "제3로마로서의 모스크바"에 대항하여 "새로운 로마로서의 페테르부르크"의 개념이 적용되었다. 개혁은 과거와의 단절, 즉 모스크바와 그것의 뿌리가 되는 정교와의 단절을 의미했지만 강력한 유럽적 제국 건설이라는 개혁의 목표가 가리키는 로마지향성 역시 모스크바-제3로마 이념이 뒷받침하던 제국적 팽창을 명시적으로 추동하는 근거였다.[33]

"새로운 로마로서의 페테르부르크"는 도시의 이름과 문장, 그리고 배치에 있어 강한 로마적 지향성을 드러냈다. 새로운 제국의 수도는 새롭게 제시된 로마와 제국 전이의 이념에 대한 물적 상징 그 자체라 할 수 있다. 로트만과 우스펜스키는 페테르부르크 도시 건설에서 나타난 로마 이념을 자세히 살펴본 바 있다.

새로운 수도의 이름은 '성스러운 베드로/표트르(베드로 ⇄ 표트르)

32 B. Кантор (2013), C. 150.

33 그러므로 마찬가지로 페테르부르크의 반(反)모스크바적인 서구적 외관의 로마지향성은 모스크바-제3로마 이념의 깊숙한 변용이었다. 로트만과 우스펜스키는 이처럼 페테르부르크의 건설에 투영된 로마 개념과 더불어 그 밑바탕에 여전히 지속되는 모스크바-제3로마 이념의 제국적 지향에 관해 자세히 밝히고 있다. 유리 로트만 · 보리스 우스펜스키(1993a), p. 267.

의 도시'라 지어졌고, 도시의 문장에는 닻들이 교차하는 형상이 그려져 있다. 이러한 표식들은 로마의 명칭과 연관되어 있다. 로마는 '성스러운 베드로의 도시'이며 로마 바티칸의 문장에는 열쇠들이 교차하는 형상이 새겨 있다. 페테르부르크의 문장에 나타난 교차하는 닻들은 바티칸 문장의 교차하는 열쇠들에 상응한다. 문장에 나타난 닻과 열쇠는 꼬리가 위로 향한 형상에 의해 유사성이 발견되지만 더 중요한 사실은 닻이 한편으로 구원과 신앙을 상징한다는 것이다. 또한 닻은 환유적으로 함대를 지칭한다. 열쇠 대신 사용된 닻은 베드로가 낙원을 열듯이 표트르가 '서구로 열린 창'인 그의 도시를 열기 위해 서구적 제국으로의 항해를 위해 사용된 것이었다. 이렇게 페테르부르크의 문장은 도시의 이름과 마찬가지로 제국 로마를 암시했다.

페테르부르크의 도시 배치 역시 로마의 함의를 보여준다. 페테르부르크의 도시 설계도는 첫눈에도 로마와의 유추를 분명히 드러낸다. 특히 도시 건설의 중심인 페트로파블로프스크 요새 안에 지어진 성당은 사도 베드로와 바오로(러시아 문화에서 바오로는 베드로의 분신으로 혹은 베드로의 대체물로 인식된다)에게 헌정된 것으로 로마의 성 베드로 성당과 마찬가지로 원래 도시 계획에서 도시의 가장 중앙에 위치하게 되어 있었다. 이처럼 페트로파블로프스크 성당은 성 베드로 성당의 이념을 투사한 것이다. 이후 성 이삭 성당이 두 번째로 지어지는데, 이 성당은 1707년 5월 30일 표트르의 생일을 기념하여 달마티아의 성인 이삭에게 헌정된 것이지만 표트르 대제의 생일이 1672년 성 이삭의 기일과 일치함으로써 실상 표트르 대제에게 바친 것이라 할 수 있다. 이 두 성당의 존재는 제3로마 이념에서 전화된 로마 이념이 페테르부르크에서 세속성과 국가성을 통해 강한 세속 제국의 이

페트로파블로프스크 성당

념으로서의 성격을 획득해가는 과정을 단적으로 보여준다.

로트만과 우스펜스키에 따르면, 성 베드로 성당이 기독교적 후광의 복잡한 사상적 체계를 가지고 로마적 지향성, 따라서 제3로마 이념과 직접 연관되었다면, 성 이삭 성당은 다만 차르 표트르를 상기시켰고 따라서 좀 더 세속적이고 유럽적인 의미를 가진다.[34] 이후 도시가 확장됨에 따라 중심부는 네바강 남쪽 기슭으로 옮겨지고 18세기와 19세기에 걸쳐 도시의 외곽 경계가 확대되면서 이삭 성당이 수도의 중심부에 위치하게 되었던 것이

34 로트만과 우스펜스키에 따르면, 애초에는 사도 베드로(와 바오로)의 이름이 갖는 종교적·문화적 의미는 달마티아의 이삭 성인의 위상과는 비할 수 없이 큰 것이었다. 후자는 다만 차르 표트르를 상기시킨다면, 전자는 기독교적 후광의 복잡한 사상적 체계를 가지고 로마적 지향성, 따라서 제3로마 이념과 직접 연관되는 것이었다. 다른 한편, 표트르 대제 이전 시대에는 세속적이고 보다 사적인 문화가치를 갖는 차르의 탄생일보다 성인 축일에 더 큰 의미가 부여되는 것이 전통이었다. 그러므로 성 이삭 성당은 비록 도시의 수호성당으로서 페트로파블로프스크 성당의 잠정적인 라이벌이었지만 페트로파블로프스크 성당의 러시아(전통)적이고 보편적인 함의와 구별되는 '유럽적인' 성격을 대표했다. 성당이 세워진 장소가 당시에는 상대적으로 중심의 외곽으로 주로 비정교회 신자인 선원들이 거주했던 '유럽화된' 해군성 구역이라는 점, 정교에서 전통적으로 기리는 수호성인의 숭배의식이 아니라 생일을 축하하는 개신교 전통과 관련되었다는 점 등이 이삭 성당의 '유럽성'을 증명해준다. 유리 로트만 · 보리스 우스펜스키(1993a), p. 267.

성 이삭 성당

다. 이로써 성 이삭 성당은 원래 페트로파블로프스크 성당에 기대되었던 기능을 효율적으로 수행하게 되었고 자연스럽게 수도의 중심 성당으로 부상하게 되었고, 이 과정에서 이삭 성당은 수차례 재건되면서 매번 로마의 성 베드로 성당과 비슷한 면모를 가지게 되었다. 이처럼 로마 이념은 성 이삭 성당을 통해 세속 군주 표트르 숭배와의 강한 연상관계를 가지게 되면서 종교성이 탈각되고 세속 제국의 이념으로 인식되게 된다. 이후에 건설된 여러 교회들(성 삼위일체 성당, 성 삼프소니 성당, 성 알렉산드르 네프스키 성당) 역시 직접 표트르 대제 숭배를 표현했고, 로마지향성은 이러한 국가성의 이념과 연관되어 강력한 제국적 이념으로서 인식되었다.[35]

35 유리 로트만 · 보리스 우스펜스키(1993a), pp. 272-274.

페테르부르크에는 그것이 표명한 모스크바와의 결별을 통해서도 로마 이념이 다시 각인된다. 여기서 주목되는 것은 구(舊)수도 모스크바와 새로운 제국의 수도 페테르부르크의 대립구도다. 표트르 대제의 개혁을 통해 모스크바-제3로마 이념에 내포된 로마 이미지는 모스크바에서 페테르부르크로 이전된다. 대표적인 것이 "목조 러시아"와 "석조 페테르부르크"라는 대립 테제로, 여기서 '진정한 제3로마' 페테르부르크의 이미지가 만들어진다. 목조 러시아는 말할 것도 없이 표트르 이전의 구러시아 문화와 관습을 상징했다. 석조 페테르부르크는 목조로 된 러시아의 과거를 극복하고 나아가야 할 미래를 상징했던 것이다.[36]

석조 페테르부르크의 의미는 표트르 대제의 이념적 동지였던 총주교 페오판 프로코포비치(Феофан Прокопович)의 칭송에서 다시 로마와의 유비 속에서 조명된다. 페오판 프로코포비치는 송가에서 다음과 같이 노래했다. "로마 황제 아우구스투스는 임종 시에 다음과 같은 말이 자신에 대한 최고의 찬미라고 생각했다. '나는 벽돌로 된 로마를 창건했지만 이제 대리석의 로마를 남기고 간다.' 그러나 우리의 높으신 군주에 관한 한 그러한 말은 전혀 상찬이 아닐 것이다. 그분은 나무로 된 러시아에서 황금으로 된 러시아를 창조했다고 말해야 한다." 표트르는 아우구스투스 황제와 페테르부르크는 로마와 동

36 1714년 표트르 대제는 자신의 제국에서 "목적과 종류에 관계없이 석조건물의 건축을 금지하며 위반 시에는 영지 전체의 소멸과 유배에 처한다"고 공표했다. 이렇게 하여 돌로 지어진 수도로서의 페테르부르크의 이미지가 창조되었을 뿐 아니라 동시에 반테제로서 나무로 된 러시아라는 이미지도 창조되었다. 유리 로트만 · 보리스 우스펜스키(1993a), p. 276.

일한 위상에 놓인다.[37]

전화된 제3로마 개념, 즉 로마 개념의 페테르부르크로의 이전은 종교적 차원 그 자체에서도 이루어졌다. 페테르부르크가 "진정한 새로운 로마"라는 관념에 기반하여 (제국 로마와 구별되는) 교황의 로마, 즉 가톨릭 로마와 모스크바는 거짓된, '위선적' 신성의 동일한 상징으로 제시된다.[38] 이로부터 교황제 로마 및 표트르 대제 이전의 모스크바와 '성스러운 표트르/베드로의 진정한 도시' 페테르부르크의 대립 구도라는 이념적 패러다임이 만들어진다. 이러한 대립 구도는 '목조 러시아로서의 모스크바 대(對) 로마처럼 석조로 만들어진 러시아로서의 페테르부르크'라는 대립 구도에서와 마찬가지로 '로마' 개념을 '가짜 제3로마' 모스크바로부터 '진짜 제3로마' 페테르부르크로 이전시키는 인식구조로 기능하게 되는 것이다.

18세기에 들어서는 변용된 제3로마 이념, 로마 이념은 러시아 제국에 끊임없이 로마 제국의 이미지가 투영되면서 명시적인 국가 이념으로 발전했다. 스티븐 배어(S. Baehr)는 이러한 전반적이고 일반적인 이념화 작업을 "로마화(Romanizing)" 혹은 "로마와의 동일화/동등화(equation with Rome)"라 정의했다.[39] 앞에서 살펴보았듯이 표트르

37 유리 로트만 · 보리스 우스펜스키(1993a), p. 276.

38 표트르 이전의 구(舊)러시아의 정교는 '교황제 옹호주의(папежный дух)'와 수상한 결탁을 맺고 있다고 생각되었다. 이러한 관념에 의해 표트르 대제와 총주교 페오판 프로코비치는 프로테스탄트 신교에 공감을 표시했으며, 가톨릭 로마는 진짜 로마가 아니라는 비판을 활성화했다. 유리 로트만 · 보리스 우스펜스키(1993a), p. 271.

39 스티븐 배어는 모스크바-제3로마설이 18세기에는 '제국 전이' 이념을 통해 부활했고 이제 '로마와의 동일화/동등화' 혹은 '로마화'라는 인식적 작용이 제국의 명시적인 국가 이념으로 작동한다고 본다. 다음을 보라. S. Baehr (1978), pp. 1-4.

대제의 제국을 구성하는 정치적·문화적 개념은 거의 대부분 로마 제국의 체제에서 가져온 것이었고, 18세기 제국의 발전을 따라 로마 이념은 더욱 더 강화된 국가 이념으로 인식된다.

앞서 언급한 페오판 프로코포비치의 송가에서 발견되는 것처럼 이 시기 페테르부르크와 러시아 제국에 대한 로마의 이미지 투사, 즉 '로마화'는 역사와 문학 영역에서 또한 광범위하게 이루어짐으로써 국가 이념으로서 더욱 정교하게 다듬어진다. 로모노소프(M. B. Ломоносов)는 러시아 제국의 역사를 로마 제국의 역사와 동일시함으로써 이러한 이념적 작업의 기틀을 다졌다.[40] 러시아의 로마화는 에카테리나 여제 치세에서는 특히 영토의 제국적 확장을 통해 현실로 확인되었다.[41] 이러한 이념적 로마화 작업은 러시아 신화에까지 미친다. 미하일 출코프(Михаил Чулков), 미하일 포포프(Михаил Попов), 바실리 레프쉰(Василий Левшин) 등의 작가들은 고대 슬라브족의 신화를 그리스 로마신화와 비교했다. 역사와 신화의 로마화는 러시아인의 깊은 내면 의식 속에서 러시아 국가 이념의 제국성을 추동할 수 있었을 것이다.[42]

문헌적 기술(記述)을 이용한 이와 같은 인문학적 수단에 의한 제국 이념의 정초 작업은 일찍이 표트르 대제가 선언했듯이 그야말로

---

40 「고대 러시아 역사」(1766)에서 로모노소프는 러시아의 과거 역사를 로마 제국의 역사에 비견하며 러시아 역사에서 중요한 시점들을 로마 제국의 시기 구분을 통해 정의한다. 로마 제국의 통치자들의 업적은 러시아 제국 차르들의 공훈을 설명해주는 것이다. S. Baehr (1978), p. 3.

41 이 시기, 특히 터키에 대한 승리는 로마 이념은 이미 러시아 제국이 전유하며 제국의 '전이'가 이미 이루어진 것이라는 생각을 확고히 하는 계기가 되기도 했다.

42 S. Baehr (1978), pp. 3-4.

러시아 역사를 백지 위에 다시 쓰는 작업과 같이 전면적인 것이었다. 역사와 신화에서의 로마 이념에서 나아가 러시아어 또한 로마와의 연관이 강조되었다. 러시아어의 가치와 위상은 그것이 본성적으로 로마의 언어, 즉 라틴어의 자질들을 가지고 있다는 사실에 의해 확인되고 인정되었다. 이와 같은 러시아어의 '로마화'는 트레디아코프스키(В. К. Тредиаковский)의 「틸레마히다」(1766)와 로모노소프(М. В. Ломоносов)의 「러시아 시작법(詩作法)에 관하여」(1739) 등에서 발견된다.[43] 또한 18세기 중후반에 들어 대규모로 나타난 라틴어 번역, 즉 언어적 '전이(轉移)'는 그야말로 18세기 러시아에서 확고한 역사적 '사실'이 되었음을 증명해주었다. 두 언어 간의 번역은 주로 제국 시대를 조명하는 작품들이었다는 사실 역시 이러한 언어적 로마화의 이념이 제국성에 있음을 알게 해준다.[44] 배어에 따르면, 제국 전이 이념은 18세기 러시아의 이념적 레토릭의 원리며 당시 제국적 지향에 대한 문화적 수반물이 되었다.[45] 그의 지적대로 제국 로마는 18세기

43 S. Baehr (1978), p. 4.

44 공식적 행사의 프로그램 및 연설은 러시아어와 라틴어 두 언어로 쓰여졌다. 페테르부르크의 네바 강변에 세워진 팔코네의 〈청동기마상〉의 러시아어와 라틴어 두 언어로 새겨진 헌사는 이러한 언어적인 제국 '전이'를 한눈에 알 수 있게 해준다. 특히 18세기 러시아 제국의 전성기를 누리며 강력한 대외적 팽창정책을 펼친 에카테리나 여제 치세에 로마 역사의 번역이 가장 많이 이루어졌다는 사실은 매우 시사적이다. 또한 18세기 중반에 많이 번역된 그리스 로마의 영웅에 관한 이야기들은 당시 러시아 제국의 영웅상을 위한 바람직한 모델을 제공했다. 이러한 작품들의 영향은 18세기 후반 러시아 자국의 영웅에 대한 작품들 속에서 이미 보이기 시작한다. 표트르 대제와 에카테리나 여제를 로마 제국의 영웅 리쿠르고스와 누마에 비견한 헤라스코프(М. М. Херасоков)의 작품은 '제3로마' 이념까지 상기시키며 18세기 러시아 제국을 로마 제국의 가장 번성했던 시기와 동일시한다.

45 S. Baehr (1978), p. 6.

러시아 문화의 전반에 끊임없이 투사되었다. 러시아는 로마의 역사와 문화를 통해 자신의 역사와 문화를 해석하고 이해했다.

그러나 이러한 로마화와 제국 전이 이념은 당연히 다만 문화적 차원에 머물러 있지 않았다. 그것은 이미 당시 러시아 제국의 정치와 사회를 포괄하는 일반적인 국가 이념으로 확장되어 있었다. 결국 16세기와 마찬가지로 18세기에 제국 전이 이념은 현실정치로 나아가며 더욱이 로마 이념의 세속성과 국가성은 이념이 전적으로 현실을 말미암고 있음을 암시해준다. 모스크바-제3로마 이념과 마찬가지로 18세기의 로마의 이념은 러시아의 제국적 팽창을 추동하는 정신적 기반이 되었다. 로마화와 로마와의 동일화/동등화의 상상은 18세기 러시아 제국의 정치와 대외정책을 뒷받침하는 이념을 표현하고 생산해냈으며 이러한 문화적 상상력, 특히 역사와 문학의 인문학적 상상력의 작용은 권력 계층으로부터나 그것을 수용하고 뒷받침하는 민중으로부터나 모두 제국의 실제 정치를 가능하게 하는 인식 환경을 창출해낸 것이다. 제국 로마에 대한 끊임없는 상상은 현실에 투사되고 현실 인식은 그 상상의 이미지를 통해 이루어졌다. 제국 전이에 대한 상상은 제국 전이의 현실을 만들어냈다.

최근 표트르 대제와 제3로마 이념과의 연관성에 관해 여러 학자들이 의문을 제기하고 있다. 문제의 쟁점은 16세기와 마찬가지로 18세기 러시아에서 제3로마 이념이 현실적으로 정치적 영향력을 가졌는가 하는 것이다.

안드레이 란친(Андрей Ранчин), 마샬 포(Marshall Poe) 등과 같은 학자들은 표트르 대제의 이념과 제3로마설의 영향관계에 대해 회의적이다. 표트르 개혁 시대의 모스크바-제3로마 이념의 영향력에 관련하여 이들은 무엇보다 표트르 대제가 노사제 필로페이의 이론을 수용했다는 문헌적 증거가 발견되지 않는 점이 이를 반증한다고 주장한다.[46] 이들은 공통적으로 제3로마설이 정치적 이념화된 것은 19세기에 들어와서의 일이라는 점을 지적한다.

물론 제국으로서의 러시아의 국가 이념은 19세기에 본격적으로 만들어졌다. 19세기 전반기 러시아의 후진성에 대한 각성과 반성이 사회 일반에서 일어나면서 사회적 논쟁의 형식을 통해 러시아의 국가 전망에 대한 치열한 사유가 이루어졌다. 표트르 대제의 이미지 역시 이후 제국 러시아 황제들에 의해 적극적으로 제국적 이념과 연관되어 설정된 것이다. 진정으로 서구열강의 반열에 서 있었던 19세기 러시아에서는 국가적·사회적 이념의 이론화가 매우 치열하게 이루어졌다. 이른바 독특한 메시아니즘을 특징으로 하는 러시아 이념의

46 이러한 견해는 모스크바-제3로마 이념의 정치적 의미를 일반적으로 부정하는 입장과 맥락을 같이하며 필로페이의 제3로마 개념이 전적으로 종교적인 것이며 세속 정치군주들이 단순한 성직자의 종교적 담론을 실제 정치에 수용했을 가능성이 매우 낮다고 주장한다. 란친(A. M. Ранчин)의 경우, 표트르 대제의 개혁과 제3로마설의 강한 연관관계를 주장한 로트만과 우스펜스키가 전혀 그러한 증거를 제시하고 있지 않다고 지적한다. 더불어 그는 아마도 표트르 대제가 필로페이의 이론이 반영된 문헌들을 읽었을 것이지만 그것이 바로 표트르 대제의 이념적 기획에 반영되었다는 증거로 보긴 어렵다고 주장하며 제3로마설이 당대의 실제 정치 프로그램으로서 이용되었을 가능성을 부정한다. 모스크바 공국 시대에 관련해 위에서 언급했듯이 마샬 포 역시 제3로마설의 실제 정치적 의미에 대한 부정적 입장을 공유하고 있다. 마샬 포는 필로페이의 제3로마설 자체를 중세 유럽에서 보편적 현상이었던 제국전이설(translatio imperii)의 맥락에서 이해하면서 러시아 정치에서 제3로마설의 이념적 역할이 실제보다 과장되어 있다고 평가한다. А. М. Ранчин (2011), "Теория "Москва–Третий Рим" и ее место в русской культуре XVI-XVII вв." http://www.portal-slovo.ru/philology/44938.php(검색일: 2016. 5. 10); М. По (2000), С. 62-65.

1761년의 러시아 제국 영토

기반 역시 이 시기에 만들어진 것이다. 이러한 사실들이 제3로마설의 정치적 함의가 19세기 후반의 "민중" 개념처럼 후대에 '조작'된 것이라는 주장의 근거가 되고 있다.

그러나 16세기와 마찬가지로, 여전히 제3로마 이념의 핵심은 군주와 지배계층에 있는 것이 아니라 이들을 포함한 사회 전체에 있다. 이념이 현실적 힘을 발휘했는가의 여부는 그것이 표방하는 바를 실제로 이룩했는가에 의해 판단되어야 한다. 그런데 로마 이념은 실제로 18세기 러시아 제국의 체계 성립에 기여했다. 논란을 제기한 입장에서는 18세기 군주들이 제3로마 이념을 채택한 기록이 발견되지 않는다고 주장하지만, 18세기 러시아 제국은 명백히 물적으로나 문화적으로나 강한 로마지향성을 보여주고 있다.[47] 이와 같은 18세기 러

47 다른 한편, 세속화와 합리주의를 표명한 표트르 대제, 그리고 공공연하게 그를 계승한다고 선언한 에카테리나 여제의 경우 구러시아 시대의 정교 문헌에서 유래한 예언

시아 제국의 명시적인 "로마" 지향을 과거의 제3로마 이념과 직접적으로 연관짓지 않는 시각은 그 자체로 인정하기 힘들다.

논란에도 불구하고 하나의 이념이 수세기를 지나 살아남아 재생산되고 있다는 사실은 그것의 현실적 영향력을 부정하기 어렵게 한다. 더불어 그 이념이 수세기를 지난 지금 현실정치의 맥락에 너무나 적절하게 부합한다는 점 또한 이를 뒷받침할 것이다. "신화는 한 번 생겨나면 사라지지 않는다."[48] 제3로마 이념에 관한 논란은 오히려 (시적·인문학적) 상상력에 잠재된 엄청난 증폭 및 변형의 가능성을 보여주는 것이 아닐까. 또한 역설적으로 제3로마 이념은 표트르 대제의 이성적이고 합리주의적인 제국 기획을 추동하는 민족적 집단무의식으로 작동했던 것은 아닐까. 자연과학과 기술, 이성과 합리주의를 통해 후진과 미신의 암흑으로부터 러시아를 '구원'하고자 했던 표트르 대제의 소망 역시 매우 역설적이기 때문이다.

4. 맺는말: '제3로마설', 제국의 상상

러시아는 정치적 경계를 설정하기 위해 언제나 문화적 경계에 호소

과 같은 구절을 정치 이념으로 취하는 일은 현실 정치가로서 공개적으로 밝히지 않았을 법하다. 표트르 대제가 실제로 제3로마 이념을 국가이념적 토대로 염두에 두었는가 아닌가에 상관없이 로트만과 우스펜스키가 지적한 대로 페테르부르크에서는 이념의 반향이 곳곳에서 울려퍼지고 있다는 점은 오히려 강력한 현실정치적 결과가 아닌가 생각한다.

48 В. Кантор (2013), С. 152.

해왔다. 문화적 담론의 구성은 상대적으로 유럽의 변방이며 후진 문명이었던 러시아가 정치적 팽창을 정당화하는 가장 합리적이고 견고한 수단이었다. 러시아에서 서구 문명, 특히 기독교 문명의 계승을 통한 문화적 경계의 확정은 곧 러시아가 서구 유럽 제국들과 동등한 위상의 문명을 소유한 제국으로 가느냐 아니면 동쪽 변방의 후진국으로 남느냐를 결정하는 현실정치적 의미를 가졌다. 여기서 러시아의 경계는 언제나 현실의 경계 너머로 투사되었음은 러시아 제국의 문명적 함의에 큰 시사점을 남긴다. 역사의 시초부터 혈연과 민족 집단을 넘어서 이념과 문화를 국가 정체성으로 제시하며 다민족적이고 다인종적인 국가로 존재해온 러시아의 경계 인식은 언제나 제국적 팽창을 암시하는 유동적인 것이었다. 이러한 러시아의 경계이월적이고 팽창적인 정체성의 신화적 근원은 모스크바-제3로마 이념으로 거슬러 올라간다.

모스크바-제3로마 이념에 대한 끊임없는 논란에도 불구하고, 19세기 중반 러시아 민족주의 담론이 본격적으로 형성되기 시작한 시기 러시아 사상가들에 의해 필로페이의 예언이 '러시아 이념'을 뒷받침하는 오랜 근거들 중의 하나로서 끊임없이 변주되어왔음은 일반적으로 인정되는 사실이다. 가장 강성했던 이 시기에 러시아는 수세기 동안 이룩해온 제국적인 혼종적 문명을 근거로 그들의 물질문명적 후진성을 뒤집어 서구 문명을 비판하고 러시아 문화 및 문명의 대안적 가치를 부각시키는 러시아 이념을 국가 이념으로 정립했다.

니콜라이 베르다예프(Николай Бердяев)의 평가대로 '러시아 이념'과 그 정치적 선민의식과 종교적 소명의식 속에서는 러시아의 국가적 도약기 혹은 위기 시에 언제나 반복적으로 재생산되어왔던 제3로마 이념이 발견된다. 18세기 표트르 대제의 근대화 담론, 그리고 19세기 슬라브주의와 유라시아주의의 논쟁, 소비에트의 사회주의, 포스트 소비에트의 신유라시아주의 등 시대마다 러시아의 국가 이념 속에서는 신정(神政)을 결합한 독특한 러시아적 메시아니즘이 작동하고 있음을 볼 수 있다. 그 메시아니즘과 소명의식의 이면에서 발견되는 것은 예외 없이 포섭적이고 팽창적인 제국적 정체성임을 볼 때 러시아의 국가 이념은 제3로마 이념의 시대적 변용에 다름 아님을 부정할 수 없게 된다.

20세기에 들어 상당수의 학자들이 모스크바-제3로마 이념의 당대 현실정치에 대한 의미를 부정하는 견해를 표방하고 있지만, 19세기 러시아의 제국적 면모가 해당 세기에 갑자기 이루어진 것이 아니라 오랜 제국적 팽창의 역사를 통해 이루어졌음을 볼 때 제3로마 이념이 러시아의 역사적 현실을 기초해왔음을 부정하기는 어려워 보인다. 제3로마 이념의 시작이 전설과 예언이며 그 성격이 종교적이라는 이유로 당대 현실에 영향을 주지 못했으리라 가정하는 것이 오히려 비약이라 생각한다. 러시아 이념의 담론적 기조가 되는 선민의식과 메시아니즘, 팽창적 정체성 등의 생각들이 그대로 제3로마 이념에서 발견되고 있다는 사실과 더불어, 또한 19세기의 러시아 제국의 대외적 팽창의 행보는 16세기 러시아의 통합과 팽창의 역사와 다르지 않음을 볼 때, 제3로마 이념이 당대 현실에서 가졌던 의미를 폄하하기 어렵지 않을까 생각한다.

모스크바-제3로마설의 문화정치적 의미에 관한 한 국내 연구에서는 유럽의 주변문명이었던 러시아가 비잔티움이라는 중심문명에 대한 적극적인 수용과 동화 전략을 통해 중심문명에 편입하고자 했으며 러시아는 이에서 나아가 중심문명인 비잔티움의 몰락을 계기로 새로운 중심문명으로 부상하려 했다고 평가하고 있다.[49] 이러한 러시아의 "중심주의에 대한 동경과 열등감, 탈중심주의적 저항과 독단성, 그리고 재중심화 단계의 반복"이라는[50] 문화적·문명적 전략은 러시아 전 역사에 걸쳐 정치 행위의 동기가 되어왔다. 16세기 러시아가 만들어낸 제3로마 이념은 제국의 문화적이고 문명적인 전략과 다름없다. 제3로마 이념은 바로 19세기 러시아 제국의 역사를 만들어낸 전사(前史)인 것이다.

문화 담론이 언제나 가장 폭발적인 권력의 구성요소로 작동해왔음은 일반적으로 널리 동의되는 전제사실이다. 현실 정치에서의 문화 담론의 역할을 가장 여실히 보여주는 역사적 예가 16세기부터 형성된 러시아 제국인 것이다.

유럽의 동북쪽 변방에서 나타나 그 어떤 국가보다도 강렬한 역사적 부침을 겪어내면서도 16세기 이후 현재까지 세계에서 가장 강력한 제국으로 존재하고 있는 러시아를 이룩한 것은 일차적으로 정치와 군사적 힘이라는 사실을 부인할 수는 없겠지만, 제국이 현실에서 실현될 수 있었던 것은 이처럼 러시아인들의 의식 속에 뿌리박은 제국에 대한 이념, 러시아 이념에 의해서일 것이다. 제국적 팽창의 정체성을 담론화한 16세기의 제3로마 이념은 바로 러시아 이념의 시작이었으며 러시아는 바로 지금도 끊임없이 새로운 제국을 미래로 투사하며 상상을 통해 현실을 구성해가려 하고 있다.

49 김은실(2013), pp. 143-144; 정세진(2009), pp. 147-148.

50 김은실(2013), p. 145.

참고문헌

기계형(2016),「소련해체 이후 러시아의 “신제국사” 연구동향: 학술지『압 임페리오』(*Ab Imperio*)를 중심으로」,『러시아연구』제25권 제2호, 서울대학교 러시아연구소, pp. 1-38.

김병호(2012),「‘유라시아연합’의 정체성과 실현가능성: 향후 설립에 따른 정치 · 경제적 효과를 중심으로」,『러시아연구』제22권 제1-1호, 서울대학교 러시아연구소, pp. 99-132.

김은실(2013),「중심-탈중심주의의 문화정치학: 조선중화주의와 모스크바-제3로마사상을 중심으로」,『정치사상연구』제19집 제2호, pp. 129-162.

김홍중(2014),「유라시아주의의 제 양상: 지정학에서 지역주의로」,『노어노문학』제26권 제1호, 한국노어노문학회, pp. 283-309.

로트만, 유리 · 우스펜스키, 보리스(1993a),「표트르 대제의 이데올로기에 나타난 “모스크바-제3로마” 개념의 반향」, 이인영 옮김,『러시아 기호학의 이해』, 민음사, pp. 259-280.

로트만, 유리 · 우스펜스키, 보리스(1993b),「러시아 문화의 역학에 있어 이원적 모델의 역할(18세기 말까지)」,『러시아 기호학의 이해』, 민음사, pp. 44-96.

석영중(2005),『러시아 정교: 역사 · 신학 · 예술』, 고려대학교출판부.

엄충섭(1990),「‘모스크바-제3로마’ 이론에 관한 연구」,『노어노문학』제3권, pp. 201-218.

이지연(2012),「우상으로부터 기념비로」,『러시아어문학연구논집』제40집, pp. 251-273.

정세진(2009),「러시아정교의 민족주의에 관한 소고: 모스크바 제3로마 이론, 러시아정교와 이슬람의 관계를 중심으로」,『노어노문학』제21권 제4호, pp. 667-696.

조주관(2013),『16세기 러시아문학』, 지식을만드는지식.

Baehr, Stephen L. (1978), “From History to National Myth: Translatio imperii in eighteenth-century Russia,” *The Russian Review* 37(1): 1-13.

Ван Дер Ойе, Дэвид Схиммелпеннинк (2001), "Идеологии империи в России имперского периода," *Ab Imperio,* 1-2/2001, С. 211-226.

Герасимов, И., Глебов, С., Каплуновский, А., Могильнер, М., Семенов, А. (2009), "От редакции," *Ab Imperio* 3/2009, С. 11-14.

Гудзий, Н. К. (состав.) (1962), *Хрестоматия по древней русской литературе XI~XVII веков*, Москва.

Кантор, Владимир (2013), "《Москва—Третий Рим》: реалии и жизнь мифа," *Вестник Европы* no. 36, С. 144-153.

Кореневский, Андрей (2001), "Кем и когда была "изобретена" теория "Москва—Третий Рим"?" *Ab Imperio*, 1-2/2001, С. 87-124.

По, Маршал (2000), "Изобретение концепции "Москва—Третий Рим"," *Ab Imperio*, 2/2000, С. 61-86.

Ранчин, А. М. (2011), "Теория "Москва—Третий Рим" и ее место в русской культуре XVI-XVII вв." http://www.portal-slovo.ru/philology/44938.php (검색일: 2016. 5. 10).

Суни, Рональд (2001), "Империя как она есть: имперокая Россия, "национальное" самосознание и теории империи," *Ab Imperio*, 1-2/2001, С. 9-72.

Ульянов, Н. (1994), "Комплекс Филофея," *Вопросы истории*, no. 4, С. 152-162.

영원한 평화 그리고 제국주의: 칸트의 평화론과 비서구 세계*

박배형

1. 머리말

칸트의 정치철학적 에세이 『영원한 평화를 위하여: 한 철학적 기획』(*Zum ewigen Frieden: Ein philosophischer Entwurf*, 1795)은[1] 평화로운 국제 정치질서에 대한 희망과 세계시민주의적인 이상을 담고 있는 서양 근대의 대표적 저술로 알려져 있다.[2] 칸트는 이 에세이의 첫머리

---

* 이 글은 『헤겔연구』 제39호(한국헤겔학회, 2016년 6월)에 「영원한 평화 그리고 제국주의: 칸트의 평화론과 비서구 세계」란 제목으로 게재된 필자의 논문을 수정·보완한 것이다.

1 I. Kant, *Zum ewigen Frieden: Ein philosophischer Entwurf*, in Bd. VI: *Werke in sechs Bänden*(이하 *WS*로 축약), hrsg. von W. Weischedel, Darmstadt, 1956-64(『영원한 평화』, 백종현 옮김, 아카넷, 2013). 앞으로 이 저술을 인용할 때에는 원칙적으로 괄호 안에 명기된 한국어 번역본을 따를 것이나 간혹 필자 자신의 번역을 사용하기도 할 것이다. 또한 '영구평화론'이라는 제목을 단 이한구의 번역본도 참조할 것이다(『영구평화론』, 이한구 옮김, 서광사, 2008). 인용된 문장들에 대해서는 번역본의 쪽수를 먼저 표시하고 괄호 안에 원전의 쪽수를 표시할 것이다. 본문과 각주에서 이 책 제목을 인용할 때에는 『영원한 평화』로 축약해 표기할 것이다.

2 칸트는 이 저술로 "영원한 평화를 위한 체계적 논변을 제시한 최초의 철학자"로 평가되기도 한다. Louis P. Pojman (2005), "Kant's Perpetual Peace and Cosmopolitanism," *Journal of Social Philosophy* 36: 62.

를 다음과 같이 시작한다.

> 한 교회 묘지가 그려져 있었던 저 네덜란드 여관 간판 위의 풍자적 상호가 과연 인간 일반에게 타당한 말인지, 아니면 특히 전쟁에 결코 싫증낼 줄 모르는 국가원수들에게 타당한 말인지, 아니 어쩌면 단지 저런 달콤한 꿈을 꾸는 철학자들에게만 타당한 말인지 어떤지는 미정으로 남겨두려 한다.[3]

여기서 간판 위에 쓰인 "풍자적 상호"는 바로 이 에세이의 제목이 말하는 "영원한 평화(pax perpetua)"인데, 말하자면 저 네덜란드 여관 주인은 교회 묘지가 그려진 간판을 달고 그 위에는 "영원한 평화"라는 상호를 적어놓았다는 것이다. 그렇다면 묘지 위의 이 상호, "영원한 평화"를 칸트는 왜 "풍자적"이라고 표현했을까? 칸트는 이에 대해 별도의 설명은 하지 않지만, 우리는 이를 다음과 같이 추측해볼 수 있다. 영원한 평화 또는 영원한 안식이란 무덤 속에서나 가능한 것이라고. 인간이 인간으로서 살아가는 한 전쟁은 불가피하다고. 이것이 아마도 저 "풍자적 상호"가 "인간 일반"에게 타당한 말이라고 칸트가 썼을 때, 그것이 "풍자적"으로 의미하는 바가 될 것이다. 그렇다면 "영원한 평화"는 "전쟁에 결코 싫증낼 줄 모르는 국가원수들"에게는 어떻게 "풍자적"으로 적용될 것인가? 그것은 아마도 전쟁의 포화로 뒤덮인 유럽 전체를 저 간판의 그림처럼 묘지로 만들고 나서

---

3 I. Kant, 『영원한 평화』, p. 99(195).

야 그런 평화란 가능하다는 의미로 읽힐 수 있을 것이다. 끝으로, "달콤한 꿈을 꾸는 철학자들에게"는 어떻게 적용될 것인가? 혹시 칸트는 이 영원한 평화라는 "달콤한 꿈을 꾸는 철학자"들이라는 표현을 집어넣음으로써 자신의 기획이 단지 철학자의 꿈으로, 즉 현실을 도외시한 채 관념의 세계에 빠진 철학자의 꿈으로 치부될 것임을 예고하려 한 것은 아니었을까?

이상의 해석은 모두 확정적이 아닌 추정에 불과하지만 칸트 자신은 그의 철학적 기획 『영원한 평화』를 결코 한 철학자의 유토피아적 구상으로 여긴 것이 아니었다. 그는 이 저술 말미에서 "영원한 평화"라는 과제를 "공허한 이념이 아니라" 진보의 희망과 함께 "차츰차츰 해결"될 수 있는 것으로 명시하고 있다.[4] 즉 이 기획은 철학적이긴 하지만 영원한 평화에 이르기 위한 일종의 실천 계획을 담고 있다. 그렇기에 『영원한 평화』는 단순히 이론적인 것이 아닌 실천적 저술이다. 이 저술에서 그는 전쟁의 종식과 영원한 평화의 실현을 이성적 존재자로서의 인간의 의무로 여기는 동시에, 자연의 섭리가 인간으로 하여금 이러한 목적을 향해 나아가도록 예비해놓았다고 주장한다.[5] 여기서 칸트는 이성주의 철학자로서 이성과 진보에의 믿음을 표현하고 있는 셈인데, 그런 점에서 그는 철저히 근대 계몽주의적 철학자이기도 하다.

실제로도 『영원한 평화』는 "달콤한 꿈을 꾸는" 비현실적인 철학자의 구상으로 남은 것이 아니라, 국제정치적 현실에 변화를 일으키

---

4 I. Kant, 『영원한 평화』, p. 191(251).

5 I. Kant, 『영원한 평화』, pp. 139-145(217-221).

는 어느 정도의 성과를 거두기도 했다. 칸트는 이 저술에서 개별 국가들이 그 독립성을 유지하면서 국제적인 평화 상태를 보장할 수 있는 방안으로 국제연맹(Völkerbund)의 설립을 제안했는데, 이것은 1차대전 이후 사실상 국제연맹(League of Nations)의 탄생(1920)을 통해 실현되었다. 미국 대통령 우드로 윌슨이 이 국제연맹의 설립과 더불어 주창한 민족자결주의 역시 『영원한 평화』에 나오는 조항들에 포함되어 있다.[6] 국제연맹의 창설은 다시 2차대전 후 국제연합(United Nations)의 설립(1946)으로 이어지는데 이러한 국제적 조직체는 모두 칸트의 이 평화 구상의 영향을 받았다고 볼 수 있다.[7] 또한 칸트는 이 저술에서 평화체제의 구축과 관련하여 시민적 질서와 보편적인 인권을 강조하며 국가 간의 자유로운 무역을 통한 평화의 추구를 주장한다.[8] 이것은 내용적으로 보아 오늘날 글로벌화된(세계화된) 국제질서를 지배하는 정신과 큰 차이가 없어 보인다. 그렇게 본다면 이 모든 것은 칸트의 평화 기획이 지니는 실질적 영향력과 의의를 증명한다고 할 수 있다.

칸트의 평화론은 일제로부터의 독립과 한국전쟁 그리고 전쟁 재

6 칸트의 『영원한 평화』는 여러 조항으로 이루어져 있다. 이것들은 일종의 법적 조항의 형식을 지니는 것으로서, 영원한 평화라는 목적을 달성하기 위해 준수해야 할 실천적 지침 내지는 원칙의 성격을 갖는다. 정확히 말하자면 이 에세이는 서문, 예비 조항, 확정 조항, 추가 조항, 부록으로 구성되어 있으며 각 조항에는 상세한 설명이 뒤따른다.

7 독일 태생으로 미국의 저명한 정치학자이자 민주주의 이론가였던 프리드리히는 세계평화에 관한 그의 저술에서 칸트의 사상이 국제연합의 설립에 규범적 역할을 한 것으로 보아야 한다는 견해를 피력한 바 있다. Carl J. Friedrich (1948), *Inevitable Peace*, Cambridge, Mass.: Harvard University Press, pp. 11, 33, 159.

8 I. Kant, 『영원한 평화』, pp. 137, 153(216, 226-227).

발의 위협 속에서 평화를 갈구하며 근대화 과정을 겪어온 대한민국에 있어서도 그것의 역사적이고 학문적인 의의가 적지 않다. 예를 들어 일제의 식민지 정책에 획기적인 변화를 가져오고 상해임시정부 수립의 결정적 계기를 마련했던 기미독립운동은 윌슨의 민족자결주의에 많은 영향을 받았다고 알려져 있다. 그렇기에 "기미독립선언서의 정신은 칸트의 『영원한 평화』의 주의주장과 그대로 맞닿아 있으며, 국제연맹의 정신과도 합치하는 것"이라는 주장도[9] 가능할 수 있는 것이다. 또한 일제강점기에 식민지 지식인들도 일찍이 칸트의 평화론을 수용했는데, 그 대표적인 예는 전병훈(全秉薰, 1860~?)이다. 그는 1920년 베이징에서 출판된 것으로 알려진 『精神哲學通論』(北京: 精神哲學社)에서 칸트의 평화사상을 논한 바 있다. 그 이후로 오늘날까지 칸트의 평화론에 대한 많은 연구와 더불어 여러 종의 한글 번역본이 출판되었다.[10]

필자는 이 논문에서 서구 근대 문명의 형성 과정에서 중요한 역

---

9 I. Kant, 『영원한 평화』, 「책을 펴내면서」, p. 10.

10 필자가 아는 한 그간 국내에는 『영원한 평화』의 번역본이 5종 이상 출판되었고, 이를 주제로 삼은 다수의 연구가 철학 분야와 사회과학 분야 모두에서 이루어졌다. 『영원한 평화』에 대한 국내의 연구들은 대체로 이 저술이 담고 있는 사상을 설명하고 그것의 의의와 중요성을 강조하는 경향이 있다. 예컨대 다음과 같은 문장들은 이러한 경향을 대변한다고 할 만하다. "칸트의 평화사상은 오늘날에도 매우 설득력을 가지고 있다. 칸트의 평화사상은 규범적 국제정치이론의 선구적인 역할을 할 뿐만 아니라 평화이론의 모색이라는 측면에서 현대적 적용이 이루어지고 있다." 정태일(2010), 「칸트의 영구평화론: 관점과 적용」, 『大同哲學』 제51집, p. 90. 칸트의 평화론에 대한 비교적 최근의 연구로는 다음을 참고하시오. 임미원(2010), 「칸트의 영구평화론」, 『법철학연구』 제14권 1호, pp. 49-74; 김종국(2000), 「이성에 의한, 자연을 통한 평화: 칸트의 평화 개념」, 『哲學』 제63집, pp. 135-150; 이재현(2013), 「칸트 영구평화론 연구: 하나의 철학적 기획」, 『평화학연구』 제14권 5호, pp. 7-23.

할을 했을 뿐 아니라 지속적인 영향력을 행사해온 『영원한 평화』를 기존의 전형적인 시각과는 다른 각도에서 접근하여 이에 대한 좀 더 깊은 이해에 도달해보고자 한다. 그리하여 필자는 칸트의 이 평화 기획이 갖는 이론적이고 실천적인 의의 그리고 그것의 긍정적 영향을 충분히 인정하는 가운데, 문명사적 관점에서 새로운 비판적 독해를 시도할 것이다. 이를 통해 필자는 서구 근대 문명이 비서구 세계로 전파되고 확장되는 과정에 동반된 제국주의 이데올로기와 칸트의 평화론 간에 상당한 연관성이 있음을 드러낼 것이다. 즉 칸트 평화론의 어떤 요소들은 이러한 이데올로기를 정당화하고 있음을 밝힐 것이다. 그렇지만 이것은 칸트의 평화 기획에 구현된 사상을 제국주의적이라고 매도하고자 함이 아니다. 필자의 비판적 독해는 칸트의 평화론이 갖는 복합적인 성격을 고찰하여 직접적으로는 이론적· 실천적으로 큰 영향력을 행사해온 이 저술을 균형 있게 이해하기 위함이고, 간접적으로는 비서구 세계에 속하면서 서구 근대 문명을 모델로 근대화를 추진해온 대한민국의 현재에 제공하는 시사점을 검토해보기 위함이다.

필자가 이 글에서 시도하는 이러한 비판적 독해는 『영원한 평화』의 내용 전체를 분석하는 방식이 아니라, 핵심 내용을 서술하고 해석하는 방식으로 이루어질 것인데, 우선 2장에서는 이러한 핵심적인 내용을 서술하고 분석할 것이다. 3장에서 필자는 칸트의 평화론을 비판적으로 독해해 이것이 갖는 부정적이고 어두운 측면을 드러낼 것이다. 이어서 이를 칸트의 역사관과 문명관에 입각하여 좀 더 구체적으로 논하면서 근대 서구의 제국주의 이데올로기와 칸트의 평화론과의 연관성을 제시하는 한편, 특히 비서구 세계의 관점에서 그의 이론이 갖는 현대적 함의를 짚어볼 것이다.

2. 『영원한 평화』의 핵심 내용 분석

칸트의 『영원한 평화』는 국제연맹에 의한 국제정치질서의 구축과 평화의 실현이라는 구상을 통해 제국 모델에서 연맹 모델로의 전환이라는 규범적 이론을 제시했다고 평가된다.[11] 그런 의미에서 철학자 칸트는 제국 이념의 옹호자나 제국주의의 신봉자로 간주될 수는 없다. 실제로 칸트는 유럽 열강의 식민지 개척에서 그들이 자행한 온갖 범죄 행위와 해악을 강하게 비판한다.[12] 칸트는 제국주의적 침탈 과

---

11 Anthony Pagden (1995), *Lords of All the World*, New Haven, Conn.: Yale University Press, pp. 178-200 참조.

12 그렇기에 칸트는 다음과 같이 제국주의적 그리고 인종주의적 사고방식을 노골적으로 드러내는 대영제국의 철학자 밀과는 뚜렷히 대조된다. "문명화된 한 민족과 다른 문명화된 민족 사이에 그리고 문명화된 민족과 야만인 사이에 동일한 국제적 관례가 또 동일한 국제적 도덕규범이 존재할 수 있다고 가정하는 것은 크나큰 오류다. … 통상적인 국제적 도덕규범은 상호성을 함축한다. 그러나 야만인은 그런 식으로 상호작용하려 하지 않는다. 그들은 도대체 어떤 규범이든 준수할 것이라는 신뢰를 줄 수 없다. … 야만적인 상태에 있는 민족은 그들이 다른 나라에 의해 정복당하거나 지배당하는 것이 그들에게 이로울 것 같아 보이는 시기에 머물러 있으며 이를 넘어서지 못했다. 독립과 국가성—이것은 훨씬 진보되어 있는 민족의 정당한 성장과 발전에는 본질적이지만—은 이 야만적인 민족들을 위해서는 일반적으로 방해가 된다. … 문명화된 정부(a civilized government)는 야만적인 이웃들을 접하지 않을 수 없으며, … 길거나 짧은 일정 정도의 인내와 자제의 시기가 지나면, 이 정부는 이들을 정복하지 않을 수 없게 되거나 또는 이들에 대해 아주 많은 권한을 가지면서 이들의 정신을 깨뜨리지 않을 수 없게 된다. 그리하여 마침내 이들은 점차 이 문명화된 정부에 의존하는 상태에 이르게 된다. … 이것이 영국 정부와 인도의 토착 국가들(native States) 간에 있었던 관계의 역사다." J. S. Mill(1874), "A Few Words on Non-Intervention,"

정에서 드러난 유럽 대륙의 "교화된, 특히 상업적 국가들의 비우호적인 행동"과 이들 국가가 다른 나라와 민족을 정복하면서 보여준 "불의(Ungerechtigkeit)"를 비난하며 다른 지역에 사는 민족과 국가들이 "서로 평화적으로 관계 맺고, 이러한 관계들이 공법화되며, 그렇게 해서 인류가 마침내 세계시민적 체제에 점점 가까이 다가설 수" 있기를 기대하고 요청한다.[13]

『영원한 평화』는 세계시민적 체제의 수립과 국가 간의 영원한 평화를 위해 준수되어야 할 일종의 실천적 원칙들로 구성되어 있다. 그런데 『영원한 평화』가 포함하는 이러한 실천적 원칙들과 이에 대한 칸트의 설명을 자세히 고찰해보면, 우리는 매우 흥미롭고 많은 생각을 하게 하는 그의 주장과 마주치게 된다. 예컨대 칸트는 이 저술의 "제1확정조항"을 다음과 같이 기술한다. "각 국가에서 시민적 [헌정] 체제는 공화적(republikanish)이어야 한다." 그는 공화주의가 "행정권(통치권)을 입법권에서 분리하는 국가원리"라고 주장하는데,[14] 구체적으로 말하면 이것은 프랑스 혁명과 함께 근대 유럽이 도달한 정치형태를 뜻한다고 볼 수 있다. 즉 이는 근대적인 자유와 평등의 원리에 기반하고 통일적인 법체계에 의존하며 대의제에 입각한 정치체제다.[15] 그리고 칸트에 따르면 이러한 정치체제를 갖춘 독립적인 국가들이 서로 계약을 통해 "평화연맹"을 결성하는 한에서만 영원한 평

Dissertations and Discussions, vol. III, New York: Henry Holt and Company, pp. 252-254.

13 I. Kant, 『영원한 평화』, pp. 133-134(214-215).

14 I. Kant, 『영원한 평화』, p. 119(206-207).

15 I. Kant, 『영원한 평화』, pp. 115-120(204-207) 참조.

화 상태는 가능하다.[16] 우리는 여기서 칸트가 영원한 평화를 위한 하나의 필수조건으로 묘사하는 공화적 체제를 오늘날 근대화된 많은 나라가 추구하는 자유주의적 민주주의 체제와 원칙적으로 유사한 것으로 간주할 수 있다.[17] 그런데 칸트는 여기서 매우 강한 주장을 펴고 있다. 이 "제1확정조항" 자체가 말해주기도 하지만, 칸트는 우리가 영원한 평화에 이르고자 한다면 또 그런 전망을 할 수 있으려면 반드시 모든 국가의 정치체제가 그가 말하는 공화적 체제여야 함을 주장하고 있는 것이다. 또 칸트는 이 체제를 "인간의 권리에 완전하게 부합하는 유일한 체제"로,[18] 인류의 역사를 바로 이 체제를 향해 발전

---

16 이 '평화연맹'의 결성이라는 조건은 칸트가 『영원한 평화』의 제2확정조항에서 말하는 바에 해당한다. 사실상 그는 독립적인 국가들이 "시민적 헌정체제와 유사한 체제에" 들어가는 것, 즉 국제법의 적용을 받는 국가들의 상호관계의 체제로 들어가는 것이 영원한 평화를 위한 또 하나의 필수조건임을 주장한다. 칸트는 제2확정조항을 다음과 같이 서술한다. "국제법은 자유로운 국가들의 연방제[연방주의]에 기초해 있어야만 한다." I. Kant, 『영원한 평화』, pp. 124, 128(209, 211).

17 칸트가 말하는 공화적 헌정체제는 바로 서구의 자유주의적 민주주의와 일치한다고 해석하는 연구자 집단 중 하나는 이른바 '민주적 평화론(democratic peace theory)'을 표방하는 이론가들이다. 도일(M. W. Doyle)과 러셋(B. Russett) 등으로 대표되는 민주적 평화론자들은 그들의 평화이론이 칸트의 평화론에 기초해 있다고 주장한다. 특히 도일은 자유주의적인 민주주의 국가들이 왜 다른 자유주의적인 민주주의 국가들과는 우호적이고 평화적이지만 그렇지 않은 국가들에 대해서는 적대적이며 전쟁도 불사하는가에 대한 적절한 이론적 지침을 칸트의 평화론이 제공해준다고 주장한다. Michael W. Doyle (1983), "Kant, Liberal Legacies, and Foreign Affairs," *Philosophy & Public Affairs* 12: 225-226. 칸트의 평화론에 대한 민주적 평화론자들의 해석을 전형적으로 드러내는 논문으로 다음을 참조하시오. Bruce Russett and John R. Oneal (1999), "The Kantian Peace: The pacific benefits of democracy, interdependence, and international organizations, 1885-1992," *World Politics* 52: 1-37.

18 I. Kant, 『영원한 평화』, pp. 115-116, 149(204, 223).

해온 과정으로 이해한다. 그렇기에 이런 공화적 체제를 기준으로 삼아 모든 정치체제가 평가될 수 있으며 그것들의 우열이 정해질 수 있다. 그의 주장대로 이런 정치체제에 도달한 국가들의 연합체가 형성되어야만 세계 평화가 보장될 수 있기에,[19] 아직 이런 체제에 도달하지 못한 나라들은 이 목표의 달성에 위험 요소가 되며 가능한 한 빨리 더욱 발전된 정치 형태로 이행해야 한다. 이러한 시각에서 칸트는 유럽의 문명화된 민족들과 야만인들을 비교하면서 다음과 같이 말한다.

> 이제 우리는 야만인들이 그들의 무법적 자유에 매여, … 이성적인 자유보다 고삐 풀린 자유를 앞세우는 것을 깊은 경멸을 가지고 바라보면서, 그런 것을 인간성의 조야함, 세련되지 못함, 짐승 같은 실추로 여긴다. 따라서 … 교화된 민족이라면 그런 추락된 상태에서 서둘러 벗어나야 하고, 그것도 빠르면 빠를수록 더 좋다고 사람들이 생각하는 것은 당연한 일이겠다.[20]

앞에서 지적했듯이 칸트는 전쟁의 종식 및 영원한 평화의 실현을 이성적 존재자로서의 인간의 의무로 간주할 뿐만 아니라 결국 인간은 그런 상태로 이행해갈 것임을 확신하며, 이를 다음과 같이 자연적인 것으로 또는 자연의 섭리로 묘사하기까지 한다.

> 이러한 [영원한 평화]를 보증해주는 것은 다른 것이 아니라 위대한

19 I. Kant, 『영원한 평화』, p. 124(208).

20 I. Kant, 『영원한 평화』, p. 125(209).

기예가인 자연(事物의 案出者인 自然)이다. 자연의 기계적 운행에는 인간의 의지에 반하고라도 인간의 불화를 통해서 일치를 생장시켜 내려는 합목적성이 명백히 나타나 있다. 그 때문에 그것(자연)은 … 인류의 객관적인 궁극목적을 지향해 있고, 이 세계 운행을 예정하는 어떤 원인의 심오한 지혜로서 섭리라고도 불린다.[21]

사실상 칸트는 『영원한 평화』보다 앞서 집필한 논문 「세계시민적 관점에서 본 보편사의 이념」(Idee zu einer allgemeinen Geschichte in weltbürgerlicher Absicht, 1874)에서도 이와 유사하게 "자연의 계획"에 대해 언급한 바 있다. 즉 그는 "인류의 역사는 국내적으로도 완전하며 — 이러한 목적을 위해 — 국제적으로도 완전한 국가체제(Staatsverfassung)를 성취하고자 하는 자연의 숨겨진 계획을 실현하는 과정으로 간주될 수 있"고, "이 완전한 국가체제는 자연이 인류의 모든 소질을 완전히 계발시킬 수 있는 유일한 상태"라고 주장한다. 또한 그는 이 논문에서 이미 '국제연맹'의 결성을 예상하고 또 기대한다.[22] 이 국제연맹은 칸트가 바로 위의 인용문에서 "국제적으로도 완전한 국가체제"라고 말한 것에 해당하며, 『영원한 평화』에서 영원한 평화 상태를 보장하는 조건으로 내세웠던 '평화연맹'에 해당한다. 칸

21 I. Kant, 『영원한 평화』, p. 139(217).

22 I. Kant, "Idee zu einer allgemeinen Geschichte in weltbürgerlicher Absicht," *WS*, Bd. VI, pp. 45, 42(「세계시민적 관점에서 본 보편사의 이념」, 『칸트의 역사철학』, 이한구 옮김, 서광사, 2009, pp. 39, 35). 앞으로 이 글을 인용할 때에는 「보편사의 이념」이라 표기하고, 번역본의 쪽수를 먼저 표시하고 괄호 안에 원전의 쪽수를 표시할 것이다. 번역은 번역본을 기준으로 하되 경우에 따라 필자가 수정하기도 할 것이다.

트는 이를 인류가 추구해야 할 목표인 동시에 자연의 계획인 것으로서 다음과 같이 역설한다.

> 따라서 자연은 인간이 만든 거대한 사회나 국가들에서까지도 인간들 간의 불화를 수단으로 하여, 그와 같은 불가피한 대립 속에서 평화와 안정의 상태를 찾아내도록 한다. … 자연은 처음에는 인간으로 하여금 불완전한 시도들을 감행하게 하고, 결국 무수한 황폐화와 몰락을 거쳐 그들의 모든 힘을 고갈시킨 다음에야 비로소, 그렇게 많은 불행한 경험이 없이도 이성이 말해줄 수 있었을 것에로, 즉 야만의 무법 상태에서 벗어나 국가들 간의 연맹을 이루는 것에로 몰고간다.[23]

인류사의 이러한 진행에 대한 칸트의 확고한 믿음은 "보편사"에 관한 위의 논문에서뿐만 아니라 『영원한 평화』에서도 뚜렷이 표명되고 있다. 또한 그는 "이러한 국제연맹에서는 모든 국가가—비록 가장 작은 국가일지라도—안전과 권리를 보장받을 수 있다"고 주장함으로써[24] 이른바 약소국의 입장을 배려하며, "어떠한 국가도 다른 국가의 [헌정]체제와 통치[정부]에 폭력으로 간섭해서는 안 된다"는 조항을 포함시킴으로써 주권 국가의 독립성을 강조하기도 한다.[25]

또한 칸트는 이렇듯 독립된 국가들 간의 연맹에 기초하는 평화

---

23 I. Kant, 「보편사의 이념」, p. 35(42).
24 I. Kant, 「보편사의 이념」, p. 35(42).
25 I. Kant, 『영원한 평화』, p. 107(199).

적 상태에 이르기 위한 조건으로 자유로운 교역, 통상의 확대를 강조한다. 그는 이에 관한 자신의 생각을 『영원한 평화』에서 다음과 같이 표현하고 있다.

> 그것은 상업적 정신인바, 이는 전쟁과 양립할 수 없는 것으로, 조만간 모든 민족을 지배하게 된다. 곧 돈의 힘이야말로 국가 권력 아래에 종속되어 있는 모든 권력(수단)들 가운데서도 가장 믿을 만한 것이기 때문에, 국가들은 (물론 도덕성의 동기에서는 아니겠지만) 영예로운 평화를 촉진하지 않을 수 없게 되며, 그리고 전쟁 발발의 위협이 있는 곳이 어디든지 간에, 중재를 통해 전쟁을 막지 않을 수 없게 된다. 마치 그 국가들이 그로 인해 영속적인 동맹관계에 있는 것처럼 말이다. … 이러한 방식으로 자연은 인간의 경향성들 자체에 있는 기제를 통해 영원한 평화를 보증한다.[26]

지금까지의 서술에서 우리는 제국주의적 침략과 착취 그리고 인권의 유린을 비난하는 칸트, 갈등과 전쟁과 불화의 요소들에도 불구하고 인류의 진보를 확신하는 계몽주의자 칸트, 모든 국가의 법적 평등과 독립성에 기초한 국제법과 보편적인 세계시민법의 주창자 칸트, 자유로운 무역을 통한 국가 간 상호이익의 증진과 평화의 보장을 역설하는 칸트를 발견할 수 있다. 이것은 철학을 전공하는 많은 사람들에게는—그리고 적지 않은 수의 비전공자들에게도—꽤 익숙한 칸

---

26 I. Kant, 『영원한 평화』, p. 153(226).

트의 이미지이기도 하다.

그러나 필자는 『영원한 평화』에 이러한 칸트의 이미지와는 다른 또는 이것과는 양립하기 어려운 측면이 포함되어 있음을 주장하고자 한다. 이러한 측면은 특별히 강조될 필요가 있다고 필자는 생각하는데, 그것은 칸트의 평화 기획이 한 관념적 철학자의 이론적 몽상에 그친 것이 아니라—1장에서도 밝혔듯이—국제연맹과 국제연합의 창설에 이론적 기초를 제공한 바 있고, 그 이후로도 이론적이고 실천적인 측면에서 그것의 추종자들을 양산해왔기 때문이다.[27] 또한 이 평화 기획이 여전히 적지 않은 영향력을 행사하고 있기에 이것에 담긴 사상의 전모를 파악하는 것이 매우 중요하기 때문이다. 필자가 부각시키려는 것은 칸트의 평화론이 서구 근대 문명의 전파와 확장 및 이와 동반된 서구 열강의 제국주의적 팽창과 관련하여 제국주의 이

---

27 그 일례로 1970년대 닉슨 행정부의 국무장관이었으며 1973년 노벨평화상을 수상한 헨리 키신저(Henry A. Kissinger)는 일찍이 *Foreign Affairs*에 기고한 글에서 다음과 같이 말한 바 있다. "1795년 집필된 기발한 에세이 「영원한 평화」에서 독일 철학자 칸트는 세계 평화가 다음의 두 가지 방법 중 하나에 의해 달성될 수 있을 것이라고 전망했다. 즉 그가 공화적 정부 형태와 동일시한 도덕적 합의에 의해서거나 아니면 점점 폭력적이 되어가는 일련의 전쟁들이 주요 열강들을 무기력하게 만들어버림에 의해서거나 말이다. … 그러나 오늘날 신무기가 갖는 효과에 주목하는 많은 고려들은 칸트가 제시한 두 번째 가능성에 대한 예감을 품고 있다. … 사상 초유의 군사적 강력함을 갖게 된 이 시기에 미국 대통령은 '평화 외에 다른 대안은 없다'는 표어로 신무기 기술에 의해 제기된 딜레마를 가장 잘 요약할 수 있었던 것이다." Henry A. Kissinger (1956), "Force and Diplomacy in the Nuclear Age," *Foreign Affairs* 34: 349. 물론 이것이 한 현실정치가가 칸트의 평화론에 전적인 동의를 표하는 예로 간주될 수는 없다. 그렇지만 키신저뿐만 아니라 그보다 먼저 우드로 윌슨과 많은 서방의 정치가들에게 칸트의 평화론은 지속적인 영감의 원천이 되어왔다. 물론 오늘날까지도 칸트의 평화 구상을 실천적 기획으로서 원칙적으로 지지하는 학자가 많다.

데올로기를 정당화하는 요소를 포함하고 있다는 점이다.[28] 이러한 측면에 대한 조명은 특히 서구 근대 문명의 수용자이자 제국주의 침략의 희생자였던 비서구 세계의 입장에서는 더욱 중요할 것인데, 이에 관한 본격적인 논의가 다음 장의 내용이 될 것이다.

3. 칸트의 평화론이 갖는 '어두운' 측면

여기서 필자가 칸트의 평화론이 '어두운' 측면을 갖는다고 말할 때, 이것은 위에서 밝힌 바와 같이, 그의 평화론 속에 서구 근대의 제국주의 이데올로기를 정당화하는 요소가 포함되어 있다는 것을 의미한다. 다시 한 번 강조하지만 필자는 여기서 칸트를 제국주의적 사상가로 낙인 찍을 의사가 전혀 없다. 필자는 그저 칸트의 의도와는 상관없이 그의 평화론에 이런 '어두운 측면'이 발견되며 그것이 서구 제국주의 이데올로기를 전파하고 정당화하는 과정에서 알게 모르게 영

---

28 필자는 이러한 부정적인 측면을 부각시키려는 의도를 갖고 있지만, 그렇다고 해서—여러 번 강조하지만—칸트를 제국주의적 사상가로 규정하지 않는다. 오히려, 굳이 분류하자면, 칸트는 반제국주의적 철학자로 취급되는 것이 더 타당하다고 생각한다. 그러나 필자는 그의 사상 속에—칸트 자신이 의식했건 의식하지 않았건 간에—제국주의 이데올로기를 정당화하는 요소가 들어 있음이 부정되어서는 안 된다고 생각한다. 이러한 필자의 견해에 비하면 상당히 극단적인 주장도 존재하는데 그것은 칸트의 사상에 아예 제국주의적 성격을 부여하는 입장이다. 이에 대해서는 다음을 참조하시오. Michael C. Desch (2011), "Benevolent Cant? Kant's Liberal Imperialism," *The Review of Politics* 73: 649-656; James Tully (2008), *Public Philosophy in a New Key*, vol. II, Cambridge: Cambridge University Press, pp. 143-165.

향을 끼쳐왔다고 주장할 뿐이다. 이 '어두운 측면'은 무엇보다도 다음과 같은 칸트의 주장들에서 드러난다.

첫째, 우리가 앞에서 보았듯이,[29] 칸트는 "야만인들"의 "무법적 자유"를 "경멸"하며, 이를 "인간성의 조야함"으로 여기면서 그러한 "추락된 상태에서 서둘러 벗어나야" 한다고 여긴다. 이와 함께 그는 야만과 문명의 이분법을 제시하고 당대 유럽에서 발전된 정치 형태와 제도를 보편적 기준이자 모델로 설정한다.[30] 그렇다면 이렇듯 "추락된 상태에" 놓인 야만인들을 어떻게 여기에서 "서둘러 벗어나"게 할 것인가? 이것을 위한 수단은 무엇인가? 혹시 이 뒤떨어진 민족들과 미개인들이 스스로를 문명화시킬 능력이 부족하거나 결여되어 있을 경우에는 어떻게 해야 할 것인가? 이들이 유럽의 모델에 따라 문명화되고 그에 상응하는 정치체제 및 여러 제도를 갖추어야 국가 간의 연맹과 평화 상태로의 이행이 보장될 수 있기에, 적절한 수단이 강구되어야 할 필요가 있다. 그러나 이 수단에 대한 칸트의 명확한 언급은 없으며, 그는 오히려 이러한 이행을 자연의 "섭리"인 것으로 묘사할 뿐이다. 그렇지만 칸트가 유럽이나 당시에 신흥국가로 등장

29 이 책의 196쪽에서 칸트가 "야만인들"의 "무법적 자유"에 대해 언급하는 부분 참조.
30 칸트는 "보편사"에 관한 그의 논문에서 당대 유럽의 문명적 발전 상황을 지적하며 도덕적인 차원에서 더욱 성숙해져야 하지만 이미 충분히 진보된 단계에 도달해 있다고 말한다. "우리는 예술과 학문을 통해 고도로 문화화(kultiviert)되었으며, 각종 사회적 예의범절에 관한 한 과도할 정도라고 할 수 있을 만큼 문명화(zivilisiert)되었다." 또 그는 같은 논문에서 유럽의 정치적 발전 과정이 유럽 외의 다른 지역에도 그대로 적용될 것이라고 주장한다. "우리는 우리가 살고 있는 유럽 대륙 위에서 국가체제가 개선되어가고 있는 규칙적인 과정을 발견하게 된다(그리고 이 과정은 아마 다른 모든 지역에서도 동일한 법칙으로 적용될 것이다)." I. Kant, 「보편사의 이념」, pp. 38, 43(44, 48).

한 미국의 정착민들 외의 민족들, 즉 여타 지역의 민족 및 인종에 대해 가졌던 관점을 고려해보면, 그는 이들 민족에게 영원한 평화로 향하는 정치체제를 구축할 능력이 결여되었다고 보거나 아니면 이들을 훈육과 교화를 통해 문명화되도록 이끌어야 한다고 생각했을 것이다. 칸트는 다음과 같이 말한다.

> 열대 지역에 사는 인간들은 모든 면에서 빨리 성장한다. 그러나 이들은 온화한 지역에서의 인간의 완전성에는 미치지 못한다. 인간의 최고의 완전성은 백인종에게서 발견된다. 황인종인 인도인은 보다 적은 능력을 소유한다. 흑인은 훨씬 여기에 못 미친다. 그리고 아메리카 인디언의 일부는 가장 지체되어 있다.[31]

칸트는 또 아메리카 원주민에 대해서 다음과 같이 상세히 기술하고 있다.

> 이들의 자질이 그 어떤 기후에도 전적으로 적합한 상태에 이르지 못했다는 것은 또한 다음과 같은 사실로부터 추론할 수 있다. 즉 이 인종이 왜 어려운 일을 하기에는 너무 허약하고 또 꾸준한 노력을 요구하는 일에는 너무 무심한지에 대해, 또 여하한 문화(Kultur)를 위한 소질이 결여되어 있고 … 심지어 흑인종보다도 뒤처져 있는지에

---

31 I. Kant, *Physische Geographie*, hrsg. von F. Th. Rink, in *Kant's Gesammelte Schriften*, Bd. IX, hrsg. von der Königlichen Preußischen Akademie der Wissenschaften, Berlin 1902ff, S. 316.

대해 다른 이유를 찾기가 힘들다는 사실로부터 말이다. 그런데 실제로 우리가 인종 간의 차이들(Rassenverschiedenheiten)로 칭해온 여러 단계에서 흑인은 가장 낮은 단계를 차지하고 있다.[32]

이와 같은 인종주의적 입장을 지닌 칸트가 유럽인에 의한 비유럽 지역의 식민화와 지배를 옹호하고 있지는 않지만, 필자는 그의 인종주의적 편견과 유럽중심주의 내지는 유럽우월주의가 비유럽 지역의 미개인 또는 야만인을 문명화한다는 미명으로 이들을 식민화하고 지배하는 것을 당연시하는 제국주의 이데올로기와 쉽게 결합될 수 있었다고 생각한다.[33]

둘째, 칸트는 어떤 국가도 "다른 국가의 [헌정]체제와 통치[정부]에 폭력으로 간섭해서는 안 된다"고 주장하지만,[34] 이렇게 간섭받지 않을 권리는 그가 생각하는 일정한 [헌정]체제를 갖춘 나라에

32 I. Kant, *Über den Gebrauch teleologischer Prinzipien in der Philosophie*, in *Werke in sechs Bänden*, Bd. V, hrsg. von W. Weischedel, Darmstadt, 1956-64 (Nachdruck, 1983), S. 159-160.

33 칸트가 지녔던 인종주의적 편견이 어느 정도로 그의 정치철학 내지는 실천철학에 포함되어 그의 사상을 규정하고 있는가는 학자들 간에 논란을 야기하는 주제가 되고 있다. 그렇다고 해서 그가 인종주의적인 편견을 지녔다는 사실이 사라지는 것은 아니다. 칸트의 인종주의에 대한 이러한 논란에 대해서는 다음을 참조하시오. Robert Bernasconi (2001), "Who Invented the Concept of Race? Kant's Role in the Enlightenment Construction of Race," Robert Bernasconi, ed., *Race*, Oxford: Blackwell, pp. 11-36; Pauline Kleingeld (2007), "Kant's Second Thoughts on Race," *The Philosophical Quarterly* 57: 573-592; Todd Hedrick (2008), "Race, Difference, and Anthropology in Kant's Cosmopolitanism," *Journal of the History of Philosophy* 46: 245-268.

34 I. Kant, 『영원한 평화』, p. 107(199).

만 부여되고 있다. 그렇다면 칸트 자신이 야만인 또는 미개인으로 지목하는 인간들의 사회, 즉 이런 헌정체제를 갖추지 않은 사회에 대해 그는 어떤 태도를 취하는가? 혹 그는 이런 사회에는 간섭을 해도 좋다는, 심지어 폭력으로 간섭해도 된다는 것을 허용하고 있지는 않은가? 그런데 칸트는 이러한 허용을 노골적으로 주장한 적은 없지만 다음과 같이 말한다.

> 사람들이 보통 받아들이는바, 누가 나를 실제로 침해했을 때를 제외하고는 사람은 누구도 적대적으로 대해서는 안 된다. 그리고 이는 쌍방이 시민적-법률적(bürgerlich-gesetzlichen) 상태에 있을 때는 전적으로 옳다. 왜냐하면 한 쪽이 그러한 상태에 들어서 있음으로 해서 그는 다른 쪽에 대해(양쪽에 대해서 지배력을 가지고 있는 당국을 매개로 하여) 필요한 보증을 제공하고 있기 때문이다. 그러나 순전한 자연 상태에서 인간은 (또는 민족은) 이미 바로 이러한 상태에 의해, 그가 내 곁에 있음으로써, 설령 실제로는 아닐지라도—그로 인해 내가 끊임없이 위협받는—그의 무법적 상태에 의해 나로부터 그러한 보증을 빼앗고 나를 침해하고 있다. 그래서 나는 그에게, 나와 함께 사회적-법률적 상태에 들어가거나, 나와의 이웃 관계에서 떠날 것을 강요할 수 있다. 그러므로 … 서로 교호적으로 영향을 미칠 수 있는 모든 인간은 어떤 시민적 체제(bürgerlichen Verfassung)에 속해야만 한다는 것이다.[35]

35 I. Kant, 『영원한 평화』, pp. 113-114(203).

이 긴 인용문에서 칸트는 아마도—우리가 쉽게 예상할 수 있듯이—결코 미개한 또는 덜 문명화된 사회나 민족을 무력으로 침입하여 이들을 어떤 특정한 "시민적-법률적(bürgerlich-gesetzlichen) 상태에" 들어가도록 강제해야 한다고 생각하지는 않았을 것이다. 그러나 칸트는 이런 시민적 체제를 갖추지 않아서 "무법적 상태"에 놓여 있고 그렇기에 "위협"적인 존재로 판단되는 인간이나 민족에 대해 적대적으로 대해서는 안 된다고 말하고 있지도 않다. 왜냐하면 그런 인간이나 민족은 칸트가 말하듯이 "위협"적인 존재이기 때문이다. 그런데 이 "무법적 상태"를 판정하는 기준은 누가 세우는가? 『영원한 평화』가 출간되던 18세기 후반에 "순전한 자연 상태"로 사는 인간과 민족들이 존재했으리라는 것은 상상하기 매우 어려울 것이므로 비유럽 지역의 민족들을 "순전한 자연 상태"의 무법적 상태에 있다고 여기는 것은 철저히 유럽인의 그리고 칸트의 판단일 뿐이며, 그것도 그릇된 판단일 뿐이다. 오히려 칸트가 무법적 자유에 매여 있다고 또는 무법적 상태에 있다고 여기는 아메리카 인디언들이라든가 아프리카의 어떤 부족 역시 그 나름의 제도와 규범을 지니고 있었을 것이며 일종의 공동체를 형성하고 모종의 권리와 의무를 지니며 살고 있었으리라는 것은 충분히 생각할 만한 일이고 실제로 그러하기도 하다. 그런데 칸트 말대로 비유럽인과 만난 유럽인이 자신의 입장에서 "나와 함께 사회적-법률적 상태에 들어가거나, 나와의 이웃 관계에서 떠날 것을 강요할 수 있다"고 할 때, 바로 그것이 강요이기 때문에 강요당하는 쪽은 이를 거부할 수 있다. 이 경우에 당연히 충돌이 생길 수 있다. 그리고 쌍방 간에 존재하는 문화적 이질성으로 인해 또 서로에 대한 무지와 오해로 인해 갈등과 대립, 심지어 전쟁이 발생할 수도 있다. 이런 식으로 빚어진 갈등과 대립, 전쟁, 학살 등에 대해 우리는 지난 역사를 통해 충분히 잘 알고 있다. 유럽의 제국주의적 팽창과 식민지 건설은 대개는 토착민들의 저항에 부딪쳐 결국 폭력사태와 전쟁으로 이어졌고, 자유로운 통상의 요구는 실제로는 많은 경우에 강제적인 문호개방과 불공정무역으로 이어졌다.

그렇다면 이렇듯 전쟁으로까지 비화된 갈등과 불화를 어떻게 해결했어야 했다고 칸트 자신은 주장할 것인가? 칸트 자신은 『영원한 평화』에서 유럽과 비유럽의 민족들 간에 이런 갈등이 일어날 경우, 이런 문제가 전쟁을 통해 그리고 무력에 의한 점령과 식민화를 통해 해결되어 유럽식의 제도가 강제적으로 비유럽 지역에 이식되어야 한다고 명시적으로 주장한 적이 없다. 그러나 다른 한편 그에 따르면 영원한 평화라는 목적이 달성되기 위해서는 아시아, 아프리카, 아메리카 등의 비유럽 지역이 "무법적" 야만 상태에서 벗어나 문명화되어야 하고, 예컨대 그가 말하는 공화제적 정치체제를 반드시 갖추어야 하는 것이다. 그렇다면 이러한 목적을 위해 어떤 수단이 사용되어야 하는가? 유럽인들이 발견한 그리고 그들이 보기에 미개인 또는 야만인이었던 아프리카와 아메리카 그리고 아시아인들이 바야흐로 유럽식의 모델에 따른 법과 제도를 갖추어 문명의 대열에 동참하고, 그리하여 궁극적으로는 평화로운 국제질서가 형성될 수 있게 하기 위하여 어떤 수단이 사용되는 것이 마땅한가? 그러한 목적을 위해서는 전쟁도 불사해야 하는가? 또 그런 목적을 위해서라면 유럽인들에 의해 식민지 상태에 빠진 토착민들의 저항에 대한 철저한 탄압과 학살도 정당화될 수 있는가? 칸트는 그가 인류사의 목적으로 묘사하는 영원한 평화에 이르기 위한 수단으로서 전쟁이나 앞에서 말한 탄압과

학살을 명시적으로 정당화한 적은 없다. 즉 궁극적이고 숭고한 목적을 위해서라면 어떤 수단이라도 정당화될 수 있다는 입장은 인간 자체를 수단이 아닌 목적으로 삼을 것을 주장한 칸트와는[36] 양립할 수 없어 보인다. 그렇지만 칸트가 전쟁을 꼭 부정적으로만 보는 것은 아니다. 아니, 오히려 그는 전쟁을 문명의 진보와 궁극적 평화 상태를 위한 필수적 요소 내지는 원동력으로 간주하고 있다. 그는 다음과 같이 말한다.

> 자연은 1) 인간이 지상의 모든 지역에서 살 수 있도록 배려했다; —2) 전쟁을 통해 모든 곳에, 극히 황량한 지역까지 인간을 쫓아보내 그곳에 거주하도록 했다; 3)—또한 바로 그 전쟁을 통해 인간을 크든 작든 법[칙]적 관계에 들어서도록 강요했다. … 자연은 이러한 자기의 목적에 도달하기 위해 전쟁을 선택했다.[37]

2장에서 밝혔듯이, 칸트는 인류가 하나의 궁극적인 목적을 향해 진보한다는 발전론적 역사관을 표방한다. 그리고 그에 따르면 인류 문명의 종착지에는 영원한 평화의 상태가 놓인다.[38] 이 상태란 인간의 잠재 능력과 소질이 완전히 계발되는 "보편적인 세계시민적 상

---

36 "네가 너 자신의 인격에서나 다른 모든 사람의 인격에서 인간(성)을 항상 동시에 목적으로 대하고, 결코 한낱 수단으로 대하지 않도록, 그렇게 행위하라."(칸트, 2005, 『윤리형이상학 정초』, 백종현 옮김, 아카넷, p. 148)

37 I. Kant, 『영원한 평화』, pp. 143-146(219-221).

38 I. Kant, 『영원한 평화』, pp. 139, 153(217, 226-227).

태"다.[39] 이 상태란 구체적으로 말하면 공화제를 근간으로 삼는 국가들이 국제연맹의 결성을 통해 하나로 통합될 때 가능하다. 인류의 역사란 이러한 목적에 이르는 과정이며, 그 안에는 여러 단계가 있다. 칸트가 보기에 당대에서 가장 앞선 단계에 있는 나라들은 유럽의 문명화된 나라들이다. 또한 인류가 우여곡절을 거쳐 문명의 최종적 발전단계에 이르는 것은 그에 따르면 자연의 "섭리"며,[40] 이 궁극적인 상태에 이르기 위해 노력하는 것은 인류의 "의무"다.[41] 이 "우여곡절" 속에는 전쟁이 중요한 요소로 포함되어 있으며, 칸트에 따르면 궁극적 평화 상태에 이르는 과정에서 인류가 거쳐야 하는 전쟁이란 "자연의 예비적 설비"와도 같다.[42]

필자는 평화의 기획자 칸트가 전쟁을 찬양했다고 생각하지는 않는다.[43] 그러나 위에서 본 바와 같이 인류 발전사에서 전쟁의 의미와 정치적 개입에 대한 그의 견해는 비유럽 지역을 문명화한다는 미명하에 이 지역을 식민지화하고 여기에—정도의 차이는 있지만—유럽식의 여러 제도를 이식하면서 식민지 민족들과 갈등과 전쟁을 벌였던 서구 열강들의 제국주의적 행태를 정당화해줄 수 있는 측면을 지

---

39 I. Kant, 「보편사의 이념」, p. 41(47).

40 I. Kant, 『영원한 평화』, p. 139(217).

41 I. Kant, 『영원한 평화』, p. 153(227).

42 I. Kant, 『영원한 평화』, p. 143(219).

43 칸트가 궁극적인 인류의 목적을 위해 거쳐야 할 과정으로서 전쟁을 정당화하고 있다는 입장 또는 이런 정당화와 관련하여 칸트에게는 모호성이 존재한다는 논의에 대해서는 다음을 참조하시오. Luigi Caranti (2006), "Perpetual War for Perpetual Peace? Reflections on the Realist Critique of Kant's Project," *Journal of Human Rights* 5: 341-353; Kenneth N. Waltz (1962), "Kant, Liberalism, and War," *The American Political Science Review* 56: 331-340.

닌다고 생각한다. 즉 이러한 측면에 입각해서 보면, 이들은 스스로를 마치 목적론적으로 정해진 자연의 섭리에 따라 "문명화의 사명"에 앞장선 존재이며, 이러한 사명의 이행 과정에서 빚어지는 침략전쟁과 강제적인 식민지 개조와 같은 행태들은 문명의 궁극적인 발전단계와 평화 상태에 도달하기 위해 거쳐야 하는 과정인 것으로 정당화될 수 있는 것이다.[44]

이상에서 필자는 칸트의 평화론이 갖는 '어두운 측면'을 두 가지로 구분하여 고찰하면서 이를 역사와 문명 그리고 인간에 대한 그의 철학적 입장과 연관시켜 서술했다. 이 서술에서 분명히 드러난 칸트의 유럽중심주의 내지는 유럽우월주의, 그가 지닌 인종주의적 편견, 유럽 근대 문명의 세계적 확산과 바로 이 확산의 정당성에 대한 그의 확신, 문명화와 인류의 궁극적 목적을 위한 전쟁의 불가피성 및 필요성에 대한 긍정은 근대 서구의 제국주의적 이데올로기를 구성하는 또는 정당화하는 요소로 읽힐 수밖에 없다고 필자는 생각한다. 칸트의 평화론에서 엿보이는 이러한 측면은 물론 우리에게 일반적으로 알려진 칸트의 긍정적 이미지와는 어울리지 않는다. 즉 전자의 측면과 후자의 이미지는 양립 불가능해 보인다고 할 수 있다. 그러나 필자는 실제로 이렇듯 칸트의 평화론 속에 양립 불가능해 보이는 측면

---

44 서구 제국주의 이데올로기의 한 구성요소 내지는 슬로건으로서의 "문명화 사명"에 대한 논의로는 다음을 참조하시오. 위르겐 오스터함멜(2010), 「지구사 접근방법과 "문명화 사명" 문제」, 조지형 · 김용우 엮음, 『지구사의 도전』, 서해문집, pp. 236-283; Alice L. Conklin (1997), *A Mission to Civilize*, Stanford, Calif.: Stanford University Press; Harald Fischer-Tiné and Michael Mann, ed. (2004), *Colonialism as Civilizing Mission: Cultural ideology in British India*, London: Anthem Press.

들이 존재한다면, 이를 있는 그대로 인정해야 한다고 생각한다. 즉 칸트의 평화론에는 이상에서 본 바와 같이 양립 불가능해 보이는 측면들이 존재한다고 말이다.[45]

앞에서도 강조했듯이 우리는 역사적으로 칸트의 평화론에 담긴 사상이 보편적 인권과 민주주의의 실현, 개별 국가의 독립성과 주권의 존중, 국제적인 법적 질서의 형성에 기여한 긍정적인 면을 부정해서는 안 될 것이다. 또한 그가 영원한 평화에 이르기 위한 또 하나의 수단으로서 중시하는 상업과 교역의 확대 역시 이러한 목적의 달성에 필요할 수 있음이 인정되어야 할 것이다. 그러나 그의 평화론이 갖는 '어두운' 측면은 19세기 이후 더욱 본격적으로 펼쳐진 제국주의의 이데올로기에 상당한 정도로 부합한다. 그런 한에서 그의 평화론

45 칸트에게서 단호한 반제국주의적 경향을 발견하고 이를 강조하는 해석들이 다수 존재하는 반면에, 유럽의 제국주의와 식민주의 그리고 인종주의와 관련하여 칸트의 입장에 일종의 비일관성이 있음을 지적하고 이를 비판적으로 고찰하는 해석들도 있다. 클라인겔트(P. Kleingeld)는 이런 해석들을 세 가지로 구분한다. 첫째 해석은 칸트가 몇몇 지점에서 자기모순에 빠져 오류를 범하고 있다고 보는 것이다. 둘째 해석은 칸트의 입장을 모순적이라고 규정하기보다는 이를 양가적인 것으로, 즉 칸트에게는 두 가지 면이 혼재되어 있다는 식으로 파악한다. 셋째 해석은 클라인겔트 자신의 해석으로서 칸트의 견해가 1790년대 중반에 변했다는 것이다. 즉 그 이전에 칸트는 확실히 식민주의와 인종주의의 지지자로 간주될 수 있지만, 그 이후로는 이러한 견해를 포기했다는 것이다. Pauline Kleingeld (2014), "Kant's Second Thoughts on Colonialism," *Kant and Colonialism: Historical and critical perspectives*, Katrin Flikschuh and Lea Ypi, ed., Oxford: Oxford University Press, p. 45. 필자는 이 논문에서 이러한 해석들을 일일이 검토하지는 않을 것이며, 어느 하나를 선택해야 함을 주장하지도 않겠으나, 굳이 필자의 해석을 이러한 분류에 따라 규정한다면, 그것은 두 번째 범주에 속할 것이다. 그러나 이러한 구분과 상관없이 필자의 입장은 『영원한 평화』에서 적어도 제국주의 이데올로기와 식민주의적 침략을 정당화할 수 있는 요소가 발견되고 있다는 것이다.

은 위에서 말한 바와 같은 긍정적 역할 외에도, 그것의 '어두운 측면'에 상응하는 부정적 역할을—칸트 자신의 의도와는 상관 없이—수행해왔다고 필자는 생각한다. 19세기 이후 서구 열강의 제국주의적 팽창과 식민지 지배는 정치체제의 변혁을 포함하는 문명화의 사명과 자유로운 통상의 확대라는 기치하에 이루어졌다. 또한 이미 언급했듯이 칸트의 평화 기획에 영향을 받아 국제 정치질서의 재편을 주도했던 미국의 윌슨 대통령은 "민주주의가 확산되면 평화가 정착될 것이고, 미국은 전 세계에 미국의 원칙과 민주주의의 실천을 확산시켜 나갈 임무가 있다"고 믿었는데,[46] 이것은 '문명화 사명'의 20세기 판이라고 할 수 있을 것이다. 윌슨은 당대 유럽의 강대국들과 미국에서 실현하고 있는 민주주의를 세계로 전파하여 미개하고 야만적인 상태에 있는 비서구 지역을 문명화해야 한다는 확고한 사명의식을 가졌으며 미국의 대외정책 역시 이러한 방향에 따라 이루어졌다.[47] 1차

---

46 찰머스 존슨(2004), 『제국의 슬픔』, 안병진 옮김, 삼우반, p. 74. 여기서 우리는 『영원한 평화』의 한 대목에 나타나는 다음과 같은 칸트의 언급을 상기해볼 수도 있을 것이다. "무릇 만약 다행하게도 한 강력한 계몽된 민족이 (그 본성상 영원한 평화로 향할 수밖에 없는) 하나의 공화국을 형성할 수 있다면, 이 공화국이 다른 국가들에 대해 연방적 통일의 중심점을 제공하여, 다른 국가들을 그 통일에 동참하게 하고, 국제법의 이념에 맞게, 국가들의 자유 상태를 보장하고, 이와 같은 방식의 더 많은 결합을 통해 그런 통일을 점점 더 널리 확장시켜나갈 것이기 때문이다." 아마 윌슨은 칸트가 말하는 "중심점"의 역할을 미국이 떠맡아야 한다고 확신했을 수도 있을 것이다. I. Kant, 『영원한 평화』, p. 129(211-212).

47 이에 대해 존슨은 다음과 같이 서술한다. "윌슨은 미 제국주의에 대한 이상주의의 토대, 즉 우리 시대에 세계를 '민주화해야 하는' '세계적 임무'를 띠고 있다는 식의 토대를 기초했다. 다른 어떤 사람들보다도, 윌슨은 인도주의적이고 민주주의적이라는 수사법을 사용해서, 개입주의 외교정책에 대한 지적 토대를 기초했다. 윌슨은 민주주의를 수출한다는 면에서 미국의 제국주의를 정당화하는 현대 이데올로그의 대부

대전 당시 칸트는 1917년 4월 2일 의회에 보낸 참전 메시지에서 "미국은 약소국의 자유와 권리를 위하여, 그리고 권리의 보편적인 지배를 위하여 자유 국가 국민들의 힘을 모아 싸워야 하며 그리하여 모든 국가에 평화와 안전이 확보되고 마침내 세계가 자유롭게 되도록 해야 한다"고 외쳤다. 그는 1918년 1월 의회 연설에서 발표한 〈평화를 위한 14개 조항〉을 전후 평화체제 건설의 논의를 위해 1919년 1월부터 열린 파리평화회의에서 제시했다. 그러나 이 14개 조항에서 가장 유명하다고 할 수 있는 '민족자결'의 원칙은 실제로는 비서구 세계의 식민지들에는 해당하지 않는 것이었다.

그로부터 80여 년이 흘러 미국의 대통령 조지 W. 부시는 9.11 테러 사건 1주년 기념일에 즈음하여 다음과 같이 대통령으로서의 자신의 입장을 밝히고 있다.

> 우리는 진보와 자유가 많은 나라들에서 꽃필 수 있는 국제 질서와 개방의 환경을 구축하기 위해 비할 데 없는 힘과 영향력의 지위를 활용할 것입니다. 자유가 증대해가는 평화로운 세계는 미국의 장기적 이해관계에 기여하며, 미국의 영구적 이상을 반영하고, 미국의 동맹국들을 하나로 결합시킵니다. 우리는 테러분자와 무법적 정권에 의한 폭력에 반대하고 이를 억지함으로써 이 평화를 지킬 것입니다. 우리는 세계의 강대국들 사이에 좋은 관계를 형성함으로써 이 평화를 보존할 것이며, 모든 대륙에서 자유롭고 개방적인 사회들을 장려

다." 찰머스 존슨(2004), p. 75.

> 함으로써 이 평화를 확대할 것입니다. … 평화를 유지함으로써 미국은 또한 자유와 진보의 혜택을 이를 갖지 못한 나라들에로 확대할 것입니다. 우리는 억압, 원한, 빈곤이 민주주의와 발전, 자유 시장과 자유 무역의 희망으로 대체되는 그런 정의로운 평화를 추구합니다.[48]

이러한 발언이 있은 지 몇 달 지나지 않아 부시 대통령은 대량살상 무기의 개발과 보유를 구실로 이라크 침공을 개시했으며, 몇 달이 지난 후 이를 다음과 같은 말로 정당화하고 있다.

> 자유롭고 민주적이며, 평화로운 이라크는 불법 무기를 가지고 미국과 우리의 우방을 위협하지 않을 것입니다. 이제 자유로운 이라크는 테러분자들을 위한 훈련소가 아닐 것이며, 그들을 위한 자금 공급처도 아닐 것이고, 또 테러분자들이 우리나라와 동맹국을 공격하기 위해 사용할 무기를 제공하지도 않을 것입니다. 자유로운 이라크는 중동의 안정을 해치지도 않을 것입니다. 자유로운 이라크는 이 지역 전체에 희망을 주는 본보기가 되어 다른 나라들도 자유를 선택하도록 이끌 수 있습니다. 그리고 자유의 추구가 중동 지역에서 증오, 원한 그리고 테러를 대체함에 따라, 미국 국민은 더욱 안전해질 것입니다.[49]

---

48 Georg W. Bush(2002), "Securing Freedom's Triumph," *New York Times*, September 11. http://www.nytimes.com/2002/09/11/opinion 참조. 이 연설에서 미국의 대통령 부시는 앞의 각주 46)에서 소개했듯이 바로 칸트가 말하는 중심 국가로서의 책무가 미국에 있다는 사명의식을 표명하고 있는지도 모를 일이다.

49 Georg W. Bush (2003), "President Discusses Progress in Iraq," Washington, DC, 23

그러나 부시의 이런 정당화와는 대조적으로, 전쟁이 끝나고 후세인도 처형된 지금 이라크에서는 서구식 민주주의와 평화의 정착은커녕 미래를 기약하기 어려운 정치적 혼란과 무질서 그리고 준전쟁 상태의 난맥상이 펼쳐지고 있다.

4. 맺는말

"영원한 평화"라는 간판의 풍자적 의미를 지적하며 칸트는 평화를 위한 그의 철학적 기획을 시작했지만 그때나 지금이나 영원한 평화는 요원해 보인다. 사실상 우리는 『영원한 평화』의 출판 이후 오히려 본격적인 제국주의적 팽창의 시대가 전개되었음을 알고 있다. 서구열강이 주도한 이 제국주의적 팽창의 시대는 그 후로도 백 년 이상 지속되어 2차대전이 끝나고 나서야 그것의 종결을 맞이했다. 그 사이에 흘린 피의 대가로 오늘날 우리는 평화의 시대를 누리고 있는가? 여기에 긍정적인 대답을 하기란 어렵다. 게다가 오늘날 인권과 민주주의 그리고 자유 무역과 같은 이른바 보편적 가치와 기준의 이름으로 약소국에 대한, 또 이른바 문명화되지 못한 후진적 국가에 대한 강대국의 간섭이 또 심지어 군사적 개입과 전쟁까지 벌어지는 현실을 목도하노라면, 『영원한 평화』가 담고 있는 단선적 역사 이해와 유럽중심적인 보편적 기준이란 것이 여전히 강력한 힘을 행사하고 있

July. http://georgewbush-whitehouse.archives.gov/news 참조.

다는 인상을 그리고 "영원한 평화"는 칸트의 표현대로 "달콤한 꿈"에 불과하지 않은가 하는 의구심을 지울 수 없다.

그러나 역시 칸트의 말대로 "영원한 평화"가 인류의 과제며 이를 향한 노력이 인류의 의무라고 한다면, 오늘날 "영원한 평화"라는 목표를 달성하기 위한 길은 유럽적 보편주의나 유럽 중심주의적인 방식에서가 아니라, 문명에 위계질서를 매기고 유럽이 성취한 근대 문명을 유일한 표준이자 모델로 삼는 방식에서가 아니라, 문명권에 대한 차별을 철폐하고 서로를 인정하는 조건하에서 상호간의 대화와 타협의 노력을 통해서만 찾을 수 있을 것이라고 필자는 생각한다. 물론 이것이 유럽 근대 문명의 성과를 과소평가하려는 것은 아니며, 단지 이 근대 문명이 만들어낸 부정적 요소들을 지양해야 함을 주장하는 것이다. 이런 맥락에서 우리는 칸트의 평화 기획이 갖는 긍정적 측면과 부정적 측면, 또 그것의 수용과 해석의 역사에서 그것이 행사해온 긍정적 영향과 부정적 영향을 모두 고찰해야 할 필요가 있다.

오늘날 대한민국에 사는 우리는 더는 19세기와 20세기 전반을 지배했던 제국주의적 팽창의 시대에 살고 있지 않다. 그러나 다른 한편 오늘날의 우리가 그것의 유산으로부터 완전히 자유로운 것도 아니다. 일제에 의한 한반도 강점과 분단 그리고 한국전쟁과 같은 역사적 사건과 경험은 바로 제국주의 열강들의 각축과 힘의 논리의 희생양이 되었던 대한민국의 과거에 속할 뿐 아니라 여전히 이 나라의 현재를 생생히 규정하고 있는 조건들이다. 즉, 아직 분단의 상처가 아물지 않았고 통일된 민족국가 수립이라는 근대적 과제도 해결하지 못했으며, 여전히 강대국의 틈바구니 속에서 활로를 모색해야 하는 것이 오늘날 대한민국의 실정이다. 그렇기에 현존하는 세계질서의 구축에 적지 않은 영향을 끼쳤으며 근대 문명의 사상적 패러다임 형성에 기여한 『영원한 평화』와 같은 저술들에 대한 비판적 독해와 해석의 필요성은 아무리 강조해도 지나침이 없을 것이다.

필자는 이 글에서 근대 문명의 창시자이자 전도사임을 자임하는 서구의 눈이 아니라, 이 근대 문명의 수용자이자 모방자인 동시에 이 문명의 세계적 전개와 이식 속에서 수난을 겪은 비서구 세계의 시각에서 접근하는 하나의 해석을 제공하고자 했다. 앞으로 이러한 해석과 관련된 논의들이 또한 다각적인 비판적 논의들이 더욱 더 활발히 이루어질 때 칸트의 평화 기획을 넘어서는, 더 실효성 있는 구상이 안출될 수 있을 것이다. 그러할 때에 우리는 칸트가 목표로 제시한 "영원한 평화"에 한 발짝이라도 더 가까이 다가갈 수 있다고 필자는 생각한다.

참고문헌

자료

I. Kant, *Zum ewigen Frieden – Ein philosophischer Entwurf*, in Bd. VI: *Werke in sechs Bänden*(= *WS*), hrsg. von W. Weischedel, Darmstadt, 1956-64(『영원한 평화』, 백종현 옮김, 아카넷, 2013).

I. Kant, "Idee zu einer allgemeinen Geschichte in weltbürgerlicher Absicht," *WS*, Bd. VI(「세계시민적 관점에서 본 보편사의 이념」, 『칸트의 역사철학』, 이한구 옮김, 서광사, 2009).

I. Kant, *Über den Gebrauch teleologischer Prinzipien in der Philosophie*, *WS*, Bd. V.

I. Kant, *Physische Geographie*, hrsg. von F. Th. Rink, in *Kant's Gesammelte Schriften*, Bd. IX, hrsg. von der Königlichen Preußischen Akademie der Wissenschaften, Berlin 1902ff.

논저

김종국(2000), 「이성에 의한, 자연을 통한 평화: 칸트의 평화 개념」, 『哲學』 제63집, pp. 135-150.

오스터함멜, 위르겐(2010), 「지구사 접근방법과 "문명화 사명" 문제」, 조지형 · 김용우 엮음, 『지구사의 도전』, 서해문집, pp. 236-283.

이재현(2013), 「칸트 영구평화론 연구: 하나의 철학적 기획」, 『평화학연구』 제14권 5호, pp. 7-23.

임미원(2010), 「칸트의 영구평화론」, 『법철학연구』 제14권 1호, pp. 49-74.

정태일(2010), 「칸트의 영구평화론: 관점과 적용」, 『大同哲學』 제51집, pp. 79-99.

존슨, 찰머스(2004), 『제국의 슬픔』, 안병진 옮김, 삼우반.

Bernasconi, Robert (2001), "Who Invented the Concept of Race? Kant's Role in the Enlightenment Construction of Race," *Race*, pp. 11-36, ed. by Robert Bernasconi, Oxford: Blackwell.

Bush, Georg W. (2002), "Securing Freedom's Triumph," *New York Times*, September 11. http://www.nytimes.com/2002/09/11/opinion.

Bush, Georg W. (2003), "President Discusses Progress in Iraq," Washington, DC, 23 July. http://georgewbush-whitehouse.archives.gov/news.

Caranti, Luigi (2006), "Perpetual War for Perpetual Peace? Reflections on the Realist Critique of Kant's Project," *Journal of Human Rights* 5: 341-353.

Conklin, Alice L. (1997), *A Mission to Civilize*, Stanford, Calif.: Stanford University Press.

Desch, Michael C. (2011), "Benevolent Cant? Kant's Liberal Imperialism," *The Review of Politics* 73: 649-656.

Doyle, Michael W. (1983), "Kant, Liberal Legacies, and Foreign Affairs," *Philosophy & Public Affairs* 12: 205-235.

Fischer-Tiné, Harald and Mann, Michael, ed. (2004), *Colonialism as Civilizing Mission: Cultural ideology in British India*, London: Anthem Press.

Friedrich, Carl J. (1948), *Inevitable Peace*, Cambridge, Mass.: Harvard University Press.

Hedrick, Todd (2008), "Race, Difference, and Anthropology in Kant's Cosmopolitanism," *Journal of the History of Philosophy* 46: 245-268.

Kissinger, Henry A. (1956), "Force and Diplomacy in the Nuclear Age," *Foreign Affairs* 34: 349-366.

Kleingeld, Pauline (2007), "Kant's Second Thoughts on Race," *The Philosophical Quarterly* 57: 573-592.

Kleingeld, Pauline (2014), "Kant's Second Thoughts on Colonialism," *Kant and Colonialism: Historical and critical perspectives*, pp. 43-67, ed. by Flikschuh Katrin and Ypi Lea, Oxford: Oxford University Press.

Mill, John S. (1874), "A Few Words on Non-Intervention," *Dissertations and Discussions*, vol. III, New York: Henry Holt and Company, pp. 238-263.

Pagden, Anthony (1995), *Lords of All the World*, New Haven: Yale University Press.

Pojman, Louis P. (2005), "Kant's Perpetual Peace and Cosmopolitanism," *Journal of Social Philosophy* 36: 62-71.

Russett, Bruce and Oneal, John R. (1999), "The Kantian Peace: The pacific benefits of democracy, interdependence, and international organizations, 1885-1992," *World Politics* 52: 1-37.

Tully, James (2008), *Public Philosophy in a New Key*, vol. II, Cambridge: Cambridge University Press.

Waltz, Kenneth N. (1962), "Kant, Liberalism, and War," *The American Political Science Review* 56: 331-340.

II. 제국의 다양한 양상

로마 제국과 '건축적 권위'의 발명*

서정일

1. 머리말

문명, 제국, 도시는 서로 긴밀한 관계에 있는 듯이 보이고, 도시 없는 제국이나 제국 없는 문명은 상상하기 어렵다. 그럼에도 그 상호관계에 대해 우리는 더 폭넓은 개별 사례들을 탐구할 필요가 있을 것이다. 그럼으로써 도시가 어떤 방식으로 제국의 형성과 발전 과정에서 고유한 역할을 했는지, 또한 일종의 물리적·시각적 구현물로서 도시가 제국의 문화를 어떻게 상징하는지 따위의 물음에 더 잘 답할 수 있을 것이다. 이런 점에서 우리는 고대 로마 제국의 사례에 다시 주목한다. 이는 한편으로는 로마 제국의 물리적 터전이 되는 건축물과 도시에 대해 여전히 새로운 고고학 자료들이 발굴되면서 방대한 문헌자료의 연구와 결합되어 우리의 재해석을 부르고 있기 때문이기

---

* 이 글은 *Horizons: Seoul Journal of Humanities* 5(1)(Institute of Humanities, Seoul National University, June, 2014)에 "The Auctoritas of Architecture: Vitruvius and Alberti"란 제목으로 게재된 필자의 논문을 한국어로 번역하고 일부 수정한 것이다.

도 하지만, 다른 한편으로는 이 제국의 문명이 건축과 도시를 학문화함과 더불어 매우 중요한 문제를 제기하고 있기 때문인데, 고대 로마 제국은 이전 사회와 다른 수준의 각종 학문과 기술을 낳았고 그중에서도 건축이 결코 여기서 빠지지 않는다.

로마 제국의 건축과 도시는 에트루리아 전통과 더불어 헬레니즘 세계의 전통을 폭넓게 수용하고 새롭게 종합하면서 형성되었다. 로마 제국의 새롭고 다양한 삶과 문화의 요구들을 만족시키는 많은 건축적·도시적 발명들은 대개 이 기존의 전통을 토대로 재창조된 것이다. 수용, 종합, 재창조의 이 과정은 남아 있는 건축 유산과 유적들에서 증명될 뿐 아니라, 지식의 체계화의 시도들로도 증명된다. 지금까지 전해지는 인류역사상 가장 오래된 체계적인 건축 저술이 등장한 것도 이때였는데, 기원전 1세기 후반 아우구스투스 치세에 건축가 비트루비우스(Vitruvius)가 쓴 『건축십서(*De architectura*)』라든지,[1] 1세기 후반 네르바 황제 치세에 로마의 수로 감독관(curator aquarum)을 역임한 섹스투스 율리우스 프론티누스(Sextus Julius Frontinus)가 쓴 『로마의 수로에 대하여(*De aquis urbis Romae*)』가 대표적인 사례다.

이 글에서 우리는 무엇보다 이런 물리적 환경에 대한 지식의 체계화에 주목한다. 이를 통해 고대 로마 제국과 도시문화의 특별한 관계를 생각해보고, 전문 분야로서 건축이 비로소 형성되던 배경을 살펴보는데, 이는 지금까지 전해지고 있는 건축이라는 학술적·기술적·

---

1 이하 비트루비우스 책의 라틴어 원문은 F. Krohn, ed., *De architectura libri decem* (Lipsiae, 1912)에 따르며, 한국어 번역은 저자에 의한 것이다. 이하 *De architectura*로 표기한다.

예술적 분야의 기본 본성이 고대 로마 제국에, 나아가 역사상의 다른 제국 문명에 크게 빚지고 있는 점이 엿보이기 때문이다. 즉 고대 제국 문명은 건축과 도시 분야에서 그 물리적 실체뿐 아니라 이론적 실체의 영향력과 의의를 재조명하고 탐구해야 한다는 것이 이 글의 주된 문제의식이다.

2. 건축적 권위의 요청

비트루비우스의 『건축십서』는 지금도 고대 로마건축의 역사적 사실을 알 수 있는 가장 중요하고 권위 있는 문헌으로서 르네상스 시기에 재조명받은 이후 건축 역사에서 특권적 지위와 영향력을 행사했고 비트루비우스에게는 불멸의 명성을 남겨주었다. 단적으로, 이 책에서 그가 건축의 일반적 원리들이라고 꼽은 튼튼함(firmitas), 유용함(utilitas), 아름다움(venustas)은 많은 건축이론의 토대가 되었다.

비트루비우스는 이 책을 로마의 첫 번째 황제 아우구스투스에게 바쳤는데, 그 시기는 이 황제의 40년 가까운 통치기(기원전 27~서기 14) 중 전반기에 해당한다. 『신 아우구스투스 업적록(*Res Gestae Divi Augusti*)』에는 황제 자신의 수많은 건축사업의 업적이 기록되어 있지만 이 책이 어떤 영향을 끼쳤는지에 대해서는 뚜렷한 증거가 없다. 또한 이 책이 르네상스 시기까지 오랫동안 잊혀져 있었기에 이 책의 영향력은 여전히 베일에 가려 있다. 하지만 이런 불투명함에도 불구하고 우리는 적어도 그 저술 시점에 대해서는 충분히 의미 있고 자세하게 재조명할 수 있고 이를 통해 제국 문명에 관한 우리의 관심을 적지 않게 충족시킬 수 있을 것이다. 우선, 비트루비우스의 저술 동기가 개인적 차원으로부터 사회적 차원에 이르기까지 여러 모로 복합적이었다는 것이 이 책 곳곳에 드러나 있다. 즉, 그는 자신의 지식을 드러내며 황제와 귀족들로부터 건축 의뢰를 받고 싶은 바람과 후세에 이름을 남기고 싶은 바람도 표현했다. 하지만 무엇보다 이 책을 쓴 가장 뚜렷한 의도이자 공적 차원의 의도는 책의 첫 대목인 1서 서문에 명시되어 있다.

> 폐하께서 백성의 삶과 공적인 질서의 수립에 대해서뿐만 아니라, 공적인 건물에도 관심을 쏟고 계셔서, 폐하 덕에 나라가 속주들로써 더 커질 뿐 아니라 제국의 영광이 공공건물의 탁월한 권위를 지니도록 하고 계신 것을 보고, 저는 이 주제들에 대한 글을 써서 폐하께 처음으로 바쳐야겠다고 생각했습니다.[2]

이처럼 이 책의 일차적인 저술 목적은 제국의 영광(maiestas)을 위한 것이었고, 이를 위해 "공공건물의 탁월한 권위(auctoritas)를 지니도록" 이바지하려는 것이었다. 이에 공적·사적 건물들의 특질과 건축의 원칙에 대한 지식을 황제에게 나아가 제국의 독자들에게 제공하고 싶다는 것이었다. 그렇다면 제국의 영광에 필요한, 이른바 탁

---

2 "cum vero attenderem te non solum de vita communi omnium curam publicaeque rei constitutione habere sed etiam de opportunitate publicorum aedificiorum, ut civitas per te non solum provinciis esset aucta, verum etiam ut maiestas imperii publicorum aedificiorum egregias haberet auctoritates, non putavi praetermittendum quin primo quoque tempore de his rebus ea tibi ederem." *De architectura*, 1서 서문 2절.

월한 "권위"를 갖춘 건축물은 과연 어떤 것일까? 우리는 비트루비우스를 다시 읽으며 '권위' 개념에 주목한다. 이것이 제국과 건축을 연결하는 중요한 열쇠말이 될 수 있기 때문이다. 그렇다면 비트루비우스는 건축 또는 건축물의 권위를 어떻게 이해하고 정의했을까? 권위라는 개념은 이미 로마공화정부터 정치적 개념으로 규정되어왔다. 즉, 이미 당시에 권위를 권력(potestas)과 구별했고, 비공식적 권위가 공식적 권력을 능가할 수 있다고 여겼다.[3] 로마의 과두정치기 이후, 콘술들은 정책 결정에서 성문법만을 따르지 않고, 원로원이 그랬듯이 권위에 기댔다. 콘술들은 권력도 받았지만 자신들의 삶에서 품위(dignitas)도 누렸다.

이것의 가장 좋은 사례는 아우구스투스였다. 아우구스투스 자신이 말했듯이, 그는 권력에 의한 통치를 넘어서서 권위를 통해 통치했다. 즉, 그는 이탈리아 도시 28개를 자신의 권위로써 이끌었고, 말년에는 동료들보다 더 큰 권력이 없이도 권위에서는 동료들을 뛰어넘었다. 그 자신이 최고 권위를 지닌 덕의 표준이 되어 로마시민들로부터 존경받았다. 베르길리우스(Vergilius)가 아우구스투스의 권위를 칭송해 지은 서사시 「아이네이스(Aeneis)」는 비트루비우스의 텍스트와 비슷한 시기에 쓰였다는 점은 간과할 수 없다.

그렇다면 이른바 건축의 권위는 정치지도자의 권위와 어떻게 같고 다른가? 오늘날의 한 연구자는 『건축십서』에 제시된 건축적 권위

3 권위와 권력의 구분은 현대사회학에서도 주요 개념으로 유지되고 있고, 고대 로마 제국 당시의 구분을 원천으로 한다. 현대사회학의 관점에서 권력과 권위의 개념에 대해서는 앤서니 기든스 · 필립 W. 서튼, 『사회학의 핵심 개념들』, 김봉석 옮김, 동녘, pp. 418-431을 볼 것.

의 내용을 풀이하기를 "건물에서의 권위는 지출이 많고 재료를 더 풍부하게 쓰고, 공간을 더 크게 만들고, 열주랑의 빛과 그림자의 대조를 더 키우고, 기둥을 더 크고 많게 하면 다양하게 수반되는 것이다"라고 풀이한다.[4] 더 들어가 보자. 문제는 이런 물리적 조치로부터 일종의 권위가 나온다면 왜 그런가 하는 것이다. 비트루비우스 자신이 건축의 권위를 충분히 명시적으로 드러내지는 않았으며, 그의 생각을 잘 추적해봐야 한다. 우선 그는 『건축십서』 9권에서 율리우스 카이사르(Julius Caesar)를 예로 들어 권위에 대해 설명하는데, 학술적 정신을 가진 사람의 견해는 죽어서도 권위를 남기며 그래서 권위는 살아 있는 것보다 더 위대하고, 후손들도 그 권위에 기댈 만큼 위대할 수 있다고 설명한다.[5]

사실 고대 로마인들에게 권위란 본질적으로 사람에 깃드는 권위였을 것이다. 예를 들어, 키케로(Cicero)가 이해하는 권위란 사회의 특정인들이 특정 영역에서 지니는 것이었다. 키케로는 설명하기를, 품위는 *gloria*, *amplitudo*, *amicitia*와 마찬가지로 어떤 결과이며, 이때 품위는 *honestum*, *cultus*, *honor*, 그리고 적절하고 적합한 권위로부터 나온다고 했다. 즉, 권위가 품위의 원인이라는 말이다.[6] 또한 주목할 것은 품위와 아름다움(venustas)이 쌍을 이루는 개념이라는 것인데, 이 차별되는 개념들은 따로따로 존재할 수도 공존할 수도 있다고 키

---

4 Indra Kagis McEwen (2003), *Vitruvius: Writing the body of architecture*, Cambridge: The MIT Press, pp. 36-37.

5 *De architectura*, 9서 17, 18장.

6 Cicero (1915) "dignitas est alicuius honesta et cultu et honore et verecundia digna auctoritas," *De Inventione*, 2.166, Eduard Ströbel, ed., Lipsiae: B.C. Teubner.

케로는 보았다.[7]

흥미롭게도 결국 비트루비우스에게도 건축의 권위란 언제나 사람과 관계된다. 즉, 그는 한 건물의 권위는 그것을 만드는 데 참여한 사람들, 즉 건축주, 건축가, 건설자의 권위와 밀접하게 연결되어 있다고 여긴다. 그에 따르면, 지어진 건물을 평가할 때는 정교함(subtilitas), 장대함(magnificentia), 배치(dispositio)라는 건물의 세 측면에 따라 평가할 수 있다.[8] 첫째, 건물이 가진 정교함에 대해서는 시공자의 정확함이 칭송된다. 둘째, 건물이 가진 장대함에 대해서는 건축주의 지출 능력이 칭송된다. 마지막으로, 건물의 훌륭한 배치에 대해서는 건축가의 권위를 칭송하게 되고 이것이 건축가의 명예로 돌아간다. 이렇듯, 건축물에서 드러나는 훌륭함의 척도가 각각 건설자, 건축주, 건축가가 이바지한 것들로 설명된다. 비트루비우스의 작품이라고 유일하게 알려져 있는 건물인 파노(Fano)의 바실리카는 많은 비용을 지불한 탓에 생기는 장대함과 예술작품의 권위를 모두 지닌 건물이라고 비트루비우스는 설명한다.[9]

이렇듯 권위가 사람과 관련되어 있다는 주장에서 우리는 저자의 권위가 작품으로 어떻게 옮겨가는지에 대해서도 따져볼 수 있다. 고대 로마의 12표법이 권위가 있다고 키케로가 설명하듯이, 권위란 작품을 만든 사람들의 작업 결과에 지속되어 남게 될 수 있다는 것이

7 Cicero, *De Oratore*, 1.142, A. S. Wilkins, ed., Oxford: Clarendon Press.

8 *De architectura*, 6서 8장 9절.

9 "Ipsae vero columnae in altitudine perpetua sub trabes testudinis perductae et magnificentiam inpensae et auctoritatem operi adaugere videntur," *De architectura*, 5서 1장 10절.

다. 이 경우 작품을 만든 사람들의 인격적 실체와 권위에 직접 다가가기가 어렵고 결과물을 통해서만 접근된다. 비트루비우스도 이 이슈를 자신의 책에 담고 있다. 즉, 『건축십서』의 한 대목에서 비트루비우스는 권위를 정교함과 자연스러움과 나란한 평가척도로 제시하면서 그것을 독립된 예술 형식의 특징처럼 다룬 적이 있다. 즉, 5서 4장에서, 비트루비우스는 음악학의 일부로서 그리스의 세 가지 화성을 다루는데, 즉 하모니아(ἁρμονίην), 크로마(χρωμα), 디아토논(διατονον)을 비교했다. 그의 설명에 따르면 하모니아는 테크네 또는 기예(ars)로부터 나오는 권위를 가지고 있다. 한편, 크로마는 그것이 가진 세심한 정교함(subtilitas) 때문에 더 큰 즐거움(delectatio)을 주고, 디아토논은 그것의 자연스러움 때문에 "이해하기 쉽다." 하모니아 테트라코드는 음간 간격이 가장 큰데, 이 특별한 음간 간격과 음 배치의 예술이 하모니아에 권위를 준다는 설명인 셈이다. 이 경우 한 가지 음악 형태의 권위는 특정 작곡가로부터 떨어져나와 별개로 존재하는 셈이다. 하모니아의 권위가 특정 예술 형태의 특질로서의 권위가 외화된다는 점을 시사한다. 물론, 하모니아가 기예로부터 나오지 디아토논처럼 자연으로부터 나오는 것이 아니라는 주장은 비트루비우스에게 권위란 결국 예술가-주체와 더 관련되어 있음을 재확인시켜준다.[10]

10 한 학자는 "비트루비우스는 도리아 오더와 디아토논을, 이오니아 오더와 크로마를, 코린토스 오더와 하모니아를 서로 대응시키는 용어를 씀에 있어서, 아리스크세누스의 음악 유형을 참고하고 있었던 것 같다"고 하면서, 음계의 유형과 건축 오더의 유형 간의 유사성에 대해서까지 지적한다. Daniel K. S. Walden (2014), "Frozen Music: Music and architecture in Vitruvius' De Architectura," *Greek and Roman Musical Studies* 2, pp. 124-145을 볼 것.

이 설명에 담긴 함의는, 어떤 것이 권위를 가질 때는 항상 그것과 관련된 사람의 권위와 관계하되, 그 사람의 권위에 직접 접근하기 어려운 경우라면, 가령 그 사람이 죽고 없거나 오래 전의 역사적 인물이라면, 그가 남긴 정신적·물리적 유산을 통해 그 권위와 만날 수 있고, 이런 뜻에서 그 유산이 권위를 품고 있다고 말할 수 있는 것이다. 그렇다면 제국의 권위도 이렇게 후대에 전해질 수 있는 것 아닌가? 비트루비우스는 정신적 유산은 물론이거니와 건축과 도시라는 물리적 유산에서 권위의 확장과 보존에 대해 의식했던 것 아닌가?

건축의 권위에 대한 비트루비우스 자신의 설명으로 되돌아오자. 그의 설명 가운데에는 건축의 권위가 건축주의 "장대함과 비용(magnificentia et inpensis)"으로부터 나온다는 설명도 있는데,[11] 이 경우, 건물의 권위의 원천은 건축가가 아니라 건축주인 셈이고, 장대함과 비용은 대개는 건축주의 힘(potestas)이되 권위일 수도 있다. 하지만 비트루비우스의 말에서 가장 일관된 설명을 좇아가 볼 때 우리가 내릴 수 있는 결론이란, 건축 작품의 권위는 일차적으로는 건축가에 의존한다는 점이다.

> 건축에 대해 쓰기로 하고, 나는 제1서에서 건축을 이루는 학식과 학문들을 개진하고, 건축의 분야를 정의하고, 건축이 무엇으로 이루어져 있는지를 제시했다. 그래서 건축가의 자질이 어떠해야 하는지 선언했다.[12]

---

11 *De architectura*, 8서 서장 17절.

12 *De architectura*, 2서 1장 8절.

그에 따르면, 건축가는 적절한 앎을 갖추어야 그의 목적을 권위 있게 달성할 수 있다. 건축가의 지식은 만드는 것(fabrica)에 대한 지식과 추론(ratiocinatio)의 지식 모두를 가리킨다. 권위를 지닌 건축가는 손과 학문, 둘 다를 습득해야 하고, 표현된 것(quod significatur)과 표현하는 것(quod significat) 둘 다에 정통해야 한다. 또한 천부적 재능과 학식 양자를 겸비해서, 적정한 교양(encyclios disciplina)에 능통해야 한다.[13] 비트루비우스는 자신이 그러한 자질과 능력이 있다고 자부했다.

> 예술의 효능과 그것의 이론에 관한 한, 나는 이 책들에서 내가 틀림없이 모든 건설자뿐 아니라 모든 학자에게도 최고의 권위를 가지고 있음을 보여주리라 약속하고 기대한다.[14]

그렇다면 건축가의 자질과 능력의 핵심은 무엇인가? 비트루비우스는 "건축을 이루는 여섯 가지"에 대해 말하는데, 이는 곧 질서

13 "모든 문제에서, 특히 건축에서 두 가지 요점이 있다. 즉, 표현되는 것과 표현하는 것이다. 표현되는 것이란 우리가 말하는 주제다. 표현하는 것이란 배움의 원칙에 따른 설명이다. 건축가라 스스로 일컫는 사람은 두 가지 모두 정통해야 한다. 그는 타고난 재능이 있어야 할 뿐만 아니라 잘 배울 수 있어야 한다. 배움 없이 천부적 능력만 있거나, 천부적 능력 없이 배움만 있으면 완벽한 예술가가 되지 못한다. 그를 교육시켜, 글을 잘 쓰게 하고, 기하학을 알게 하고, 역사를 알게 하고, 철학자들을 관심 가지고 따르게 하고, 음악을 이해하게 하고, 의학 지식을 알게 하고, 법률에도 의견을 갖게 하고, 천문과 천상이론에도 익숙하게 하라." *De architectura*, 1서 1장 3절.

14 "de artis vero potestate quaeque insunt in ea ratiocinationes polliceor, uti spero, his voluminibus non modo aedificantibus sed etiam omnibus sapientibus cum maxima auctoritate me sine dubio praestaturum." *De architectura*, 1서 1장 18절.

(ordinatio; ταξις), 배치(dispositio; διαθεσιν), 에우리트미아(eurythmia), 심메트리아(symmetria), 데코르(decor), 경제(distributio; οἰκονομία)인데, 이 요소들 간의 논리적 연관성을 따져볼 때 특히 배치에 대한 건축가의 지식이 요점이라고 할 수 있다. 즉, 배치란 "아름다운 비례와 심메트리아"[15]로서 규정되며, 비례의 법칙이 여기 개입되며, 동시에 아름다움(venustas) 또한 개입된다.[16] 아름다움이란 건축의 세 가지 원리 중 하나로, "올바른 심메트리아 원칙에 따라 건물의 지체들이 제대로 비례 잡힌 것"과 관련되어 있다.[17] 배치와 아름다움이라는 두 단어는 서로를 정의한다. 배치는 언제나 아름다움을 위해서고, 아름다움은 언제나 배치로부터 나온다. 또한 데코르는 "권위를 지닌 훌륭한 구성으로부터 나오는 건물의 흠 없는 외관"으로 정의된다.[18] 그것은 건축 프로그램, 관습, 자연적 맥락을 적절히 해석하는 것을 포함한다. 그런 해석은 배치가 하는 것과 다른 식으로 건축적 권위를 작품에 부여한다.

종합하면, 비트루비우스에게 개별 건물의 권위는 정치 권력이나 법적 강제력 같은 모종의 힘과 다르다. 그것은 일차적으로 지식의 권위에 기초한다. 건축의 권위는 건축가의 교양 지식에서 기인한다. 이 권위는 배치, 넓게 말하면 디자인에 의해 건축 작품이라는 물리적 실

---

15 "venuste proportionibus et symmetriis," *De architectura*, 6서 8장 9절.

16 *De architectura*, 1서 2장 2절.

17 "Venustatis vero, cum fuerit operis species grata et elegans membrorumque commensus iustas habeat symmetriarum ratiocinationes." *De architectura*, 1서 3장 2절.

18 "Decor autem est emendatus operis aspectus probatis rebus compositi cum auctoritate." *De architectura*, 1서 2장 3절.

체로 실현되는 것이다. 물론 그 배치 원칙은 기하학과 수학을 포함하는 다양한 지식으로부터 나온다. 건축의 권위가 강조됨으로써, 크게 짓고 정교하게 짓는 것을 좋게 평가하는 수준을 넘어서서 지적으로 아름답게 짓는 것을 강조하게 되었다. 이러한 이론적 전환은, 건축물에 의해 가시화되는 제국이 크고 정교한 것을 넘어 그 내용에서 새로운 차원의 것을 추구하게 되었기 때문에 나타나는 것이 아닌가? 또한 건축과 도시의 무질서한 추구를 뛰어넘어 질서를 추구할 뿐 아니라, 그 질서가 권력이나 법에 의해 일률적으로 강제되는 것도 아니고, 황제마저도 그 원리를 이해하고 따라야 하는, 많은 사람이 보편적으로 동의할 수 있는 공통의 원칙에 의한 질서가 아닌가?

바로 이러한 질적 전환의 물음이 비트루비우스의 시대에, 제국의 발전 과정에 피어난 물음이었다. 단지 크고 잘 지은 건축과 도시가 아닌 질적으로 더 향상된 도시와 사회 말이다. 권위의 강조는 당시 제국 문화에 요구되는 문화적 요구와 관련되어 있었을 것이다. 즉, 권위를 통해 제국의 영광과 지배의 타당성을 강화하고자 했을 수도 있고, 혹은 그 제국이 후대에 길이길이 이어지고 기억되기를 바랐기 때문이었을 수도 있다. 건축의 권위를 수립하려는 강한 동기가 제국을 배경으로 해서 비로소 생겨날 수 있었다고 한다면, 비트루비우스를 참조한 후대의 사회적 조건에도 이런 접근방법은 과연 타당한 것이었을까? 또한 제국의 그늘에서 벗어날 수 있었을까?

3. 르네상스의 전환

비트루비우스 이후 서양문명사에서 두 번째로 완전한 건축이론서는 15세기 후반 레온 바티스타 알베르티(Leon Battista Alberti, 1404~1472)가 쓴 『건축론(*De re aedificatoria*)』[19]이다. 알베르티는 그의 시대에 발견되어 빛을 본 비트루비우스의 옛 저작을 연구하고 해설하는 데 그치지 않고 이에 기반하여 새로운 지식을 구성했다. 이때 고대 로마 제국의 개념들도 르네상스의 새 맥락에서 부분적으로는 계승되고 부분적으로는 변형되었을 것임을 예상할 수 있다. 알베르티는 이 저서를 교황 니콜라우스 5세(재위 1447~1455)에게 바쳤다. 알베르티가 15세기의 교황 통치와 공화정제 아래 비트루비우스의 저서에 실린 제국적 개념들을 어떻게 받아들였는지를 살펴보는 것은 의미심장하다. 예를 들어, 건축적 권위라는 측면에서 알베르티는 비트루비우스가 품은 목적과 고안한 방법에 만족하고 동의할 수 있었을까? 판단하건대, 비트루비우스가 건축적 권위를 주장한 목적, 가치체계, 개념들은 알베르티에 의해 변경되었다.

> 그것이 없어서는 안 된다는 데 동의할 수 있을 뿐 아니라 또한 그것으로부터 유용성을 매력과 품위와 한 데 묶는 어떤 것을 마침내 찾아낸다면, 내 생각에 그 범위에서 건축이 뒤떨어지지 않을 것이다. 즉, 건축은 잘 생각해보면, 공적으로도 사적으로도 유용성이 크고 인

19 이 글에 인용한 알베르티가 쓴 『건축론』의 라틴어 텍스트는 1486년의 초판본에서 가져온 것이다. 이하 *De re aedificatoria*로 표기한다.

류에게 큰 매력이고 품위에서도 으뜸가는 학술들 가운데서 뒤지지 않는다.[20]

우선, 알베르티는 『건축론』 서문에서 건축은 유용성(utilitas), 즐거움(voluptas), 품위(dignitas)를 모두 추구하는 학술임을 분명히 밝힌다. 그에 따르면 건축은 우리를 돕고, 즐겁게 하고, 고상하게 해주는 가치가 있다. 이 새로운 가치체계는 비트루비우스의 가치체계인 튼튼함, 유용성, 아름다움과 대비된다. 알베르티는 『건축론』 제6권에서 로마 건축의 성과를 설명하기 위해, 건축술의 역사적 발전을 요약하기를, "아시아(즉, 아시리아)에서 처음 태동하여, 그리스에서 번영했고, 이후 이탈리아에서 영광스러운 성숙함에 도달했다"고 본다. 즉, 아시아의 고대의 왕들은 자신들의 영광(maiestas)에 부합하는 가능한 크고 멋들어진 건물들을 추구했다. 그러다가 경험에 의해 점차 우아함을 평가할 수 있게 되었고, 그다음으로 그리스에서는 예술가의 예술적 기교가 왕의 부보다 더 칭송받음을 깨닫고, 건축에서도 자연으로부터 예술적 재능을 추구했다는 것이다. 그 뒤 이탈리아에서는 형태의 우아함이 사용성과 분리될 수 없음을 깨달았고, 제국의 건축이 미에 대한 성숙한 이해를 발전시켰다는 설명이다. 알베르티가 설명하는

20 "Aut si tandem comperias ullam: quae cum huiusmodi sit: ut ea carere nullo pacto possis: tum et de se utilitatem: voluptati dignitatique oiunctam praestet: meo iudicio ab earum numero excludendam esse: non duces architecturam: namque ea quidem siquidem rem diligentius pensitaris et publice et privatim com modissima et vehementer gratissima generi hominum est: dignitateque inter primas non postrema." *De re aedificatoria*, 서문.

건축의 이러한 역사적 발전 과정은, 건축적 가치들이 점차 균형 잡으며 전개한다는 설명이다. 즉, 고대 아시아의 과장된 규모를 뛰어넘어 그리스인들에 의한 미적 가치를 발견하고, 최종적으로는 이탈리아인들의 유용성과 아름다움의 조율에 이른다.

알베르티의 텍스트에서는 '영광(maiestas)'의 뜻도 바뀌었다. 애초에 비트루비우스의 텍스트에서는 신성과 제국에만 한정되던 영광은 이제 모든 종류와 차원의 건축물, 즉 도시와 주택과 교회와 원로원 건물, 또는 건물의 일부나 군사 깃발 같은 사물의 속성에까지 적용된다. 예를 들어, "성벽의 높이와 두께가 영광을 더한다."[21] 영광과 품위는 분명 다른 미적 범주에 속하는 것으로 이해된다. 크다고 해서 반드시 품위가 보장되지는 않는다("교회에 아주 두꺼운 벽을 지으면 품위가 생길 거라고 믿는 것은 오산이다").[22] 마찬가지로 영광은 아름다움과도 구별된다("제단은 영광의 자리에 두되, 아름다움의 자리에 두지는 않는다").[23] 매력과 품위를 알베르티는 미(pulchritudo)와 장식(ornamentum)의 원천으로 간주한다. 즉, "한 사물의 장식에서 부족함이 발견되면, 그것은 그 작업의 매력과 품위를 앗아가버리게 된다."

> 뛰어난 아름다움과 장식을 가진 대상물에서 찾아볼 수 있는 즐거움은 재능의 발명과 작업에 의한 것이 아니면 장인의 손에 의한 것이거나 혹은 대상물 안에 자연적으로 배어 있는 것이다. 재능은 선택,

21 "Augebit maiestatem altitudo et crassitudo moenium." *De re aedificatoria*, 7권 2장.

22 *De re aedificatoria*, 7권 10장.

23 "Ubi autem ara statuta sit: maiestatem praese ferat locus uelim magisquae uenustatem." *De re aedificatoria*, 7권 12장.

배분, 배열하는 등의 것이며 작업에 품위를 준다. 손은 쌓고 연결하고 자르고 깎고 다듬는 등의 것이며, 작업에 매력을 준다. 자연에서 나온 특질은 무거움, 가벼움, 빼곡함, 순수함, 오래감 등이며 작업에 경탄을 불러일으킨다. 이 세 가지가 건물 각 부분에 그것의 쓰임새와 역할에 따라 적용되어야 한다.[24]

이렇게, 미와 장식은 재능, 장인의 손, 또는 자연으로부터, 다시 말해, "자연의 선물, 예술의 기교, 장인의 근면함, 지성의 힘"으로부터 얻어진다.[25] 지성의 작용은 작품에 품위를 가져다주는 한편, 손의 작용은 작품에 매력을 가져다주고, 자연은 경이로움을 가져다준다. 이 세 가지가 개별적인 건축 작품의 쓰임새와 역할에 따라 적용되어야 한다고 알베르티는 주장한다. 감각적 매력은 손에 의한 것이고, 품위는 지성에 의한 것이라는 알베르티의 설명은 비트루비우스가 시공자와 건축가가 주는 건축적 효과를 각각 섬세함(subtilitas)과 배치

24 "Quae in rebus pulcherrimis et ornatissimis placeant: ea qiide aut ex ingenii comento et rationibus aut ex artificis manu deueniunt: aut a natura rebus ipsis immissa sunt. Ingenii erit electio/distributio/collocatio/et eiusmoni quae operi afferant dignitatem. Manus erit aceruatio/affictio/amputatio/circucisio/expolitio/et generis eiusdem quae operi afferant gratiam. Rebus a natura ascita erunt grauitas/leuitas/densita/puritas. Contra vetustatem virtus et similia: quae operi afferunt admirationem. Tria haec partibus pro cuiusque usu et munere accomodanda sunt. Partium annotandarom multiplex habetur ratio. Sed nos hic delectet aedificium sic partiri/aut per id in quo una conueniunt: aut per id in quo dissimilia sunt omnia aedificia." *De re aedificatoria*, 6권 4장.

25 ubi rarissima naturae munera et artis peritiam et artificis digentiam ingenuque uim explices." *De re aedificatoria*, 6권 5장.

(dispositio)로 구분한 것에 대응된다. 알베르티에서 주목할 점은 미에 대한 설명에서 품위와 매력과 더불어 권위(auctoritas)를 제시한다는 점이다. 즉,

> 아름다움은 자연에서의 근본법칙인 콘키니타스에 의해 명령된 대로 확실한 수, 윤곽, 위치에 따라서 이루어진, 한 몸체에서의 공감과 일치의 형태다. 이것이 건축술의 주된 목표이자 건축의 품위와 매력, 권위와 가치의 근원이다.[26]

이제 아름다움의 본성은 비트루비우스가 말하듯이 비례에 있는 것이 아니라 콘키니타스에 있고, 그것의 원천은 품위와 매력 말고도 권위라는 또 하나의 분절된 가치에서 나온다고 여겨진다. 건축 작품에서의 권위는 건축가가 미래의 결실에 이바지하는 데 있다고 알베르티는 말한다.

> 라틴인이 자신들의 건물 덕분에 가졌던 제국의 권위와 명성에 대해 말하자면, 나는 다양한 무덤과 과거의 영광의 유적을 지금도 우리 주변에서 볼 수 있다는 것만 말하겠다. 그것들이 지금 없다면 우리가 확신하기 더 어려웠을 역사적 전통을 많이 받아들이도록 가르쳐

26 "pulchritudinem esse quendam consensum et conspirationem partium in eo cuius sunt, ad certum numerum finitionem collocationemque habitam, ita uti concinnitas, hoc est absoluta primariaque ratio naturae, postularit. Hanc ipsam maiorem in modum res aedificatoria sectatur; hac sibi dignitatem gratiam auctoritatem vendicat atque in prec[t]io est." *De re aedificatoria*, 9권 6장.

주고 있다.[27]

알베르티는 로마 제국의 권위와 영광이 그 건축물들로써 세워졌다고 의식한다. 또한 그 건축물들이 후대에 살아남아 역사적 증거가 되고 있다고 지적한다. 이것은 건축물이 가진 기념비로서의 본성을 재확인하고 강조한 것이라고 할 수 있다. 특히 다른 공적·사적인 세속 건축물 말고, 교회 같은 종교 건축물이 장식에 의해서 품위를 부여받을 수 있고, 또한 건물의 내구성을 통한 건물의 오래됨에 의해서 권위를 부여받을 수 있다. 내구성이 부여되면 오래됨에 의해 권위가 부여될 것이고 이는 장식이 품위를 부여하는 것 못지않다는 것이다. 즉, 세월은 건축물에 많은 권위를 부여한다.[28] 그 권위는 건축의 기념비적 속성에서 핵심이 된다.[29]

이렇듯 알베르티에게 건물의 권위는 아름다움, 품위, 영광처럼 구별되는 또 다른 개념으로 정립되었고, 경우에 따라서 권위는 다른 가치들보다 우위에 놓기도 한다. 예를 들어, "현자들과 식자들이 만나는 곳은 매력보다 권위를 훨씬 더 많이 띠어야 한다"[30]거나, "헤라

---

27 "Quantum vero auctoritati imperii et nomis latini contulerit aedificatio nihil plus dico quae nos ex his bustis et residuis veteris magnificentiae: quae passim videmus multa historicis credere didicisse: quae alioquin fortasse minus credibilia videbantur." *De re aedificatoria*, 서문.

28 "Et vetustatem non minus auctoritatis quae ornamentum dignitatis afferre templis arbitramur." *De re aedificatoria*, 7권 3장.

29 알베르티는 추념적 기념비를 『건축론』 7권 16장에서 다루고, 그 연장선에서 8권 2장에서 무덤들을 다룬다.

30 "habeatque auctoritatis in se magis quae uenustatis." *De re aedificatoria*, 5권 8장.

클레스, 마르스, 그 밖의 위대한 신들은 매력에 의해 매력을 주기보다는 근엄함에 의해 권위를 부여해야 한다"는 것이다.[31] 알베르티에 따르면 권위는 아름다움에서뿐만 아니라 또한 오래됨에서도 나온다. 바실리카나 학교처럼 또 다른 권위가 필요할 때는 이름을 부여하고서라도 그것을 얻을 수도 있고 얻어야 했다.[32] 비트루비우스가 아직 살아 있다면 품위, 매력, 아름다움, 권위, 이 모든 것은 뭉뚱그려서 여전히 건축가의 권위에 이바지하는 것들 아닌가? 하지만 제국의 영광이 아니라, "우리의 삶을 좋게 또 복되게 만드는" 학술들의 하나로서 건축의 가치의 초점을 옮긴 시대에서 건축의 권위는, 비록 그 그늘은 남아 있지만, 더 세심하게 정의되고 더 보편타당한 가치들에 자리를 내주어야 했다.

4. 맺는말

건축이라는 학술의 영역에서 비트루비우스와 알베르티는 건축을 하나의 엄격한 학술의 영역으로 세우려는 똑같은 동기를 가지고 있었다. 서로 다른 시대를 살았던 두 사람은 건축가를 건축의 지적인 실행자로 강조했고 그 지식을 강조했다는 점에서 공통적이다. 하지만

31 "Herculi Marti et maximis diis ita ponenda esse tecta: ut magis auctoritatem ex gravitate quae gratiam ex uetustate prabeant." *De re aedificatoria*, 7권 4장.

32 "플라톤이 유용한 조언을 해주었는데, 장대한 이름을 지으면 한 장소가 큰 품위와 권위를 가질 수 있다(Hoc etiam saciet ad rem quod monebat Plato dignioiem futuram lo auctoritatem)." *De re aedificatoria*, 6권 4장.

우리가 다시 확인했듯이, 비트루비우스는 제국을 위해서 건축적 권위를 요청했고 그 권위의 내용을 발명해냈다. 그는 제국의 영광이라는 최고 목적에 복무하는 건축의 권위를 건축가의 교양적 지식에 의존했고, 그 지식은 아름다움을 만들어내는 실행으로서의 배치에 관한 지식이었다. 제국이 사라진 근세 이탈리아에서 알베르티는 이러한 권위의 개념에 더 이상 만족할 수 없었다. 그에게는 새로운 사회를 위한 새롭고 더 정교한 가치와 지식이 필요했다. 건축은 제국보다는 일차적으로 개인과 공화국을 위한 것으로 이해되었고, 비트루비우스가 설정한 권위보다는 좀 더 폭넓은 가치들, 즉 품위와 즐거움과 명예가 건축의 일차적인 목적이 된다. 하지만 알베르티는 선조가 남긴 제국적 지식과 유산들에 권위의 개념을 더 선명하게 부여했다. 이제 권위의 주된 원천은 건축가도 작업자도 아닌 제국의 역사 그 자체가 되었다. 이 차이는 서양 문명에서 가장 중요한 초기의 건축에 관한 두 저작을 구별 짓는 의미심장한 차이로 주목받을 만하다. 어쩌면 다른 학술 분야에서도 우리는 이와 비슷한 전환들을 찾아볼 수 있을지도 모르겠다. 이후 건축사에서 고대 로마 제국과 비트루비우스의 권위는 더욱 커져갔고, 그러면서 '현대인'들이 이 권위에 맞서서 자신들의 지식과 기술을 만들어가는 과정에서 새롭고 많은 문화적 창조가 일어났다. 물론 르네상스 이후로 현대에 이르기까지 건축의 가치들은 기술문명시대에 이르러 전면적으로 대체되어왔고, 특히 기술의 장악력에 대부분 굴복하게 되었지만 말이다.

참고문헌

가든슨, 앤서니 · 서튼, 필립 W. (2014), 『사회학의 핵심 개념들』, 김봉석 옮김, 동녘.

Alberti, Leon Battista (1966), *L'architettura, De re aedificatoria*, ed. et tr. Giovanni Orlandi et Paolo Portoghesi, Milano: Edizioni il Polifilo.

Anstey, Tim (2003), "Authorship and Authority in L. B. Alberti's De re aedificatoria," *Nordisk arkitekturforskning* 4: 19-25.

Balsdon, J. P. V. D. (1960), "Auctoritas, Dignitas, Otium," *The Classical Quarterly*, New Series 10(1): 43-50.

Cicero, M. Tullius (1902), *De Oratore*, ed. by A. S. Wilkins, Oxford: Clarendon Press.

Cicero, M. Tullius (1915), *De Inventione*, ed. by Eduard Ströbel, Lipsiae: B.C. Teubner.

Choay, Françoise (2007), "Le De re aedificatoria et l'institutionnalisation de la société," *Alberti: Humaniste, architecte*, ed. by Françoise Choay and Michel Paoli, Paris: ENSBA.

Goodwin, Jean (2001), "Cicero's Authority," *Philosophy &Rhetoric* 34(1): 38-60.

Heinze, R. (1925), "Auctoritas," *Hermes* 60: 348-366.

Kruft, Hanno-Walter (1996), *A History of Architectural Theory: From Vitruvius to the present*, New York: Princeton Architectural Press.

Masterson, Mark (2004), "Status, Pay, and Pleasure in the De Architectura of Vitruvius," *American Journal of Philology* 125(3): 387-416.

McEwen, Indra Kagis (2003), *Vitruvius: Writing the body of architecture*, Cambridge: The MIT Press.

Porphyrios, Demerti (1989), "The Relevance of Classical Architecture," *Architectural Design* 59(9/10): 53-56.

Ridler, Vivian (1968), "Dignitas," *Oxford Latin Dictionary*, vol. 1, London: Oxford University Press.

Vitruvius (1912), *De architectura libri decem*, ed. by F. Krohn, Lipsiae: B. G. Teubner.

Vitruvius (1914), *Vitruvius: The ten books on architecture*, trans. by Morris Hicky Morgan, Cambridge Mass.: Harvard University Press.

Walden, Daniel K. S. (2014), "Frozen Music: Music and architecture in Vitruvius' De Architectura," *Greek and Roman Musical Studies* 2: 124-145.

Westfall, Carroll (1974), *In This Most Perfect Paradise: Alberti Nicholas V and the invention of conscious urban planning in Rome, 1447-55*, University Park: Pennsylvania State University Press.

중세 아랍 문학에 투영된 이슬람 제국의 양상: 우마이야 제국, 압바스 제국과 아랍 문학의 상관성*

김능우

1. 머리말: 제국을 경험한 아랍인

넓은 의미에서 한 국가가 자체의 주권이나 권위를 다른 국가나 지역으로 확대하는 정책이나 움직임을 제국주의(imperialism)로 정의하며,[1] 그 권위를 행사하는 국가, 곧 제국의 강력한 통치자의 개인적 권위는 여러 다른 영토나 지역에 확장되어 지배권을 행사하게 된다. 서남아시아에서는 중세 시대에 여러 이슬람 제국이 있었으며 그 토대가 된 것은 7세기 초 아라비아 반도의 메카에서 이슬람 예언자로 등장한 무함마드(Muhammad, 632 몰)가 622년 메디나로 이주하여 세운 움마(ʾummah, 이슬람 공동체)였다. 14세기 아랍 사상가 이븐 할둔(Ibn

* 이 글은 『인문논총』 제72권 제3호(서울대학교 인문학연구원, 2015년 8월)에 「중세 이슬람 제국(帝國)과 아랍문학의 상관성 고찰: 우마이야조, 압바스조 시대를 중심으로」란 제목으로 게재된 필자의 논문을 수정·보완한 것이다.

1 서울대학교 역사연구소 편(2015), 『역사용어사전』, 서울대학교출판문화원, '제국주의', p. 1555.

Khaldūn)의 연대의식 이론[2]을 적용해 제국 탄생의 담론을 전개한 피터 터친(Peter Turchin)의 논의에 따르면, 무함마드가 전파한 이슬람은 아라비아 반도 내 각자의 결속력을 갖고 있으나 협력하지 못했던 많은 부족을 강력하게 묶는 새롭고 거대한 연대의식으로 작용했다.[3]

움마를 기점으로 이러한 종교적 연대의식을 갖고 무함마드 사후 아랍인이 주축이 되어 세운 이슬람 제국으로는 정통 칼리프 제국(632~661), 우마이야 제국(661~750), 압바스 제국(750~1258)을 들 수 있다. 또한 그 이후에는 투르크족과 페르시아인의 영향력이 강해지면서 그들이 세운 세 개의 제국인 오스만 제국(1299~1923), 사파위조 제국(1501~1736), 무굴 제국(1526~1857)이 이슬람 제국의 명맥을 이어갔다. 우마이야조 시대에 이슬람 제국은 페르시아, 중앙아시아 지역으로부터 북아프리카 및 스페인 지역에 이르는 광대한 영토를 정복·지배했다. 무굴 제국은 인도를 지배했고, 오스만 제국은 아나톨리아 반도를 건너 동유럽까지 정복했다. 이처럼 이슬람 제국은 7세기 중엽에서 20세기 초까지 약 1,300여 년 동안 서남아시아를 중심으로 동서의 넓은 지역을 통치했으며, 그 결과 이 지역에 이슬람이 지배적

2 "'연대의식'(아랍어로 아사비야 'aṣabīyah)은 이븐 할둔의 문명론과 국가론을 이해하는 데 가장 핵심적인 개념이다. 이것은 특정 집단의 존속과 외부의 위협에 대응하기 위해서 구성원 사이에 형성된 결속의식을 가리킨다. 이러한 연대의식은 일반적으로 공통의 조상을 갖는 혈연집단에서 가장 잘 나타나며, 따라서 혈연적 유대관계를 잘 보존하고 있는 전야민(田野民)들이 그렇지 못한 도회민들에 비해서 더 강력한 연대의식을 가지고 있다. 사치에 익숙해 있고 상호간의 혈연관계도 희박한 도회민들 사이에 강력한 연대의식이 생길 수 없기 때문에 그들은 전야민에게 정복되고 지배받을 수밖에 없다. 가장 강력한 연대의식의 출현은 곧 왕권과 국가의 탄생으로 이어진다."(이븐 할둔, 2003, 『역사서설: 아랍, 이슬람, 문명』, 김호동 옮김, 까치글방, pp. 561-562)

3 피터 터친(2011), 『제국의 탄생』, 윤길순 옮김, 웅진씽크빅, pp. 137-138.

인 종교로 자리 잡게 되었다.

이슬람 제국의 광활한 영토 내에는 다양한 민족과 인종의 피정복민이 아랍인과 공존했다. 그들은 시리아인, 유대인, 페르시아인, 투르크인, 쿠르드인, 베르베르인, 아르메니아인 등으로 다양했다. 제국의 통치부는 이슬람교의 기치하에 그러한 이질적 집단을 통합함으로써 그들이 제국의 백성으로 살아가게 했다. 이에 따라 다양한 민족의 전통과 문화, 제도가 유입·융합되어 제국의 발전에 기여했다. 그러나 그에 따른 문제점과 부작용도 나타났다. 다양한 민족의 평등한 공존은 이상에 불과하여 이슬람 신앙이 민족의식을 완전히 제거할 수는 없었다. 민족 간 갈등이 불거져나왔으며, 특히 페르시아인은 역사상 자신들의 문화적 우월성과 자부심을 되살려 아랍인의 통치에 저항하는 움직임을 보였다. 또한 투르크족은 군사적 역량을 무기 삼아 제국의 아랍인 칼리프를 명목상의 통치자로 격하시켰다. 결국 아랍인이 창건한 이슬람 제국은 제국 내에서 공존하는 강력한 민족의 저항과 도전을 받으며 붕괴되었고, 이후 또 다른 이슬람 제국으로서 페르시아 제국과 투르크 제국이 세워지기에 이르렀다.

이처럼 아랍인은 이미 중세 시대에 제국을 경험했다. 비록 오늘날 아랍 지역에서 제국의 위엄은 찾아보기 어렵지만 지난날 이슬람 제국이 이룩한 문명은 종교, 문화 면에서 여전히 세계의 중심축들 중 하나를 형성하고 있음은 부인할 수 없다. 소위 문명의 충돌이나 갈등 등의 담론이 전개되고 특히 여러 문명 중에서 이슬람이 자주 거론됨은 과거 이슬람 제국의 파장이 현재까지 감지되고 있음을 반증하는 것이기도 하다. 세계 문명의 하나로서 이슬람 문명은 중세 최고의 문명으로 인류 문명의 발전에 현저한 기여를 했음은 익히 알려진 바로,

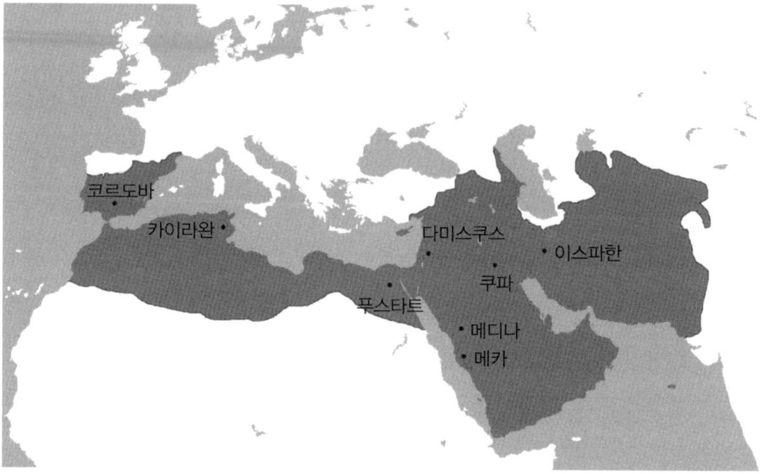

우마이야조 제국(661~750)의 최대 판도

그것은 이슬람 제국이 존재했기에 가능한 것이었다. 인류사에서 이슬람 문명을 논하는 것은 필수적이며, 따라서 그것과 궤를 함께하는 중세 이슬람 제국을 다룰 필요가 있다.

이 글은 중세 이슬람 제국에서의 주목할 만한 양상을 문학과 연계해 다루고자 한다. 구체적으로 논자는 중세 아랍 역사에서 대표적인 이슬람 제국이었던 우마이야조와 압바스조 양 제국이 당대에 시(詩)를 중심으로 한 아랍 문학과 어떠한 상관성을 갖는가에 주목하고자 한다. 즉 정복사업을 통해 점령한 방대한 지역에 걸쳐 여러 민족과 인종, 다양한 사상과 종교를 갖는 집단을 통합한 이슬람 제국이었기에 그 점과 연관되는 아랍 문학의 특징, 곧 제국 내에서 아랍 문학이 어떤 역할을 했는지, 그리고 제국이 필연적으로 직면해야 했던 정치·사회적 문제점 등이 문학에 어떻게 투영되었는지에 관해 작품을 예로 들며[4] 논하고자 한다(3절). 이러한 논의에 앞서 2절에서는 두 이슬람 제국에 대한 개관으로, 제국의 영토 확장 과정과 다민족 통합 방식에 관해 다루고자 한다.

2. 이슬람 제국의 성립과 통치(무함마드~압바스조)

제국 건설과 영토 확장

종교 지도자로 출발한 무함마드는 메디나에서 움마를 건설하고 세속적 권위를 인정받음으로써 정치·군사 지도자로서의 임무도 떠맡았다. 이때부터 코란의 계시에 세속 통치와 사회 문제에 관한 내용이 포함되었다. 부족주의를 타파하고 종교로 하나가 되는 이슬람 국가 건설의 초석을 다진 무함마드가 632년 사망하고 그의 뒤를 이은 1대 칼리프 아부 바크르(632~634 재위)는 새로운 문제에 직면했다. 여전히 부족 간 대립과 갈등이 남아 있고 이슬람 반대 세력이 일어났다. 그는 이러한 내부 문제의 해결책을 외부에서 찾으려 했다. 그는 정복을 통한 영토 확장과 전리품 획득이라는 경제적 이익을 통해 아랍인의 갈등을 해소시키는 방법을 택했다.[5] 아부 바크르에 의해 착수된 이슬

4 본론에서 논자는 각 절의 소주제와 관련해 가능한 한 중세 아랍 문학사에서 인지도가 높고 국내 학계에 소개된 바 있어 연구자들이 참고할 만한 중세 아랍 문인들의 작품을 인용·예시했으며, 그것은 논자가 연구한 작품과 국내 학자들에 의해 번역·소개된 작품 등을 포함한다.

5 Philip K. Hitti (1986), *History of the Arabs: From the earliest times to the present*, 10th ed., New York: Macmillan Education Ltd., p. 142.

람 초기 정복전쟁은 2대 칼리프 오마르(634~644 재위) 시대를 거쳐 3대 칼리프 오스만(644~656 재위) 시대까지 이어졌다. 당시 이슬람 정복은, 이슬람을 받아들이지 않은 아랍 부족들이 있던 이라크 지역과 사산 조 페르시아 제국, 동로마 제국의 영토였던 시리아 지역에 걸쳐 일어났다.[6] 그 결과 무슬림군은 시리아 지역을 점령했고(636년), 페르시아 제국을 멸망시켰으며(651년), 아프리카로 진출해 이집트 지역(646년)을 비롯한 북아프리카 지역 일부를 정복했다. 이처럼 당시 무슬림군은 20년도 안 되는 기간에 아라비아 반도에서 나와 서쪽의 이집트에서 동쪽의 페르시아에 이르는 광대한 영토를 정복했다.

우마이야 제국 시대에 무슬림군은 중앙아시아와 소아시아, 이베리아 반도, 아프리카에 걸친 방대한 지역을 무대로 정복전쟁을 수행했다. 동부 지역의 경우 군사 원정은 두 방향으로 전개되었다. 동로마 제국의 수도인 콘스탄티노플과 주요 도시에 대한 공격이 하나였고, 쿠라산의 북동부인 옥수스(Oxus, 아무다리야 Amudarya)강 너머 지역과 신드(Sindh)에 대한 공격이 다른 하나였다.[7] 콘스탄티노플 점령을 목표로 파견된 무슬림군은 세 차례 그곳을 포위하며 동로마를 위협했고, 칼리프 알왈리드 이븐 압둘 말리크(705~715 재위) 시대에는 옥수스강 너머 지역과 신드를 정복했다. 서부(마그립)의 경우 그 지역의 총독 무사 이븐 누싸이르는 706년 마그립 정복을 완수했다.[8] 이어 그

6 김능우(1996), 「동부 이슬람 지역 무슬림들의 전쟁시(戰爭詩)에 나타난 이미지 연구: 초기 이슬람 시대에서 이슬람력 4세기 말까지(AH 12~392/AD 633~1001)」, 『한국이슬람학회논총』 제6집, 한국이슬람학회, p. 171.

7 김능우(1996), p. 172.

8 김능우(2004b), 「안달루스 아랍시의 독특한 주제」, 『아랍시의 세계』, 명지출판사, pp.

는 스페인 지역에서 서고트 왕국의 내분을 틈타 711년 휘하의 따리끄 이븐 지야드가 이끄는 군대를 보내 스페인 반도의 절반가량을 점령하게 했고, 712년 직접 스페인으로 건너가 세비야 등의 도시를 정복했다. 이렇게 해서 스페인 지역은 우마이야 제국 영토의 일부가 되었고 '안달루스'로 불리게 되었다.

우마이야 제국의 영토를 물려받은 압바스조는 권력의 최고 절정기인 칼리프 하룬 알라쉬드(786~809 재위)의 치세 이후 칼리프의 정치적 권위가 붕괴되면서 바그다드에서 멀리 있는 제국의 속주들이 독립해 나갔다. 그래서 서부의 스페인과 북아프리카, 이집트가 독자적인 군주 아래 실질적인 독립을 이루었다. 다만 압바스 제국 시대에 칼리프들은 대(對)로마 강경책으로 일관하여, 칼리프 하룬 알라쉬드와 칼리프 알마으문(813~833 재위)의 군대는 소아시아의 동로마 영토를 위협했으며, 칼리프 알무으타씸(833~842 재위)은 838년 소아시아 동로마 군의 전략 요충지인 아모리온(Amorion) 성을 점령해 타격을 가하기도 했다.

다민족 · 다인종 통합

이처럼 아랍인이 세운 이슬람 제국은 622년 메디나에 세운 움마를 씨앗으로 정통 칼리프 통치기의 발아를 거쳐, 우마이야 제국과 압바스 제국 시대에 만개했다. 그렇다면 다양한 사고와 전통이 만나고 다민족이 모인 이슬람 제국의 통치는 어떻게 가능했을까?

125-126.

먼저 이슬람 종교를 통한 신자들의 결속력을 들 수 있다. 무함마드는 이슬람에 귀의한 사람들을 형제애로 뭉치게 해 부족주의를 극복했고 삶의 목표를 명확하게 제시했다. 그것은 곧 이슬람 율법을 따르는 세속의 삶이었다. 이전에 아랍인 연대의식의 기반이었던 부족주의는 이슬람 공동체 연대의식으로 확대되었고 그들은 이슬람을 위해 희생할 각오가 되어 있었다. 무함마드의 뒤를 이은 통치자들은 칼리프, 즉 예언자의 임무를 승계하는 자가 되어 이슬람 영역을 넓혀 제국을 건설해 통치하기에 이르렀다. 아라비아 반도에 사는 아랍인의 종교로 출발했지만 '만인을 위한 교훈'(코란, 68: 51~52)이라는 세계종교로서의 가능성을 가진 이슬람교였기에 여러 민족과 인종의 피정복민들이 무슬림이 되었고, 그들은 종교적 유대감에 힘입어 아랍인과 더불어 제국을 유지하고 발전시키는 데 참여했다. 9세기 이후 압바스조 칼리프의 실질적 권위가 약화되어 제국의 영토가 축소되고 페르시아계 시아파 세력의 위협과 간섭이 커지며, 투르크계 셀주크조의 지배력이 강해졌지만 명목상 제국의 통치자로서 압바스조 칼리프의 위상은 어느 정도 보장되었다. 이것은 곧, 칼리프를 위협하는 세력 또한 같은 종교에 속한 자들로서, 정치적으로는 권위를 잃었지만 예언자를 계승한 이슬람교의 수장인 칼리프의 위상을 인정해 제국의 정신적 지도자로 남게 해주었음을 의미했다. 이처럼 이슬람교는 제국의 성장과 발전 과정에서 커다란 동력으로 작용한 한편, 제국의 와해와 쇠퇴기에도 미약하나마 국가 형태를 유지하는 힘으로 작용했다.

정통 칼리프 시대부터 이슬람 제국을 운영하는 과정에서 우선시된 과제는 다민족의 통합이었다. 즉, 제국 내 백성들이 가능한 한 동질감을 갖도록 하고 각자의 신념을 존중하면서 차별 의식을 최소화하여 통치자에게 불만을 갖지 않도록 하는 것이 중요했다. 여기에서도 가장 중요한 요소는 종교였다. 이슬람 제국은 코란의 이상에 따라 '이슬람 지역(dār al-islām)'의 건설·확장을 목표로 삼아 세워진 것이기에 이슬람으로의 귀의나 개종 여부가 피정복민을 구분 짓는 기준이 되었다. 피정복지에서는 페르시아인을 중심으로 비아랍인으로서 이슬람 신자가 된 이들이 생겨났고, 반면 이슬람을 택하지 않고 조로아스터교, 유대교, 기독교 등 원래 자신들의 고유 종교를 간직하려는 이들도 있었다.[9] 제국은 이 두 부류의 새로운 백성을 모두 포용하는 정책을 써야만 했다. 그것은 곧 전자에 대해서는 '왈라(walāʾ, 후견)' 제도를, 후자에 대해서는 '딤마(dhimmah, 쌍무적 계약)' 제도를 운영하는 것으로 나타났다.

왈라 제도는 무슬림이 된 비아랍인을 아랍 부족 사회를 근간으로 하는 이슬람 사회의 일원으로 받아들이기 위해 마련된 것이었다. 이것은 비아랍인 무슬림으로 노예 신분에서 해방된 사람이나 이슬람을 믿게 된 자유민 신분의 비아랍인에 대해 특정 아랍인이 그의 후견

9 우마이야 왕조 말엽(8세기 중반)에 이란, 이라크, 시리아, 이집트, 튀니지, 스페인 등지의 무슬림 인구는 10퍼센트에도 미치지 못했다. 당시 정복사업을 통해 이슬람으로 개종한 대부분의 비아랍인들은, 전쟁 포로를 포함하는 하층민, 사산 왕조의 정부 관료 출신으로 새로운 통치자 밑에서 일하게 된 자들, 두 부류가 있다. 또한 개종을 위한 강요나 적극적인 장려 정책은 없었다. 그러다가 10세기 말엽 이슬람 개종 인구가 증가했는데 그 이유는 이슬람의 의례와 교리, 율법 등의 체계가 갖추어지면서 무슬림과 비무슬림 간의 경계가 뚜렷해졌기 때문이다. 계시 경전을 갖고 있는 비무슬림은 열등하게 취급받았고, 개종을 강요받지는 않았지만 제약이 뒤따랐다. 예로서, 그들은 특별세금을 납부했고, 특정한 색상의 옷을 입지 못했으며, 무슬림 여성과 혼인할 수 없었다. 또한 법정에서 무슬림과 대립할 경우 그들의 증언은 받아들여지지 않았다(앨버트 후라니, 2010, 『아랍인의 역사』, 김정명 · 홍미정 옮김, 심산출판사, p. 102).

인이자 책임자가 되어주는 제도다. 이에 따라 그 비아랍인은 피보호민(마울라 mawlā. 복수형은 마왈리 mawālī)이 되어 아랍 부족 사회에 구성원으로 편입되었다. 후견인은 마왈리에 대한 책임을 지는 대신 그에게서 금전이나 봉사 업무 등과 같은 다양한 유형의 보상을 받았고, 후견권을 제3자에게 양도하는 것도 가능했다.[10] 우마이야조 시대에 마왈리는 법적으로 신분상에서 일반 무슬림으로서의 권리와 의무를 가졌으며, 다만 후견인과는 종속관계에 있었다. 이 시대에 마왈리는 실질적으로 사회적 차별에 직면했지만 교육을 통한 지식과 기술을 획득함에 따라 영향력 있는 지위를 얻기도 했다. 아랍주의를 표방했던 우마이야 제국을 무너뜨린 압바스조의 치세 중 마왈리의 위상은 아랍인과 대등해졌으며 그들 중에는 고위직에 오른 자들도 있었다. 압바스조 시대에 제국의 당당한 백성으로서 자신감을 얻은 마왈리는 제국의 주인임을 강조해온 아랍인에 맞서 자신들의 문화적 역량에 대한 자부심을 내세우는 '슈우비야(shu'ūbīyah)' 운동[11]을 전개하기도 했다.

한편, 제국은 이슬람으로 개종하지 않는 피정복지의 유대교도, 기독교도, 조로아스터교도, 사비교도 등에 대해서는 딤마 제도를 운용했다. 그것은 무슬림 공동체와 비무슬림들 사이에 이루어지는 쌍무적 계약으로, 이에 따라 전자는 '딤미(dhimmī)' 또는 '아흘 딤마(ahl dhimmah, 계약 수혜자)'로 불리는 다른 계시 종교 추종자들에게 그들이

---

10 C. E. Bosworth & others (1991), *The Encyclopedia of Islam*, vol. 6, new edition, Leiden: E. J. Brill, Netherlands, 'mawlā', pp. 875-876.

11 이 책 272쪽 참조.

이슬람의 지배를 인정한다는 조건에서 보호를 제공했다.[12] 비무슬림 공동체에 속한 딤미는 관할 구역 내에서 권리와 의무를 가졌다. 그들은 민사와 사법 문제에서 자치권을 누렸으며 생명과 재산의 안전, 종교 의식 보장 등을 약속받았다. 단 이런 권리는 그들이 이슬람 국가에 충성하고 지즈야(jizyah 인두세)를 납부하는 의무를 수행한다는 조건에서였다. 법학자들의 의견에 따르면 지즈야는 다른 종교의 신자들이 무슬림 사회의 지배에 놓이면서 죽음을 면한 데 대한 보상 또는 무슬림 땅에 살 수 있게 된 것에 대한 보상으로 해석된다.[13] 정치적·사회적으로 딤미는 무슬림 자유인보다 열등한 위치에 있었으나 노예보다는 우위에 있었다.

중세 이슬람 제국 내 다민족, 다인종을 통합하는 또 다른 원동력은 바로 언어 통일이었다. 이슬람 정복 사업으로 경전 코란의 언어인 아랍어는 자연스럽게 피정복지에 확산되었다. 이슬람으로 개종한 타민족 사람들은 신성한 언어로서 아랍어를 접하게 되었다. 종교어로서 중요성을 지닌 아랍어는 점차 실생활에서의 세속 언어로 자리 잡게 되었는데, 그 계기는 우마이야조 칼리프 압둘 말리크(685~705 재위)에 의해 마련되었다. 그는 재무 행정 공용어로 당시까지 쓰이던 그리스어와 페르시아어 대신 아랍어를 채택했는데, 이는 제국 내 다른 민족이나 종교 집단이 생활과 직업을 위해 아랍어를 배워 사용하게 함으로써 아랍어가 확산되는 전기가 되었다. 이에 더해 8세기 후반 중국에서 제지술이 도입된 이래 아랍어로 문서를 작성하는 일이

12 앤 램톤(1992), 『중세 이슬람의 국가와 정부』, 김정위 옮김, 민음사, p. 299.

13 앤 램톤(1992), p. 301.

증가했고, 또한 9세기 초부터 기록 문학으로서의 아랍어 문학작품이 유통되면서[14] 아랍어는 제국의 공용어로 위상을 공고히 했다. 또한 아랍어를 배우는 비아랍인들의 아랍어에 대한 관심이 커지면서 그들의 참여 속에 아랍어 연구가 활발해지고 문법 체계가 발전하기 시작했다. 제국 내에서 아랍어는 사회 각 부문과 여러 학문 분야에서 기록에 사용되었고, 특히 750~900년경에 압바스 제국의 수도 바그다드를 중심으로 제국 전역에서 왕성하게 일어난 학술 번역운동[15]을 통한 문명의 진일보에 결정적 역할을 했다.

3. 중세 이슬람 제국과 아랍 문학

제국 내 문학의 정치 · 사회적 역할

두 제국에서 산문 작가와 시인을 포함하는 아랍 문인들은 작품을 통해 제국을 위해 정치적·사회적으로 기여한 점이 엿보이며, 특히 시인들의 역할이 두드러졌다.

자힐리야(이슬람 이전) 시대(5세기경~7세기 초)부터 아랍 시인들은 부족의 영적 인물이자 대변인으로 활동하면서 부족 집단의 존립에 기여했다. 시인들은 부족 내 지도자나 영웅에 대한 칭송, 부족에 대한 자부심, 적 부족에 대한 비난과 풍자 등을 시에서 표출하여 부족원들

14 앨버트 후라니(2010), p. 107.

15 김능우(2013a), 「중세 암흑기를 밝힌 이슬람의 학술 운동」, 『문명의 교류와 충돌: 문명사의 열여섯 장면』, 한길사, p. 316.

의 단합과 생존 의지를 강화하는 중요한 역할을 했다.

이슬람 시대에 들어와 예언자 무함마드는 처음에는 코란 계시의 전파를 우선시하여 인간의 마음을 동하게 하는 시에 거부감을 드러냈다. 그러나 그는 곧 이슬람 포교에서 시의 효용 가치를 깨닫고는 적극적으로 무슬림 시인들에게 이슬람 교리와 정신을 담은 시를 짓도록 권했다.[16] 이로써 아랍 시는 이슬람과 배치되지 않게 되었으며 이는 향후 이슬람 제국 내에서 시가 더욱 발전하는 계기가 되었다. 곧 이슬람 이전 시대에 부족을 위한 시의 역할이 이제는 이슬람 공동체와 제국을 위한 역할로 대체·확대되는 결과로 이어졌다.

그 예로는 초기 정복전쟁을 그린 아랍 시를 들 수 있다. 이슬람 초기 시절 아라비아 반도의 이슬람공동체가 주변의 광대한 지역을 영토로 하는 제국으로 확대되어가는 과정에서 이슬람 정복전쟁이 전개되었다. 아라비아 반도의 고향을 떠나 정복전쟁에 참가한 아랍 병사들은 고향에 대한 향수, 승승장구하는 전사로서의 자부심, 풍부한 전리품에 대한 만족감, 지하드[이슬람 성전(聖戰)] 수행의 사명감 등을 매우 간단하고 짧은 시로 표현했다.[17] 그 작품들에는 부족주의적 자부심을 뛰어넘어 무슬림으로서 이슬람 전파라는 종교적 대의에 충실한 면을 발견할 수 있는데 이는 궁극적으로 이슬람 제국 건설이라는 종교적 대의와 상응한다.

---

16 김능우(2004d), 「'자힐리야-이슬람 전환기'의 아랍시 연구」, 『아랍어와 아랍문학』 제8집 2호, 한국아랍어·아랍문학회, pp. 110-112.

17 버나드 루이스 엮음(1996), 『이슬람문명사』, 김호동 옮김, 이론과실천, p. 148; 김능우(2004c), 「이슬람 초기(622~661년) 무슬림들의 '정복 전쟁'을 다룬 아랍시」, 『아랍시의 세계』, 명지출판사, pp. 163-167.

페르시아군을 상대로 한 까디시야 전투(Battle of al-Qādisiyyah, 636년)에 참가한 오르와 이븐 알와르드('Urwah ibn al-Ward)가 지은 다음 시에는 알라의 뜻에 따라 전쟁에 임하는 무슬림 전사의 지하드 정신이 나타나 있다.

> 나는 전사로서 보란 듯이 까디시야인들과 대적했다. 적은 인내하지 못하더라도 나는 굳세게 참아내지/ 나는 적들과 창으로 맞서 싸웠고 그들은 흩어졌다. 나는 칼로 적들을 쳤고 그들은 우왕좌왕했다./ 나는 나를 바른 길로 이끌어주신 알라를 찬양한다. 나는 살아 있는 한 알라를 위해 진력하고 감사드릴 것[18]

우마이야와 압바스 제국에서 시는 더욱 활기를 띠었고 그 활용도도 크고 다양해졌다. 칼리프와 귀족층, 지도자를 칭송하는 시, 적과의 전쟁에서 무슬림 군대의 사기를 높이는 시가 지어졌다. 두 제국이 수립되고 유지되는 과정에서 시인들은 정치적으로 통치 가문의 칼리프위(位) 적격성과 정통성을 옹호함으로써 제국의 안정화에 기여했다. 우마이야가는 제국의 통치권자인 칼리프에 등극하는 과정과 그 이후 제국을 경영하는 과정에서 여러 종파나 정파의 공격과 도전을 받았다. 그런 가운데 통치부에 속한 시인들은 지속적으로 우마이야조 칼리프를 지지하고 칭송하는 시를 지음으로써 민심 이반을 차단하고 언론을 주도하는 역할을 했다. 이어 압바스가의 시인들도 우마이야조

18 Abū Ḥanīfah al-Dīnawarī, *al-Akhbār al-Ṭiwāl*(필사본 옮김: 'Abdu-l-Mun'im 'Āmir), Baghdad: Maktabah al-Muthannā, p. 125.

를 무너뜨린 압바스가의 혁명의 정당성을 옹호하며 압바스가의 칼리프위 승계의 타당성을 지지·역설함으로써 제국의 통치에 한몫했다.

일례를 들자. 알마흐디는 시인들을 적극적으로 지원한 최초의 압바스조 칼리프로, 시인들에게 하사금을 주었다. 알마흐디의 치세에 많은 시인은 칼리프위에 대한 그와 압바스가의 권리를 옹호하는 한편, 그 직위에 대한 알리파(시아파)의 권리를 부정했다. 그들의 시에서 압바스가는 칼리프위에 대한 적법한 계승자이자 진정한 수호자다. 당대 시인 이븐 알마울라(Ibn al-Mawlā)는 다음 시에서 압바스가야말로 예언자 무함마드와 같은 부족 출신으로 국가 통치자로서의 자격과 정통성을 갖고 있음을 강조한다.

> 신자들의 지도자와 그의 무리는 루아이 이븐 갈립[19]의 계보를 잇는 숭고한 덕을 지닌 사람들/ 그들은 국가의 기둥이자 예언자(무함마드)로부터 거짓됨 없는 (칼리프의) 권리를 계승하는 사람들[20]

다른 예로, 압바스조 시대의 시인 아부 탐맘(Abū Tammām, 약 846 몰)은 칼리프를 칭송하는 시를 남겼다. 그는 앞서 다른 통치자들이 정복하지 못했던 비잔티움 제국의 난공불락의 암무리야 성을 함락(838년)한 칼리프 알무으타씸의 대승리를 이슬람사(史)에 영원히 남을 승리로 기록했다.

---

19 Lu'ayy ibn Ghālib ibn Fahr. 자힐리야(이슬람 이전) 시대에 예언자 무함마드가 속한 꾸라이쉬족의 인물. Khayr al-Dīn al-Ziriklī (1984), *al-'A'lām*, vol. 5, Beirut: Dār al-'Ilm li-l-Malāyīn, Lebanon, p. 245.

20 Shawqī Ḍayf (2), *al-'Aṣr al-'Abbāsī al-'Awwal*, Dār al-Ma'ārif, Egypt, p. 293.

승리 중의 승리. 시도 산문도 묘사할 수 없는 대승(大勝)./ 승리. 하늘의 문(門)들이 맞아준 승리. 대지 또한 승리를 기념하여 아름다운 옷을 입는다./ 암무리야 전투의 날이여! 너를 향한 소원들은 젖이 도는 암낙타들이 되어 기쁨 속에 실현되었도다./ 승리는 이슬람 신자들의 격을 높여주었고, 불신자들과 그들 세계의 격을 강등시켰다./ 뭇 남자들에게 얼굴이 노출된 처녀 같은 성. 페르시아 왕이 그녀를 복종시키지 못했고, 타바비아의 아부 카립 왕도 그녀에게 외면당했지./ 처녀. 어떤 손찌검도 그 처녀성을 꺾지 못했고, 어떤 재난도 그녀에게 이르지 못했다네.[21]

시인들은 제국 통치자에 대한 칭송시만 지었던 것은 아니다. 이슬람 영토에 대한 외세의 침략에도 불구하고 제국 통치자가 무관심하여 사태를 수수방관하며 대응하지 않을 경우 시인은 작품에서 통치자의 무능에 비판을 서슴지 않았다. 예로서, 1차 십자군의 공격으로 1099년 예루살렘이 정복되고 많은 무슬림이 죽임을 당하자 시인 알아비와르디(al-'Abīwardī, 1113 몰)는 읍소의 심경을 담은 다음 시를 통해 참극 소식을 제국의 수도 바그다드에 알리는 한편, 사태 파악에 더딘 칼리프의 안일함을 풍자하며 각성을 촉구하고 서둘러 전쟁에 나설 것을 간청한다.

이슬람 신도들이여, 그대들의 뒤편에서는 머리통들을 발치에서 뒹

21 Īliya al-Ḥāwī (1981), *Sharḥ Dīwān Abī Tammām*, Beirut: Dār al-Kitāb al-Lubnānī, Lebanon, p. 24.

굶게 하는 전쟁이 벌어지고 있다./ 초록 수풀의 꽃봉오리처럼 안락한 삶 속에서 평안하고 즐겁게 잠을 즐길 수 있단 말인가?/ 잠자던 모든 이를 깨우는 재난이 닥쳤는데 어떻게 숙면을 취할 수 있단 말인가?/ 시리아에 있는 당신의 형제들이 낮잠 자는 곳은 말 등이나 독수리의 뱃속이건만./ 로마 군(십자군)이 그들에게 모멸감을 안겨 줄 때 당신들은 태평스레 안락하게 지내고 있구나./ 다른 종족 군사들은 치욕을 좌시한다지만, 아랍의 용사들은 피해를 입고도 만족해 하는가?/ 그들이 열정에 힘입어 종교를 수호하려 들지 않는다면 차라리 질투심에 힘입어 자신들의 여자들을 지키려 한다면 좋겠건만./ 전투가 격렬한 가운데 그들이 보수를 받지 못했다면, 차라리 전리품을 탐내어 전쟁터로 달려갔으면[22]

한편, 이슬람 제국 내 문학에는 특별히 '치자(治者)들을 위한 거울(Mirrors for Princes)'이라는 명칭으로 불리는 종류의 문학이 있었다.[23] 이것은 통치자나 정치가, 총독, 고위 관리들에게 조언하기 위한 목적으로 쓰인 문학을 말한다. 이 유형의 문학은 그들이 어떻게 처신하는가에 관한 것, 곧 그들의 행실을 보강하는 데 필요한 종교적이고 윤리적인 자질에 대해 다루며, 또한 그들이 자신들의 정치적 · 군사적 · 행정적 목표를 달성하는 최상의 방법을 알려준다. 이 유형의 문학 작품에는 여러 가지가 있으며, 그 한 가지 예로 소개할 대표적인

22 Ibn al-ʾAthīr (1979), *al-Kāmil fī al-Tārīkh*, Beirut: Dār Ṣādir, Lebanon, vol. 10, pp. 284-286.

23 Julie Scott Meisami and Paul Starkey, ed. (1998), *Encyclopedia of Arabic Literature*, vol. 2, London and New York: Routledge, 'Mirrors for Princes', p. 527.

원수지간인 올빼미 진영과 화해냐, 전쟁이냐의 여부를 두고 대신들의 의견을 경청하는 까마귀 왕(『칼릴라와 딤나』, 「올빼미와 까마귀의 장」)

작품으로는 압바스조 시대 산문 작가 이븐 알무카파(Ibn al-Muqaffaʿ 759 몰)의 『칼릴라와 딤나(*Kalīlah wa Dimnah*)』를 들 수 있다. 인도 설화집 『판차탄트라(*Pancha-tantra*)』의 페르시아 본을 아랍어로 번안한 이 작품은 인도-페르시아-아랍으로 이어지는 번역 과정을 보더라도 다민족을 포함하는 이슬람 제국의 방대한 규모를 짐작게 한다. 동물우화지만 통치자를 위해 현자가 들려주는 이야기로 구성되어 있는 이 작품을 통해 이븐 알무카파는 칼리프 알만수르의 독재와 폭정을 비판하고 이상적 개혁안을 제시하면서 무지한 백성들을 계몽하려고 했던 것으로 보인다.[24] 또한 본문에서 "짐은 유능한 인재를 발견하면 즉시 등용할 것이니라. 그리고 무능하고 패악한 자는 과감히 파

24 바이다바(2008), 이븐 알무카파 아랍어 역, 『칼릴라와 딤나』, 이동은 옮김, 도서출판 강, p. 13.

직시킬 것이니라"[25]고 인사 정책에서의 소신을 피력하는 사자 왕이나, "옛말에 '무릇 훌륭한 왕이란 시체들에 둘러싸인 독수리 같아야지, 독수리들에 둘러싸인 시체 같아서는 아니 되느니라'고 했소"[26]라며 통치자 주변의 간신에 대한 경계를 강조하는 신하 소(샤트라바)의 예화에서 보듯, 그 내용도 이슬람 사상에 기초한 왕의 통치술, 군신 간의 관계, 왕의 덕목 등에 주안점을 두고 있어 제국의 통치자를 위한 지침서로서의 성격을 띠고 있음을 알 수 있다.

제국의 향락 풍조와 그에 대한 반작용

고대와 중세에 인류가 세운 제국은 다른 민족이나 나라의 영토 점령과 전리품 획득, 속주에서의 조공과 징세 등으로 국가 재정이 증가하고 이에 따라 수도와 도시를 중심으로 번영을 이루어 도시민은 그 물질적·경제적 혜택을 향유했다. 그래서 제국들에서는 공통적인 특징으로 그 절정기에 달했을 무렵 경제적 풍요와 도시화에 따른 향락주의와 물질문화가 팽배했음을 보게 된다. 검약과 절제를 미덕으로 삼는 유목문화에 바탕을 둔 아랍인의 삶은 정복을 통한 영토 확장과 조세 수입의 증가로 풍족해졌고 사치와 향락 풍조가 확산되었다. 제국은 항상 문화적 다양성을 가지고 있는 특성상, 불가피하게 많은 종류의 문화적 교류, 통합, 혼합 또는 '잡종성'을 낳게 마련이며[27] 이슬람 제국 또한 그러했다. 특히 도시문화의 요소가 짙은 외래의 페르시

25 바이다바(2008), p. 62.

26 바이다바(2008), p. 112.

27 스티븐 하우(2007), 『제국』, 강유원·한동희 옮김, 뿌리와이파리, p. 49.

아 문화의 유입은 아랍인에게 부정적으로 작용해 그들이 이슬람 신앙에서 일탈하게 하는 원인이 되었다. 한편, 제국 내에는 향락과 물질문화에 대한 반작용으로서 그것에 대한 비판 의식이나 그것으로부터의 도피 성향을 가진 자들도 나타났으며 이러한 성향은 문학 분야에서 염세주의적 시편이나 영성(靈性)을 추구하는 수피(ṣūfī, 이슬람 신비주의자)들의 시편에서 나타났다.

이슬람 제국 내 향락풍조가 만연했음은 우마이야조 시대에 이슬람 성지 메카와 메디나가 위치한 히자즈 지역의 실태에서 알 수 있다. 예언자가 살았던 도시이기에 그곳에서는 이슬람 교리에 충실한 시가 지어졌을 것으로 추측되지만, 그와는 반대로 남녀 간 자유로운 사랑 같은 향락적인 인생을 예찬하는 시들이 지어졌다.[28] 그곳에는 음악과 노래가 발전했고 부유한 귀족들을 즐겁게 하는 직업적인 연예인도 생겨났다. 또한 공공연히 술을 마셨던 최초의 칼리프인 야지드 이븐 무아위야를 비롯한 일부 우마이야조 칼리프들은 이슬람 지도자의 본분을 잊고 노래와 시, 음주를 즐기며 향락생활에 탐닉했다.[29] 압바스 제국에서는 지배층의 후원에 힘입어 학문과 예술이 융성했지만 권력을 가진 소수 지배층은 향락과 사치를 누렸으며, 특히 압바스가의 정치 혁명에 일조한 페르시아인의 영향력으로 인해 페르시아 사산조 사회가 지녔던 향락과 퇴폐 요소들이 만연했다.[30] 이슬

28 버나드 루이스 엮음(1996), p. 149.

29 김능우(2004a), 「술을 노래한 중세의 아랍 시인들」, 『아랍시의 세계』, 명지출판사, p. 102.

30 김능우(2006), 「카리야트(酒詩)의 시성(詩聖) 아부 누와스 고찰: 생애, 시에 나타난 '일탈(逸脫)'」, 『아랍어와 아랍문학』 제10집 1호, 한국아랍어·아랍문학회, pp. 75-76.

람 제국에서 페르시아 문명의 영향으로 도시 문화가 발달하면서 아랍 시에는 도시적인 색채가 두드러지기 시작했는데 그 대표적인 경우는, 향락 문화에서 빼놓을 수 없는 두 가지 요소인 음주와 성애(性愛)를 주제로 한 시의 발달이다.

음주가 금지된 이슬람 사회에서 술을 주제로 한 시가 발전되었음은 역설적으로 보이며, 이는 다양한 문화가 혼재하고 도시화가 진행되는 제국의 특성상 불가피한 현상이었다. 우마이야조와 압바스조 양 제국 시대에 다마스쿠스와 메소포타미아의 도시들에는 '박커스' 시작(詩作)의 전통이 생겨나[31] 술을 주제로 한 시, 곧 주시(酒詩, 캄리야트 al-khamrīyāt, wine poetry)가 유행했다. 여러 구전에 따르면 당시 시인들은 술을 마시면서 시 경연을 벌였고 술자리에 있는 한 사람에게 판정을 맡기기도 했을 만큼[32] 시인들에게 음주 문화가 확산되어 있었다. 주시를 지은 시인들 중 우마이야조 시대에는 기독교도로서 마음껏 술을 마신 알아크딸(약 710 몰)과 우마이야조 귀족인 알왈리드 이븐 야지드(744 몰)가, 압바스조 시대에는 주시의 시성(詩聖)으로 칭할 만한 페르시아 출신의 아부 누와스(Abū Nuwās, 815 몰)가 두드러졌다.

아부 누와스는 음주와 동성애에 탐닉하고 그것에 관한 시를 씀으로써 아랍문학사에서 이슬람에 극도의 불경을 저지른 대표적 시인으로 알려져 있다. 그는 인도, 중국의 동방 무역과 서방 무역이 만나고 다양한 민족과 인종이 교류하며, 학문의 도시이자 향락의 도시로 압

---

31 버나드 루이스 엮음(1996), pp. 148-149.

32 김능우(2006), p. 82.

압바스조 시대의 주점(酒店)

바스 제국의 위상에 걸맞은 도시인 바스라[33]에서 성장했다. 그곳에서 아부 누와스는 종교와 아랍어에 관한 방대한 지식을 얻음과 동시에 방탕한 세계와 접했으며 이는 그의 성격과 시 성향을 결정짓는 계기가 되었다. 특히 음탕한 기질을 지녔고 주시에 뛰어났던 시인 왈리바 이븐 후바브(786 몰)를 만나 그에게서 음주와 주시를 배움으로써 본격적으로 유흥과 도락 세계에 들어섰다. 이렇듯 아부 누와스의 생애를 통해서도 술과 동성애를 금하는 이슬람의 교리에 위배되는 수준으로 치달은 당시 유흥 문화의 단면을 알 수 있다. 그는 주시에서 술을 기본 모티프로 삼아 삶에 대한 성찰, 종교적·사회적 비판 등을 의

33 압바스 제국은 중국의 당 왕조 제국과 활발한 교역을 전개했다. 두 제국 간 해상 교역로의 기점은 각각 페르시아만과 광주였다. 페르시아만의 상업 중심지인 두 도시 바스라와 시라프는 9세기 중엽 해상 무역에서 물품 집결지로 발전하여 제국 내 가장 중요한 항구가 되었다(김능우, 2013b, 「인도양을 건너 중국에 온 아랍 상인」, 『중국 개항도시를 걷다: 소통과 충돌의 공간 광주에서 상해까지』, 현암사, pp. 56-57).

도하기도 했지만 무엇보다 술을 인생의 목적으로 삼고 이슬람교에서 금지된 남성 동성애나 포도주에 대한 애정을 찬미했다.

다음 시에서 그는 술을 금지하는 종교 가르침을 위반하는 데 거리낌이 없어 보인다.

> 술 안에 나를 즐겁게 하는 음식이 있다면 나는 지체 없이 술로 아침 식사를 할 것./ 술은 놀라운 것. 이보게 술 마시는 이! 술을 들게나. 술로 인해 죄를 저지르는 한이 있더라도./ 맑은 빛깔의 붉은 술을 마신다고 탓하는 이여! 당신은 천국에 가게나. 나는 지옥에서 살아도 되니[34]

제국 내에서 본격적으로 남녀 간 성애를 주제로 다룬 시는 '연애시(가잘 ghazal, 가잘리야트 ghazalīyāt)'의 유형으로 나타났다. 세속적 특성을 지닌 우마이야 제국 시대에는 히자즈 지역의 성(聖)스러운 이슬람 도시 메카와 메디나를 중심으로 향락주의가 만연하면서 이성 간 교제가 자유로워지는 가운데 관능적 성향의 가잘이 크게 유행했다. 특히 두 도시에 유입된 페르시아인을 포함하는 비아랍인 가수들은 감미롭고 쉬운 어휘를 사용해 청자들의 성적 욕구를 자극하고 감각적 연애를 노래함으로써 감각적 가잘의 발달을 촉진하는 요인이 되었다.[35] 두 도시에서 그 유형의 가잘을 지은 시인들로는 오마르 이븐

---

34 Alī Najīb ʿAṭwī (1986), *Dīwān Abī Nuwās: Khamrīyāt Abī Nuwās*, Beirut: Dār Maktabah al-Hilāl, Lebanon, pp. 182-183.

35 김능우(2010), 「아랍 가잘(ghazal 연애시)의 발전과정 연구: 자힐리야 시대와 우마이야 시대를 중심으로」, 『한국이슬람학회논총』 제20-3호, 한국이슬람학회, pp. 237-238.

아비 라비아('Umar ibn Abī Rabī'ah, 711 몰), 알아흐와스(724 몰), 알아르지(741 몰), 알왈리드 이븐 야지드 등이 유명했다. 밀회를 위한 모험과 감각적 쾌락을 그리는 그들의 작품에서 사랑은 결혼 제도에 구속받지 않고 망설임 없이 욕정으로 충만하며 통정에 이르기까지 한다. 일례로 오마르 라비아의 다음 가잘은 밤중에 여자 애인이 친구들과 함께 몰래 남자 애인의 집을 찾아와 사랑을 나누는 장면을 그린다.

> 나는 말했다. "어서 오시오. 멋진 남자를 찾아온 분들이여."/ 그녀는 나에게 입술을 맛보게 해주었다. 오래 묵힌 술로 생각되는 입술을./ 그 술에는 꿀과 얼음이 섞여 있어 상처 입은 가슴을 치유해주지./ 그런 다음 그녀는 옷을 벗고 흰 피부와 가는 허리를 보여주었다./ 우리는 함께 밤을 즐겼지. 아침이 몰려올 때까지./ 나는 말했다. "포고(布告) 관원의 외침이 들립니다. 아침이 되었으니 일어나시죠"라고./ 그녀들은 자리에서 일어나 가젤 영양처럼 걸어간다. 나른해 보이는 눈과 고운 목소리./ 나는 원하던 바를 이루었고, 즐거운 시간을 가졌지.[36]

한편, 이슬람 제국의 사회에 만연한 향락과 퇴폐 분위기에 대한 반작용을 의미하는 움직임도 포착된다. 그것은 물질주의와 세속주의에 환멸을 느껴 세상과 절연하고 금욕을 실천하는 자들에게서 나타났다. 특히 금욕주의자들 중에는 종교의 진정한 의미를 찾으려던 사

---

36 'Afīf Nāyif Ḥāṭūm (1997), *al-Ghazal fī al-'Aṣr al-Umawī*, Beirut: Dār Ṣādir, Lebanon, pp. 93-94.

람들로 '수피(ṣūfī)'로 불리는 신비주의자들이 있었다. 수피들은 종교 규범과 형식에 얽매이고 물질적 풍요와 세속적 삶을 누리는 당시 사회를 부정적으로 보고 세속과 등지고 영적인 삶을 갈망했다. 그들은 금욕, 청빈을 실천하여 세속에서의 욕망을 끊고 이어 영적 고양을 위한 여러 단계의 험난한 수행 과정을 거쳐 궁극적으로 '신과의 합일'에 도달하려 했다. 일례로 여성 수피 시인 라비아 알아다위야(Rābiʿah al-ʿAdawīyah, 801 몰)는 결혼도 하지 않은 채 신에 대한 사랑으로 "사탄을 증오할 겨를도 없고", 예언자 무함마드를 포함해 "다른 사람을 사랑할 여지가 없다"고 고백할 정도로 신을 사랑하고 열망했다.[37] 그러나 이슬람 교리에 어긋나는 '신과의 합일'은 인간이 감히 신의 영역을 넘보려는 위험한 발상으로 간주되어 수피즘은 제도권 이슬람, 더 나아가 이슬람 제국에 대한 도전으로 비쳐졌다.

그러한 금욕주의자들 중 시인 아부 알아타히야(Abū al-ʿAtāhiyah, 748~828)의 이력은 특이한 점이 있다. 그는 한때 방탕한 삶을 살다가 금욕주의로 전환한 자였다. 한마디로 그는 제국의 향락과 더불어 그것에 대한 반기로서 금욕주의 양면을 모두 경험했다. 금욕을 실천한 30년간 그는 삶의 덧없음과 죽음의 운명에 대한 쓸쓸한 명상을 다룬, 절망적인 염세주의적 철학시를 짓는 데 심혈을 기울였다.[38] 그는 자신의 시를 통해 세속 쾌락의 허무함을 직시하여 금욕생활을 실천하고 신에 대한 경외심을 지닐 것, 그리고 최후심판의 날에 대비한 선행 쌓기를 권하고 있다. 그는 시에서 죽음의 술잔에의 도취, 임종 시

37 손주영(2005), 『이슬람: 교리, 사상, 역사』, 일조각, pp. 396-397.

38 R. A. 니콜슨(1995), 『아랍문학사』, 사희만 옮김, 민음사, p. 409.

의 고통, 무덤 등을 형상화하고 있는데 이러한 암울한 사고는 삶의 덧없음을 설파하지 않는 이슬람의 원리에 배치된다.[39] 세속 삶의 열락과 은총을 무의미하게 여기고 불가항력적인 죽음을 강조하는 그의 시 일부를 보자.

> 자식은 태어나서 언젠가 죽게 마련이고 집을 지으면 언젠가 썩게 마련이다! 그렇듯이 만물은 소멸되는 법./ 우리도 태어나 흙으로 돌아갈 것을 누굴 위해 집을 짓는단 말이냐?/ 죽음의 신이여, 그대는 폭력을 쓰지도 아첨도 하지 않지만 그대가 올 즈음에는 어느 누구도 피할 수 없도다./ … / 사람들은 지혜로운 그대를 찾지만 그대는 마치 일장춘몽, 구름의 그림자마냥,/ 이제는 지나가버려 다시는 돌아오지 않을 그날처럼, 번쩍이는 증기로 날아가버렸네. …[40]

그리고 제국의 향락풍조에 대한 반작용으로 언급할 만한 것은 앞서 논한 감각적 가잘에 대비되는 순애적 가잘이다. 이것은 사랑하는 여인을 향한 연모의 심정을 드러내지 못한 채 마음속 깊이 억누르며 지내는, 또는 사랑의 결실을 이루지 못한 남자의 심정을 노래한 연애시다.[41] 이 유형의 가잘은 선명한 사랑, 애태움, 고통, 충실, 진실되고 숭고한 감정을 내포한다. 순애적 가잘은 우마이야 제국 시대에 크게 유행하여 자밀 이븐 마으마르(701 몰), 까이스 이븐 알물라와흐(마

---

39 Shawqī Ḍayf (2), pp. 249-250.

40 R. A. 니콜슨(1995), pp. 410-411; Majīd Ṭarād (1995), *Dīwan Abī al-ʿAtāhiyah*, Beirut: Dār al-Kitāb al-ʿArabī, Lebanon, pp. 51-52.

41 김능우(2010), pp. 226-227.

즈눈 라일라, 7세기 중엽), 까이스 이븐 다리흐(Qays ibn Dharīḥ, 약 689 몰) 등의 시인들이 유명했다. 일례로 다음 시에서 까이스 이븐 다리흐는 부모의 강요로 헤어진 아내 루브나를 향한 그리움과 애달픈 심정을 토로한다.

> 나는 내 영혼이 순종한다면 사랑하여 헤어질, 내가 죽어도 좋을 여자의 이름을 불렀다./ 그녀는 자신의 화살로 나를 쏘아 맞혔건만 나는 화살로 그녀를 맞히지 못했다./ 그녀와 이별하기 전 내가 죽었으면 좋았을걸. 문제는 끝났지만 그녀가 돌아왔으면[42]

이들의 순애적 가잘은 감각적 가잘이 제국의 물질주의와 향락주의에 편승한 관능적 쾌락 추구의 경향을 반영한 것인 반면, 그것에 대한 반발로서 이슬람의 숭고한 가르침의 영향을 받아 향락의 절제, 정욕에 대한 저항, 정신적 가치 중시의 경향을 반영한 것으로 생각된다.

제국 내 아랍인과 비(非)아랍인 간의 갈등

이슬람 제국은 영토를 확장해나가면서 여러 지역의 비아랍계 피정복민을 제국의 백성으로 포용했고 그들 중 많은 사람이 이슬람을 믿게 되었다. 이슬람은 교리 면에서 부족 간이나 민족, 인종 간 차별을 폐지했지만 그것은 이상에 그쳤고, 현실에서는 그런 차별이 존재했다. 페르시아인을 중심으로 하는 마왈리에 대한 아랍인의 차별은 두드러

42 Imīl Badīʿ Yaʿqūb (1993), *Dīwan Qays Lubnā*, Beirut: Dār al-Kitāb al-ʿArabī, Lebanon, pp. 35-36.

진 현상이었다. 아랍주의에 입각한 우마이야조는, 이슬람 신자들 간에 차별을 두지 않는 교리상의 원칙을 도외시한 채 마왈리에 대해 차별정책으로 일관하여, 그들에게 많은 세금을 징수하고 권리 면에서 아랍인과 차별을 두었다. 이에 마왈리는 아랍인, 특히 우마이야조에 대해 증오심을 품었으며, 집권 왕조를 상대로 반란을 시도하는 카와리즈파나 시아파 세력에 가담했다.[43]

반(反)아랍 정서를 특징으로 하는 슈우비야 운동[44]에 참여한 페르시아계 마왈리들은 아랍인에 대해 상대적으로 자신들의 문화적 역량의 우수성을 자부했으며,[45] 그들 중 극단적인 자들은 아랍인의 역량을 폄하·멸시하는 태도를 보이기도 했다. 압바스 제국 내에서 슈우비야 운동을 주도한 자들은 페르시아계의 바라미카(al-Barāmikah)가(家), 사흘(Āl Sahl)가, 따히르(Āl Ṭāhir ibn al-Ḥusayn)가의 저명한 귀족층 사람들이었다. 이 가문들은 주변의 페르시아계 학자와 문인, 시인들에 대한 지원을 통해 슈우비야 운동의 강도를 높이는 데 일조했다.

---

43 Shawqī Ḍayf (2), pp. 74-79.

44 아랍인이 세운 초기 이슬람 제국 이후, 페르시아인들을 비롯한 타 민족 출신의 이슬람 개종자들은 아랍인 우월주의 정책에 분개하여 정치, 예술, 특히 문학에서 민족적이며 독립적인 자기표현을 하는 경향이 나타났으며 이를 슈우비야라 일컫는다(김정위 편, 2002, 『이슬람 사전(事典)』, 학문사, p. 384).

45 이슬람 제국 내에서 페르시아인은 자신들의 고대문명과 역사, 고유 언어에 대한 자부심이 강했다. 고대 페르시아 문명의 주역으로 제국을 건설한 세 왕조는 아케메니드조(기원전 550~330), 파르티아조(기원전 250~서기 226), 사산조(226~651)이며, 특히 사산조 시대는 이란 역사에서 문화부흥의 시기로 이슬람 시대에 이란인들이 만들어낸 문화적 성취는 사산조 시대 덕분이다. 또한 아랍인이 사산조를 정복한 후에도 사산조의 행정, 학문, 문화, 예술은 이슬람 문화 창달에 기여했다(타밈 안사리, 2014, 『이슬람의 눈으로 본 세계사』, 류한원 옮김, 뿌리와이파리, p. 151; 유흥태, 2008, 『고대 페르시아의 역사』, 살림출판사, pp. 78-87).

학자들 중 아부 오바이다(824 또는 825 몰)는 아랍인의 결점을 드러내는 글을 쓰는 데 몰두했고 심지어 예언자 무함마드를 모독하는 글을 쓰는 한편, 페르시아인의 미덕을 강조하는 책을 집필했다. 바라미카가를 위해 일했던 알란 알슈우비 알파리시는 아랍 부족의 결점에 관한 책을 썼다.[46]

문인으로는 사흘 이븐 하룬(Sahl ibn Harūn, 830 몰), 밧샤르 이븐 부르드(Bashshār ibn Burd, 약 784 몰), 아부 누와스가 슈우비야 운동에 적극 가담했다. 바라미카가의 피보호자였던 사흘 이븐 하룬은 과도한 수준의 반(反)아랍 의식을 지니고 그것에 관한 책을 썼다. 알자히드(al-Jāḥiẓ, 868 몰)는 저서 『수전노(*al-Bukhalā'*)』의 서문에서, 인색함을 칭송하고 아랍인의 관대함을 헐뜯는 내용의 사흘 이븐 하룬의 서신을 소개하고 있다. 이 서신에서 사흘 이븐 하룬은 '탐욕'을 근검 절약의 정신이라고 주장하고 이런 정신은 사실 아랍인에게서 발견된다는 예를 든다. 가령, 그는 자신의 절약 행위를 아랍인의 선조인 2대 칼리프 오마르 이븐 알캇땁과 예언자 무함마드의 언행에 빗대어 소개한다.[47]

시인 밧샤르 이븐 부르드는 자신의 페르시아 혈통에 대한 자부심이 컸으며 심지어 자신이 페르시아 왕족에 속한다고 믿기까지 했다. 그가 아랍인을 풍자하는 시를 지으며 슈우비야 운동에 불을 붙이게 된 것은 그 자신의 페르시아 혈통에 의한 것이라기보다는 아랍인들이 그를 포함한 일부 마왈리 시인들에 대해 그들이 비아랍인이어서

46 Shawqī Ḍayf (2), p. 77.

47 알자히드(2007), 『수전노』, 김정아 옮김, 문학과지성사, pp. 370-371.

또는 유목민이 아니라는 점을 들어 그들의 역량을 폄하한 결과, 그가 취한 태도에 기인한 것으로 보인다.[48] 그는 우마이야 제국 시대에 자신이 아랍의 까이스 부족의 마왈리임을 자랑스럽게 생각했으나 압바스가의 반란이 일어나자 그 반란에 동참하면서 스스로 아랍 부족의 마왈리 신분에서 벗어나 알라(하느님)의 마왈리라고 말하기까지 했다. 이에 관한 그의 다음 시에서는 아랍인에 대한 반감, 경멸과 더불어 아랍인을 능가하는 자신에 대한 자부심이 드러나 있다.

> 몇몇 사람은 아랍인의 마왈리이건만 나는 위대함을 지닌 분(알라)의 마왈리가 되었네. 아랍 부족에 속함을 자랑 말고 그대의 미덕을 자랑하게나/ 그대의 마왈리는 선행과 덕망을 갖춘 타밈 부족 전체보다, 또한 카으바 신전을 가진 꾸라이쉬 부족보다 훌륭하지[49]

아부 누와스의 슈우비야는 다분히 쾌락에 탐닉하는 성향을 띠었다. 전술한 바처럼 그는 술과 향락에의 탐닉을 인생의 목표로 삼고 시를 통해 아랍인의 거친 유목 문화에서 벗어나 사치와 과도한 쾌락을 추구하는 방탕한 자의 모습을 보였다.

한편 슈우비야 운동에 맞서 반론을 제기한 아랍 산문 작가들도 있었으며 그중 알자히드와 이븐 꾸타이바(Ibn Qutaybah, 889 몰)가 두드러졌다. 알자히드는 자신의 저서 『의미와 해설(*al-Bayān wa al-*

---

48 'Umar Farrūkh (1986), *Bashshār ibn Burd wa Fātiḥah al-'Aṣr al-'Abbāsī*, Beirut: Dār Lubnān li-l-Ṭibā'ah wa-l-Nashr, Lebanon, pp. 52-53.

49 'Umar Farrūkh (1986), pp. 51-52.

Tabyīn)』에서 슈우비야인들이 문학을 중심으로 아랍 문화를 폄하·조롱하는 것에 대해 아랍 문화의 우수성을 구체적인 예를 들어 논박함으로써 슈우비야인들의 과도한 주장에 맞서기도 했다. 그는 이 책의 「지팡이의 책(Kitāb al-ʿAṣā)」이라는 제하의 장에서 슈우비야 무리의 주장을 소개한다. 그들은 웅변술이 아랍인만의 전유물이 아니라 다른 민족들도 가능하다고, 특히 페르시아인은 오래전부터 이어온 수사학 전통을 갖고 있어 아랍인보다 웅변술이 뛰어나다고 주장했다. 또한 그들은 아랍인은 연설할 때 지팡이를 흔들어 청자의 생각을 흩트린다고 말하여 아랍 문학을 조롱했다. 그리고 전쟁 무기나 군사 조직에 관련해서도 슈우비야 무리는 아랍인이 페르시아와 로마에 비해 현저히 낙후되었다고 보았다. 알자히드는 그들의 이러한 주장에 맞서 강한 어조로 대응하는 한편, 웅변과 시, 격언 등 문학 분야에서 아랍인의 뛰어난 예를 제시했다.[50]

알자히드의 산문 『수전노』도 슈우비야 세력과 아랍인 간 갈등의 단면을 보여주는 작품이다. 이 책에서 그는 자신이 거주했던 바스라, 그리고 쿠라산 지역—특히 쿠라산의 수도 마르우—의 구두쇠들을 집중적으로 소개했다. 온갖 방법으로 음식과 의복, 가재도구 등 생활용품을 아끼려는 구두쇠들의 이야기를 약 200편 제시하면서 물건에 대한 인색함을 통해 인간의 본성인 탐욕을 보여준다. 이 책에서 알자히드는 환대를 최고의 미덕으로 여기는 아랍인과는 달리 탐욕과 인색함을 지닌 자들로 슈우비야 세력을 묘사함으로써 정치적 풍자를

50 Shawqī Ḍayf (3), *al-ʿAṣr al-ʿAbbāsī al-Thānī*, Dār al-Maʿārif, Egypt, p. 98.

시도했다.[51]

이븐 꾸타이바는 자신의 저서를 통해 슈우비야를 견제하고 비판했다. 『아랍인의 서(書) 또는 슈우비야에 대한 반론(*Kitāb al-ʾArab ʾaw al-Radd ʿalā al-Shuʿūbīyah*)』에서 그는 슈우비야 일부 작가의 그릇된 행태를 지적하고 그들을 질책했다. 그는 슈우비야 작가들이 자신들의 문학을 과시하며 스스로 페르시아 귀족 태생이라고 사칭하며, 아랍의 격언과 속담을 경멸하고 페르시아와 그리스의 문학과 학문을 자랑하는 등 허황된 행동을 하고 있다고 비판했다. 또한 그는 『작가의 예절(*ʾAdab al-Kātib*)』 서문에서 슈우비야 작가들이 아랍 문화에 대한 지식이 부족하여 자신들의 문학 역량을 개발하지 못하고 있다고 말했으며, 『일화의 정수(精髓)(*ʿUyūn al-ʾAkhbār*)』에서는 아랍 문화와 외국 문화 모두 필요하다고 보아 양자를 통합하려 시도하면서 슈우비야 운동을 근절시키려 했다.[52]

---

51 일화를 예시하면 다음과 같다.
-같은 방에서 생활하면서 비용을 내지 않는 자. 방에 등불을 켜둔 동안 그자의 눈을 수건으로 가려두고 불을 끈 후 수건을 풀어줌(알자히드, 2007, p. 35).
-프라이팬을 빌려주지 않으려던 이웃. 그러나 기름기 있는 음식을 하는 자에게는 기꺼이 빌려주고, 불길에 탈 수 있는 음식을 하려는 자에게는 빌려주지 않음(알자히드, 2007, p. 43).
-아침에 손님이 오면 술부터 권해서 음식을 먹지 못하게 함. 빈속의 포도주는 배 속 해충을 제거하고 위를 씻어준다고, 빈속에 술을 마시는 자야말로 청춘이라고 말함(알자히드, 2007, p. 159).

52 Shawqī Ḍayf (3), p. 98.

4. 맺는말

본고에서 논자는 7세기 초반부터 13세기 중엽에 이르는 기간 동안 아랍인이 정복한 방대한 영토에서 여러 민족과 인종을 통합해 세운 이슬람 제국에서 아랍 문학이 제국과 어떤 상관성을 갖는가에 관해 고찰했다. 구체적으로는, 이슬람 공동체를 기반으로 하는 중세 이슬람 제국의 형성 과정 및 다민족 통합에 대한 개관에 이어, 중세 이슬람 문명 발전의 두 주역인 우마이야 제국과 압바스 제국에서 문학이 제국의 운영에 어떻게 참여했는지, 그리고 두 제국 내 사회 현상을 어떻게 반영했는지에 관해 다루었다. 그 연구 결과는 다음과 같다.

첫째, 이슬람 제국은 예언자 무함마드가 세운 움마를 초석으로 하여, 이후 정통 칼리프 시대에 이집트에서 페르시아에 이르는 주변 영토를 정복하면서 기반이 다져지기 시작해 우마이야조와 압바스조 시대에 거대한 규모로 완성된 형태를 갖추었다. 다민족을 신민으로 하기 때문에 자칫 쉽게 와해될 수 있을 이슬람 제국을 통합시킨 요인은 일종의 연대의식으로 작용한 이슬람과 그 종교의 공식 언어인 아랍어였다. 즉 다양한 민족이 모였지만 그들 중 많은 수가 이슬람 신자가 되고 공용어인 아랍어를 배워 사용함으로써 그들 간 종교적·문화적 공감대가 형성되었다. 또한 제국의 통치를 자임한 아랍인은 타민족 사람들을 신민으로 포용하기 위해 그들의 종교 개종 여부에 따라 왈라 제도와 딤마 제도를 운영했다.

둘째, 이슬람 이전 시대부터 부족의 대변인이자 영적 지도자로서의 역할을 맡았던 아랍 시인은 이슬람 제국에서도 국가 건설과 통합이라는 대의에 부응하며 제국 운영에 일정 부분 참여했다. 곧 시인의 역할은 부족 옹호라는 기존의 범주를 넘어 국가 정책이나 지배층의 정통성 옹호, 통치자에 대한 비판 등과 같은 제국 차원의 새로운 범주로 확장되었다. 시인이 제국 내에서 정치적 역할을 지속할 수 있었던 것은 예언자 무함마드가 초기 이슬람 전파 과정에서 반(反)이슬람 세력을 상대로 무슬림 시인들을 활용했던 사실에 힘입은 것으로 보인다. 또한 제국의 통치자인 칼리프를 위한 정치 지침서인 이븐 알 무카파의 『칼릴라와 딤나』에서 보듯, 이슬람 제국 통치자들의 처신과 행실에 대한 조언을 담은 '치자들을 위한 거울' 유형의 문학이 존재했음은 당대 문인들의 국가 통치에 대한 적극적인 관심과 참여 의식을 뚜렷하게 보여준다.

셋째, 이슬람 제국은 정복 사업으로 영토 확장에 따른 부의 증가, 페르시아 도시 문화를 중심으로 하는 외래 문화의 유입으로 인한 문화적 잡종성이라는 필연적인 결과를 가져왔다. 세속적이고 물질적인 도시 문화의 확산에 따라 사치와 향락 풍조, 도덕 타락 등 부정적 현상들이 만연했고 이는 아랍 시인들의 작품에 반영되었다. 아부 누와스 등의 주시(酒詩), 오마르 이븐 아비 라비아 등의 감각적 가잘이 그 예다. 반면, 제국 내 만연한 물질문화와 향락 추구 세태에 대한 반작용으로서 탈속(脫俗)과 금욕을 추구하고 영적 고양을 추구하는 수피 문학과 이슬람의 영향을 받아 절제와 정신적 가치를 중시하는 순애적 가잘이 나타났다.

넷째, 이슬람은 원칙적으로 모든 무슬림에 대해 민족·인종적 차별을 두지 않았지만 실제로는 제국 내에서 아랍인과 비아랍인 간 차별은 여전히 존재했다. 이로 인해 아랍인을 상대로 페르시아인을 중심으로 하는 비아랍계 민족의 저항이 일어났으며, 그것은 페르시아

문화에 대한 자부와 더불어 아랍 문화에 대한 경시를 시사하는 슈우비야 운동으로 표면화되었다. 이 운동은 주로 페르시아계 귀족 가문이 후원하는 페르시아계 작가와 시인들의 작품에 투영되었다. 한편 알자히드, 이븐 꾸타이바 등의 아랍 작가들은 자신들의 작품을 통해 정치적·문화적인 측면에서 슈우비야 운동에 대한 비판과 풍자를 시도했다.

이상의 논의 결과, 중세 아랍 문학은 이슬람 제국의 정치 분야에서 능동적으로 참여했고, 이질적인 다문화 요소가 뒤섞인 거대한 영토의 제국이 필연적으로 직면하게 된 사회 · 문화적 특징을 반영하거나 그 문제점을 지적하는 등의 사회적 기능을 수행했다는 점에서 제국의 문학으로서 특성을 갖는 것으로 보인다. 곧 중세 아랍 문학은 인간의 추미(醜美)를 가감 없이 보여주는 거울과 같아 이슬람 제국에서 일어난 문명화 현상을 투영하는 한편, 그 모순이나 문제점을 적시하고 드러내주는 매체로서의 역할을 했다.

참고문헌

자료

바이다바(2008), 이븐 알무카파 아랍어 역, 『칼릴라와 딤나』, 이동은 옮김, 도서출판 강.

이븐 할둔(2003), 『역사서설: 아랍, 이슬람, 문명』, 김호동 옮김, 까치글방.

알자히드(2007), 『수전노』, 김정아 옮김, 문학과지성사.

Abū Ḥanīfah al-Dīnawarī, *al-Akhbār al-Ṭiwāl* (필사본 옮김: ʿAbdu-l-Munʿim ʿĀmir), Baghdad: Maktabah al-Muthannā.

ʿAlī Najīb ʿAṭwī (1986), *Dīwān Abī Nuwās: Khamrīyāt Abī Nuwās*, Beirut: Dār Maktabah al-Hilāl, Lebanon.

Ibn al-ʾAthīr (1979), *al-Kāmil fī al-Tārīkh*, Beirut: Dār Ṣādir, Lebanon.

Īliya al-Ḥāwī (1981), *Sharḥ Dīwān Abī Tammām*, Beirut: Dār al-Kitāb al-Lubnānī, Lebanon.

Imīl Badīʿ Yaʿqūb (1993), *Dīwan Qays Lubnā*, Beirut: Dār al-Kitāb al-ʿArabī, Lebanon.

Majīd Ṭarād (1995), *Dīwan Abī al-ʿAtāhiyah*, Beirut: Dār al-Kitāb al-ʿArabī, Lebanon.

논저

김능우(2013a), 「중세 암흑기를 밝힌 이슬람의 학술 운동」, 『문명의 교류와 충돌: 문명사의 열여섯 장면』, 한길사.

김능우(2013b), 「인도양을 건너 중국에 온 아랍 상인」, 『중국 개항도시를 걷다: 소통과 충돌의 공간 광주에서 상해까지』, 현암사.

김능우(2010), 「아랍 가잘(ghazal 연애시)의 발전과정 연구: 자힐리야 시대와 우마이야 시대를 중심으로」, 『한국이슬람학회논총』 제20-3호, 한국이슬람학회.

김능우(2006), 「카리야트(酒詩)의 시성(詩聖) 아부 누와스 고찰: 생애, 시에 나타난 '일탈(逸脫)'」, 『아랍어와 아랍문학』 제10집 1호, 한국아랍어·아랍문학회.

김능우(2004a), 「술을 노래한 중세의 아랍 시인들」, 『아랍시의 세계』, 명지출판사.

김능우(2004b),「안달루스 아랍시의 독특한 주제」,『아랍시의 세계』, 명지출판사.
김능우(2004c),「이슬람 초기(622~661년) 무슬림들의 '정복 전쟁'을 다룬 아랍시」,『아랍시의 세계』, 명지출판사.
김능우(2004d),「'자힐리야-이슬람 전환기'의 아랍시 연구」,『아랍어와 아랍문학』 제8집 2호, 한국아랍어 · 아랍문학회.
김능우(1996),「동부 이슬람 지역 무슬림들의 전쟁시(戰爭詩)에 나타난 이미지 연구: 초기 이슬람 시대에서 이슬람력 4세기 말까지(AH 12~392/AD 633~1001)」,『한국이슬람학회논총』 제6집, 한국이슬람학회.
김정위 편(2002),『이슬람 사전(事典)』, 학문사.
니콜슨, R. A.(1995),『아랍문학사』, 사희만 옮김, 민음사.
램톤, 앤(1992),『중세 이슬람의 국가와 정부』, 김정위 옮김, 민음사.
루이스, 버나드(1998),『중동의 역사』, 이희수 옮김, 까치글방.
루이스, 버나드 엮음(1996),『이슬람문명사』, 김호동 옮김, 이론과실천.
서울대학교 역사연구소 편(2015),『역사용어사전』, 서울대학교출판문화원.
손주영(2005),『이슬람: 교리, 사상, 역사』, 일조각.
안사리, 타밈(2014),『이슬람의 눈으로 본 세계사』, 류한원 옮김, 뿌리와이파리.
유흥태(2008),『고대 페르시아의 역사』, 살림출판사.
터친, 피터(2011),『제국의 탄생』, 윤길순 옮김, 웅진씽크빅.
하우, 스티븐(2007),『제국』, 강유원 · 한동희 옮김, 뿌리와이파리.
후라니, 앨버트(2010),『아랍인의 역사』, 김정명 · 홍미정 옮김, 심산출판사.

ʿAfīf Nāyif Ḥāṭūm (1997), *al-Ghazal fī al-ʿAṣr al-Umawī*, Beirut: Dār Ṣādir, Lebanon.
Bosworth, C. E. & others (1991), *The Encyclopedia of Islam*, vol. 6(Mahk-Mid), new edition, Leiden: E. J. Brill, Netherlands.
Ḥannā al-Fākhūrī, *al-Jāmiʿ fī Tārīkh al-ʾAdab al-ʿArabīy al-ʾAdab al-Qadīm*, Beirut: Dār al-Jīl, Lebanon.
Hitti, Philip K. (1986), *History of the Arabs: From the earliest times to the present*, 10th ed., New York: Macmillan Education Ltd.
Khayr al-Dīn al-Ziriklī (1984), *al-ʾAʿlām,* vol. 5, Beirut: Dār al-ʿIlm li-l-Malāyīn, Lebanon.
Meisami, Julie Scott and Starkey, Paul, ed. (1998), *Encyclopedia of Arabic Literature,* vol. 2, London and New York: Routledge.
al-Nuʿmān ʿAbd al-Mutʿāl al-Qāḍī, *Shiʿr al-Futūḥ al-Islāmīyah fī Ṣadr al-Islām*, Cairo: al-Dār al-Qawmīyah.

Shawqī Ḍayf (1), *al-ʿAṣr al-Islāmī*, Dār al-Maʿārif, Egypt.
Shawqī Ḍayf (2), *al-ʿAṣr al-ʿAbbāsī al-ʾAwwal*, Dār al-Maʿārif, Egypt.
Shawqī Ḍayf (3), *al-ʿAṣr al-ʿAbbāsī al-Thānī*, Dār al-Maʿārif, Egypt.
ʿUmar Farrūkh (1986), *Bashshār ibn Burd wa Fātiḥah al-ʿAṣr al-ʿAbbāsī*, Beirut: Dār Lubnān li-l-Ṭibāʿah wa-l-Nashr, Lebanon.

샤를마뉴 제국: 서로마 제국인가, 기독교 제국인가?*

박용진

1. 머리말

지중해를 중심으로 9,000킬로미터가 넘는 국경을 유지하고 있던 로마 제국은 5세기 게르만족의 침입으로 와해되었다. 흔히 로마가 476년 오도아크로스에 의해 멸망되었다고 하는데, 이는 서로마 황제가 살해당한 것을 말하며, 제국의 동부, 즉 동로마는 그대로 유지되었다. 그러므로 제국이 멸망했다기보다는 제국이 둘로 나누어졌다고 해야 할 것이다. 여기에 더하여 7세기에는 지중해의 남쪽, 즉 북아프리카가 이슬람에 의해 정복되었으므로 로마 제국은 삼등분된 셈이었다. 먼저 로마 제국이 축소된 동로마 제국은 제국의 전통을 이어받았으나, 로마 제국의 특징이라고 할 수 있는 지중해를 완전히 장악하지 못하고 일부만 차지하고 있었던 데다가 그리스 문화의 영향을 많이 받게 되어, 로마 제국과는 점차 다른 제국으로 변모해갔다. 그리하여

* 이 글은 『이화사학연구』 제51집(이화사학연구소, 2015년 12월)에 「샤를마뉴의 대관식 의례와 그 의미」란 제목으로 게재된 필자의 논문을 수정·보완한 것이다.

이 제국을 비잔티움 제국이라고 부른다. 한마디로 비잔티움 제국은 로마 제국의 전통에 그리스 문화의 요소가 혼합된 제국이었다. 제국의 서부에 침입한 게르만족들은 로마 제국을 무너뜨리기보다는 제국의 거주민이 되고자 했다. 그러므로 각각의 게르만족들은 자신들의 관습법 구역을 만들고 그것을 제국이 아닌 왕국으로 발전시켰다. 야만족은 감히 제위를 넘볼 수 없었던 것이다. 아마도 그 당시 사람들은 언젠가 제국의 서부에 황제의 권력이 다시 수립될 것으로 기대했을 것이다. 그러나 황제권이 회복되기는커녕 북아프리카마저도 새로 등장한 이슬람교도들에게 빼앗기고 말았다. 이러한 상황에서 등장한 샤를마뉴는 게르만족의 왕국들을 정복하여 과거 서로마 제국의 영토를 회복한 듯이 보였다. 그리하여 그는 800년 로마 교황으로부터 로마 황제로서 대관을 받았다. 샤를마뉴는 로마 황제였을까, 아니면 하느님의 제국의 종이었을까, 아니면 프랑크족들의 왕이었을까?

오늘날 많은 국가는 공동체나 블록을 형성하고 있다. 이러한 경향을 대표하는 것은 유럽연합일 것이다. 유럽연합은 경제적 공동체를 넘어서 단일한 헌법을 갖는 '일종의 국가'를 목표로 하고 있다. 1993년 12개국을 회원국으로 출범하여 현재 28개국에 이르는데, 특이한 점은 이들 국가 전체가, 심지어 최초 12개국[1]조차도 통합된 적이 한 번도 없었다는 점이다. 그렇다고 해서 이들이 줄곧 별개의 단위로 존재했던 것은 아니다. 이들 국가의 영토 중 상당 부분은 아주 오래 전에 로마 제국의 영토였으며, 그 이후에는 서로마 제국, 즉 샤

1 1993년 마스트리트 조약에 가입한 다음 12개국을 말함: 벨기에, 덴마크, 독일, 그리스, 스페인, 프랑스, 아일랜드, 룩셈부르크, 이탈리아, 네덜란드, 포르투갈, 영국.

를마뉴 제국에 속해 있었다. 2003년 프랑스의 일간지 『르몽드』가 실시한 '통합유럽의 위인 선호도'에 관한 설문조사에서 샤를마뉴가 유럽의 영웅으로 꼽힌 것을 보면,[2] 유럽연합이 지향하는 통합의 모델이 샤를마뉴 제국이 아닐까라는 추측을 해볼 수 있다. 그러므로 샤를마뉴 제국을 살펴보는 것은 1200년 전의 어느 한 제국을 살펴보는 데에 그치지 않고 오늘날 유럽연합의 지향과 미래를 가늠해볼 수 있는 실마리가 될 것이다.

이처럼 중요한 주제이므로 샤를마뉴에 대해서는 그동안 수많은 연구가 이루어졌으며, 국내에서도 여러 편의 논문이 발표되었다. 그러나 대개의 논문들은 신성로마 제국의 기원이라는 관점에서 제국 이념에 대해 살펴보는 것이었다.[3] 즉 중세의 보편제국의 이념이 샤를마뉴의 대관식에서 기원했음을 밝히는 것이다. 그런데 이러한 연구들은 대관식이 이미 기독교적 성격과 로마 제국의 성격을 가지고 있는 것을 전제로 하고 있다. 대관식을 치르면 저절로 기독교 세계가 성립되는가? 한마디로 기존의 연구들은 샤를마뉴의 대관식이 가지고 있는 상징성을 면밀히 분석하는 데에는 미흡했다고 할 수 있다. 가령

---

2 성백용(2005), 「샤를마뉴, 열두 세기에 걸친 황제의 전설」, 『역사비평』 제72호, p. 412.

3 이경구(2004), 「신성로마제국의 출발점에 관하여」, 『서양중세사연구』 제13호, pp. 69-98; 이경구(2007), 「신성로마제국의 성격: 교황권과 황제권의 관계를 중심으로」, 『서양사연구』 제37집, pp. 5-31; 이경구(2009), 「중세 서유럽인들의 비잔티움 타자화: 800년 샤를마뉴 황제의 대관식 사건을 중심으로」, 『서양중세사연구』 제23호, pp. 1-30. 이경구의 논문들은 대체로 중세의 보편 제국 이념이라는 관점에서 샤를마뉴 대관식을 파악하고 있다. 즉 샤를마뉴 제국과 신성로마 제국의 관련성을 염두에 두고 그 관계를 규명하려는 목적이 있다고 할 수 있다. 김차규(2008), 「비잔티움 세계와 서유럽」, 『인문과학연구논총』 제29호, pp. 21-37. 김차규는 샤를마뉴 제국을 비잔티움 제국과의 관련성에서만 언급하고 있다.

샤를마뉴의 대관식이 로마 황제로서의 대관식이었다면, 서로마 제국이 멸망한 이후 300년 이상 중단되었던 대관식이라는 의례를 어떻게 치렀을까, 만약 비잔티움 황제의 의례를 모방해서 치렀다면, 교권과 속권을 모두 장악한 비잔티움 황제와 마찬가지로 샤를마뉴도 교권과 속권을 모두 장악했어야 하지 않았을까, 실제로는 그 대관식을 통하여 교황이 기독교 세계에 대한 교권을 우위에 둘 수 있었다면, 어떻게 그것이 가능했을까 등 여러 가지 의문에 적절한 설명을 제시하지 못했다. 무엇보다도 교황이 대관식을 치러주었다고 해서 샤를마뉴를 비롯한 게르만족들이 황제라고 생각했을지 의문이다.[4] 여기서는 샤를마뉴의 대관식을 분석해보고 그것이 어떤 요소로 구성되어 있는가, 그리고 당시 사람들에게, 특히 프랑크족에게 어떻게 받아들여졌는가를 알아보고자 한다.

2. 배경: 서로마 제국의 부활

고대로부터 황제는 신과 인간의 매개자였고 사제장(司祭長, pontifex)이었다. 그러므로 황제는 정치와 종교의 우두머리였다. 이것은 4세기 초 기독교가 공인된 이후에도 마찬가지였다. 교회 조직은 제국의 일

4 샤를마뉴의 대관식이나 제국을 동시대인들이 어떻게 받아들였는지에 대한 연구는 없으나, 샤를마뉴 시대 이후 현재에 이르기까지 샤를마뉴가 어떻게 받아들여졌는가, 즉 샤를마뉴에 대한 기억의 역사에 대해서는 다음 논문들을 보는 것만으로도 충분하다. 성백용(2005), pp. 388-416; 성백용(2007), 「샤를마뉴에 대한 중세 독일과 프랑스에서 엇갈리는 기억」, 『프랑스사연구』 제17집, pp. 5-34.

부로 간주되었으므로 황제는 교회에 대해 지배권을 가지고 있었다. 서로마 제국은 476년 게르만족에 의해 무너졌다. 게르만족들은 로마 제국으로 들어와서, 각 종족들마다 자신들의 왕국을 세웠다. 이로써 로마의 속주는 왕국으로 변했다. 그러나 이것은 로마 제국의 서부에서의 일이었고, 제국의 동부, 즉 동로마 제국은 게르만족의 침입에도 불구하고 살아남았다. 그러므로 동로마 제국 황제는 여전히 과거와 다름없는 황제로서 정치와 종교의 우두머리였다. 그러나 교회는 세속사와 교회사를 구분 지으려 했고, 시간이 흐를수록 교회는 황제권으로부터 독립하려 했으므로 이들의 대립은 예정된 것이었다.

황제와 교황의 갈등을 뚜렷하게 드러낸 계기는 성상파괴령(726년)이었다.[5] 비잔티움 황제는 성상을 파괴하도록 명령했으나, 교황은 성상이 포교에 필요하다는 이유로 거부했다. 이렇게 되자 황제는 더 이상 교황을 군사적으로 보호해주지 않게 되었다. 이러한 위기는 얼마 지나지 않아 현실화되었다. 732년 이베리아 반도에 있던 이슬람 세력이 피레네 산맥을 넘어왔고, 서유럽 기독교 세계는 위기에 빠지게 되었다. 이슬람의 공격을 프랑크 왕국의 궁재(宮宰)였던 샤를 마르텔(Charles Martel)이 막아냈다. 로마 교황은 이러한 샤를 마르텔을 "기독교 세계의 보호자"라고 했다. 교황이 무력을 지닌 프랑크 왕국에 호의를 보인 것이다. 교황과 프랑크 왕국의 유대는 샤를 마르텔의 아

5 성상파괴령과 이에 따른 교황과 프랑크 왕국의 결합에 대해서는 이경구(2001), 「로마 교회와 프랑크왕국의 제휴: 피핀의 쿠데타를 중심으로」, 『서양중세사연구』 제8집, pp. 1-20; 이경구(2002), 「스테파누스 2세와 피핀의 상봉: 그 역사적 의미」, 『서양중세사연구』 제9집, pp. 1-27; 김차규(2008), pp. 22-28; 신준형(2005), 「비잔틴 성상복구운동(8세기)과 신성로마제국의 대응」, 『서양미술사학회 논문집』 제24집, pp. 9-25 참조.

들인 페팽 단신왕에 이르러 더 강화되었다. 751년 페팽은 교황에게 특사를 보내 실제로 통치하지 않는 사람이 왕으로 불릴 자격이 있는지 의견을 물었다. 교황은 이 기회를 놓치지 않고 왕권을 가진 자보다는 실권을 가진 자가 왕으로 불릴 자격이 있다고 대답했다. 이 답변을 받자마자 페팽은 프랑크 왕국의 왕을 폐위하고 자신이 왕위에 오름으로써 카롤링 왕조를 열었다. 교황이 페팽의 찬탈을 정당화해준 까닭은 말할 필요도 없이 군사력을 가진 교회의 보호자가 필요했기 때문이었다. 751년 이탈리아 북부에 있던 롬바르디아족이 라벤나를 함락시키자, 교황은 황제에게 군사적 개입을 요청했다. 황제가 이를 거절하자 교황은 페팽에게 도움을 요청했고, 페팽은 라벤나 등 중부 이탈리아 일대를 정복하여 교황에게 바쳤다. 본래 교회 보호의 의무는 로마 황제의 의무였다. 그런데 성상파괴령 이후 동로마 제국, 즉 비잔티움 황제는 로마 교황을 더 이상 보호해주지 않았다. 교황으로서는 비잔티움 황제를 대신하여 프랑크 왕국의 왕을 보호자로 선택한 것이다.

바로 이 페팽의 아들이 샤를마뉴였다. 샤를마뉴는 스페인 북부에서부터 동부 독일과 폴란드에 이르는 광대한 영역을 정복했다. 그리고 800년 12월 25일 로마의 성 베드로 성당에서 교황 레오 3세에 의해 서로마 황제 칭호를 받고 대관식을 치렀다. 당시의 기록에 따르면 샤를마뉴가 대관식을 치르게 된 것은 교황의 요청에 따른 것이었다. "799년 전임 교황 하드리아누스의 친척들이 로마 시민을 선동하여 교황 레오 3세를 감금하고 눈을 뽑고 혀를 잘라내려고 했다. 완전히 실명하는 것을 겨우 모면한 교황은 당시 파더보른(Paderborn)에 머물고 있던 샤를마뉴에게 도망가서 도움을 요청했다. 이에 샤를마뉴는 로마로 와서 교황의 적들을 응징하고 교황을 복위시켰다. 그리고 겨울을 로마에서 났다. 바로 그때 대관식이 이루어졌다."[6] 이러한 전 과정을 보면, 샤를마뉴의 대관식에는 교황의 의도가 깊이 작용했다고 보아야 할 것이다.

3. 샤를마뉴의 대관식

대관과 환호

위와 같은 내용은 너무도 잘 알려져 있어서 새삼 거론할 필요조차 없다. 그리하여 800년 크리스마스에 있어던 샤를마뉴의 대관식은 로마 제국-게르만족-기독교의 결합을 상징하는 사건으로 널리 알려져 있다. 이 대관은 서로마 황제로서의 대관인데, 서로마에서 황제의 대관식은 오랫동안 잊힌 일이었다. 그렇다면 어떻게 대관식을 치러졌을까?

서로마 지역에서 황제의 대관식은 너무도 오랜만의 일이어서 자체의 관례가 없었을 것이므로, 당연하게도 동로마, 즉 비잔티움 제국의 대관식을 참조했을 것이다. 비잔티움에서 행해지던 대관식은 과거 로마 제국 시절부터 해오던 것으로서, 크게 보아 '환호(Laudes)'와

6 아인하르트(2008), 『샤를마뉴의 생애』, 이경구 옮김, 지만지, pp. 104-105 및 *The Chronicle of Theophanes*, Anni mundi 6095-6305 (AD. 602-813), Harry Turtledove, ed. & trans. (1982), Philadelphia: University of Pennsylvania Press, p. 154. 선동자들이 하드리아누스의 친척들이라는 점은 *The Chronicle of Theophanes*에만 나오는 내용이다.

'대관'이라는 두 가지 의례로 이루어져 있었다.[7] 먼저 '환호'는 아주 오래된 것으로서, 원로원이나 군대가 특정 인물을 황제로 선언하면 그것으로 황제가 되지만, 공식적인 인정 절차를 밟아야 할 필요가 있었으므로, 공적인 장소에서 로마 시민의 환호로 인정을 받는 것이었다.[8] 환호 이외에 특별한 징표가 있다면 보라색 외투를 입는 것뿐이었다.

이와 달리 '대관'은 로마 제국에 기원을 둔 것이기는 하지만 아주 오래 전까지 거슬러 올라가지는 않는다. 원래 로마에서 황제를 선출하는 절차에는 대관식 의례는 없었다. 그러므로 관을 씌워주는 의례는 없었으며 환호 그 자체가 하나의 완결된 의례로서 법률적 효력이 있었다. 사실 로마 황제는 공화정의 제1시민이었으므로 관을 쓸 이유가 없었다. 그러므로 대관식 없는 황제는 있을 수 있으나 환호 없는 로마 황제는 없었다.[9]

그러나 3세기 중반 군인황제 시대부터 황제들은 관을 쓰기 시작했다.[10] 특히 콘스탄티누스가 황제관(diadem)을 상시 착용함으로써

---

7 R. Folz (1974), *The Coronation of Charlemagne, 25 December 800*, London: Routledge & K. Paul, pp. 144-146.

8 *Catholic Encyclopedia*, 'coronation' 항목 참조.

9 E. H. Katorowicz (2004), *Laudes Regiae: une etude des acclamations liturgiques et du culte du souverain au moyen age*, traduit de l'anglais par Alain Wijffels, Paris: Fayard, p. 77.

10 3세기 전반 엘라가발루스(Elagabalus)가 개인적으로 관을 썼으며, 3세기 중반 아우렐리아누스(Aurelianus)는 공식적으로 관을 착용했다. 이는 황제의 신격화와 관련이 있을 것으로 생각된다. 아우렐리아누스의 주화에는 "명령권자로서 신이며 주군이신 황제 아우렐리아누스(Imperator Deus et Dominus Aurelianus Augustus)"라고 되어 있어서, 그를 신격화했음을 알 수 있다. A. Vasilief (1973), *A History of the Byzantine Empire*,

황제관은 황제의 상징이 되었으며, 4세기 중반에는 보석으로 장식된 금관이 만들어졌다. 5세기 중반에는 콘스탄티노플 총대주교가 관을 씌워주기 시작하면서 점점 더 종교적인 색채를 띠게 되었다.

샤를마뉴의 대관식 역시 이러한 방식으로 이루어졌을 가능성이 크다. 샤를마뉴의 대관식에 관한 사료는 여러 종류가 있는데, 우선 『프랑크 왕국 연대기(*Annales regni Francorum*)』를 살펴보고 이를 중심으로 다른 연대기를 비교해보자.

> 성스러운 크리스마스 날 사도 성 베드로의 제단 앞에서[11] 열린 미사에서 기도를 드리고 일어날 때, 교황 레오가 **그의 머리에 관을 씌워주었고,** 로마의 모든 시민이 이렇게 외쳤다. "신에 의해 평화를 사랑하는 위대한 황제에 오르신 샤를마뉴 황제에게, 영원한 승리를! 이러한 환호(laudes)가 있고 나서, **옛 황제들의 방식대로(more antiquorum)** 샤를마뉴는 교황의 **경배를 받았고(adoratus est)** 보호자(patricius)라는 이름을 떼고 황제(imperator et augustus)로 불리게 되었다.[12] (강조는 필자)

324-1453, Madison: The University of Wisconsin Press, p. 61.

11 원문은 "ante confessionem beati Petri apostoli," confessio는 신앙고백을 말한다. 신앙고백이란 예수가 이 세상을 구원하러 왔고, 그를 통해서 구원받을 수 있다는 사실을 인정하는 것으로서, 박해 시대에는 순교로서 표현된다. 베드로는 로마에서 순교하여 묻혔는데, 그의 무덤이 있는 자리에 성베드로 성당이 세워졌으므로, 이 연대기에서는 베드로의 무덤, 혹은 관이 안치되어 있는 장소를 말한다.

12 *Annales regni Francorum*(801). http://www.thelatinlibrary.com/ annalesregnifrancorum.html. 영어 번역은 B. W. Scholz (1972), *Carolingian Chronicles*, Ann Arbor: The University of Michigan Press, p. 81을 참조하라. 이 부분에 대한 우리말 번역은 이경구(2009), pp. 2-3에도 실려 있다. 그 번역과 큰 틀에서 차이는 없으

이 연대기는 카롤링 왕조의 궁정에서 작성된 것으로 간주되는 기록으로서, 궁정의 공식적인 입장을 담고 있다고 할 수 있다.[13] 이 기록을 보면 대관식이 명백히 '대관'과 '환호'로 이루어져 있음을 알 수 있다. 또한 "옛 황제들의 방식대로"라는 말에서 짐작할 수 있듯이, 과거 로마 제국 시절의 방식대로, 그리고 그것을 전승한 비잔티움의 방식대로 이루어졌다는 것도 알 수 있다. 대관식에 사용된 제관(帝冠) 역시 아마도 비잔티움 황제의 관을 모방했을 가능성이 높다. 원형으로 된 금관에 보석이 박혀 있고 장식이 되어 있는 관이었을 것이다.[14] 이러한 제관은 로마 제국 시대부터 있었던 것으로서 기독교와는 관련이 없는 것이었다. 환호 역시 로마 황제와 비잔티움 의례를 그대로 가져다 쓴 것이다.[15] 결국 대관식은 샤를마뉴에게 제국 서부의 황제라는 지위를 부여하여 서로마 제국을 부활시킨 의례였다.

그러나 이 의례에서 눈에 띄게 다른 점을 발견할 수 있다. 그것은 의례의 순서다. 비잔티움에서는 환호가 있고 나서 대관이 거행된다. 즉 비잔티움에서는 신이 황제를 선택하고 시민이 환호로서 황제

나, 거기서는 몇몇 중요한 문구가 생략되어 있기에 여기에 다시 번역했다.

13 B. W. Scholz (1972), pp. 4-5.

14 마르크 블로크(2015), 『기적을 행하는 왕』, 박용진 옮김, 한길사, p. 87. 샤를마뉴가 어떤 관을 썼는지는 알 수 없다. 다만 9세기 중반의 그림을 보면 원형으로 된 관에 보석이 박혀 있는 것을 볼 수 있다. 경우에 따라서는 관을 가로세로로 가로지르는 장식이 그려진 것도 있다. 이러한 그림을 비잔티움 황제의 관과 비교해보면 비교적 유사하다는 것을 알 수 있다. 당시의 기록에서는 『교황전기집성(*Liber Pontificalis*)』의 기록에서만 이 관이 "가장 고급스러운 관(pretiosissima corona)"이었음을 밝히고 있다.

15 다만 환호에는 로마 시민의 환호뿐만 아니라 기독교적 의례인 찬미의 노래(Laudes regiae)도 포함되어 있었을 것이지만, 이 두 소리가 섞이면서 찬미의 노래보다는 시민의 환호소리가 크게 들렸을 것이다. E. H. Kantorowicz (2004), pp. 146-148.

를 선택하므로, 황제는 이미 신의 섭리(vox dei)와 인민의 선택(vox populi)에 의해 황제에 오른 이후 대관을 받는 셈이 된다. 여기에서 관을 씌워주는 콘스탄티노플 총대주교의 역할은 이미 결정된 선택을 단순히 실행에 옮기는 것일 뿐이다. 그러나 로마에서의 대관식에서는 대관이 거행된 이후에 환호가 이어졌다. 다시 말하면 신의 선택이 이루어진 이후에 인민의 동의가 진행된 것이다. 대관을 해준 사람은 다름 아닌 교황으로서 그가 "손수(manibus suis propris)" 해주었던 것이다. 결국 신의 섭리를 시행한 자가 바로 교황이었으므로 그는 콘스탄티노플 총대주교처럼 단순히 신과 인민, 즉 성(聖)과 속(俗)의 대리인에 머물지 않고 "지상에서 신의 대리인"으로서 신의 선택을 시행하는 역할을 한 셈이었다. 그러므로 샤를마뉴는 교황에 의해 제위에 오른 황제였다. 요컨대 의례의 순서만을 바꿈으로써 교황은 황제를 선택하는 위치를 차지한 것이다. 교황 측의 기록인 『교황전기집성(敎皇傳記集成)』은 교묘하게도 '신을 대신한 교황'이라는 점을 강조하며 다음과 같이 적고 있다.

> 크리스마스 날 모든 사람들이 성 베드로 성당에 모였다. 그다음 경건하며 축복을 주는 주교께서는 **손수**(manibus suis propris) **가장 고급스러운 제관**으로 그(샤를마뉴)에게 대관해주셨다. 그가 성스러운 로마교회와 신의 대리인에 대해 얼마나 많은 애정과 보호를 가지고 있는지를 본 모든 사람들은 **신의 지시에 따라, 그리고 천국의 열쇠를 지닌 베드로의 지시에 따라** 한목소리로 이렇게 외쳤다. '신에 의해 경건한 황제이며 평화를 사랑하는 위대한 황제에 오르신 샤를마뉴에게 영원한 승리를!' 사람들은 성 베드로 제단 앞에서 수많은 성인의 이

름을 부르며 세 번씩 외쳤고,[16] 그 모든 이들에 의해 샤를마뉴는 로마인들의 황제로 지명되었다. 그리고 가장 성스러운 주교(교황)께서 샤를마뉴에게 **성유로 도유를 해주었다**(unxit oleo sancto). 그리고 예수께서 탄생하신 바로 그날 그의 가장 훌륭한 아들도 왕으로 도유해주었다. 그리고 미사 의례가 끝난 후 경건한 주군이자 황제는 은접시를 주었다.[17] (강조는 필자)

위 인용문은 교황 측의 기록이므로 교황의 역할을 강조하는 구절들이 들어가 있다. 예를 들어 "손수", "신의 지시에 따라, 그리고 천국의 열쇠를 지닌 베드로의 지시에 따라"라고 한 것은 교황이 신과 같은 권위를 가지고, 혹은 신의 대리인으로서 대관을 해줌을 보여주는 문구들이다. 더욱이 맨 마지막에는 "미사 의례가 끝난 후"라고 함으로써 대관식이 미사의 일부분임을 말하고 있다. 따라서 이 대관식은 기독교적인 것이며 그 집전자는 교황이었던 것이다.

요컨대 샤를마뉴는 비잔티움 황제와 똑같은 제관을 쓰고 로마 시민의 환호를 받음으로써, 로마 제국의 서부를 통치하는 황제가 되었던 것이다. 그러나 샤를마뉴는 이러한 절차가 썩 마음에 들지 않았던 모양이다. 샤를마뉴의 측근으로서 그의 전기를 집필한 아인하르트(Einhard)는 대관식에 대한 샤를마뉴의 태도를 다음과 같이 전하고 있다.

16 성인의 이름이 선창되면 이에 대해 앞의 문구를 세 번 외쳤다는 뜻이다.

17 L. Duchesne, ed. (1886-1892), *Liber Pontificalis*, vol. II, Paris, p. 7.

> 처음에 샤를마뉴는 [대관식에] 심하게 반대했으며, 비록 중요한 축일이기는 했지만 교황의 계획을 미리 알았더라면 교회에 들어가지 않았을 것이라고 했다.[18]

이 기록을 근거로 샤를마뉴가 황제가 될 의사가 없었다고 주장하는 학자도 있다. 그러나 아인하르트가 고대의 전범에 따라 전기를 작성했는데, 이러한 전범에 따르면 황제나 주교들이 한 번쯤 거부하는 것이 미덕이었다는 점을 고려하면, 아인하르트의 말을 있는 그대로 받아들여서는 안 된다. 샤를마뉴가 불만을 가졌다면 그것은 의례의 순서에서 비롯된 것이었을 것이다. 즉 자신이 비잔티움 황제와 같은 관을 쓰고 환호를 받음으로써 법률적으로 황제로 인정을 받았지만, 이 직위를 수여한 주체가 교황이었던 점이 샤를마뉴는 불만이었을 것이다. 비잔티움 황제가 성과 속 모두를 지배하는 데에 비해, 샤를마뉴 자신은 성(聖)을 완전히 장악하지 못한 셈이었다. 이러한 점은 양측의 기록을 비교해보면 더욱 뚜렷하게 드러난다.

경배와 도유(塗油)

위에서 언급한 두 종류의 사료는 대관과 환호는 공통적으로 서술하고 있지만, 다른 점도 있다. 『프랑크 왕국 연대기』에는 "경배"했다(adoratus est)는 점이 기록되어 있는 반면, 『교황전기집성』에는 경배에 관한 이야기는 없고 대신 "도유"를 해주었다(unxit)는 내용이 기록되

18 Einhard and Notker (1977), *Two Lives of Charlemagne*, Lewis Thorpe, trans. & ed., New York: Penguin, p. 81.

어 있다.

『프랑크 왕국 연대기』의 경배(adoratio)는 비잔티움 제국에서 행하던 프로스키네시스(proskynesis)와 같은 의례였을 것이다. 프로스키네시스란 신하들이 황제에 대한 존경과 복종의 표시로서 무릎을 꿇고 황제의 발에 입을 맞추는 행위다. 황제의 대관식에서는 마지막 순서로서 콘스탄티노플 총대주교가 황제에게 경배를 한다.[19] 즉 총대주교가 황제에게 경의를 표하는 행위(경배)를 함으로써 황제가 성과 속의 지배자임을 인정했던 것이다. 샤를마뉴 측근들로서는 800년의 대관식을 비잔티움 황제와 똑같은 방식으로 치름으로써 샤를마뉴가 성과 속 모두의 지배자임을 강조하고 싶었을 것이다. 이와 달리 『교황전기집성』을 작성한 교황 측근들로서는 황제에게 모든 권력을 주고 싶지는 않았을 것이므로 자신들의 기록에서는 경배를 생략했을 것이다.

그 대신 『교황전기집성』에는 "도유(unctus)"가 기록되어 있다. "도유(chrism, anoint)"라는 의례는 기름을 부어주는, 혹은 발라주는 행위로서 왕의 신성함을 보장해주는 의례였다. 도유는 고대 이집트부터 있었다고 하며, 구약성경에도 등장한다. 사실 그리스도(Christ)라는 이름 자체가 '기름 부음을 받은 자'라는 뜻이기도 하다.

그러나 이 "도유"라는 의례는 로마 황제의 대관식에서 찾아볼 수 없으며, 비잔티움 황제의 대관식에서도 9세기 후반에서야 등장한다.[20] 이 의례는 비잔티움 제국에서보다는 서로마 지역에서 널리 사

19 콘스탄티노플 총대주교는 황제에게만 이러한 경배를 한다. R. Folz (1974), p. 148.

20 도유를 최초로 거행한 비잔티움 황제는 바실레이오스(Basileios) 1세라고 한다. 콘스

용되었는데, 그 이유는 이 의례가 게르만족의 전통에 어울렸기 때문이다. 과거 게르만족들은 왕이란 신으로부터 초자연적인 능력을 부여받은 자라고 믿었다. 그리하여 왕들은 종종 비가 내리게 하거나 병을 고치는 등 주술사 역할을 했다. 그런데 기독교가 전파되면서 이러한 신성한 초자연적 능력은 자연 또는 자연의 신에게서 유래하는 것이 아니라 기독교의 신에게서 유래하는 것으로 바뀌게 되었다. 기독교는 이교적 전통을 지닌 관습을 배척하지 않고 기독교 안으로 흡수했던 것이다. 그리하여 초자연적 능력은 신이 도유를 통하여 사제에게 부여하는 것으로 변했다. 사정이 이렇게 되자 게르만족의 왕들은 도유를 받음으로써 이러한 능력을 되찾아왔던 것이다. 그리하여 왕들은 주술사에서 기독교의 사제로 변했던 것이다.[21]

이러한 의례를 정치적인 것으로 만든 사람은 페피누스였다. 페피누스는 자신의 왕위 찬탈을 정당화하기 위해 교황으로부터 도유식을 받았고, 이러한 점에 근거하여 페피누스는 "신이 우리를 도유에 의해 왕위에 오르도록 만들었다"고 왕위 찬탈을 정당화했다. 이 도유식에서는 도유식 그 자체보다는 여기에 사용되는 기름, 즉 향유(香油)가 중요한 요소였다. 전설에 따르면 일찍이(496년) 프랑크 왕국을 세운 클로비스가 랭스에서 세례를 받을 때, 성령이 비둘기의 모습을 하고 하늘에서 내려왔다고 한다. 이 비둘기는 성스러운 향유가 담긴 유

탄티노플 총대주교 포티오스(Photios)가 황제에게 보낸 편지에서 "황제에 대한 도유와 안수"라는 말을 했다. 바실레이오스 1세의 즉위 연도는 867년이다. 마르크 블로크(2015), p. 526; R. Poupardin (1905), "L'Onction imperiale," *Le Moyen Age*, t.18, p. 114.

21 마르크 블로크(2015), pp. 74-82.

리병(Sainte-Ampoule)을 가지고 내려왔다. 그러므로 기름은 하늘에서 직접 내려온 것이었고, 하늘에서 내려온 기름으로 도유를 받는 것은 "신에 의해 선택받았다(a Deo electus)"는 것을 의미했다.[22] 더욱이 신이 사제에게만 도유를 해준다는 점을 고려하면, 페피누스는 도유를 받음으로써 사제가 된 셈이었다. 그러나 이러한 도유식과 왕권의 결합은 원래부터 게르만족들이 가지고 있었던 왕권의 신성함에 힘입은 바 크다고 하겠다.

요컨대 대관식이 로마 제국의 전통에 기독교적 의미가 부여된 의식이라고 한다면, 도유식은 '초자연적 능력을 지닌 지배자'라는 게르만족의 전통을 기독교가 흡수하여 기독교적 의미를 부여한 의식이라고 할 수 있다. 더욱이 왕이 사제가 되어 교회의 조직 내에 자리잡게 되었으므로, 이론적으로만 본다면 교황은 세속군주를 자신의 지배 아래 둔 셈이었다.[23] 도유식이 게르만족의 전통에서 기원했다는 점, 그리고 이를 통하여 세속권력을 교회의 조직 아래 둘 수 있었다는 점을 고려하면, 이 도유라는 의례야말로 비잔티움 제국과는 다른, 독자적인 의례로서 샤를마뉴 제국이 게르만적 기원을 가진 기독교 제국

---

22 놀라운 점은 그 기름이 결코 증발되거나 고갈되는 일이 없다는 점이다. 그리하여 프랑스의 왕들은 모두 랭스에서 도유식을 받아야 왕의 권력을 인정받을 수 있었다. 잔 다르크가 세자였던 샤를(나중에 샤를 7세)을 파리가 아닌 랭스까지 안전하게 모시고 간 이유도 바로 도유식을 포함한 대관식을 하기 위해서였다. 바로 그 기름으로 도유식을 해야 했기 때문이었다.

23 왕이 사제로 인정을 받는다면 어느 정도 지위에 해당할까? 훨씬 나중의 일이기는 하지만, 12세기의 교황 그레고리우스 7세는 황제가 악마를 쫓아낼 줄도 모르므로 퇴마사(exorciste)보다도 못한 사제로 간주되어야 한다고 지적했다. 마르크 블로크(2015), p. 211.

임을 보여주는 요소라고 할 수 있다.

그러나 정작 800년 크리스마스에 거행된 샤를마뉴의 대관식에서는 도유식이 거행되지 않았다. 이 당시 샤를마뉴는 프랑크족의 왕으로서 이미 도유식을 받은 상태였기 때문에 800년에 로마에서 또 다시 도유를 받을 필요는 없었던 것이다. 그 대신 샤를마뉴는 교황으로부터 축성(consecratio)을 받은 것으로 보인다. 샤를마뉴 대관식에 관한 주요 연대기 중 하나인 『로르슈 연대기』에는 다음과 같이 기록되어 있다.

> 샤를마뉴 왕은 이러한 요청을 거절하고 싶지 않았으므로, 매우 겸손하게도 신에 복종하여, 모든 사제와 기독교 신도들의 요청에 따라, 크리스마스 날에 바로 그 황제라는 칭호를 교황 레오로부터 **축성**과 함께 부여받았다.[24] (강조는 필자)

축성이란 사람이나 물건을 하느님에게 봉헌하여 성스럽게 하는 것을 말하는데, 대개 도유를 동반했다. 따라서 이 연대기에 따르면 당시에 샤를마뉴가 사제서품을 받았거나, 적어도 축복의 말을 들었다고 할 수 있다.[25] 샤를마뉴가 대관식과 더불어 도유를 받지 않았다

---

24 "Quorum petitionem ipse rex Karolus denegare noluit, sed cum omni humilitate subiectus Deo et petitione sacerdotum et univeri christiani populi in ipsa nativitate domini nostri Iesu Christi ipsum nomen imperatoris cum consecratione domni Leonis papae suscepit." *Annales Laurenshamensis, MGH*, ss. vol. 1, p. 38. 일부 영역본에서 '축성(consecratione)'을 '대관식(coronation)'으로 옮겨놓았으나, 두 단어의 의미는 약간 다르다.

25 R. Folz (1974), pp. 145-146.

고 하더라도, 816년 그의 아들 루이 경건왕이 황제의 이름으로 도유와 대관을 받았고, 샤를 대머리왕(840~877)부터는 도유식과 대관식이 지속적으로 이루어졌으므로, 도유 자체는 황제와 황제권을 나타내는 중요한 상징이 되었음이 틀림없다. 그런데 이 상징은 비잔티움이나 로마에 기원을 둔 것이 아니라 게르만족의 전통과 기독교에 기원을 둔 것이었다.

따라서 대관식은 다음과 같이 해석될 수 있다. 대관과 환호, 그리고 경배 등 대관식의 의례가 비잔티움 황제의 대관식과 똑같은 방식으로 이루어졌으므로, 샤를마뉴는 비잔티움 황제와 같은 권한과 성격을 지닌 것으로 인식되었을 것이다. 그렇지만 그 순서를 바꿔서 시행함으로써, 그리고 게르만족의 전통과 기독교에 기원을 둔 도유라는 의례가 더해짐으로써, 비잔티움 황제와는 다른 권한과 성격, 즉 교회에 봉사하는 황제라는 성격을 갖게 되었다고 할 수 있다. 한마디로 800년 크리스마스에 있었던 샤를마뉴의 대관식은 교황이 황제에게 신성함을 부여하는 대신 황제가 교회를 보호해주는 서유럽 특유의 구조를 낳은 사건이라고 할 수 있다.

4. 당시 사람들의 생각: 샤를마뉴의 칭호

앞서 살펴보았듯이 샤를마뉴의 대관식에는 로마, 게르만, 기독교에 기원을 둔 여러 가지 요소가 혼합되어 있었다. 그런데 이러한 혼합은 제국에 대한 개념에도 그대로 반영되어 있어서 이를 통하여 제국의 성격을 엿볼 수 있다.

게르만족은 원래 제국이라는 개념을 가지고 있지는 않았다. 이들 역시 황제라는 용어를 사용하기는 했지만, 그것은 여러 부족을 통합하는 경우 사용하는 것이 대부분이었고, 심지어 넓은 영역에 걸쳐 압도적인 권력을 행사할 때에도 황제라는 용어를 사용했다. 가령 『프랑크족의 역사』를 쓴 그레구아르 드 투르(Grégoire de Tours)는 프랑크 왕국을 세운 클로비스를 황제(augustus)라 불렀고, 영국의 가경자 비드(Bede the Venerable)도 색슨족의 제국이라든가 앵글족의 제국이라는 말을 썼다. 요컨대 과거 서로마 제국 영토에서 황제란 '압도적 힘을 지닌 자'라는 정도의 뜻으로 사용되었고, '한 지역을 통치하는 자가 경계를 넘어 다른 지도자를 지배할 때' 부르는 개념이었다.[26]

그러므로 샤를마뉴가 받은 황제 칭호는 과거 로마 황제의 것이 아니었다고 할 수 있다. 샤를마뉴는 이미 왕이었고, 그 이후 더 넓은 영토를 정복하자, 더 좋은 명칭을 사용해야 할 필요에 의해 황제라는 칭호를 사용했다.[27] 더욱이 '왕이자 사제(rex et sacerdos)'라거나 '가장 신실한 왕(rex christianissimus)'이라고 불렀던 것에서 보듯이 샤를마뉴는 황제라는 칭호에 그다지 관심이 없었던 듯하다. 그의 업적을 기록한 『샤를마뉴의 서(書)(*Libri Karolini*)』에서 샤를마뉴를 '왕'으로 표기하고 있으며, 비잔티움 제국의 황제를 '콘스탄티노플에 있는 왕'으로 지칭하고 있다. 샤를마뉴와 그의 측근들은 제국이 과거와 마찬가지로 동(東, pars orientis)과 서(西, pars occidentis) 둘로 나누어져 있으며

---

26 R. Folz (1969), *The Concept of Empire in Western Europe: From the fifth to the fourteenth century*, London: Edward Arnold, pp. 13-14.

27 R. Folz (1969), p. 19.

그 각각을 왕국으로 생각했던 듯하다.

샤를마뉴는 스스로 황제라는 직함에 대해 어떻게 생각했을까? 샤를마뉴가 황제 칭호를 받은 것은 800년 12월이었는데, 이듬해 5월의 문서에서야 "우리 주군 샤를마뉴, 경건하며 영원한 황제"라는 직함을 썼다. 이것은 옛 황제의 직함이므로, 겉으로 보기에 샤를마뉴 역시 동로마 황제와 동등한 직함을 썼다고 생각할 수 있다. 그렇다면 샤를마뉴는 로마의 계승자라고 할 수 있을 것이다. 그러나 샤를마뉴가 황제 칭호를 받은 것이 800년 12월이었던 점을 상기해보면, 무려 6개월 가까이 황제 칭호의 사용을 주저했음을 알 수 있다.

그 이후 샤를마뉴는 황제 칭호를 사용했다. "신에 의해 대관을 받은 가장 지고하신 황제이자 위대하고 평화로운 황제로서 로마 제국을 통치하며 신의 은총으로 프랑크족과 롬바르디아족의 왕인 샤를(Karolus serenissimus augustus, a Deo corornatus magnus pacificus imperator, Romanum gubernarns imperium, qui et per misercordiam Dei rex Francorum atque Langobardorum)" 혹은 줄여서 "로마 제국을 관리하는 황제(Romanum gubernans Imperium et rex Francorum et Logobardorum)이며 프랑크족과 롬바르디아족의 왕"이라는 칭호를 사용했다. 그런데 이 칭호를 주의깊게 살펴보면 "관리하는(gubernans)"이라는 단어가 사용되었음을 볼 수 있는데, 이 단어에 주의하여 해석한다면 '로마 제국을 관리하는 황제'라는 뜻이 된다. 만약 로마 황제라고 말하려 했다면 "로마를 통치하는 황제(Romanum regens Imperium)"라고 해야 했다. 더욱이 이 칭호에도 여전히 "프랑크족과 롬바르디아족의 왕"이라는 칭호를 사용하고 있음을 볼 수 있다. 샤를마뉴는 결코 프랑크족의 왕이라는 호칭을 버릴 의사가 없었던 것이다. 따라서 샤를마뉴는 전통적인 칭호인 프랑크족의 왕이라는 칭호와 로마 제국을 이어받은 샤를마뉴 제국의 황제라는 두 가지 칭호 사이에서 지속적으로 갈등했음을 알 수 있다.

한편 이 칭호에서 주목해야 할 다른 문구는 "신에 의해 대관을 받은"이라는 문구다.[28] 결국 샤를마뉴가 만들어낸 제국은 기독교 제국이었던 것이다. 기독교 제국은 무엇으로 이루어져 있는가? 모든 기독교 왕국들로 이루어져 있다. 샤를마뉴는 바로 이 기독교 왕국들의 왕들을 지배하는 자로서 "가장 신실한 왕"이었다. 810년 비잔티움 제국의 특사들은 샤를마뉴를 방문한 이후 그가 전 세계의 지배자가 되고자 하는 야심이 없으며 단지 서유럽에서 왕권보다 조금 더 높은 권력을 행사하기만을 바란다고 보고했다.[29] 샤를마뉴가 되고자 했던 것은 로마 황제가 아니라 프랑크 제국의 지배자였던 것이다.

그렇다면 황제라는 칭호는 왜 등장했을까? 그것은 교황의 필요에 의해서였다. 교황은 비잔티움 황제로부터 떨어져나온 상태였고, 이러한 독립을 확실하게 하기 위해서 서유럽에 황제라는 칭호를 가진 지배자를 내세워야 했다. 더욱이 도유와 대관을 통하여 정치의 지배자이며 종교 지배자의 성격을 샤를마뉴에게 부여함으로써 비잔티움 황제와 동등한 자격을 갖추도록 만들어야 했다. 그러나 비잔티움 황제와 완전히 똑같다면 교황이 황제에 대해 종속적 위치에 놓일 위험이 있을 것이다. 그런데 샤를마뉴는 스스로를 '신의 제국의 왕'으로 자리매김하면서 "십자가는 '우리 황제'(즉, 그리스도)의 표시며, 우

28 이와 더불어 "신의 은총으로(gratia Dei)"라는 문구도 사용되었다.

29 R. Folz (1969), p. 24.

리는 그를 따르는 군대"라고 생각하고 있었으니, 교황에게 위협이 되기는커녕, 오히려 교회에 종속되는 위치에 있었다. 그리하여 교황은 대외적으로는 비잔티움 황제와 동등하지만, 내부적으로는 교회에 종속되어 있는 황제를 갖게 되었던 것이다.

비잔티움 제국 역시 샤를마뉴 제국을 자신들과 동등한 것으로 간주했을 가능성이 있다. 그 당시 동로마 제국에서는 황녀 이레네(Irene)가 샤를마뉴와 결혼한다는 소문이 있었다. 이에 대한 기록은 서유럽에서는 찾아볼 수 없고, 오직 비잔티움 제국의 『테오파네스 연대기』에서만 찾아볼 수 있다. 그러므로 이러한 소문은 비잔티움에서만 퍼진 것이라고 할 수 있다. 소문이 실제로 이루어지지는 않았지만, 소문 자체로는 매우 그럴 듯한 것이었다. 서로마 제국의 황제와 비잔티움 제국, 즉 동로마 제국의 황제(황녀)가 결합한다면 완전한 로마 제국이 부활하는 것 아니겠는가. 그러나 이러한 소문은 양쪽 제국이 동등하다는 것을 전제로 한 것이다. 이로부터 비잔티움 제국 사람들이 샤를마뉴 제국을 자신들의 파트너로 생각했음을 짐작할 수 있다.

칭호를 통해서 본다면, 비잔티움 사람들은 샤를마뉴를 자신들의 황제와 동등하게 생각했고, 교황은 샤를마뉴가 비잔티움 황제와 동등하지만 자신보다는 낮은 지위에 있다고 생각했던 것으로 보인다. 그러나 샤를마뉴 자신과 그의 측근들은 왕국보다 넓은 영토를 통치하는, 신앙심 깊은 왕으로 생각하고 있었다. 즉 교황이나 비잔티움 사람들과는 달리 샤를마뉴와 그의 측근들은 황제에 대한 뚜렷한 개념을 가지고 있었다기보다는 '왕보다는 넓은 영토를 가진 자'로 이해하고 있었다고 할 수 있다.

5. 맺는말

800년 크리스마스에 있었던 샤를마뉴의 대관식은 그를 '서로마 제국 황제'로 만든 사건으로서, 로마 제국-게르만족-기독교의 결합을 상징하는 것으로 널리 알려져 있다. 대관식은 대관과 환호, 성사 및 도유, 그리고 경배 등의 순서로 진행되었다. 첫째, 대관과 환호는 로마 제국에 뿌리를 둔 것으로서 대관은 '신의 선택'을 의미했다. 둘째, 환호는 '인민의 선출(vox populi)'을 의미했다. 그런데 원래 로마 황제의 즉위식에서 환호는 더 오래된 것으로서 법률적인 의미를 지니는 것이었던 반면, 대관은 로마 말기에서야 생긴 의례였다. 그러므로 대관 없는 황제는 가능하지만 환호 없는 황제는 없다고 할 수 있다. 이러한 두 가지 의례는 비잔티움 황제의 대관식에 그대로 전달되었다. 비잔티움 제국에서는 이러한 두 가지 의례에 더하여 경배를 더했다. 경배는 콘스탄티노플 총대주교가 황제에게 무릎을 꿇고 경의를 표하는 행위로서, 황제교황주의에 근거한 의례다. 즉 황제는 정치의 지도자임과 동시에 기독교의 지도자임을 표시하는 의례였던 것이다. 샤를마뉴 역시 이러한 세 가지 요소가 포함된 대관식을 했으므로 서로마 황제로서 대관식을 받은 것이 될 것이다.

샤를마뉴의 대관식이 비잔티움의 의례를 그대로 따라서 했다면, 샤를마뉴의 권한 역시 비잔티움 황제와 마찬가지로 정치와 종교의 최고 지도자여야 할 것이다. 그러나 교황은 환호와 대관의 순서를 바꿈으로써 신의 선택에 중요성을 부여하고 환호를 단순한 인민의 축하로 바꾸어버렸다. 그리고 교황 자신은 지상에서 신을 대리하는 자로서 신의 선택을 집행하는 자가 되었다. 그러므로 샤를마뉴는 교황에 의해 신성함을 부여받는 기독교 제국의 황제이며 기독교 제국을 보호할 의무가 있는 황제였다.

샤를마뉴의 대관식이 비잔티움 황제의 대관식과 다른 점은 순서에만 있는 것은 아니었다. 샤를마뉴의 대관식에는 비잔티움의 의례에 더하여 도유라는 의례가 부가되어 있었다. 이것은 원래 기독교의 의례이기는 했으나, 이교 시절부터 왕권의 신성함을 믿고 있던 게르만족들에게 매력적인 의례였으므로, 비잔티움 제국보다는 게르만족의 왕국에 널리 퍼져 있었다. 더욱이 교황은 도유라는 의례를 왕권의 신성함과 결부시킴으로써 왕권(황제권)의 신성함이나 초자연적 능력이 이교도 신이 아니라 기독교의 신에게서 나오는 것으로 만들었다. 샤를마뉴가 황제가 되기 훨씬 전에 도유를 받았던 사실을 보면, 도유가 프랑크 왕들에게 얼마나 중요했는지 알 수 있다.

이러한 점에서 본다면 샤를마뉴는 로마 제국 황제이면서 기독교 제국의 황제이며 프랑크족들의 왕이라고 할 수 있다. 그러나 그 이후 샤를마뉴가 사용한 칭호를 보면, 비잔티움 제국이나 교황은 샤를마뉴를 로마 제국의 황제로 간주했지만, 정작 샤를마뉴 자신과 그 측근들은 프랑크족의 왕이라고 생각한 것으로 보인다.

요컨대 샤를마뉴의 대관식은 로마 제국으로부터 직접 물려받았다기보다는 비잔티움의 것을 모방했다고 보아야 할 것이다. 다만 비잔티움의 의례가 로마의 전통을 따르고 있으므로 샤를마뉴의 대관식 역시 로마 제국의 전통을 물려받은 것으로 보일 수도 있다. 그런데 이것조차도 그대로 모방된 것이 아니라 기독교에 적합하게 변형된 것이었다. 여기에 더하여 정치권력과 결합한 도유식은 게르만족 왕국의 독특한 의례였다. 그러므로 샤를마뉴의 대관식은 먼 과거인 로마 제국에서 가져온 것이 아니라 오래되지 않은 자신들의 관습과 이웃 비잔티움 제국에서 가져온 것이다. 마르크 블로크(Marc Bloch)가 인용했듯이 "사람이란 그들의 부모보다 더욱 그들의 시대를 닮는" 법이다.[30]

그 이후 동로마와 서로마에서 정치와 종교의 관계는 서로 다른 양상으로 전개되었다. 동로마, 즉 비잔티움 제국에서는 정치와 종교가 황제라는 단일한 권력에 속해 있던 데 반해, 서로마, 즉 샤를마뉴 제국에서는 황제가 교회에 의존하는 양상을 갖게 되었다. 한마디로 샤를마뉴 제국은 둘로 나누어진 로마 제국의 서쪽 부분이 아니라 프랑크족의 제국이었으며, 이러한 이유로 제국은 로마적 요소뿐만이 아니라 게르만적인 요소와 기독교적 요소도 가지고 있었던 것이다. 이로써 서유럽은 게르만족이 로마 제국의 유산 위에 세운 기독교 세계가 되었고, 그곳에서는 거의 1,000년 동안 세속권력과 교회권력의 대립이 중요한 문제로서 지속되었다.

샤를마뉴가 대관식을 한 지 1,000년을 갓 넘긴 1804년 12월 2일 나폴레옹이 대관식을 했다. 그러나 그 장소는 프랑스 왕들이 대관을 하던 랭스가 아니라 파리였다. 비록 교회에서 치르기는 했지만, 관을 씌워준 사람은 교황이나 파리 대주교가 아니라 나폴레옹 자신이었다. 나폴레옹이 황제가 되는 데에 필요했던 것은 '신의 선택'이 아니라 '국민의 선택'이었다. 그는 이미 5월에 치른 선거에서 절대 다수

30 마르크 블로크(2007), 『역사를 위한 변명』, 고봉만 옮김, 한길사, p. 66. 원래는 아라비아의 속담이라고 되어 있다.

의 찬성으로 황제로 '선출'되었던 것이다. 이제 권력은 신에게서 나오는 것이 아니라 국민에게서 나오는 것이었다. 언뜻 보기에 샤를마뉴의 대관식으로 상징되는 기독교 세계는 종말을 고한 듯이 보인다. 그러나 그 이후에도 여전히 과거의 상징들이 살아남았음을 볼 수 있다. 나폴레옹의 대관식 자체가 교회에서 주교의 입회하에 이루어졌다는 점이 그것을 보여주고 있다. 기독교뿐만 아니라 구체제 왕정의 요소도 서슴없이 받아들였다. 나폴레옹이 페스트의 타격을 받은 프랑스 군대를 방문하는 그림은 프랑스의 왕이 질병을 치료하는 능력을 가졌다는 오래된 믿음을 재현한 것이었다. 마치 샤를마뉴의 대관식이 로마, 게르만, 기독교의 요소들이 혼합되어 있듯이, 나폴레옹의 대관식과 권력의 상징에도 샤를마뉴,[31] 앙시앙 레짐, 프랑스 혁명의 모든 요소가 혼합되어 있다.[32] 즉 권력의 원천이 신에서 국민으로 바뀌었음에도 불구하고 권력이 표상하는 방식은 대체로 변하지 않는다고 할 수 있다.

31 나폴레옹의 대관식은 샤를마뉴의 대관식을 모방했다고 한다. 나폴레옹 스스로 "나는 샤를마뉴다"라고 한 적도 있다. 성백용(2007), pp. 405-406. 다비드가 그린 〈알프스를 넘는 나폴레옹〉을 보면, 말발굽 아래에 '보나파르트', '한니발', '카롤루스'(샤를마뉴)를 써넣은 바위를 볼 수 있다.

32 Ph. Dwyer (2015), "'Citizen Emperor': Political ritual, popular sovereignty and the coronation of Napoleon I," *History* 100: 42-46.

참고문헌

김차규(2008),「비잔티움 세계와 서유럽」,『인문과학연구논총』 제29호, pp. 21-37.
블로크, 마르크(2015),『기적을 행하는 왕』, 박용진 옮김, 한길사.
성백용(2005),「샤를마뉴, 열두 세기에 걸친 황제의 전설」,『역사비평』 제72호, pp. 388-416.
성백용(2007),「샤를마뉴에 대한 중세 독일과 프랑스에서 엇갈리는 기억」,『프랑스사연구』 제17집, pp. 5-34.
신준형(2005),「비잔틴 성상복구운동(8세기)과 신성로마제국의 대응」,『서양미술사학회 논문집』 제24집, pp. 9-25.
아인하르트(2008),『샤를마뉴의 생애』, 이경구 옮김, 지만지.
이경구(2001),「로마교회와 프랑크왕국의 제휴: 피핀의 쿠데타를 중심으로」,『서양중세사연구』 제8집, pp. 1-20.
이경구(2002),「스테파누스 2세와 피핀의 상봉: 그 역사적 의미」,『서양중세사연구』 제9집, pp. 1-27.
이경구(2004),「신성로마제국의 출발점에 관하여」,『서양중세사연구』 제13호, pp. 69-98.
이경구(2007),「신성로마제국의 성격: 교황권과 황제권의 관계를 중심으로」,『서양사연구』 제37집, pp. 5-31.
이경구(2009),「중세 서유럽인들의 비잔티움 타자화: 800년 샤를마뉴 황제의 대관식 사건을 중심으로」,『서양중세사연구』 제23호, pp. 1-30.

Annales Laurenshamensis, *MGH*, ss. vol. 1.
Annales Regni Francorum (801). http://www.thelatinlibrary.com/ annales regni francorum. html.
Catholic Encyclopedia, 'coronation' 항목.
Dwyer, Ph. (2015), "'Citizen Emperor': Political ritual, popular sovereignty and the cor-

onation of Napoleon I," *History* 100: 42-46.

Einhard and Notker (1977), *Two Lives of Charlemagne*, trans. & ed. by Lewis Thorpe, New York: Penguin.

Folz, R. (1969), *The Concept of Empire in Western Europe: From the fifth to the fourteenth century*, London: Edward Arnold.

Folz, R. (1974), *The Coronation of Charlemagne, 25 December 800*, London: Routledge & K. Paul.

Katorowicz, E. H. (1946), *Laudes Regiae: A study in liturgical acclamations and mediaeval ruler worship*, Berkeley and Los Angeles: University of California Press.

Kantorowicz, E. H. (2004), *Laudes Regiae: une etude des acclamations liturgiques et du culte du souverain au moyen age*, traduit de l'anglais par Alain Wijffels, Paris: Fayard.

Liber Pontificalis 2 vols. (1886-1892), ed. by L. Duchesne, Paris.

Poupardin, R. (1905), "L'Onction imperiale," *Le Moyen Age*, t.18, pp. 113-126.

Scholz, B. W. (1972), *Carolingian Chronicles*, Ann Arbor: The University of Michigan Press.

Vasilief, A. (1973), *A History of the Byzantine Empire, 324-1453*, Madison: The University of Wisconsin Press.

중세 해상 제국 베네치아: 신화인가, 실체인가?*[1]

남종국

1. 머리말

역사 속에서 제국은 다양한 모습을 띠고 나타났으며 개별 제국들은 특정한 역사적 상황에 맞춰 그 나름의 권력구조, 통치제도, 식민지 정복과 관리체계 등을 만들었다. 이런 제국의 다양성은 제국을 규정하는 명확한 기준에 대한 일반적인 합의를 도출하기 어렵게 했다. 한편으로 제국은 역사적 실체라기보다는 후대의 상상물일 수도 있을 것이다. 그런 맥락에서 여러 정치체제 중에서 어떤 것을 제국으로 간주할 수 있는지에 대해서는 여전히 논란이 존재한다. 물론 고대 로마 제국, 중국의 여러 제국, 몽골 제국, 신성로마 제국, 오스만 제국을 제

---

* 이 글은『인문논총』제72권 제3호(서울대학교 인문학연구원, 2015년 8월)에「중세 해상 제국 베네치아: 신화인가, 실체인가?」란 제목으로 게재된 필자의 논문을 수정·보완한 것이다.

1 어떤 역사가들은 베네치아를 둘러싼 이미지를 신화로, 어떤 역사가들은 역사적 실체로 간주한다. F. De Vivo (2004), "The Diversity of Venice and Its Myths," *The Historical Journal* 47: 169.

국으로 규정하는 데 이의를 제기하지 않을 것이다.

하지만 고대 아테네와 중세 베네치아를 제국으로 규정하는 데에는 많은 논란과 반대가 있을 듯하다. 그러나 중세 지중해 역사를 전공하는 다수의 학자들은 중세 베네치아를 "해상 제국"으로 간주하는 데 주저하지 않는다. 왜 그들은 중세 베네치아를 해상 제국으로 생각할까? 중세 베네치아를 해상 제국으로 규정할 만한 구체적인 실체와 근거가 있을까? 이에 대한 연구는 제국을 규정하는 기준과 조건들에 대한 합의를 이끌어내는 데 작은 기여를 할 수 있을 것이다. 중세 말 베네치아가 겪었던 제국의 경험은 근대 유럽 열강의 제국 만들기에 일정 정도 영향을 주었기 때문이다.

베네치아의 역사는 그 자체가 신화다. 『뉴욕타임스』가 인류 역사상 가장 위대했던 시대를 15세기의 베네치아로 꼽았을 정도로 베네치아는 믿기 어려운 신화와 같은 업적을 이룩했다. 베네치아를 지칭하는 별칭인 "지배하는 자(La Dominante)"는 영광스러웠던 그 시절을 상기시켜준다. 1363년 베네치아에 머물던 시인 페트라르카(F. Petrarca)는 "이것은 배가 아니라 바다의 표면에서 헤엄치는 산이라고 말했을 걸세"라면서 지중해와 흑해로 출항하는 선박들의 위용에 감탄했다. 1494년 베네치아를 방문한 프랑스 대사는 엄청나게 많은 교회와 종탑과 수도원에 감탄하며 그 모든 것이 물 위에 건설된 것에 놀라움을 금치 못했다.[2]

오늘날에도 베네치아는 '지중해 교역을 주도했던 영광스러웠던

---

2 로저 크롤리(2011), 『500년 무역 대국 부의 도시 베네치아』, 우태영 옮김, 다른세상, pp. 15-17.

시절을 기리며' 매년 예수 승천일에 스폰살리오(sponsalio)라 불리는 바다와의 결혼식을 거행한다. 15세기부터 시작된 이 바다와의 결혼식이라는 행사는 베네치아가 아드리아해 그리고 그 너머의 지중해를 장악하겠다는 결연한 의지와 자부심의 표현이었다. 이 상징적인 행사에서 도제는 의전 선박 부친토로(bucintoro)에 승선해 바다로 나가 아드리아해에 반지를 던지며 "우리는 진정 어린 영원한 지배의 증표로 너 바다와 결혼할 것이다"라고 외친다. 이렇듯 바다에 대한 지배는 베네치아 신화를 구성하는 핵심 요소다.[3]

후대 다수의 역사가들은 중세 후반 베네치아 공화국이 달성한 '영광스런 업적'을 근거로 베네치아를 "중세 해상 제국"이라 부르는 데 주저하지 않는다.[4] 프레데릭 레인(Frederic C. Lane)은 자신의 저서 『베네치아: 해상 공화국』에서 베네치아가 지중해에서 획득한 바

3 E. Muir (1981), *Civic Ritual in Renaissance Venice*, Princeton: Princeton University Press, p. 122; Monique O'connell (2009), *Men of Empire: Power and negotiation in Venice's maritime state*, Baltimore: The Johns Hopkins University Press, p. 17; James Grubb (1986), "When Myths Lose Power: Four decades of Venetian historiography," *Journal of Modern History* 58: 72-73.

4 D. S. Chamber (1970), *The Imperial Age of Venice, 1380-1530*, London: Thames and Hudson Ltd.; Frederic C. Lane (1973), *Venice: A maritime republic*, Baltimore: Johns Hopkins University Press; J. Morris (1980), *The Venetian Empire: A sea voyage*, Harmondsworth: Penguin; A. Zorzi (1980), *Una città, una repubblica, un impero, Venezia: 697-1797*, Milano: Mondadori; G. Wills (2001), *Venice, Lion City, the Religion of Empire*, London; New York: Simon & Schuster; Thomas F. Madden (2012), *Venice: A new history*, London: Viking; Benjamin Arbel (2013), "Venice's Maritime Empire in the Early Modern Period," *A Companion to Venetian History, 1400-1797*, Eric R. Dursteler, ed., Leiden: Brill, pp. 125-254; Monique O'connell (2009).

다 영토를 해상 기지 제국(empire of naval bases)으로 규정했다.[5] 토마스 매든(Thomas Madden)은 4차 십자군을 계기로 베네치아는 상업 공화국에서 사실상의 제국으로 부상했으며, 이후 4세기 동안 제국으로서의 명성을 유지했다고 주장한다.[6] 오코넬(M. O'connell)은 10만 명도 채 안 되는 인구를 가진 베네치아가 여기저기 흩어져 있어 해체되기 쉬운 해상 제국(fragmented and fragile empire)을 어떻게 그렇게 오랫동안 유지할 수 있었는지를 분석한다.[7]

하지만 베네치아를 제국으로 간주하는 것은 여전히 논란이 남아 있는 문제다.[8] 다수의 역사가들이 베네치아를 중세 해상 제국이라 칭하지만 베네치아의 실제 정치체제는 공화국이었다. 베네치아는 비잔티움으로부터 사실상 독립한 이후부터 나폴레옹에 정복당할 때까지 줄곧 공화국이었다. 비록 베네치아를 이끄는 수장의 공식 직함은 이탈리아어로 도제였지만[도제라는 직함은 비잔티움 제국의 지배하에 있을 당시 황제가 수여한 달마티아 공작(dux Dalmatiae)에서 유래한다], 도제가 왕이나 공작처럼 국가 운영을 독점할 수 없었다. 왜냐하면 도제는 세습이 아니라 선거를 통해 선출되었고 원로원, 대위원회, 40인 위원회, 10인 위원회와 법원이 입법, 행정과 사법 권력을 나누어 가지고 있었기 때문이다.

---

5 Frederic C. Lane (1973), p. 42.

6 Thomas F. Madden (2012), pp. 114-150.

7 Monique O'connell (2009).

8 M. Fusaro (2015), *Political Economies of Empire in the Early Modern Mediterranean: The decline of venice and the rise of England, 1450-1700*, Cambridge: Cambridge University Press, p. 3.

그렇다면 중세 후반 인구 10만의 작은 섬나라 베네치아 공화국이 많은 역사가의 주장처럼 제국이라는 이름에 어울릴 만한 실질적인 힘과 위상을 가지고 있었을까? 중세 이탈리아 상인이 이룬 성과는 신화와 과장에 지나지 않는다는 어느 역사가의 신랄한 비판처럼[9] "해상 제국 베네치아"라는 개념도 신화와 과장일 뿐일까? 이 글은 "해상 제국 베네치아"가 단순히 신화일 뿐인지 아니면 이에 걸맞은 역사적 경험을 했었는지를 살펴보려고 한다. 이를 위해서 일차적으로 정복과 영토 팽창, 식민지의 존재와 식민 통치 등과 같은 제국을 규정하는 외형적인 요소들이 베네치아의 역사에서 있었는지를 확인할 것이다.[10] 그다음 기존의 연구들이 소홀하게 다루었던 베네치아인들의 제국 의식을 살펴보려고 한다. 즉 베네치아인들이 제국을 건설하고 운영하겠다는 생각과 의지가 있었는지를 알아볼 것이다. 외형적인 조건뿐만 아니라 이러한 내적인 의식 또한 제국 여부를 판단하는 중요한 기준이기 때문이다.

2. 4차 십자군과 바다 영토(stato da mar)

4차 십자군을 계기로 베네치아가 해상 제국으로 부상했다는 토마스

---

9 J. M. 홉슨(2005), 『서구 문명은 동양에서 시작되었다』, 정경옥 옮김, 에코리브르, pp. 159-179.

10 일반적으로 제국을 규정하는 특징으로 광활한 영토, 다양한 언어 및 종교, 문화적 헤게모니 등이 거론된다.

매든의 해석은 정복한 영토의 규모를 고려했을 때 타당해 보인다.[11] 실제로 베네치아는 4차 십자군과 함께 비잔티움 제국을 점령하고 제국의 8분의 3이라는 방대한 영토를 획득했기 때문이다.[12] 베네치아가 획득한 영토는 발칸 반도의 서쪽 부분, 에게해의 주요 섬들, 아드리아노플에서 갈리폴리 사이의 좁은 영토였다. 이들 지역은 주로 베네치아 상선이 지나가는 곳에 있었다. 이는 베네치아가 4차 십자군과 영토 협상에서 주로 경제적 측면을 우선적으로 고려했음을 보여준다.

사실 베네치아는 논공행상 과정에서 제국을 만들 수 있었다. 당시 베네치아 선단을 이끌고 십자군에 직접 참여했던 도제 엔리코 단돌로(Enrico Dandolo)가 영토 분할 협정을 주도했기 때문이다. 신생 라틴 제국의 황제는 12명의 선거인단에 의해 선출되었는데 이 선거인단에는 여섯 명의 베네치아인이 참여하고 있었다. 베네치아 도제 단돌로는 4차 십자군 병력을 이끌었던 몬페라토 후작 보니파치오(Bonifacio)와 프랑스 출신 제후들의 지지를 받았던 플랑드르 백작 보두엥(Baudouin)과 함께 유력한 황제 후보 중 한 명이었다. 만약 단돌로가 황제로 선출되었다면 베네치아 공화국은 라틴 제국의 영토가 되는 것이었다. 베네치아 출신이 아닌 여섯 명의 선거인단이 보니파치오와 보두엥을 두고 의견이 갈라졌기 때문에 여섯 명의 베네치아

11 오코넬은 베네치아 제국이라는 이데올로기가 시작된 것은 도제 피에트로 2세 오르세올로가 아드리아해로 진출한 시기부터였다고 주장한다. Monique O'connell (2009), p. 18.

12 Thomas F. Madden (2003), *Enrico Dandolo and the Rise of Venice*, Baltimore: The Johns Hopkins University Press, p. 196.

선거인단은 단돌로를 황제로 추대할 수 있는 상황이었다.[13] 하지만 단돌로와 베네치아인들은 명분보다는 경제적 실리를 선택했다.

다수의 역사가들은 4차 십자군을 계기로 베네치아 해상 제국이 탄생했다고 이야기하지만 당시까지만 해도 베네치아인들은 식민지를 건설하고 제국을 세우겠다는 의지와 구체적인 계획을 가지고 있지는 않았다.[14] 베네치아가 비잔티움 제국의 8분의 3이라는 엄청난 영토를 얻은 것은 예상 밖의 일이었기 때문이다. 그러나 비잔티움 제국의 8분의 3을 획득한 후 베네치아의 태도는 달라졌다. 실제로 13세기 이후 베네치아는 다양한 방법으로 해외 식민지를 건설하려고 했다. 베네치아가 크레타섬을 확보하고 지켜나가는 과정은 제국의 속성인 해외 팽창과 식민지 건설과 다름 없다. 무엇보다도 우연하게 얻은 영토를 지속적으로 유지할 수 있느냐 하는 것이 베네치아가 제국으로 성장하기 위해 통과해야 할 첫 번째 관문이었다. 새로 획득한 영토를 유지하는 데 전략적 요충지였던 크레타섬을 확보하는 것이 무엇보다 시급했다. 베네치아는 기민하게 움직여 크레타섬을 보니파치오에게 돈을 주고 구입했다.[15] 하지만 베네치아가 크레타섬을 실질

---

13 Thomas F. Madden (2012), p. 147.

14 일반적으로 4차 십자군 이후 베네치아 해상 제국이 건설되었다고 보지만 이러한 일반론에 대해 반론을 제기하는 역사가들도 있다. 루시 게르트웨건(Ruthy Gertwagen)에 따르면 베네치아는 13세기 해상 제국을 건설할 경제적·군사적 자원을 보유하고 있지 못했고, 14세기 후반에 가서야 해상 제국을 건설할 수 있는 체계적인 정책을 펼칠 수 있었다. R. Gertwagen (2014), "Venice's Policy towards the Ionian and Aegean Islands, c. 1204-1423," *The International Journal of Maritime History* 26: 529-548.

15 이전에 비잔티움 황제 알렉시우스 4세는 크레타섬을 몬테라토의 보니파치오에게 하사했다. Thomas F. Madden (2003), p. 198.

적으로 지배하기까지는 많은 노력과 시간이 필요했다. 우선 제노바 출신의 엔리코 페스카토레와 싸워야 했고, 이후에는 독립을 원하는 그리스 사람들의 반란을 진압해야 했다. 식민 초기 베네치아는 그리스 출신의 토착 귀족들을 베네치아 이민자들로 대체했을 뿐만 아니라 그리스 정교의 위계질서를 무너뜨렸고 베네치아 법을 강요했다. 크레타섬으로 이주한 베네치아인들은 군사적 봉사에 대한 대가로 몰수한 토지를 봉토로 받았다. 이를 통해서 베네치아 정부는 토착 귀족들을 완전히 배제하고 직할 지배 체제를 확립하려고 했다.[16] 하지만 그리스 출신의 토착 귀족들은 끈질기게 저항했고, 결국 베네치아는 이들의 토지와 특권을 인정해주고 체제 안으로 끌어들였다. 최종적으로 베네치아는 크레타섬을 확실하게 장악했고, 오스만에 빼앗기는 17세기 후반까지 약 5백 년 동안 크레타섬을 지배했다.

두 번째 시험 무대는 또 다른 해상 세력이었던 제노바와의 경쟁이었다. 베네치아는 4차 십자군을 통해 확보한 해외 영토를 유지하고 새로운 지역을 정복하기 위해서 제노바와 여러 차례 해전을 치러야 했다. 양측은 125년 동안 네 차례의 해전에서 승리와 패배를 주고받았지만 4차 해전이 끝난 1381년까지 어느 쪽도 경쟁자를 바다에서 완전히 몰아내지 못했다.[17] 그렇지만 1381년 키오지아 전투에서 승리한 베네치아는 다시 한 번 팽창의 기회를 얻었다. 실제로 베네치아는 이 시기 에게해와 아드리아해의 여러 섬과 항구 도시를 장악하면

16 1206년 몰타 백작 엔리코 페스카토레는 크레타섬을 공격해 이를 장악했다. Monique O'connell (2009), p. 19; Thomas F. Madden (2003), p. 198.

17 남종국(2007), 「13-14세기 지중해 해전: 베네치아와 제노바를 중심으로」, 『서양사연구』 제36집, pp. 27-28.

서 해외 영토를 두 배나 확장했다. 1386년 코르푸의 군주 카를로가 사망하자 베네치아는 재빠르게 두 척의 갤리선을 코르푸로 파견해 코르푸 의회로 하여금 베네치아에 복속될 것을 요구했다.[18]

베네치아가 지중해 해상 강국으로서의 지위를 유지하기 위해서는 14세기 후반 새로운 강자로 부상하던 오스만 제국을 상대해야 했다. 여러 면에서 오스만 제국은 베네치아가 감당하기에는 힘에 부치는 상대였지만 한 가지 유리한 상황도 있었다. 그것은 바로 발칸 반도가 대부분 기독교 지역이었다는 사실이다. 실제로 14세기 후반 발칸 반도의 기독교 지역들은 이슬람을 신봉하는 오스만 제국보다는 같은 기독교를 믿는 베네치아의 지배를 수용하는 편이 나을 수 있었다. 베네치아는 이러한 정황을 잘 이용했다. 오스만 군대는 1389년 코소보 전투에서 세르비아 군대를 격파했고 1391년 두라초를 공격했다. 두라초의 군주 카를로 토피아는 병자였고 도시를 방어할 능력이 없었다. 베네치아는 이와 같은 사태에 대비해 사전에 준비를 했었다. 베네치아는 두라초 군주 카를로에게 오스만이 공격할 경우 함대를 파견하고 식량을 공급하기로 협약을 맺었다. 또한 베네치아는 두라초의 기독교 신앙을 보호하고 지배층 각자에게 5백 두카토의 연금을 주겠다고 설득했다. 카를로가 사망하자 베네치아는 두라초 시민에 대한 지배권을 선포했다. 실제로 카를로 사망 이전에 두라초는 이미 베네치아인들의 수중에 있었다.[19]

18 Donald MacGillivray Nicol (1988), *Byzantium and Venice: A study in diplomatic and cultural relations*, Cambridge: Cambridge University Press, pp. 322-325.

19 Monique O'connell (2009), p. 26.

오스만과 여러 차례의 전쟁으로 베네치아는 다수의 식민지를 잃었다. 베네치아는 1463년에서 1479년까지 계속된 오스만과의 전쟁에서 에우보이아(이탈리아어로는 네그로폰테Negroponte), 아르고스(Argos), 스쿠타리(Scutari)를 빼앗겼고, 1479년 강화조약에서 오스만 제국에서 교역을 할 수 있게 해달라는 조건으로 매년 만 두카토의 공물을 오스만 제국에 바치기로 약속했다. 오스만 제국과의 3차 전쟁(1499~1503)에서는 코로니(Koroni), 메토니(Methoni), 레판토와 두라초를 잃었고, 4차 전쟁(1537~1540)에서는 말바지아(Malvasia), 미코노스(Mikonos), 나플리오(Nafplio)를 빼앗겼다.[20]

역사가들은 오스만의 팽창으로 15세기 중반 이후 베네치아의 해상 영토는 몰락했다고 말한다. 오코넬은 1423년 베네치아가 테살로니키를 점령한 사건이 베네치아 해외 팽창의 영광스런 시절의 마지막이었다고 지적한다. 왜냐하면 1423년 테살로니키는 오스만 군대에 포위되자 베네치아에 자발적인 복속을 요구했고, 논의 끝에 베네치아는 이를 수락했지만 7년 후 최종적으로 테살로니키는 오스만의 수중에 들어갔기 때문이다.[21] 프랑스의 역사가 베르나르 두메르크(Bernard Doumerc)는 15세기 말 이후면 해상 제국 베네치아는 더 이상 존재하지 않았다고 말한다.[22] 반면 벤자민 아르벨(Benjamin Arbel)은

---

20 Monique O'connell (2009), pp. 35-37.

21 Monique O'connell (2009), p. 33.

22 Bernard Doumerc (2002), "Les Vénitiens confrontés au retour des rapatriés de l'empire colonial d'outre-mer (fin XVe-début XVIe siècles)," *Migrations et diasporas méditerranéennes* (X^{e}-XVIe siècles), Michel Balard, ed., Paris: Publication de la Sorbonne, pp. 375-398.

15세기는 결코 해상 제국 베네치아가 몰락한 시기가 아니었다고 주장한다. 아르벨에 따르면 식민지의 면적과 인구 기준에서 보면 베네치아는 16세기 초 가장 방대한 해상 영토를 보유하고 있었으며 인구는 16세기 후반에 가장 많았다.[23]

하지만 중요한 것은 영토와 인구의 크기가 아니다. "해상 제국 베네치아"라는 표현은 동지중해에서 베네치아가 가장 강력한 해상 세력임을 의미하지만 15세기 말 이후 동지중해 제일의 해상 강국은 베네치아가 아니라 오스만이었기 때문이다. 결국 15세기 이후 동지중해에서 베네치아는 오스만으로부터 식민지를 방어하고 유지하는 데 만족할 수밖에 없었다. 1499년 8월 베네치아와 오스만 제국의 해전은 베네치아의 추락한 위상을 잘 보여준다. 전쟁 중에 오스만 제국의 파샤는 베네치아 대사 알비제 마넨티(Alvise Manenti)에게 보낸 편지에서 "지금까지는 당신들이 바다와 결혼을 했었습니다. 앞으로 바다는 당신들보다 바다에서 더 막강한 힘을 가지고 있는 우리들의 것이 될 것입니다(L'ha sposato el mar fin adesso; per l'avenir tocherà a noi, che habbiamo in mar più di voi)"라고 훈계조의 충고를 했다. 같은 해 베네치아 연대기 작가 지롤라모 프리울리(Girolamo Priuli)는 "베네치아인들은 노예보다 더 처참한 상황에 처해 있다"면서 풍전등화와 같은 당시의 상황을 들려준다.[24]

---

23 Benjamin Arbel (2013), pp. 142-143.

24 D. Malipiero (1843-1844), "Annali Veneti dall'anno 1457 al 1500," *Archivio Storico Italiano* 7, pp. 191-195; A. Tenenti (1973), "The Sense of Space and Time in the Venetian World of the Fifteenth and Sixteenth Centuries," *Renaissance Venice,* J. R. Hale, ed., London: Faber and Faber, pp. 25-26.

최종적으로 베네치아가 14세기 말 이후 동지중해 제해권을 확립하는 데 중요한 역할을 했던 정기 갤리 선단의 운행마저도 1530년대 들어 중단되었다. 이전까지만 해도 베네치아 상인과 상품을 실어날랐던 정기 갤리 선단은 점점 더 해외 식민지를 방어하는 데 차출되었고 결국에는 운항을 중단할 수밖에 없었다.[25] 안전한 수송뿐만 아니라 동지중해에 대한 제해권을 제공했던 갤리 선단마저 사라진 상황에서, 베네치아가 17세기 중엽까지 오스만 제국을 상대로 동지중해에 흩어져 있는 식민지를 지켜냈다는 사실 자체가 기적에 가까운 일이었다.

어쨌든 베네치아는 4차 십자군 이후 동지중해에 건설한 바다 영토(stato da mar)를 꽤 오랫동안 유지했다. 그렇다면 왜 베네치아는 해상 식민지를 건설하고 이를 그토록 지키려고 했을까? 일부 역사가들은 베네치아가 동지중해와 아드리아해에서 스타토 다 마르(stato da mar)라 불리는 바다 영토를 건설하게 된 것은 사전에 계획된 정복 전쟁이 아니라 상황의 산물이었다고 말한다. 로베르토 체시(Roberto Cessi)는 베네치아가 의도적으로 달마티아 정복을 추진한 것이 아니라 어쩔 수 없는 상황에서 달마티아로 진출한 것이며, 그 과정에서도 중립과 평화라는 고상한 이상과 원칙을 지켰다고 주장한다.[26] 프랑스의 역사가 프레디 티리에(Freddy Thiriet)는 베네치아가 원래 크레타를 식민지로 만들 생각이 없었으나 그리스 출신의 토착민들의 반란

25 B. Doumerc (1996), "Il dominio del mar," *Storia di Venezia: Il Rinascimento politica e cultura,* A. Tenenti and U. Tucci, ed., Roma: Enciclopedia Italiana, pp. 164-178.

26 R. Cessi (1944), *Storia della repubblica di Venezia*, Milano; Messina: Principato, pp. 355-356.

과 크레타를 노리는 제노바와의 경쟁 상황에 떠밀려 크레타에 대한 직접 지배 체제를 수립했다고 말한다.[27] 매든은 베네치아 내부에서 4차 십자군 이후 해상 제국으로 가는 것에 강한 반감이 있었다고 지적한다. 그에 따르면 당시 도제였던 피에트로 지아니(Pietro Ziani)는 '로마 제국의 8분의 3을 다스리는 지배자'라는 제국의 칭호를 거부했다. 매든은 당시 베네치아인들이 제국을 유지하려면 많은 인력과 함대가 필요하고 그로 인해 평화로운 무역이 방해를 받을지도 모른다는 우려 때문에 해상 제국으로의 길에 반대했다고 분석한다.[28] 그러나 오코넬은 베네치아 제국이 우연의 산물도 아니고 인정 많은 제국도 아니었다고 반박한다. 그는 베네치아가 자신의 이익을 위해 적극적으로 영토를 정복하고 식민지로 만들었다고 주장한다.[29]

여러 논란에도 불구하고 한 가지 분명한 것은 베네치아가 해외 식민지를 건설하는 데 있어 가장 중요하게 고려한 것은 교역이었다. 역사 속의 많은 제국처럼 제국으로서의 명성과 위상을 드높이기 위함이 아니었다. 베네치아는 자국 상선이 자유롭고 안전하게 운행할 수 있는 해상 교통로상에 위치한 섬과 항구들을 우선적으로 장악하려고 노력했다. 군사적으로 식민지를 방어할 수 있는지도 중요 고려 대상이었다. 오스만의 팽창으로 발칸 반도의 소규모 국가들이 베네치아에 자발적으로 복속하겠다고 청했지만 베네치아는 모든 청을 받아들이지는 않았다. 15세기 초 아드리아해 동부 도시 카타로(Cattaro)

27 F. Thiriet (1959), *La Romanie vénitienne au Moyen Age*, Paris: Bibliothèque de l'Ecole Française d'Athènes et de Rome, pp. 105-106.

28 T. Madden (2003), p. 198.

29 Monique O'connell (2009), p. 19.

가 여러 차례 복속을 청했지만 베네치아는 이를 거절했다. 거절한 이유는 좁고 깊은 만 안쪽에 위치한 이 도시를 방어하기가 너무 어려웠기 때문이었다.[30] 그 지역에서 생산되는 농산물과 산업 원료 또한 식민지 건설에 중요한 동기였다. 19세기 제국주의 열강이 산업 생활에 필요한 원료와 완제품 판매 시장을 확보하기 위해 식민지를 건설한 것처럼 중세 후반 베네치아도 소금,[31] 곡물, 면화 등의 농산물과 산업 원료를 얻기 위해 해외 영토를 침략했다. 1423년 테살로니키의 자발적 복속을 흔쾌히 수락한 이유는 테살로니키 배후지에서 생산되는 곡물을 확보할 수 있었기 때문이었다.[32]

베네치아에 복속된 식민지는 다양한 종류의 농산물과 산업 원료를 베네치아에 제공했다. 아드리아해 동쪽에 위치한 식민지에서는 포도주, 소금, 가죽, 목재, 건설용 석재를, 크레타섬에서는 곡물, 면화, 포도주,[33] 밀랍, 올리브유, 꿀과 치즈를, 에우보이아섬에서는 밀과 포도주를, 펠로폰네소스 반도의 식민지들에서는 과일, 건포도, 올리브유, 소금, 면화를, 키프로스섬에서는 면화와 설탕을 베네치아로 들여왔다. 베네치아는 식민지의 농산물과 산업 원료 생산을 철저하게 통제 관리했다. 실례로 정부는 크레타섬이 매년 베네치아로 보낼 곡물

30 Benjamin Arbel (2013), pp. 137-138.

31 베네치아가 소금을 확보하기 위해서 식민지를 건설한 과정에 대해서는 다음 책을 참조하라. J. C. Hocquet (1978-1979), *Le sel et la fortune de Venise*, Lille: Université de Lille III.

32 Benjamin Arbel (2013), p. 139.

33 U. Tucci (1994), "Le commerce vénitien du vin de Crète," *Maritime food transport,* K. Friedland, ed., Köln: Böhlau Verlag, pp. 199-211.

의 양과 가격을 정했다.[34] 또한 베네치아는 15세기 말 키프로스섬을 장악한 후에, 19세기 제국주의 열강들처럼 키프로스섬을 철저하게 수탈했다. 특히 면화 재배를 특화해 생산량을 세 배로 증가시켰다.[35] 식민지에서 생산된 농산물과 산업 원료는 베네치아에서 소비되는 데 그치지 않고 유럽 전역으로 유통되었다. 크레타섬의 포도주는 베네치아 대형 범선에 실려 대서양으로 팔려나가서 유럽 제일의 포도주라는 명성을 얻었다.

전체적으로 보면 베네치아의 바다 영토는 자국 상선이 운항하는 아드리아해와 에게해에 면한 항구들과 섬들을 연결해놓은 일종의 해외 거점 상업 네트워크였다. 그런 점에서 베네치아의 바다 영토는 16세기 인도양에서 포르투갈이 세운 에스타도 다 인디아(Estado da India)와 여러 면에서 유사했다. 베네치아의 바다 영토는 지나치게 넓은 지역에 흩어져 있었기 때문에 안정성이 떨어져 보였다. 하지만 작은 섬나라 베네치아 입장에서는 거대한 영토를 정복하고 운영하는 것이 물리적으로 불가능했기 때문에 적은 규모의 선단으로 지중해에 산재한 항구와 섬들을 효율적으로 통제하는 것이 현실적인 식민지 건설의 방안이었을 것이다. 하지만 해외 영토를 정복하는 것으로 모

---

34 E. Crouzet-Pavan (2004), *Venise triomphante: les horizons d'un mythe*, Paris: Albin Michel, pp. 139-140.

35 베네치아 점령 이전 7천 칸타르였던 면화 생산이 20만 칸타르로 증가했다. 칸타르는 중세 지중해 세계에서 널리 사용되던 도량형이었다. 특히 면화의 무게를 계량하는 기본 척도이기도 했다. 칸타르는 시장과 시대별로 무게가 달랐는데 중세 말 키프로스섬에서 사용된 칸타르는 대략 200킬로그램 정도였다. Jong Kuk Nam (2007), *Le commerce du coton en Méditerranée à la fin du Moyen Age*, Leiden; Boston: Brill, pp. 25, 175-176.

든 것이 완성되는 것은 아니었다. 이를 방어하고 유지하며 통치하는 것은 간단한 일이 아니었다. 특히 본국 베네치아와 식민지 간의 갈등과 차이를 조정하는 문제는 쉽지 않았다. 그리스어를 사용하고 정교를 신봉하는 식민지 그리스는 이탈리아어를 사용하고 로마 가톨릭을 따르는 정복자 베네치아인들의 지배에 순응하지 않았다. 오스만의 지배보다는 같은 기독교 형제인 베네치아의 지배를 수용했던 그리스 지역들조차도 기득권과 상당한 자치를 요구했다. 게다가 크레타처럼 베네치아의 식민 지배를 원하지 않았던 지역들은 계속해서 반란을 일으키고 베네치아의 지배에 저항했다.[36] 이러한 여러 난제에도 불구하고 베네치아가 몇 세기 동안 바다 영토를 유지할 수 있었던 것은 기적과 신화에 가까운 일이었다.[37]

3. 이탈리아 본토로의 진출과 육상 영토

해상 제국이라는 신화에는 베네치아가 점령한 이탈리아 반도 내의 식민 영토는 들어갈 자리가 없다. 베네치아 신화의 핵심은 바다 영토였고, 다수의 역사가들은 지중해를 누비는 베네치아 함대와 상인들 속에서 베네치아의 위대함을 찾았다.[38] 그런 연유로 최근까지도 베네치아에 테라 페르마(terra ferma)라 불리는 이탈리아 본토는 지중해와

36 Benjamin Arbel (2013), pp. 127-128.

37 베네치아는 1669년까지 크레타섬을 지배했고, 1797년 나폴레옹에 정복당할 때까지 아드리아해에 식민지를 유지했다. Monique O'connell (2009), p. 38.

38 J. Grubb (1986), pp. 72-73.

비교해 덜 중요한 지역으로 간주되었다. 게다가 다수의 역사가들은 스타토 다 테라(stato da terra)라 불리는 육상 영토와 바다 영토를 분리해서 분석하는 경향이 있다. 이러한 경향에 따르면 베네치아가 북부 이탈리아로 진출하기 시작한 것은 동지중해에서 오스만에 많은 식민지를 빼앗기면서부터였다.[39]

하지만 베네치아가 제국으로서의 명성과 위상을 확보하고 있었는지를 판단하기 위해서는 바다 영토와 육상 영토를 함께 살펴보아야 한다. 또한 바다 영토는 육상 영토와 경제적으로 밀접하게 연결되어 있었다. 이탈리아 본토는 베네치아 상선들이 지중해로부터 들여온 상품이 북서유럽으로 수출되고 북서유럽의 모직물이 베네치아로 유입되는 상업로였기 때문이었다. 그런 점에서 베네치아가 북부 이탈리아 본토로 정복전쟁을 감행한 이유는 바다 영토를 건설한 것과 마찬가지로 상업적 이해관계 때문이었다. 베네치아 상품의 자유로운 수송만 보장된다면 막대한 비용이 소요되는 정복전쟁을 할 이유가 없었다. 그러나 1300년 이후 북중부 이탈리아에서 일부 도시국가나 공국들이 주변 지역을 정복해 좀 더 규모 있는 영토 국가로 발전하면서 베네치아는 안전하고 확실한 상품 수송을 장담할 수 없게 되었다. 특히 밀라노 공국의 팽창이 두드러졌다. 이전까지 베네치아는 작은 도시국가들과의 협상에서는 상대적으로 우월했지만, 여러 지역을 아우르는 영토 국가가 생겨나면서 베네치아의 입지는 줄어들 수밖에

39 S. Marin (2003), "The Venetian Community—between Civitas and Imperium: A project of the capital's transfer from Venice to Constantinople, according to the chronicle of Daniele Barbaro," *European Review of History* 10(1): 83; A. Tenenti (1973).

없었다.[40]

베네치아가 북부 이탈리아를 정복한 것은 외부의 침략에 대한 방어적 대응이 아니라 공화국의 경제적 이익을 지키고자 한 공격적인 대응이었다. 그런 점에서 이탈리아 본토로의 진출은 제국주의적 침략 전쟁이었다. 베네치아는 1338년 라구나 북쪽의 상업로를 확보하기 위해 트레비소를 합병하면서 이탈리아 본토로의 본격적인 진출을 시작했다.[41] 15세기 초반 파도바 군주인 프란체스코 카라라(Francesco Carrara)가 트레비소를 장악해 베네치아와 독일을 연결하는 교역로를 차단하려 하자 베네치아는 신속하게 대응했다. 베네치아는 일차적으로 외교적 협상에 실패하자 밀라노 공작 잔 갈레아초 비스콘티(Gian Galeazzo Visconti)와 동맹을 맺고 베네치아의 국익에 방해가 되는 카라라를 제거하기 위해 전쟁에 돌입했다. 전쟁에서 승리한 베네치아는 트레비소에 대한 지배권을 다시 확립했다. 몇 년 후 동맹 세력인 비스콘티가 사망하자 베네치아는 파도바, 비첸차, 베로나를 점령했다(1404~1406).[42]

여전히 베네치아가 북부 이탈리아로 진출한 것은 사전에 계획된 것이 아니라 우연한 상황에 따른 결과였다고 주장하는 역사가들이 있다.[43] 그러나 1400년경을 전후해 북동부 이탈리아와 아드리아해 북쪽 지방을 차지하기 위해 신성 로마 제국 황제와 길고 끈질긴 전쟁

40 Thomas F. Madden (2012), p. 232.

41 Michael Knapton (2013), "The Terraferma state," *A Companion to Venetian History, 1400-1797,* Eric R. Dursteler, ed., Leiden: Brill, p. 85.

42 Thomas F. Madden (2012), p. 231.

43 Michael Knapton (2013), p. 86.

을 마다하지 않았다는 사실을 고려할 때 본토로의 진출이 우연의 결과였다는 주장은 설득력이 떨어진다. 또한 베네치아는 국익에 해가 될 만한 인물을 암살하는 데 주저하지 않았다는 사실이 베네치아의 제국주의적 폭력성을 잘 드러낸다. 실제로 베네치아는 신성 로마 제국 황제를 암살하려는 구체적인 계획을 세웠다.

북부 이탈리아와 아드리아해 북쪽으로 팽창을 시도한 베네치아는 지기스문트와 충돌할 수밖에 없었다. 헝가리 왕(1387~1437)이자 신성 로마 제국 황제(1433~1437)였던 지기스문트는 당시 베네치아가 상대해야 했던 가장 강력한 적이었다. 적의 적은 동지라는 말이 있듯이 지기스문트는 베네치아의 경쟁자이자 적이었던 제노바와 우호적인 관계를 유지했다. 달마티아 해안에서 베네치아 세력이 성장하는 것을 원치 않았던 지기스문트는 베네치아와 제노바 사이에 벌어진 키오지아 전투에서 제노바 편을 들었다.[44] 1410년대 베네치아가 프리울리와 이스트리아 지방으로 팽창을 시도하자 지기스문트는 이미 베네치아 영토였던 북부 이탈리아 도시들을 선동하면서 베네치아의 동진을 저지하려고 했다. 결국 양자는 1412년 전쟁에 들어갔고 이 전쟁은 1420년에 가서야 종결되었다.[45] 황제는 독일에서 베네치아로 가는 교역로를 폐쇄함으로써 베네치아의 전력을 약화시키려 했다. 당시 베네치아 귀족 상인 돌핀은 자신의 연대기에서 황제의 교역

---

44 A. Ducellier (1971), "Deux projets vénitiens d'assassinat du roi Zsigmond (1415-1419)," *Etudes finno-ongriennes* 8: 61.

45 A. Ducellier (1971), p. 62.

로 폐쇄 전략이 베네치아 경제에 큰 손실을 입혔다고 적고 있다.[46] 전쟁이 시작된 다음해 베네치아는 승리했고, 1413년 4월 17일 5년간의 휴전 협정을 체결했다.

하지만 지기스문트는 여전히 잠재적 위협 요인이었다. 그런 이유로 베네치아 내에서 지기스문트를 제거해야 한다는 여론이 형성되었다. 급기야 1415년 베네치아는 지기스문트를 암살하려는 계획을 구체적으로 세웠다. 그러나 당시는 휴전 상태였고 만약 암살에 실패할 경우 발생할 수 있는 문제 등으로 인해 암살 계획은 실행되지 못했다.[47] 휴전 협정이 끝나는 1418년 양자 사이의 적대감은 다시 표출되었다. 베네치아는 프리울리 지방을 점령했고 이에 맞서 지기스문트는 경제적으로 베네치아를 공격했다. 지기스문트는 자신의 영토 내의 모든 도시에 베네치아와 상업관계를 끊을 것을 명했고, 베네치아를 대신해 동방 상품을 구입할 수 있는 육로를 활성화하려고 노력했다.[48] 그것은 흑해를 출발해 도나우강을 따라오는 육로였다.[49] 지기스문트는 이를 위해서 베네치아의 최대 숙적이자 당시 흑해에서 활발한 상업 활동을 하던 제노바와 손을 잡았다. 다시 베네치아 내에서는

---

46 W. von Strömer (1986), "Die Kontinentals-perre Kaiser Sigismunds gegen Venedig 1412-1413, 1418-1433 und die Verlagerung der transkontinentalen Transportwege," *Transporti e sviluppo economico, secoli XIII-XVII,* Anna Vannini Marx, ed., Firenze: Le Monnier, p. 61.

47 A. Ducellier (1971), pp. 61-66.

48 S. Papacostea (1971), "Kilia et la politique orientale de Sigismond de Luxembourg," *Revue Roumaine d'histoire* 15: 422; A. Ducellier (1971), p. 64.

49 S. P. Pach (1973), "La route du poivre vers la Hongrie médiévale," *Mélanges en l'honneur de Fernand Braudel. Histoire économique du monde méditerranéen 1450-1650*, Toulouse: Privat, pp. 449-458.

지기스문트를 제거해야 한다는 여론이 힘을 얻었다. 베네치아는 이 계획에 천 두카토의 예산을 책정했다. 크레타에서 태어난 베네치아인 미켈레토 무다초(Micheletto Mudazzo)는 지기스문트를 제거하겠다고 베네치아로 왔다. 하지만 2차 암살 계획도 실행에 옮기지 못했다. 1419년 오스만의 공격을 받은 베네치아는 다른 곳에 신경을 쓸 여력이 없었기 때문이었다.[50]

베네치아가 이탈리아 본토로의 팽창을 시도한 것은 방어적 대응이 아니라 공화국의 상업적 이해를 지키기 위한 식민지 정복 전쟁이었다는 사실은 분명하다. 하지만 북부 이탈리아로의 팽창을 모든 정치 세력이 지지한 것은 아니었다. 바다 영토에 만족하느냐 아니면 육상 영토를 건설해 거대한 영토 제국을 세우느냐를 두고 치열한 다툼이 전개되었다. 평화를 기반으로 한 상업 활동이 베네치아의 살 길이라고 주장하는 세력은 북부 이탈리아로의 영토 정복에 반대했다. 이러한 갈등은 1420년대 정권 교체로 인해 표면화되었다. 공화정의 전통을 유지하고자 했던 도제 토마소 모체니고는 사망하기 1년 전인 1423년 자신의 후계자로 프란체스코 포스카리(Francesco Foscari)만은 피해달라고 원로원 의원들에게 당부했다. 모체니고는 프란체스코를 도제로 선출하면 베네치아는 앞으로 오랫동안 전쟁이라는 불행에 빠지게 될 것이라고 경고했다. 물론 모체니고도 재임 시절 평화적인 대외정책만을 추구한 것은 아니었다. 1414년 도제로 선출된 모체니고는 북아드리아 연안을 두고 신성 로마 제국의 황제와 전쟁을 했고

50 A. Ducellier (1971), pp. 65-66.

1419~1420년에는 우디네, 치비달레, 펠트레 등지를 정복했다. 모체니고의 염려에도 불구하고 원로원은 포스카리를 후임 도제로 선출했다. 베네치아를 이끄는 지배 세력들이 포스카리를 선택한 것은 그의 팽창주의 노선을 지지했기 때문이다. 결국 당시 베네치아의 지배 귀족들은 북부 이탈리아로의 팽창은 베네치아의 상업을 위해 절대적으로 필요하다고 생각했던 것이다. 포스카리 지배하의 베네치아는 더욱 적극적으로 북부 이탈리아로의 영토 확장을 시도했다. 1426년 브레시아를, 1428년 베르가모를, 1440년에는 트렌티노 지방을, 1441년에는 라벤나를, 1449년에 크레마(Crema)를 정복했다.

포스카리 이후에도 베네치아는 북부 이탈리아로의 팽창정책을 이어갔다. 1482년에는 이탈리아 내의 경쟁 세력들의 반대에도 불구하고 로비고(Rovigo)를 합병했다. 베네치아의 침략 전쟁은 결국에는 1494년에서 1530년까지 지속된 이탈리아 반도 전쟁을 야기했다. 특히 베네치아 입장에서 1509년 아냐델로 전투는 여러 면에서 시사하는 바가 크다. 우선 베네치아를 상대하기 위해 프랑스, 신성 로마 제국, 교황, 에스파냐와 같은 유럽 최강대국들이 캉브레 동맹(1508년)을 결성했다는 것 자체가 당시 베네치아의 위상을 짐작케 해준다. 아냐델로 전투에서 캉브레 동맹군에게 패한 다섯 달 후인 1509년 9월 베네치아 도제 레오나르도 로레단(Leonardo Loredan)은 원로원에서 항전을 촉구하는 연설을 했다. 도제는 동맹군을 물리치고 베네치아 제국의 영광을 회복하자고 촉구했다. 하지만 최종적으로 베네치아는 프랑스 군에 크게 패했다. 프랑스 왕 루이 12세는 롬바르디아를 차지했고, 신성 로마 제국 황제 막시밀리안 1세는 베네토 지방을 장악했으며, 교황 율리우스 2세는 로마냐 지방의 교황 도시들을 수복했고, 아라곤의 페르디난트는 풀리아 지방의 항구도시들을 다시 찾았다. 반면 베네치아는 15세기 초부터 확보하고 있었던 거의 모든 이탈리아 본토의 영토를 잃어버렸다.[51]

16세기 전반 북부 이탈리아를 차지하기 위해 여러 세력은 수시로 동맹관계를 바꿨다. 1516년 베네치아는 프랑스와 연합해 아냐델로 전쟁의 패배로 잃어버렸던 이탈리아 본토의 영토를 되찾았고 이 육상 영토를 1797년까지 유지했다. 이 육상 영토는 이탈리아 반도의 5분의 1에 해당했고(3만 평방킬로미터), 인구는 1548년 140만 명에서 1766년 200만 명으로 증가했다. 아냐델로 전쟁의 패배로 잃어버렸던 영토를 되찾긴 했지만 베네치아는 더는 15세기 전성기의 힘과 명성을 유지할 수 없었다. 이제 이탈리아 본토에서 제일의 강자는 프랑스의 발루아 왕실과 신성 로마 제국의 합스부르크 가문이었기 때문이다.[52] 그런 점에서 아냐델로 전투는 이탈리아 반도에서 베네치아 제국의 몰락을 알리는 사건이었다.

바다 영토가 전적으로 베네치아 상선과 상인을 위한 상업 거점 네트워크였다면, 육상 영토는 상업적인 목적만을 위해 건설된 것은 아니었다. 15세기 베네치아 지배 세력들은 육상 영토를 정복함으로써 영토 국가로서의 베네치아의 자존심과 명성을 드높이고자 했다. 15세기 말 연대기 작가 지롤라모 프리울리의 지적은 이를 잘 보여준다. "우리의 선조들은 이탈리아 본토를 차지하기 전까지는 베네치아

51 R. Finlay (1999), "The Myth of Venice in Guicciardini's History of Italy: Senate orations on princes and the republic," *Medieval and Renaissance Venice,* E. E. Kittel and T. F. Madden, ed., Urbana; Chicago: University of Illinois Press, pp. 294-297.

52 Monique O'connell (2009), p. 158.

의 이익과 이윤을 위해 사업 여행과 항해에 헌신하면서 매년 많은 돈을 벌었지만 세계 전역에 명성을 얻지 못하고 어부로 간주되었었다. 하지만 육상 영토를 정복하고 난 이후에 우리 조상들은 그 덕분에 위대한 명성과 이름을 얻었고 모든 군주로부터 명예를 얻었고 존중을 받게 되었다." 15세기 이탈리아 본토 사람들은 베네치아 사람들을 신흥부자로 경멸했고 베네치아 귀족들은 이러한 멸시를 극복하기 위해 북부 이탈리아 땅을 식민지로 만들었다.[53]

제국의 명성을 얻는다는 것은 단순히 부를 축적하는 것만으로는 부족했던 것이다. 유럽에서 가장 부유해진 베네치아 지배계급들은 15세기에 이르면 서유럽 대륙의 봉건 귀족의 삶을 희망했다.[54] 이러한 전통적인 서유럽 봉건 귀족들의 삶을 누리기 위해서 절대적으로 필요했던 것은 본토의 단단한 땅과 장원 역할을 해줄 수 있는 농촌 지역이었다.[55] 하지만 베네치아가 육상 영토를 건설한 일차적인 이유는 제국으로서의 명예를 얻기 위한 것이 아니라 상업적 이익 때문이었다는 사실을 간과해서는 안 될 것이다.

53 롬바르디아 지방 사람들, 루도비코 스포르차와 파도바 사람들은 베네치아 사람들을 어부라고 비아냥거렸다. G. Priuli (1912-1941), *I diarii*, vol. 3, Bologna: N. Zanichelli, p. 116; A. Tenenti (1973), pp. 21-22.

54 A. Tenenti (1973), p. 22.

55 Michael Knapton (2013), p. 92.

4. 제국 건설에 대한 베네치아인들의 인식

베네치아를 사실상의 제국으로 간주할 수 있으려면 단순히 많은 영토를 정복했다는 점뿐만 아니라 제국을 건설하고 운영하겠다는 인식이 실제로 존재했느냐를 확인해야 할 것이다. 많은 역사가가 4차 십자군을 계기로 해상 제국 베네치아가 탄생했다고 말하지만 제국 건설 의지라는 기준에서 보면 4차 십자군은 의식적인 제국이 건설된 시점은 아니었다. 우선 4차 십자군이 비잔티움 제국을 침략하고 그 과정에서 십자군 수송을 맡은 베네치아가 정복한 제국의 8분의 3을 확보할 수 있었던 것은 치밀한 계산에 의해서라기보다는 우연적인 결과였기 때문이다.[56]

하지만 베네치아가 4차 십자군과 함께 비잔티움 제국을 무너뜨리고 제국의 8분의 3을 획득한 사건은 베네치아인들로 하여금 제국을 건설하는 것이 가능할 수도 있다는 생각을 품게 했다. 다수의 베네치아 연대기들은 4차 십자군 당시 베네치아의 수장이던 엔리코 단돌로가 황제가 될 마음이 있었다고 전한다. 12명의 황제 추대위원 중에 여섯 명이 베네치아인이었기 때문에 단돌로가 황제가 될 수 있는 상황이었다. 하지만 여섯 명 중 판탈레오네 바르보(Pantaleone Barbo)는 다른 베네치아 추대위원들에게 단돌로를 황제로 선출하는 것이 최고의 선택이 아니기 때문에 플랑드르 백작 보두엥을 황제로 추대할 것을 제안했다. 하지만 다른 연대기는 도제 단돌로가 제국의 위엄

56 Monique O'connell (2009), p. 17.

이 베네치아 공화국 수장에게는 적합하지 않다고 생각해 황제 후보를 포기했다고 전한다.[57]

어쨌든 4차 십자군 이후 베네치아 수장인 도제는 로마 제국의 8분의 3의 지배자(Dominator quartae partis et dimidiae totius imperii Romaniae)라는 제국 칭호를 획득했다. 17세기 초 올모(Fortunato Olmo)는 자신의 연대기에서 "그래서 베네치아 도제는 황제이며, 이를 부정할 수는 없다. 왜냐하면 그리스어로 로마니아(Romania)는 라틴어로 새로운 로마(Roma Nuova)를 뜻하기 때문에 베네치아의 도제가 로마 황제인 것이다. 왜냐하면 콘스탄티누스가 고대 로마에서 콘스탄티노플로 제국 수도를 옮긴 이후 이 도시를 새로운 로마라 불렀기 때문이다. 제국의 4분의 1이 라틴 제국의 황제에게 돌아갔다면 베네치아 도제에게는 4분의 1과 4분의 1의 반이 돌아갔기 때문에 베네치아의 도제는 라틴 제국의 황제 보두엥보다 더욱 황제인 것이다"라면서 베네치아 수장을 황제로 치켜세웠다.[58]

다수의 연대기들은 4차 십자군 이후 베네치아가 제국의 명예를 얻었다고 증언하지만 이러한 연대기들이 주로 중세 말과 근대 초에 작성된 기록임을 감안해야 할 것이다. 하지만 분명한 사실은 4차 십자군 이후 베네치아인들도 제국으로의 길을 모색하고 있었다는 것이다. 단돌로를 계승해 도제로 선출된 피에트로 지아니는 원로원과 다른 정부 조직들을 콘스탄티노플로 이전할 것을 제안했다. 즉 수도를 베네치아에서 콘스탄티노플로 옮기자는 제안이었다. 16세기 초 베

57 S. Marin (2003), pp. 84-85.

58 S. Marin (2003), p. 86.

네치아 공식 기록관이었던 다니엘레 바르바로(Daniele Barbaro)는 이 사건을 매우 상세하게 기술하고 있다. 바르바로의 진술에 따르면 도제 지아니는 그리스 지역에서 획득한 영토가 베네치아에 엄청난 부를 가져다주며, 콘스탄티노플에서도 베네치아인들이 상당한 위상과 사법권을 가지고 있다고 자랑했다. 특히 콘스탄티노플 주재 베네치아 포데스타(Podestà)는 라틴 황제와 맞먹는 권력을 가지고 있음을 강조했다. 지아니는 콘스탄티노플로의 이전이 명예와 이익뿐만 아니라 베네치아의 끝없는 성장을 보장할 것이라고 피력했다. 도제의 연설이 끝난 후 잠시 동안 침묵이 흘렀고 안젤로 팔리에르(Angelo Falier)라는 한 원로가 일어나 수도 이전의 단점을 지적했다. 그는 수도 이전이 명예로운 일이기는 하지만 이익보다는 다른 세력들의 시기와 질투를 유발해 결국에는 베네치아에 이득이 되지 않는다고 반박했다. 결국 1214년 8월 19일 사안은 대위원회에서 표결에 붙여졌으나 아쉽게도 찬성과 반대가 동수가 나와 지아니의 제안은 받아들여지지 않았다. 1218년 수도 이전에 관한 투표가 다시 진행되었지만 이번에도 찬성 321표, 반대 323표로 수도 이전 안건은 부결되었다.[59] 결국 당시 베네치아 집권 세력들은 제국이라는 명예보다는 현실적인 고려를 우선시했던 것이다.

수도를 이전하지 않았지만 로마 제국의 새로운 수도였던 콘스탄티노폴리스는 베네치아인들에게 제국의 명예와 정체성을 담보해줄 수 있는 수단이었다. 로마 제국의 수도가 4세기 초 콘스탄티노폴리

59 어떤 연대기는 이 제안을 한 사람이 지아니가 아니라 이전 도제 단돌로였다고 증언한다. S. Marin (2003), p. 89.

스로 이전하고, 5세기 말 서로마 제국이 멸망한 이후 서유럽에서 등장한 두 제국, 즉 카롤루스 제국과 신성 로마 제국은 로마를 계승한다는 명분을 내세웠고 때론 비잔티움 황제로부터 동등한 제국으로서 인정을 얻고자 했다. 그렇기 때문에 로마를 계승하겠다는 의지와 표현은 제국이 되겠다는 선언과도 같은 것이었다. 비잔티움 제국, 즉 동로마 제국의 위상이 약해질수록 로마 제국을 계승한 새로운 제국을 건설하고자 하는 욕구는 커질 수밖에 없었다.

14세기 베네치아인들은 자신들이 로마를 계승한다는 생각을 품게 되었다. 베네치아가 새로운 로마라는 사고는 베네치아인들의 자화자찬이나 허세만은 아니었다.[60] 14세기 중엽 베네치아를 방문한 페트라르카는 자신의 친구이자 베네치아를 이끄는 도제 안드레아 단돌로(Andrea Dandolo)에게 도제라는 직책은 로마 황제의 모든 자질을 갖춘 위엄 있는 자리라고 말했으며, 더 나아가 단돌로를 로마 황제 트라야누스에 비교했다.[61] 물론 베네치아의 제국주의적 면모를 강력하게 비난하는 사람들도 있었다.[62]

이탈리아 본토 영토를 크게 확장시켰고 동지중해의 바다 영토를 지켜낸 도제 프란체스코 포스카리는 베네치아를 새로운 로마로 선전했다.[63] 1453년 동로마 제국의 수도 콘스탄티노폴리스가 오스만의 수

---

60 J. E. Law (1992), "The Venetian Mainland State in the Fifteenth Century," *Transactions of the Royal Historical Society* 2: 155.

61 D. S. Chambers (1970), pp. 22-23; J. E. Law (1992), p. 155.

62 J. E. Law (1992), p. 155.

63 D. Romano (2007), *The Likeness of Venice: A life of doge Francesco Foscari 1373-1457*, New Haven and London: Yale University Press, p. 330.

중에 들어간 이후 베네치아가 새로운 로마라는 주장은 더 설득력을 얻었다. 그리스 출신의 망명객인 추기경 베사리온(Bessarion)은 1469년 베네치아 도제에게 보낸 편지에서 베네치아를 또 다른 콘스탄티노폴리스로 묘사했고, 이제 베네치아가 지중해의 기독교 세계를 이끄는 중심지가 되었다고 말한다. 당시 베네치아의 외교정책을 못마땅하게 생각하던 교황 피우스 2세조차도 "오늘날 베네치아인들은 바다와 육지 모두에서 가장 강력하며, 그들이 희망하는 것 이상의 제국을 감당할 능력이 있어 보인다"라고 언급했다. 추기경과 교황의 지적은 베네치아가 제국으로 불릴만한 위상을 가지고 있었음을 보여준다. 15세기 후반 베네치아 공식 역사가였던 사벨리코(Sabellico)는 베네치아가 고대 로마보다 더 위대했다고 자랑했으며, 베네치아 도제 아고스티노 바르바리고(Agostino Barbarigo)를 새로운 황제(new augustus)로 묘사했다.[64]

분명 15세기경 베네치아의 지배 세력들은 베네치아를 사실상의 제국으로 인식하고 있었다.[65] 이러한 사실은 베네치아를 지칭하는 공식 명칭의 변화에서도 확인된다. 1423년 이후 베네치아는 이전의 코무네, 즉 자치 공화국 대신 도미니움(dominium)으로 불리게 된다. '지배'를 의미하는 라틴어 도미니움은 당시 '제국'을 의미하는 라틴어 임페리움(imperium)과 이탈리아어 임페리오(imperio)와 거의 유사한 의미로 사용되고 있었기 때문이다.[66] 고대부터 중세 말까지 서유럽에

---

64 D. S. Chambers (1970), pp. 24-26.

65 Patricia H. Labalme (1969), *Bernardo Giustiniani: A venetian of the Quattrocento*, Roma: Edizioni di storia e letteratura, p. 119.

66 Michael Knapton (2013), p. 92.

서 제국이라는 명칭과 개념은 모두 고대 로마에서 유래했다. 제국을 뜻하는 임페리움은 원래 '명령하다(imperare)'에서 파생된 단어로 공화정 초기부터 사용되었으며 집정관이 행사하는 군 통제권을 의미했다. 이후 임페리움은 의미가 확대되어 해당 지역에 대한 명령권을, 이후에는 지배하는 지역 자체를 표현하는 단어가 되었다. 그러한 의미 변화 과정에서 임페리움은 팽창주의적인 요소를 포함하게 되었다. 또한 임페리움은 '왕국'을 뜻하는 레그눔(regnum)보다 우월한 지위를 갖게 되었다. 최종적으로 임페리움 로마눔(imperium romanum)은 로마가 지배하는 영토, 즉 로마 제국이 된 것이다. 이러한 의미 변화의 결과 중세 서유럽에서 임페리움이라는 단어는 왕이 아니라 황제에게 종속되어 있는 영토를 의미했다. 무엇보다도 중세 서유럽에서 제국의 일차적인 조건은 로마 제국을 계승한다는 것이었고, 그런 점에서 서로마 제국의 몰락 이후 이를 계승한 카롤루스의 제국과 오토 1세의 제국이 공식적인 제국이었다. 그런 맥락에서 로마 제국을 계승한다는 생각과 의지는 제국임을 판명하는 중요한 기준이었다.[67]

특히 15세기 베네치아를 대표하는 인문주의자 베르나르도 주스티니아니(Bernardo Giustiniani)가 베네치아 영토를 크게 확장시켰던 도제 프란체스코 포스카리의 장례에서 한 추모사는 제국이 무엇인지, 베네치아가 제국에 걸맞은 위상을 가졌는지를 잘 보여준다. 그는 추모사에서 파리대학에서 했던 강의를 인용하면서 베네치아와 프

67 일반적으로 임페리움 로마눔(imperium romanum)은 800년 동로마 제국에서 프랑크 왕국으로, 962년에는 프랑크 왕국에서 독일로 옮겨갔다고 이야기된다. 외르크 피쉬 외(2010), 『코젤렉의 개념사 사전 3: 제국주의』, 황승환 옮김, 푸른역사, pp. 14-19.

랑스의 힘 그리고 제국의 의미에 관해 자신의 의견을 피력했다. 그는 고대 아테네를 제국으로 간주했고, 아테네 제국은 자유를 상실하면서 학문도 상실했고 그 결과 아테네 제국의 학문과 제국의 힘이 동시에 이탈리아로 옮겨갔다고 말한다. 이후 로마 황제가 황제의 영광을 잃어버리자 이번에는 카롤루스가 황제의 영광을 프랑스로 가져왔고 그와 동시에 인문학도 따라왔다는 것이다. 그는 제국의 요건 중에 가장 중요한 것은 학문, 즉 인문학이라고 말한다. 그의 표현을 빌리면 "진정으로 이것은 인문학의 법칙이고, 위대한 제국에는 항상 인문학(Ea profecto fuit liberalium artium lex, ea consuetudo ut magna semper sequerentur imperia)이 있는 것과 같은 관습입니다"[68]라고 말한다.

파리대학 강연에서 프랑스 왕국의 역사를 치켜세웠지만 결국 그가 이야기하고자 한 것은 제국과 학문이 베네치아로 오게 되었다는 것이다. 베네치아에 이러한 제국의 영광을 안겨준 사람이 바로 프란체스코 포스카리였다. 1457년 프스리카의 추모 연설을 맡은 주스티니아니는 포스카리가 위대한 제국을 건설한 과정을 상세하게 설명했다. 포스카리는 도제가 되기 이전부터 공격적인 대외정책을 펼쳤는데 1404년 40인 위원회의 회장으로 선출되었을 당시 파도바와의 전쟁을 선포했다. 베네치아는 전쟁에서 승리했고 파도바뿐만 아니라 베로나와 비첸차까지 베네치아 제국에 편입시켰다.[69] 베르나르도는

---

68 Patricia H. Labalme (1969), pp. 168-170.

69 베르나르도와 그의 가문은 북부 이탈리아와 동지중해로의 적극적인 팽창정책을 펼쳤던 도제 프란체스코 포스카리를 지지했다. 〈Verona primum, dehinc Patavium urbes quondam regiae non solum inter primas Italiae, verum etiam totius Europae civitates nobilissimae imperio vestro adjectae sunt〉. B. Giustiniani (1795), "Oratio

베르가모, 크레마와 라벤나 정복을 설명하면서 라벤나는 가장 오래되고 축복받은 도시이자 왕과 황제의 수도이며, 포스카리가 이들 도시를 정복한 것은 위대한 불멸의 업적이라고 찬양했다.[70]

계속된 추모사에서 베르나르도는 죽은 도제를 알렉산더 대왕과 카이사르와 같은 위대한 황제에 비유했으며, 포스카리 통치하에서 베네치아는 해상 제국을 건설한 아테네의 업적, 육상 제국을 건설한 스파르타의 업적, 그리고 사회적 질서를 통합한 로마의 업적 모두를 달성해 위대한 제국을 건설했다고 말했다. 그리고 여러분들의 제국(vestrum imperium)으로 들어오는 거센 물길을 막아낸 사람이라면서 죽은 도제를 칭송했다.[71] 베르나르도는 포스카리를 명실상부한 베네치아 제국을 세운 건설자로 찬양했다. 또한 그는 베네치아 도제가 교황과 황제와 함께 세상에서 가장 강력한 군주라고 자랑했다.[72]

베르나르도가 포스카리를 베네치아 제국 건설자로 찬양하며 그의 팽창정책을 지지한 것은 이에 반대하는 여론을 인식하고 있었기 때문이다. 당시 외부에 있는 베네치아의 적들뿐만 아니라 포스카리의 팽창정책에 반대했던 내부 세력들도 베네치아가 이탈리아 본토를 정복한 이유는 탐욕과 지배욕 때문이라고 비난했다. 이러한 비난

---

funebris habita in obitu Francisci Fuscari Ducis," *Orazioni, elogi e vite in lode di dogi, ed altri illustri soggetti,* G. A. Molin, ed., Venezia, p. 25; Patricia H. Labalme (1969), p. 114.

70 B. Giustiniano (1789), pp. 53-54.

71 Patricia H. Labalme (1969), p. 177; Seth Parry (2008), *Fifty Years of Failed Plans: Venice, humanism, and the Turks*, Dissertation of the City University of New York, pp. 339-342.

72 Patricia H. Labalme (1969), p. 119; Seth Parry (2008), p. 354.

에 대해 베르나르도는 베네치아가 본토 문제에 개입한 것은 어쩔 수 없는 상황의 산물이었고, 포스카리는 이탈리아의 자유(libertas Italiae)를 수호하라는 운명을 받아들인 것뿐이라고 반박했다.[73] 또한 그는 "우리 제국은 무력보다는 정치력을 통해 성장했다(Ordine politiae plus quam armis auctum imperium nostrum est)"라면서 베네치아 제국의 부드러운 지배를 은근히 강조했다.[74] 더 나아가 베네치아가 지중해와 이탈리아 본토에서 식민지를 정복하고 일종의 제국을 건설한 이유는 침략이 아니라 스스로를 방어하기 위한 것이며, 더는 자기 방어를 하지 못하는 지역들을 정복하고 소유하는 것은 정당한 권리라고까지 주장했다.[75]

또 다른 베네치아 출신의 인문주의자 프란체스코 바르바로(Francesco Barbaro)는 베네치아를 밀라노의 비스콘티 가문과 같은 압제자들의 침략으로부터 이탈리아 반도의 자유를 수호하는 보호자라고 선전했다.[76] 1483년 육상 영토를 둘러보고 여행기를 남긴 베네치아 연대기 작가 마리노 사누도(Marino Sanudo)도 애국심이 가득한 논조로 베네치아가 이탈리아 본토에서 이룩한 군사적 업적을 찬양하면서 베네치아 제국의 관대함과 관용을 자랑했다. 사누도의 찬사에 따르면 날개 달린 사자의 제국 베네치아가 본토의 식민 도시 로베레토(Rovereto)를 안전하게 보호해준 덕분에 이곳의 모든 주민은 안전하

73 D. Romano (2007), p. 314.

74 Patricia H. Labalme (1969), pp. 168-170.

75 Patricia H. Labalme (1969), pp. 118-119, 281-282.

76 James Grubb (1986), pp. 72-73.

게 잠을 잔다(Securi dormite omnes; cutodiet urbem).[77]

이러한 정복 전쟁을 이탈리아의 자유를 수호하기 위한 선의의 행동이었다고 미화했던 당시 베네치아의 지배 세력들처럼 오늘날에도 다수의 역사가들이 베네치아의 식민 지배가 호의적이고 자비로웠다고 주장한다.[78] 이러한 인식은 19세기 제국주의 국가들이 다른 나라를 무력으로 점령하고 약탈하면서 이를 백인의 책무나 문명 전파의 위대한 사명으로 미화한 것과 다름 없다. 당시 베네치아의 적들은 베네치아 공화국이 이탈리아 제국을 건설하려는 야욕을 가지고 있다고 강력하게 비난했다.[79] 실제로 베네치아가 해외 영토를 정복하고 식민지를 건설한 것은 전적으로 자국의 이익을 위한 것이었다. 그런 점에서 중세 베네치아는 역사 속의 많은 제국처럼 호의적이지도 자비롭지도 않았다. 자국의 상업적 이해를 위해 식민지를 건설하고 정복을 미화하는 등 여러 점에서 중세 베네치아 제국은 19세기 근대 제국주의를 빼닮았다.

---

77 〈Sum Leo quo nullus possedit latius orbe Imperium: paret terra fretumque mihi. Et justiciam facio: caveat sibi quisque malorum; Uliscor scelera qui secat ense meo.〉 Rawdon Brown (1847), *Itinerario di Marino Sanudo per la Terraferma Veneziana nell'anno 1483*, Padova: Tipografia del Seminario, p. 94; J. E. Law (1992), p. 154.

78 Monique O'connell (2009), p. 17; James Grubb (1986), pp. 72-73.

79 N. Rubinstein (1974), "Italian Reactions to Terraferma Expansion in the Fifteenth Century," *Renaissance Venice,* J. R. Hale, ed., London: Faber and Faber, pp. 197-217.

5. 맺는말

이제 머리말에서 제기했던 질문에 답할 차례다. 영토의 규모라는 외형적 기준에서만 판단할 때 베네치아는 제국의 위상에 걸맞은 식민지를 확보하지 못했다. 실제로 베네치아의 해외 영토와 이탈리아 반도 내의 영토를 모두 합치더라도 근대 초 지중해와 유럽을 대표하는 에스파냐, 포르투갈이나 오스만 제국의 영토에 비하면 초라해 보인다. 전성기의 로마 제국에 비하면 한없이 보잘것없어 보인다.

그러나 중세 베네치아는 이들 거대 제국이 제국을 운영하면서 겪었던 많은 문제와 동일한 상황에 직면했고 이를 그 나름의 방식으로 해결했다. 4차 십자군 이후 베네치아는 지중해와 이탈리아 반도에 다수의 식민지를 건설하고 이를 오랫동안 유지했다. 다른 제국들과 마찬가지로 베네치아도 지중해와 이탈리아 반도에 산재한 식민지를 물리적으로 제압하고 종교, 인종, 언어와 문화에서 다양한 해외 영토와 본국의 이해관계를 효율적으로 조정해야만 했다. 더 나아가 중세 후반 인구 10만 정도의 작은 섬나라 베네치아가 비잔티움 제국, 신성 로마 제국, 오스만 제국 등 당시 제일 규모의 제국을 상대로 경쟁할 수 있었다는 사실 자체가 베네치아가 제국의 위상을 지녔음을 보여준다.

하지만 베네치아를 진정한 제국으로 간주할 수 있는 시기는 바다 영토에 이 육상 영토를 확고하게 건설한 15세기 정도에 한해서였다.[80] 왜냐하면 15세기 말 이후 베네치아는 더 이상 제국으로서의 위

80 베네치아를 제국으로 간주할 수 있는 시기에 관한 의견 차이가 있다. 체임버스(D. S. Chambers)는 제국 시기를 1380년에서 1580년 사이로 잡는다. 맥닐(W. H. McNeill)

상을 유지하지 못했기 때문이다. 영토 면에서 보면 16세기 초에 더 많은 식민지를 보유하고 있었지만 15세기 말 이후 베네치아는 동지중해에서 오스만의 우위를, 서유럽에서는 성장하는 영토 국가의 우위를 인정해야 하는 처지로 전락했기 때문이었다. 다시 말해 16세기 베네치아는 바다 영토와 육상 영토를 지키려 방어하는 데 급급했다.

15세기 베네치아 제국은 기존의 유럽 제국들, 즉 로마 제국, 서로마 제국과 신성 로마 제국과 여러 면에서 달랐다. 이들 전통적인 유럽 제국들은 황제가 다스리고 광대한 영토를 보유한 정치군사제국이었던 반면, 15세기 베네치아 제국은 1인 지배체제가 아니라 다수의 집권 세력들에 의해 운영된 공화국이었고, 해외 식민지를 건설한 이유도 영토 정복을 통한 제국의 명예를 위한 것이 아니라 상업 거점을 확보하기 위함이었다는 점에서 상업 제국이었다. 결국 15세기 베네치아 제국은 해외로 팽창해 식민지를 건설하고 제해권을 장악했다는 측면에서 근대 프랑스와 영국과 같은 근대 제국과 유사했고 그런 점에서 근대 제국의 중세적 기원이라 할 수 있을 것이다.[81]

은 1282년에서 1481년 사이를 베네치아가 강대국으로의 위상을 유지한 시기로 간주한다. 오코넬은 13세기부터 16세기까지 베네치아 제국의 형성과 소멸 과정을 분석했다. D. S. Chambers (1970); W. H. McNeill (1974), *Venice: The hinge of Europe 1081-1797*, Chicago and London: The University of Chicago Press, pp. 46-89; Monique O'connell (2009), pp. 17-38.

81 최갑수(2005), 「제국에서 근대국가로: 유럽사에 대한 하나의 역사적 조망」, 『세계정치』 제26집, pp. 136-137.

참고문헌

자료

Brown, Rawdon (1847), *Itinerario di Marino Sanudo per la Terraferma Veneziana nell'anno 1483,* Padova: Tipografia del Seminario.

Giustiniani, B. (1789), "Oratio funebris habita in obitu Francisci Fuscari Ducis," *Orazione, elogi et vite scritte da letterati Veneti patrizi in lode di dogi, ed altri illustri soggetti*, ed. by G. A. Molin, Venezia: Pepoli.

Malipiero, D. (1843), "Annali Veneti dall'anno 1457 al 1500," *Archivio Storico Italiano* 7.

Priuli, G. (1912-1936), *I diarii,* Bologna: Forni Editore.

논저

남종국(2007), 「13-14세기 지중해 해전: 베네치아와 제노바를 중심으로」, 『서양사연구』 제36집, 서양사연구회, pp. 3-31.

최갑수(2005), 「제국에서 근대국가로: 유럽사에 대한 하나의 역사적 조망」, 『세계정치』 제26집, 서울대학교 국제문제연구소, pp. 121-149.

크롤리, 로저(2011), 『500년 무역 대국 부의 도시 베네치아』, 우태영 옮김, 다른세상.

피쉬, 외르크 외(2010), 『코젤렉의 개념사 사전 3: 제국주의』, 황승환 옮김, 푸른역사.

홉슨, J. M. (2005), 『서구 문명은 동양에서 시작되었다』, 정경옥 옮김, 에코리브르.

Arbel, Benjamin (2013), "Venice's Maritime Empire in the Early Modern Period," *A Companion to Venetian History, 1400-1797*, pp. 125-254, ed. by Eric R. Dursteler, Leiden: Brill.

Cessi, R. (1944), *Storia della repubblica di Venezia,* Milano; Messina: Principato.

Chambers, D. S. (1970), *The Imperial Age of Venice, 1380-1580*, London: Thames and Hudson Ltd.

Crouzet-Pavan, E. (2004), *Venise triomphante: les horizons d'un mythe,* Paris: Albin Michel.

De Vivo, F. (2004), "The Diversity of Venice and Its Myths," *The Historical Journal* 47: 169-177.

Doumerc, Bernard (1996), "Il dominio del mar," *Storia di Venezia: Il Rinascimento politica e cultura,* pp. 113-180, ed. by A. Tenenti and U. Tucci, Roma: Enciclopedia Italiana.

Doumerc, Bernard (2002), "Les Vénitiens confrontés au retour des rapatriés de l'empire colonial d'outre-mer (fin XVe-début XVIe siècles)," *Migrations et diasporas méditerranéennes* (X^e^-XVIe siècles), pp. 375-398, ed. by Michel Balard, Paris: Publication de la Sorbonne.

Ducellier, A. (1971), "Deux projets vénitiens d'assassinat du roi Zsigmond (1415-1419)," *Etudes finno-ongriennes* 8: 61-66.

Finlay, R. (1999), "The Myth of Venice in Guicciardini's History of Italy: Senate orations on princes and the republic," *Medieval and Renaissance Venice*, pp. 294-326, ed. by E. E. Kittel and T. F. Madden, Urbana; Chicago: University of Illinois Press.

Fusaro, M. (2015), *Political Economies of Empire in the Early Modern Mediterranean: The decline of Venice and the rise of England, 1450-1700,* Cambridge: Cambridge University Press.

Gertwagen, Ruthy (2014), "Venice's Policy towards the Ionian and Aegean Islands, c. 1204-1423," *The International Journal of Maritime History* 26: 529-548.

Grubb, James (1986), "When Myths Lose Power: Four decades of Venetian historiography," *Journal of Modern History* 58: 43-94.

Hocquet, J. C. (1978-1979), *Le sel et la fortune de Venise,* Lille: Université de Lille III.

Knapton, Michael (2013), "The Terraferma State," *A Companion to Venetian History, 1400-1797*, pp. 85-124, ed. by Eric R. Dursteler, Leiden: Brill.

Labalme, Patricia H. (1969), *Bernardo Giustiniani: A venetian of the Quattrocento,* Roma: Edizioni di storia e letteratura.

Lane, Frederic C. (1973), *Venice: A maritime republic,* Baltimore: Johns Hopkins University Press.

Law, J. E. (1992), "The Venetian Mainland State in the Fifteenth Century," *Transactions of the Royal Historical Society* 2: 153-174.

Madden, Thomas F. (2003), *Enrico Dandolo and the Rise of Venice,* Baltimore: The Johns Hopkins University Press.

Madden, Thomas F. (2012), *Venice: A new history,* London: Viking.

Malipiero, D. (1843-1844), "Annali Veneti dall'anno 1457 al 1500," *Archivio Storico*

Italiano 7.

Marin, S. (2003), "The Venetian Community—between Civitas and Imperium: A project of the capital's transfer from Venice to Constantinople, according to the chronicle of Daniele Barbaro," *European Review of History* 10(1): 81-102.

McNeill, W. H. (1974), *Venice: The hinge of Europe 1081-1797,* Chicago and London: The University of Chicago Press.

Morris, J. (1980), *The Venetian Empire: A sea voyage,* Harmondsworth: Penguin.

Muir, E. (1981), *Civic Ritual in Renaissance Venice,* Princeton: Princeton University Press.

Nam, Jong Kuk (2007), *Le commerce du coton en Méditerranée à la fin du Moyen Age,* Leiden; Boston: Brill.

Nicol, Donald M. (1988), *Byzantium and Venice: A study in diplomatic and cultural relations,* Cambridge: Cambridge University Press.

O'connell, Monique (2009), *Men of Empire: Power and negotiation in Venice's maritime state,* Baltimore: The Johns Hopkins University Press.

Pach, S. P. (1973), "La route du poivre vers la Hongrie médiévale," *Mélanges en l'honneur de Fernand Braudel. Histoire économique du monde méditerranéen 1450-1650,* Toulouse: Privat, pp. 449-458.

Papacostea, S. (1971), "Kilia et la politique orientale de Sigismond de Luxembourg," *Revue Roumaine d'histoire* 15: 421-436.

Parry, Seth (2008), *Fifty Years of Failed Plans: Venice, humanism, and the Turks,* PhD. Diss. of the City University of New York.

Romano, D. (2007), *The Likeness of Venice: A life of doge Francesco Foscari 1373-1457,* New Haven and London: Yale University Press.

Rubinstein, N. (1974), "Italian Reactions to Terraferma Expansion in the Fifteenth Century," *Renaissance Venice,* pp. 197-217, ed. by J. R. Hale, London: Faber and Faber.

Strömer, W. von. (1986), "Die Kontinentals-perre Kaiser Sigismunds gegen Venedig 1412-1413, 1418-1433 und die Verlagerung der transkontinentalen Transportwege," *Transporti e sviluppo economico, secoli XIII-XVII,* pp. 61-84, ed. by Anna Vannini Marx, Firenze: Le Monnier.

Tenenti, A. (1973), "The Sense of Space and Time in the Venetian World of the Fifteenth and Sixteenth Centuries," *Renaissance Venice,* pp. 17-46, ed. by J. R. Hale, London: Faber and Faber.

Thiriet, F. (1959), *La Romanie vénitienne au Moyen Age,* Paris: Bibliothèque de l'Ecole Française d'Athènes et de Rome.

Tucci, U. (1994), "Le commerce vénitien du vin de Crète," *Maritime food transport*, pp. 199-211, ed. by K. Friedland, Köln: Böhlau Verlag.

Wills, G. (2001), *Venice, Lion City, the Religion of Empire*, London; New York: Simon & Schuster.

Zorzi, A. (1980), *Una città, una repubblica, un impero, Venezia: 697-1797,* Milano: Mondadori.

정화(鄭和)와 중국의 제국의식*

김수연

1. 정화(鄭和) 다시 읽기

19세기 말 세기의 전환기에 중국의 정치·사회 변화를 설명하는 일반적인 방식은 제국에서 국민/민족국가로의 전환일 것이다. 전통적인 제국에서 국민국가로의 전환은 근대 국가의 형성 과정이자 중국 중심의 지역성의 해체와 서구 주도의 세계질서로의 편입을 의미한다. 이러한 탈제국성을 뒷받침하는 가장 강력한 근거는 청 제국의 해체 위기와 중심적인 정치사상으로서의 민족주의의 대두다. 청일전쟁 이후 청 제국의 위기는 제국으로서의 청 왕조는 물론이고 보통국가로서의 존립마저 위협하는 것이었다. 그리고 한족 중심의 민족주의의 대두는 민족과 문화, 정치구조에 있어 다원성을 특징으로 한 청 제국의 해체와 분열을 의미했다. 이 때문에 지금까지 근대 중국의 정치사상을 논하는 데 가장 중요한 개념은 민족주의 혹은 국민국가였다. 중

---

* 이 글은 『中國學報』 제77집(한국중국학회, 2016년 8월)에 「정화와 중국의 제국의식」이란 제목으로 게재된 필자의 논문을 수정한 것이다.

국의 근대는 탈제국화, 국민국가로의 전환 과정이었다는 것이 일반적인 인식이다.[1]

그렇다면 청 제국의 몰락을 계기로 중국에서 제국으로서의 자기 인식이 포기되거나 과거의 먼 기억 속으로 유배된 것일까? 아니면 잠재의식 속에서 미래의 어느 시점으로 유보된 것일까? 20세기 말 이래로 부상한 도광양회(韜光養晦), 화평굴기(和平崛起)는 전통적 혹은 근대적 제국의식과 무슨 관계가 있는 것은 아닐까? 20세기 중국이 세계질서 혹은 아시아의 지역질서에서 처해 있던 지위와 위상을 볼 때, 중국이 집단적인 제국의식을 가지고 있었을 것이라는 설정은 그다지 현실적으로 보이지 않는다. 물론 그렇다고 하더라도 잠재적인 차원에서의 제국의식의 가능성마저 부정하는 것은 아니다. 문제는 일부 정치가 혹은 사상가들이 제국의식을 가지고 있었다 하더라도 그것을 어떻게 "빛을 감추고 어둠 속에서 밝음을 준비"하듯 국민들의 잠재의식 속에 파종을 해두고 적당한 시기가 도래하기를 기다리고 있었는가 하는 점이다.

21세기의 시작과 더불어 중국이 정화(鄭和, 1371~1433)라는 인물에게 부여한 특수한 상징적인 의미 역시 되새겨볼 필요가 있다. 정화

---

1 이에 대한 최근의 비판적인 견해로 汪暉(2008), 『中國現代思想的興起』(上卷第一部), 三聯書店, "導論" 참고. 왕후이는 20세기 초 중국의 역사적 변화를 제국에서 민족/국민국가로의 전환으로 보는 기존의 시각에 대해 문제를 제기한다. 즉 중국의 근대적 정치 변화는 제국과 민족-국민국가의 이원론으로 파악할 수 없고 중국의 근대국가에서 제국의 의미를 재고할 것을 주장한다. 전인갑과 유용태 역시 20세기 중국이 지니고 있는 제국성을 지적하기도 한다. 이에 대해서는 전인갑(2012), 「帝國에서 帝國性 國民國家로」, 『중국학보』 제65집, pp. 161-183과 제66집, pp. 243-272; 유용태(2009), 「근대 중국의 민족제국주의와 단일민족론」, 『동북아역사논총』 23호, pp. 37-66 참고.

는 널리 알려진 바와 같이 명왕조 초기인 1405년부터 1433년까지 28년 동안 7차례에 걸쳐 서양(즉 인도양)까지 항해하여 명조의 위세를 떨쳤던 인물이다. 이러한 인물이 21세기 초 중국에서 다시 부상한 것은 결코 우연이 아니다. 2005년 중국은 인민대회당에서 정화의 첫 출항 600주년을 기념하는 성대한 의식을 거행하는 동시에 국무원(國務院)에서는 매년 7월 11일을 '국가항해일(國家航海日)'로 정했다. 그 날짜가 7월 11일인 까닭은 정화가 제1차 서양 출항을 시작했던 날이 명(明) 영락(永樂) 3년 6월 15일, 즉 1405년 7월 11일이었기 때문이다.

국가항해일의 제정은 급작스럽게 정해진 것이 아니었다. 중국 정부는 2001년부터 "조국사랑, 선린우호, 과학적 항해(熱愛祖國, 睦鄰友好, 科學航海)"라는 슬로건을 내세워 정화의 출항 600주년을 기념하기 위한 소조를 발족한 이후 사회 각계의 의견을 모아 2005년에 공식적으로 발표한 것이었다. 국가의 의지가 어느 정도였는지는 별도의 연구가 필요하지만, 2001년 12월 강소성(江蘇省) 정화연구회(鄭和研究會)가 설립되고, 2004년에 북경(北京) 정화하서양연구회(鄭和下西洋研究會)가 설립된 것은 국가 차원의 정화 프로젝트와 무관해 보이지 않는다. 이들 연구회 등의 조직을 통해 1980년대부터 본격화[2]된 정화 관

2 1980년대 정화 연구는 1981년 중국항해사연구회(中國航海史研究會)가 설립되어 1983년 강서(江西) 구강(九江)에서 제1차 전문적인 학술토론회가 개최되고, 이어 1984년 남경의 강소성기념정화하서양580주년주비위원회(江蘇省紀念鄭和下西洋580周年籌備委員會)에서 정화의 항해에 관한 토론회를 개최하면서 본격화되었다. 그 후 정화 연구는 타이완 등 해외에서의 정화 연구와 연계하여 더욱 활발하게 진행되었다. 1985년에서 2003년 중국 대륙에서 발표된 정화 관련 연구 논저는 1,968편에 달한다고 한다. 중국에서 정화 연구 상황에 대해서는 孔遠志 · 鄭一鈞(2008), 『東南亞考察論鄭和』, 北京大學出版社, pp. 1-15 참고.

련 연구는 역사고증 중심의 지방 차원의 연구에서 벗어나 중국의 국가의식과 제국의 욕망을 투영한 목적의식적인 연구로 전환했다.

이러한 정화 연구 기획은 국가항해일의 제정이 단순히 정화의 출항 600주년이라는 특수한 시점을 계기로 이루어진 것이 아님을 의미한다. 그보다는 21세기 들어 본격적인 대국굴기(大國崛起)를 공공연하게 표방하던 중국의 지도부가 자신들의 의지를 국내외에 알리기 위해 적절한 수사법을 모색하는 과정에서 정화의 역사적 활동에 주목한 측면이 강하다. 2003년 후진타오(胡錦濤), 원자바오(溫家寶) 등 핵심 지도부들이 "평화적인 굴기(和平崛起)"를 본격적으로 제기한 이후, 중국에서는 대국화 전략을, 서구에서는 그에 상응하여 중국위협론을 활발하게 논의하기 시작했다. 이 점을 고려하면 국가항해일 제정은 중국의 해양 대국화 혹은 해양 패권의 도모와 긴밀히 연계되어 있음을 알 수 있다. 다시 말해 이는 역사적으로 대륙형 제국으로 자임하던 중국이 근대 이후 제국의 필수조건인 해양 패권을 둘러싼 경쟁에 적극적인 참여를 선언하면서 정화라는 역사적인 부호를 끌어다가 그 나름의 의미를 부여하고자 한 것이다. 최근 중국에서의 정화 연구에 따르면 정화의 해외 원정은 중국적인 해상 패권의 모델, 즉 강력한 해군력을 바탕으로 지역적인 국제질서를 유지함과 동시에 상호간의 무역 발전을 목표로 하는 이른바 평화적인 해상 패권의 모델을 제시한다고 보고 있다. 이는 정화의 원정을 화평굴기와 연결시켜 해양대국으로서의 중국에 패권적 이미지를 상쇄시키고자 하는 의미가 있다.

정화의 이러한 국가적 의미는 2005년 이후 더욱 본격화된 정화 연구와 그를 문화적이고 정치적인 기호로서 대중화시키기 위한 여러 기획을 통해서 더 명확히 드러난다. 2009년에는 정화 항해 600주년을 기념한 59부작 드라마 〈정화 서양을 가다(鄭和下西洋)〉가 CCTV-8에서 방영되었고, 2014년에는 애니메이션 〈정화 1405-기이한 바다에서 종적을 찾다(鄭和1405-魔海尋踪)〉가 제작되어 중국 국제 애니메이션 대회에서 대상을 수상했다. 그 밖에도 정화를 기념하는 공원 설계와 우표 제작 등이 이루어지고 있다. 이러한 대중적인 층위로의 확산작업은 20세기부터 진행된 현상이기는 하지만, 최근 10여 년 사이의 본격적인 부각은 20세기 정화라는 일종의 부호가 잠재적으로 지니고 있던 상징적인 의미가 무엇인지를 이해하는 데 중요한 시사점을 제공해준다.

이에 본 글은 20세기 초 정화에 관한 역사 서술 및 인식을 통해 근대 이후 문화적·정치적 부호로서의 정화가 중국에서 지니는 의미를 분석하고자 한다. 이로부터 역사적 인물인 정화에 대한 호출과 부상(浮上) 자체는 중국 역사에서 볼 때 근대적인 특수한 현상으로, 거기에는 전통적인 제국의식의 연속성과 더불어 근대 특유의 제국의식이 복합적으로 작동하고 있음을 살펴보고자 한다.

2. 정화는 어떻게 망각되었나

정화에 관한 기록은 『명사(明史)』에서 보이는데, 사신으로서 서쪽 바다로 항해하게 된 과정을 다음과 같이 서술하고 있다.

> 정화는 운남 사람으로 사람들은 삼보태감(三保太監)이라고 불렀다. 처음 연왕부(燕王府)에서 연왕(燕王)을 섬기다가 함께 군사를 일으켜

공을 세웠으며, 여러 차례 태감으로 발탁되었다. 성조(成祖)는 혜제(惠帝)가 해외로 도망간 것으로 의심하고 그의 종적을 추적하는 동시에 이역(異域) 땅에 군사력을 과시하여 중국의 부강함을 알리고자 했다. 영락(永樂) 3년 6월 정화와 그의 동료 왕경홍(王景弘) 등을 서양의 통사로 명하고, 장졸 2만 7,800여 명과 많은 금화와 재물을 제공했다. 길이 44장, 폭 18장에 이르는 배 62척을 건조했다. 소주(苏州) 유가하(刘家河)에서 바다로 나아가 복건(福建)에 이른 다음, 다시 복건 오호문(五虎门)에서 돛을 올려 먼저 점성(占城)에 도착했다. 그 후 차례로 여러 번국을 방문하여 천자의 조서를 발표하고 그 우두머리들에게 하사품을 주었으며, 복종하지 않으면 무력으로 위협했다. 영락 5년 9월 정화 일행이 귀국함에 여러 나라의 사신들이 함께 와서 황제를 알현했다. 황제는 크게 기뻐하여 각각의 등급에 따라 작위와 상을 하사했다.[3]

『명사』에는 위의 설명에 이어 정화가 7차례 출항하여 30여국을 방문하면서 저항하는 나라의 군대를 격파하고 우두머리를 사로잡아 중국으로 압송했으며 많은 나라들이 조공사절을 파견토록 한 공적을 서술하고 있다. 정화의 역사적 출항은 그 규모와 기간, 항해 및 방문국의 범위 등을 볼 때 당시 동서양을 막론하고 전례 없는 일이지만, 그러한 역사적 사적에 대한 당시나 후대의 기록은 매우 빈약한 편이다. 위에서 인용한 『명사』는 정화 사망 300년이 지난 후 서술된 공식

3 『明史·列傳第一百九十二』(卷三百四).

적인 기록으로 그나마 간략히 서술되었고, 그에 대한 평가 역시 명대 초기의 일대 성사(盛事)로서 잠깐 출현했던 역사적 삽화 정도로 묘사하고 있을 뿐이다. 또 『명사』「본기(本紀)」 중 성조(成祖)와 인종(仁宗) 등의 통치 시기에 대한 서술 가운데 정화가 언급되기는 하지만, 모두 정화가 서양으로 출국하거나 귀국했다는 매우 단편적인 사실만 다루고 있다. 이는 정화가 사람들로부터 일찍이 망각되었기 때문은 아니다. 오히려 정화는 여러 고사의 형식으로 재서술되어 청대 초기에도 민간과 사회에 널리 알려져 있었다.

전증(錢曾, 1629~1701)에 따르면 삼보(三保)가 서양으로 출항했다는 이야기는 민간에 널리 퍼져 있으며, 궁중의 무대나 평화(平話) 등에서 자주 공연된 소재였다.[4] 전증의 이러한 기술은 당시 민간과 궁중에서 널리 유행했던 작품들을 염두에 두고 한 말처럼 보인다. 실제로 1598년 나무등(羅懋登)은 『삼보태감서양기통속연의(三寶太監西洋記通俗演義)』라는 소설을 출판했으며, 이와 동시에 궁중에서는 잡극(雜劇) 『봉천명삼보하서양(奉天命三保下西洋)』[5]이 공연되고 있었다. 이 중 『봉천명삼보하서양』은 정화의 충의정신과 황제의 덕을 칭송하고, 서양 각국이 중국의 덕화(德化)를 입고 조공을 하는 것을 주제로 삼고 있다. 구체적으로는 산과 바다로 길이 막혀 조공을 오지 못하는 나라들을 위해 정화가 황명을 받들어 서양의 각국을 방문하면서 겪는 이

4 삼보가 서양으로 출항했다는 이야기는 민간에 널리 퍼져 있으며, 내무부(內府)의 희극이나 무대 공연의 평화(平話)와 같이 허무맹랑한 이야기는 모두 민간 속어로 유전되어 기록된 것일 뿐이다. (清)錢曾(1936), 『讀書敏求記』, 商務印書館.

5 이 잡극은 만력 43년(1615) 출판된 趙琦美輯, 『脈望館鈔校本古今雜劇』에 수록된 것으로 보아 그 이전에 구성되어 공연되었을 것으로 보인다.

야기를 서술하고 있다. 그중 저항하거나 공격하는 국가를 무력화하거나 진귀한 보물을 얻는 과정, 그리고 서양 각국이 조공사절을 파견토록 하고 귀국하여 대환영을 받는 과정을 묘사하고 있다.[6] 이와 같이 이 잡극은 기본적인 정화의 역사적인 고사를 바탕으로 하고 있으며 황제와 정화의 공덕을 찬양하는 전형적인 궁중극 가운데 하나다.

한편 『삼보태감서양기통속연의』는 정화가 서양의 여러 국가를 방문하면서 겪는 고사들을 중심내용으로 삼고 있지만, 대중적인 흥미를 위해 당시 유행하던 『서유기』나 『봉신전』 등에 나오는 스토리와 유사한 내용들로 각색되어 있다. 전체 작품의 인물과 플롯은 삼장법사가 손오공이나 저팔개 등의 도움을 받아 서역의 장도에 오른 취경고사와 매우 흡사하다. 벽봉장로(碧峰長老)와 장천사(張天師)가 법술을 통해 정화가 "오랑캐를 위무하고 보물을 취하기(撫夷取寶)" 위해 금련상국(金蓮象國), 조괘국(爪掛國), 여아국(女兒國), 소문답랄국(蘇門答剌國), 금안국(金眼國), 은안국(銀眼國), 풍도귀국(酆都鬼國) 등의 국가를 원정하는 것을 돕는 과정을 그리고 있다. 작품의 주요 내용도 정화를 중심으로 전개되는 것이 아니라 벽봉장로와 장천사의 법술을 통해 이국의 다양한 요괴를 물리치는 이야기로 되어 있다.[7]

루쉰은 일찍이 이 소설에 대해 『서유기』, 『봉신전』에서 소재를 취했지만 문장 표현이 졸렬하고 곁가지가 더해져 있는데, 특히 항간의 전설이 자못 많다고 평하기도 했다.[8] 민간과 궁중에서 유행하던

---

6 「奉天命三保下西洋」, 『孤本元明雜劇』(第二伍册)(涵芬樓藏版), 中國戲劇出版社, 1958(1939년 商務印書館本을 인쇄한 것임).

7 羅懋登(1982), 『三寶太監西洋記通俗演義』, 上海古籍出版社.

8 루쉰(2004), 『중국소설사』, 조관희 역주, 소명출판, p. 442.

이러한 정화고사들은 소설이나 공연의 오락적인 측면을 강화하기 위해 정화와 관련 없는 민간고사들을 상당수 혼효하고 있다. 그럼에도 기본적으로 정화의 원정 과정은 정화를 수행하여 수차례 원정에 참가했다가 서양 여러 지역의 풍속과 토산품들에 대한 기록을 남긴 일부 저서들에 기반하고 있다.[9]

그러나 정화 사후 2세기가 지난 후 중국에서는 정화의 원정 그 자체에 의구심을 갖기 시작했고 점차 망각의 역사적 과정을 거쳐 갔다. 정화의 서양 원정에 대한 망각은 단순히 시간의 흐름에 따른 것이라기보다는 서양으로의 원정을 반대하고 해금(海禁)을 주장하는 조정 내 대신들의 의도적인 은폐와도 결부된다. 성조가 사망하고 인종이 즉위하자 명조는 이전 호부상서 하원길(夏原吉)의 요청으로 서양으로의 원정을 중지했다가 선덕(宣德) 연간[선종(宣宗)의 연호, 1426~1435]에 다시 원정을 개시하고 이어 정통[正統: 영종(英宗)의 연호, 1436~1439] 초에 이르러 다시 중지되었다. 그 후 성화(成化) 연간[허종(憲宗)의 연호, 1465~1487]에 환관이 황제의 의도에 부응하여 영락 시기의 고사를 아뢰자 정화의 원정해도를 찾도록 명했다.

이에 병부상서 항충(項忠)이 사람을 시켜 이전 기록을 찾아보도록 했으나, 거가낭중(車駕郎中) 유대하(劉大夏)가 그 기록 자료를 미리 숨겨놓았다. 항충이 기록을 찾지 못하는 하급 관리를 힐난하자 유대

9 대표적인 예로 공진(鞏珍)의 『서양번국지(西洋番國誌)』(1434), 비신(費信)의 『성사승람(星槎勝覽)』(1436), 마환(馬歡)의 『영애승람(瀛涯勝覽)』(1451)을 들 수 있는데, 비신과 마환은 통역관으로, 공진은 비서의 신분으로 각각 정화의 원정에 참여하여 직접 목격한 바를 기록했다. 이 가운데 『성사승람』과 『영애승람』은 앞서 언급한 정화 관련 소설과 잡극의 스토리 구성에 기본적인 자료를 제공한 것으로 보인다.

하가 다음과 같이 의견을 제기했다. “삼보가 서양으로 원정을 하면서 수십만 냥의 경비를 소모하였고 만여 명의 군민이 죽었는데, 기이한 보물을 가져온다한들 나라에 무슨 이익이 있습니까? 이것은 특수한 시기의 폐정(敝政)으로서 대신들이 마땅히 적극 간해야 할 일입니다. 옛 자료가 있어도 마땅히 훼손시켜 그 뿌리를 뽑아야 하거늘 어찌 그 자료가 없다 추궁하는 것입니까.”[10] 유대하는 그 후 병부상서가 되었는데, 그의 은닉으로 인해 정화의 서양 원정에 관한 기록들이 사라지고 정화의 원정도 폐정으로 간주됨으로써 정화의 사적을 묻는 사람들이 없게 되었다. 특히 해금정책으로 사적으로 배를 건조하여 직접 바다로 나가거나 외국인과 거래하는 것을 금지하고, 또 국가 차원의 대규모 사절단 파견도 중지되었다. 명말 시기까지 몇몇 저서에서 정화의 원정을 기록하긴 했지만,[11] 18세기 이후로는 거의 보이지 않으며 명말 청초 시기까지만 해도 민간에 널리 퍼져 있던 정화의 서양 원정 관련 고사마저도 그 후 점차 잊혀졌다.

이와 같이 정화의 사적은 그의 사후 반세기도 안 되어 명왕조의 대외정책의 변화와 환관 중심의 ‘소모적’ 대외활동에 반발하는 관료들에 의해 은폐되기 시작했고, 16세기의 기록물들이 출현했음에도 불구하고 사람들의 관심사에서 점차 멀어지게 되었다. 그리하여 1564년에 쓰여진 「황명사이고(皇明四夷考)」에서 말하는 바와 같이[12]

---

10 嚴從簡 著, 余思黎 點校(2000), 『殊域周咨錄』, 中華書局, p. 307.

11 黃省曾撰, 『西洋朝貢典錄』, 正德十五年(1520); 海鹽鄭曉撰, 『皇明四夷考』, 嘉靖四十三年(1564); 嘉禾嚴从簡撰, 『殊域周咨錄』, 萬曆十一年癸未(1583年 전후); 張燮撰, 『東西洋考』, 萬曆四十六年(1618).

12 「황명사이고(皇明四夷考)」에서 “정화의 항해와 호영(胡濙)의 조서 발표에 대해 나라

사람들은 정화 항해의 실제 존재 여부조차 의심하거나 널리 알려진 삼보의 실제 이름이 정화(鄭和)인 것도 모를 정도였다.[13]

그 결과 소설류의 작품에서도 역사적인 고증에 충실하기보다는 민간고사를 중심으로 한 상상 속의 정화 스토리를 만들어냈다. 이것마저도 18세기 이후 그다지 주목받지 못하다가 19세기 중후반에 이르러 출판인쇄술의 발전에 따라 기존 소설류 판본의 수집과 재인쇄가 붐을 이루면서 나무등의 『삼보태감서양기통속연의』 역시 다시 대중적인 독서물로 등장하게 되었다.[14] 청대 후기 대표적인 학자인 유월(俞樾, 1821~1907)이 1881년에 그의 친구 오평재(吳平齋, 1811~1883)에게서 빌린 『서양기(西洋記)』라는 소설은 아마도 신보관(申報館)에서 그해에 출판한 『신각전상삼보태감서양기통속연의(新刻全像三寶太監西洋記通俗演義)』일 가능성이 높다.

> 정화의 사적은 명대에는 사람들 사이에 널리 알려져 있었다. 광서(光緖) 신기(辛巳)년(1881년-역자)에 벗 오평재(吳平齋)가 나에게 『서양기(西洋記)』라는 책을 빌려주었는데 바로 정화의 사적을 부연한 것이

사람들은 크게 의심하고 있다"고 기록하고 있다. 鄭曉撰(1968), 「皇明四夷考」, 『皇明九邊考·皇明四夷考(合訂本)』, 華文書局, p. 457.

13 (明)郎瑛撰(2001), 『七修類稿』, 上海書店, p. 124.

14 19세기 중후반에 인쇄된 대표적인 사례는 다음과 같다. 1859년 『新繡全像三寶開港西洋記』(20권 120회), 廈門文德堂; 연도 미상의 『新刻全像三寶太監西洋記通俗演義』(20권 100회), 步月樓刻; 1881년 및 1891년 『新刻全像三寶太監西洋記通俗演義』(100회), 上海申報館; 1896년 『圖像三寶太監西洋記通俗演義』, 上海書局; 1901년 『圖像三寶太監西洋記通俗演義』(20권 120회), 上海文宜書局. 이상 판본의 출판에 대해서는 雛振環(2011), 「《西洋記》的刊刻與明清海防危機中的"鄭和記憶"」, 『安徽大學學報(哲學社會科學版)』 35(3) 참고.

> 었다. 작자는 나무등(羅懋登)으로 만력연간의 사람이다. 그 책은 태공 강자아(姜子牙)의 봉신과 현장의 취경보다 더 황당하며, 작품의 풍격과 취지는 거리낌없이 호방하기가 두 작품보다 더 심하다. 그러나 두 작품은 성행했지만, 이 작품은 그다지 알려지지 않았는데 그 이유는 무엇인가? 문장이 전해지는가 여부에 일정한 법칙이 있다면 평화(平話)의 경우도 마찬가지다.[15]

중국의 역대 역사와 문헌에 박식했던 유월 역시 정화의 사적이 명대에는 널리 알려져 있었다고 말하고 있지만, 인용하는 것은 『명사』의 기록 이외에 달리 언급한 자료는 없다. 이는 그가 다른 문헌을 몰랐기 때문이라고 단정하기는 어렵지만, 정화의 사적을 기록한 여러 서적이 당시 지식계에 그다지 널리 읽히지 않았음을 의미한다. 또 유월은 『삼보태감서양기통속연의』를 『봉신전』과 『서유기』와 같은 류의 작품으로 간주하여 비교하면서[16] 이 작품마저도 『봉신전』과 『서유기』만큼 유행하지 못했을 뿐 아니라 그다지 널리 알려지지 않았다고 지적하고 있다. 이로부터 정화의 사적과 그에 관한 일화들이 청 중기 이후에 거의 잊혀져갔음을 알 수 있다.

결국 정화 사후 명대 중기에서 청대에 이르는 해금정책하에서 정화는 역사적으로 의도적으로 지워지거나 망각되었던 것으로 보인다. 그 결과 정화는 역사적 인물에서 민간의 여러 허구적인 이미지가 덧붙여진 인물로 변모하고, 심지어 동남아 지역의 화교 세계를 중심으

15 俞樾(2003), 『春在堂隨筆』(卷七), 內蒙古人民出版社出版, p. 124.

16 앞서 인용한 루쉰의 평가는 유월의 평가를 참고한 것으로 보인다.

로 신화적인 존재이자 민간신앙의 대상으로 변모해갔다.[17] 19세기 말 이렇게 망각된 정화에 관한 역사적인 기억을 되살리는 데 일조한 것은 신보관이었다. 신보관은 1872년 설립 이후 1880년을 전후한 시기부터 본격적으로 개량된 활자인쇄술과 석인술을 도입하고, 중국 내 다양한 희귀본이나 일서(逸書)를 수집하여 저렴하고 대중적인 독서물로 출판했다.

상술한 『신각전상삼보태감서양기통속연의』 역시 그중 하나였다. 1883년 12월 10일 『신보(申報)』의 서적 광고에서는 위 소설의 소개와 인쇄 과정을 설명하고 있다. 광고에 따르면 당시 나무등의 작품 판본은 산실(散失)되었으며 간혹 일부 존재하더라도 너무 흐려서 읽을 수가 없었다고 한다. 이에 호남(湖南)성에서 초기 인쇄본을 구해 활자본으로 새롭게 인쇄했다. 이는 위 소설이 희귀본임을 강조하여 독자들의 관심을 끌기 위한 상업적인 수사라는 점을 감안하더라도 당시 중국 독서계에서 정화 관련 소설의 유포 정도를 잘 말해준다. 또한 광고에서 소설의 가치를 『서유기』와 같은 통속적인 오락성을 강조하는 데 두고 정화의 역사적 행적을 환기시킬 뿐 새로운 의미를 부여하지는 않고 있다.[18]

이와 달리 거의 같은 시기에 나무등의 소설을 접했던 유월은 시

---

17 동남아시아 지역에서 정화의 민간신앙에 대해서는 曾玲(2008), 『東南亞的鄭和記憶與文化詮釋』, 黃山書社 참고.

18 "이전 명대 영락 시기에 태감 정화가 황명을 받들어 남양의 각 섬나라가 조공하도록 하기 위해 서인도에까지 이르렀다. 이 사실은 정사(正史)에서도 보인다. 그리고 이남리인(二南里人)이 『서양기통속연의』를 편찬하여 세상에 알려지게 되었다. 기이한 것을 서로 연결하여 기록하고 있으며, 견강부회하는 말이 많아 『서유기』와 비교해도 훨씬 더 재미있다." 「重印三寶太監西洋記出售」, 『申報』, 1883. 11. 11.

대적인 우환의식 속에서 이 소설의 가치를 인식하고 있다. 유월은 나무등의 서문에 의거하여 일본의 조선침략으로 명 왕조 역시 곤경에 처하자 시대를 걱정하는 마음에서 정화가 서양의 각국을 위무(慰撫)하여 태평시기를 열었던 역사를 떠올리며 위의 작품을 지은 것으로 보고 있다.[19] 이처럼 유월은 위 작품을 아편전쟁 이후 서구 열강의 압박하에서 청조가 겪고 있던 곤경을 떠올리며 정화의 서양 항해를 회고하고, 나아가 나무등의 작품도 그러한 시대적 맥락에서 역사적 의미를 지닌 것으로 평가했다. 이는 곧 정화의 시대에 명조를 중심으로 한 천하체계를 수립하고 '태평성대'를 구가하던 시기와 비교하여 격세지감을 토로하는 것으로 읽힌다.

어찌되었건 이 무렵 나무등의 소설이 여러 출판사에서 앞다투어 출판되면서 대중적인 독서물로 재등장하기는 했지만, 이것이 정화에 대한 망각의 본격적인 회복을 의미하는 것은 아니었다. 서화에 능하고 서적 수집에 관심이 많았던 오평재는 정화를 명대 정치를 농락한 환관과 연계시킬 뿐, 19세기 청조가 처한 시대의 문제의식 속에서 파악하는 모습은 전혀 보이지 않는다. 또한 설령 유월과 같은 감상을 당시 적잖은 독자들이 공감하고 있었다고 할지라도 그것은 어디까지나 지나간 역사에 대한 하나의 편린이자 아쉬움에 지나지 않았다.

---

19 "평재는 '이는 필시 명대의 사람이 쓴 것으로 환관에 아부하기 위한 것'이라고 하였는데 나는 그렇지 않다고 말했다. 그 서문에서 '지금 동쪽에서의 곤경이 서쪽 오랑캐가 신복(臣服)하는 것과 같겠는가. 당사자는 무릎을 치며 탄식하지 않겠는가?'라고 한 것을 보면, 이 책의 집필은 가정 이후이며 왜의 난이 극성하자 이 책을 지어 옛것을 상기하며 비통해 하는 뜻을 기탁한 것으로 어려운 시기에 느낀 솔직한 감정을 서술하고 있다. 작품을 세 번 반복해서 읽으면 긴 탄식이 절로 난다." 俞樾(2003), p. 124.

3. 20세기 초 정화의 재등장: 탐험가에서 식민 개척자까지

20세기 초 정화는 세계에 대한 중국인의 인식 변화, 특히 근대세계의 형성 과정에 대한 비교인식에 수반하여 역사 기억의 수면 위로 새로이 부상했다.[20] 1903년 제11기『대륙보(大陸報)』에는「지나 항해가 정화전(支那航海家鄭和傳)」이라는 글이 게재되었다. 1902년에 집익휘(戢翼翬, 1878~1907), 양정동(杨廷栋, 1861~1950), 진력산(秦力山, 1877~1906) 등 일본에서 유학한 이들이 중심이 되어 상해에서 발간한『대륙보』는 창간과 더불어 서구의 근대 철학자와 워싱턴, 러시아 무정부주의자, 콜럼버스를 비롯한 위인들의 전기를 게재한 바 있었지만, 중국의 역사인물로 처음으로 주목한 이가 바로 정화였다. 당시 역사적으로 주목받지 못하고 기억의 언저리로 밀려나 있던 정화를 중국을 대표하는 인물로 가장 먼저 호출했다는 것은 편집자가 그 나름 심사숙고하여 선정한 의도를 다분히 드러내고 있기도 하다.

---

20 『대륙보』에 정화전이 발표되기 전에 주목할 만한 정화 연구로는 영국 외교관이자 한학가(漢學家)인 W. F. Mayers의 "Chinese Explorations of the Indian Ocean During the Fifteenth Century"(*The China Review, or Notes & Queries on the Far East* 3(4), 1875)와 일본학자 国井清音, 北村松之助의「瀛涯勝覽·星槎勝覽地名考」(『史學雜誌』第14編 第6, 7, 8, 9, 11號, 1903)가 있다. 이 두 논문에는 정화가 방문했던 국가와 지명에 대한 고증이 실려 있다. 또 신해혁명 이전까지 정화에 관한 기록은 량치차오의 문장 이외에 1905년 천진(天津)『대공보(大公報)』의 백화문 부간(附刊)인『폐추천금(敝帚千金)』제9기에「정화 항해의 고사(鄭和航海的故事)」가 발표되었다. 그 내용은「지나 항해가 정화전」가운데 방문 국가명 부분을 제외한 나머지 부분을 백화로 재서술한 것이었다. 그리고 1910년 펑허링(彭鶴齡)이 지은「삼보태감하서양(三保太監下西洋)」이라는 단편소설이 광주(廣州)의 각군소설사(覺群小說社)에서 출판되었다.

『대륙보』에서 주목한 것은 다름 아닌 항해가로서의 정화였다. 탐험가와 모험가는 이미 20세기 초부터 중국의 문화계에서 관심을 끌기 시작했고 『대륙보』에서도 창간호부터 「로빈슨 표류기」를 모험소설이라는 타이틀과 함께 연재하고 있었다. 서구 인물 중에서도 콜럼버스 전기와 일화를 두 차례에 걸쳐 소개한 것을 보면,[21] 정화에 주목한 것이 어쩌면 자연스러운 일이었는지도 모르겠다. 모험 혹은 탐험은 그 스토리가 주는 흥미와 더불어 근대적인 국민성의 상징인 진취적인 정신을 배양한다는 취지에서 당시 계몽적인 인사들의 주요 관심대상 가운데 하나였다.

> 오늘날 세계 각국에서 세계문명에 가장 공이 있는 것이 어느 국가인가를 묻는다면 대부분 항해를 잘하여 새로운 땅을 개척한 조국이라고 답할 것이다. 또 고금 호걸 가운데 세계문명에 가장 공이 있는 자가 누구인가를 묻는다면 항해에 능하여 새로운 땅을 개척한 모험가라고 답할 것이다. 따라서 스페인, 포르투갈, 네덜란드, 영국의 영토가 세계 곳곳에 펼쳐지게 되었고, 콜럼버스, 제임스 쿡(Captain James Cook)의 명성이 후세에 널리 알려지게 되었다.[22]

위 글의 저자에 따르면, 이에 비해 중국은 해금정책을 실시하여 소극적인 방어 태세를 취했으며, 항해술을 중시하지 않고 모험정신

21 콜럼버스에 대해서는 제2기 "사전(史傳)"란과 제3기 "담총(譚叢)"란에 각각 「哥倫布傳」(1903年 1月 8日)과 「哥侖布軼事」(1903年 2月 7日)라는 제목으로 소개되었다.

22 「支那航海家鄭和傳」(1903), 『大陸報』 第11期, p. 1.

을 받들지 않게 되었다. 『대륙보』에서 항해가 정화를 다시 부각시킨 것은 단순히 모험가의 정신만이 아니다. 그보다는 근대 세계 변화에서 가장 중요한 해양 패권의 문제이자 중국의 운명을 좌우하는 중요 사안으로 세계탐험을 다루고 있다. 서구 열강이 중국으로 몰려와 중국의 해상권을 장악한 반면, 중국은 바다를 가지고 있음에도 이를 이용할 줄 몰랐다. 중국은 역사적으로 중국 연해안을 벗어난 항해를 하지 않았으며, 장건과 반초가 서역 멀리 원정을 하긴 했어도 모두 육로를 통한 것이었다. 그 가운데 해상을 통해 멀리까지 항해를 한 사람은 단지 정화뿐이라는 것이 위 글 저자의 주장이다.[23] 이는 근대 세계의 헤게모니는 해상 패권에 달려 있음에도 중국의 해금정책과 우물 안 개구리와 같은 식견 탓으로 서구에 주도권을 빼앗기게 되었다는 의식이 강하게 표출되어 있다. 정화의 전기는 다름 아닌 중국인에게 잊혀졌던 해양으로 향하는 개척정신과 진취적인 모험의식을 자극하기에 충분한 것이었다.

> 바르톨로뮤 디아스와 바스코 다 가마가 새로운 항로를 발견한 이후로 천하의 대세가 크게 변화하였고, 콜럼버스가 신세계를 발견하자 천하의 대세는 또 한번 크게 변화했다. 그 후 점차 마젤란이 태평양을 발견하고, 제임스 쿡이 오스트레일리아를 발견하였으며, 마카오, 홍콩에 이르고, 속국 미얀마와 베트남을 할거하였으며 광주, 교주, 여순, 대련 등 좋은 항구를 점거하였다. 그리하여 유럽의 해상권은

---

23 「支那航海家鄭和傳」, p. 2.

더욱 확대되고 커졌지만, 지나의 해상권은 날로 떼어주어 미약해졌다.[24]

이와 같이 저자는 근대 식민지와 제국의 팽창은 대항해시대와 더불어 시작되었으며, 그 결과 중국은 속국의 상실과 중요한 거점 항구들에 대한 지배권을 상실하게 되었다고 보고 있다. 대항해시대는 새로운 문명의 시작이자 새로운 제국주의, 식민주의의 발단이기도 하다.

그럼 이러한 대항해시대에 정화의 서양 항해가 지니는 의미를 저자는 어떻게 평가하고 있을까? 먼저 저자가 의거하고 있는 정화 관련 사료는 『명사』와 마환의 『영해승람(瀛海勝覽』[『영애승람(瀛涯勝覽)』의 오기-필자]이다. 그중에서 정화의 전기에 대해서는 『명사』를 그대로 인용하고 있다. 그 방문 국가명과 관련해서 주로 『영애승람』을 참고하고, 20세기 세계지도상에서 각 국가의 위치를 쉽게 파악할 수 있도록 알파벳도 병기하여 보여주고 있다. 하지만 저자는 중국의 역사를 서술하면서 정화의 활동 평가와 관련해서는 전혀 언급하지 않은 채 곧바로 15세기 세계의 항해사 속에서 그 활동의 의미를 논하고 있다.

정화가 항해한 당시는 증기선이 발명되기 전이라 목재 범선으로 항해했는데, 포르투갈을 중심으로 한 유럽의 본격적인 항해와 비교하면 바스코 다 가마(Vasco da Gama)보다 73년, 바르톨로뮤 디아스(Bartolomeu Diaz)보다 61년 앞서 중국을 대표하여 아프리카 남해안에까지 이른 세계 역사상 선구적인 활동이었다고 평하고 있다. 다만 모

24 「支那航海家鄭和傳」, p. 13.

잠비크 해협에서 더 남하하지 못함으로써 신항로의 개척권을 디아스와 바스코 다 가마에게 넘겨주게 되었다. 아쉽게도 정화 이후 그를 이은 사람이 없어 대항해가 중단되었는데, 만약 계속 이어졌다면 유럽인이 아시아로 오기 전에 먼저 유럽에 도착하고 아프리카, 아메리카, 오스트레일리아 및 태평양의 식민지도 백인들의 수중에 넘겨주지 않았을 것이라고 지적했다.[25] 이어 중국해에서 적도 서쪽은 이미 모두 영국 영토이거나 프랑스 영토이고 또 미국의 새로운 주둔지이자 매탄 매장지이거나 네덜란드의 구 식민지로, 이들 지역은 삼보 정화가 진압·통제하며 위로하던 곳이었으나 수백 년이 흐르는 사이에 타인에게 넘겨주고 말았다고 탄식하고 있다.[26] 이러한 평가에서 유의해볼 점은 정화의 활동을 근대적인 식민지 개척활동과 동일한 선상에서 파악하고 있다는 것이다. 저자의 상상 속에서 정화의 항해가 지속되어 중국이 해상 패권을 장악한 가상적인 모습은 19세기 후반 영국이나 프랑스가 세계에서 지니고 있던 제국의 이미지와 오버랩된다.

그로부터 2년 후 『신민총보(新民叢報)』에 량치차오(梁啓超)의 「조국 대항해가 정화전(祖國大航海家鄭和傳)」[27]이 게재된다. 이 글은 다분히 앞서 발표된 「지나 항해가 정화전」을 의식하고 있지만, 그 내용과 취지가 좀 더 명확하고 량치차오의 민족 및 정치에 관한 사상을 함께

25 「支那航海家鄭和傳」, pp. 5-6.

26 「支那航海家鄭和傳」, pp. 13-14.

27 中國之新民(1905), 「祖國大航海家鄭和傳」, 『新民叢報』 第69號, 5月 18日. 량치차오가 주로 참고한 것은 『명사』와 비신의 『성사승람』, 마환의 『영애승람』이다. 여기서 그는 참고한 역사 텍스트를 충실하게 분석하여 정화 항해의 목적과 준비 과정(선박의 크기), 방문 국가와 항로 등을 비교적 상세하게 서술하고 있다.

보여주고 있다. 그 역시 정화의 서양 항해를 세계의 교통사라는 관점에서 접근하고 있다. 원대 이래 특히 마르코 폴로(Marco Polo)의 『동방견문록』 이후로 동서양에서 동시에 서로를 발견하기 위한 노력을 지속했다. 중국에서는 정화가 서양으로 항해하고, 서구에서도 포르투갈 국왕 헨리를 중심으로 동방 탐험에 나서게 되었다는 것이다. 그 결과 신항로와 신대륙이 발견되고, 정화 역시 아프리카 연안에까지 이르렀다가 희망봉을 지척에 두고 돌아옴으로써 서구의 탐험가들에게 동서양을 잇는 신항로 발견자라는 명성을 넘겨주게 되었다고 지적했다.

량치차오가 주장하는 동서의 교통이라는 것은 인류문명의 발전에 있어서 실질적인 소통의 의의를 강조하는 데 그치는 것이 아니다. 그의 서술에서 교통은 바로 세력의 팽창을 의미하며 누구에 의해 주도적으로 교통이 이루어지는가 하는 점이 무엇보다도 중요한 것이었다. 따라서 한대에 감영(甘英)이 반초(班超)의 지시로 로마로 가는 항로를 찾다가 안식(安息)인으로부터 항로가 너무 험준하다는 말을 듣고 로마로 가는 여정을 포기한 것이나, 정화가 아프리카 남단을 거쳐 유럽으로 더 나아가지 못한 것은 단순한 아쉬움을 넘어 중국의 국운과 연계되는 일이었다.

동서 교통을 둘러싼 민족 간 경쟁에 대한 량치차오의 주목은 그가 정화의 항해를 식민이라는 차원에서 접근하는 데서도 잘 드러난다. 「지나 항해가 정화전」이 주로 해상 패권을 중심으로 정화의 항해가 지니는 근대적 의미를 파악했다면, 량치차오는 좀 더 적극적으로 실질적인 식민개척을 중시하고 있다. 그에 따르면 중국은 역대로 대륙국가로서 그 영토가 광활하여 인민들을 이주시키기에 충분하고 해외로 나아갈 필요가 없어 자고로 해운이 발달하지 못했다. 중국의 영토가 광활하다는 것이 부강의 원인일 수도 있지만, 다른 한편으로는 해외로의 팽창과 식민의 동기를 약화시키는 요인으로 작용했다는 것이다. 그럼에도 현재 중국은 인도차이나와 남양군도의 동남아 지역을 자신의 꽁무니뼈처럼 유지하고 있으면서 지배지역[外府]으로 두고, 이후에도 중국 민족의 유일한 세력권으로 남을 것이라고 주장했다.

이는 「지나 항해가 정화전」이 그 지역을 이미 서구 열강에 의해 분점된 그들의 세력권으로 인식하고 있는 것과는 상당한 차이가 있다. 이 점을 의식하여 량치차오는 식민지의 지배권을 정치적 지배와 경제적 지배로 구분했다. 동남아 지역이 정치적으로는 비록 백인의 지배를 받고 있지만, 경제적 측면에서는 중국과 경쟁이 되지 않는다는 것이다.[28] 또 이들 지역은 국가 차원에서의 식민정책의 결과가 아니라 연해안 지역 주민의 자발적인 식민의 결과지만, 동남아 지역으로 중국인의 대대적인 식민 활동이 이루어질 수 있었던 것은 정화 덕분이라고 주장했다.[29]

량치차오가 인민의 자발적인 식민을 제기한 것은 국가의 정책적 식민, 혹은 군사적 정복에 바탕한 식민을 부정한 것이라기보다는 점 더 지속적이고 경쟁력 있는 식민을 위해서였다. 그에 따르면 이는 정화의 서양 항해에 대한 평가에도 적용되는 것으로, 중국에서 역대 왕

28 그는 그 근거로 그 지역에 거주하는 중국인이 540만 내지 550만 명에 이르고, 현지인과의 통혼을 합치면 700만 명에 달한다는 점, 그리고 군도의 광업, 태국·미얀마·베트남의 농업, 군도 및 태국의 임업과 동남아시아 전 지역의 상공업 가운데 80~90%를 중국인이 장악하고 있다는 점을 들고 있다.

29 中國之新民(1905), 「祖國大航海家鄭和傳」, 『新民叢報』 第69號, 5月 18日, pp. 2-4.

조의 식민정책의 실패 원인과도 관련된다. 그는 15세기 유럽과 중국에서 동시에 출현한 동서 교통을 위한 탐험과 항로 개척에서 유럽이 승리할 수 있었던 것은 두 가지 원인 때문이라고 보았다. 그중 첫째는 「지나 항해가 정화전」의 저자도 지적한 바와 같이 중국에서는 정화 사후에 그의 뒤를 잇는 항해자가 나오지 않은 반면, 유럽에서는 수많은 콜럼버스와 마젤란이 출현했다는 점이다. 둘째는 유럽의 대항해는 새로운 영토를 개척하여 자국민의 식민을 위한 것이었지만, 중국은 먼 지역의 사람들을 품어주고 만국을 똑같이 대한다는 한 군주의 야심과 허영심을 만족시키기 위한 것이었다는 점이다. 유럽에서는 대항해와 탐험이 새로운 토지와 경제적 수단을 얻기 위한 인민의 요구와 결부되어 결국 지속적이고 자발적인 식민이 이루어지고 여기에 국가 차원의 지원이 이루어졌다. 반면 중국은 해금정책과 같이 인민의 식민과 해외교통을 막고 단지 황제의 허영심을 만족시키는 데 있었기 때문에 그 성과도 제한적일 수밖에 없었다는 것이다.[30] 이로부터 그의 정화 전기의 서술 '틈새'에는 근대적인 식민정책에 대한 욕망이 노골적으로 작동하고 있음을 엿볼 수 있다.

4. 제국의 재생: 천조(天朝)에서 제국주의로

20세기 초 정화의 항해를 주목하는 것은 한 역사적 인물에 대한 관심

30 中國之新民(1905), 「祖國大航海家鄭和傳」, 『新民叢報』 第69號, 5月 18日, p. 16.

이상의 의미가 있다. 이는 단순히 정화에 대한 기억의 회복이나 역사적인 민족 영웅의 발굴 차원을 넘어 전통적인 제국의 근대적인 자기 전환의 방향 모색과도 직결된다. 왜냐하면 정화의 서양 항해가 중국의 전통적인 제국의 천하질서 혹은 조공질서라는 틀에서 진행되었지만, 20세기 초 정화 전기에서는 그것을 근대적인 제국의 행위방식으로 바꾸어 서술하고 있기 때문이다.

정화의 항해 목적은 명의 성조(成祖)가 건문제의 행적을 쫓기 위해서라는 설을 제외하면, 4년간의 내전을 통해 정권을 장악한 성조가 변방의 경계를 안정시키고 이전부터 조공을 하던 남양의 여러 국가들에 새로운 천자의 조서를 반포하고 명조의 부강함을 알림과 동시에 지속적인 조공을 독려하기 위함이었다. 이는 중국의 역대 왕조가 새롭게 들어서면 인접지역에게 의례적으로 행하던 행동방식이지만, 정화의 서양으로의 항해는 결코 의례적인 사신의 파견이나 미지의 세계에 대한 탐험과는 성격이 매우 다른 것이었다. 그보다는 전례없는 대규모 보선(寶船)의 건조와 군사력에서 보여주듯이 정화의 항해는 군사력과 경제력을 바탕으로 한 명조의 일종의 무력 과시와 이른바 천하체계 내에서의 국가 간 갈등의 조정자이자 질서규범의 제정 및 수호자로서의 명조의 지위를 널리 알리기 위함이었다.

이런 의미에서 정화는 단순히 새로운 대륙의 발견이나 신항로의 개척을 위한 탐험과 비교할 수 없다. 정화가 인도의 서쪽으로 아라비아 반도에 이르고 다시 아프리카 동부 연안에까지 나아갈 수 있었던 것은 천조(天朝)의 힘이 미치는 한 세계의 전체를 품겠다는 의식의 발로이며, 이는 군사력과 교화 역량의 한계에 도전하는 것이었다. 『대륙보』의 편집자와 량치차오가 동시에 정화의 항해에 주목한 것은 정화가 해상 제국의 건설자라는 이미지 때문이었다. 이는 근대의 제국과 전통적인 제국의 차이점이자 중화제국이 서구 열강 및 제국에 뒤지게 된 주요 원인으로 비쳐졌다. 『대륙보』가 해상 패권을 강조하며 19세기 중국의 위기와 세력의 약화 원인으로 먼 원양은 차치하고 중국의 연안 해양과 항구조차 장악하지 못하고 있는 점을 지적하고 있는 것은 상술한 바와 같다.

량치차오 역시 근대는 해양 제국의 시대임을 주목하고 정화 전기를 쓰기 전에 이미 세계에서 광동(廣東)의 지위에 관해 논한 바 있다.[31] 그에 따르면 광동은 중국의 입장에서 볼 때 저명한 인물을 배출하거나 전국에 영향을 미칠 만한 중요한 일을 주도하지도 못한 일종의 계륵과 같은 곳이었다. 하지만 "세계사의 측면에서 각 민족이 교통을 경쟁하는 대세를 보면, 전 세계에서 가장 중요한 십여 곳 가운데서도 광동이 가장 중요하다."[32] 또한 광동인은 중국인 가운데서도 특히 활발하고 진취적이고 모험 정신을 가지고 있으며, 국내 교통보다는 해외 교통에 더 능하여 대외적인 경쟁력이 매우 강하다고 보았다. 명청 시기 유럽인이 남양으로 진출하기 전에 광동 출신들이 그 지역에 대한 지배권을 적지 않게 장악하고 있었는데, 만약 유럽인이 진출할 때 중국 국가가 나서서 현지 중국의 지배권을 지원했었다면 영국, 프랑스 네덜란드인들이 그곳에 발을 붙일 곳이 없었을 것이라고 주장하기도 했다.[33]

---

31 中國之新民(1905), 「世界史上廣東之位置」, 『新民叢報』 第63號, 2月 18日; 『新民叢報』 第64號, 3月 6日.

32 中國之新民(1905), 「世界史上廣東之位置」, 『新民叢報』 第63號, 2月 18日, p. 2.

33 中國之新民(1905), 「世界史上廣東之位置」, 『新民叢報』 第64號, 3月 6日, pp. 11-12.

그러나 20세기 초 정화를 주목한 것은 단지 그가 중국 역사상 대표적인 항해자였기 때문만이 아니었다. 량치차오에게 정화는 군사력의 과시, 불교와 이슬람교의 선교, 명조 천자의 교화 칙서의 선포를 동시에 진행하여 남양과 인도양의 여러 섬과 국가들을 중국 중심의 천하체계에 편입시킨 인물이었다. 그러한 정화의 활동에 량치차오가 관심을 갖는 의미를 이해하려면, 오히려 중앙아시아 지역을 통해 서역으로 군사적 정복에 나섰던 장건(張騫)과 반초(班超)의 활동과 비교해보는 것이 더 효과적이다. 사실 량치차오가 『신민총보』에 정화의 전기를 게재하기 훨씬 전인 1902년 "전기(傳記)"란에 장건과 반초의 합전(合傳)을 발표했는데,[34] 이 역시 『신민총보』에 실린 최초의 중국인 전기였다. 이는 『대륙보』에서 정화의 전기가 그러한 것처럼 장건과 반초의 활동이 20세기 초 중국 지식인들에게 상징적인 의미를 지니고 있음을 뜻한다. 그럼 량치차오가 장건과 반초를 통해 나타내고자 한 것은 무엇인가?

> 주진(周秦) 이래 천여 년 동안의 긴급한 우환을 제거하고 조국의 국치를 일소한 것에 대해 어떤 논자는 그 공을 위청(衛靑)이나 곽거병(霍去病), 두헌(竇憲) 등에게 돌리지만, 이는 그들 모두가 장건과 반초의 책략과 용맹에 의거하여 성과를 거저 얻은 것이나 마찬가지임을 모르는 소치다. 따라서 황족(黃族, 즉 한족-필자)의 위세를 해외로 떨친 것으로는 한(漢)대가 가장 뛰어나며 장건이 시작하고 반초가 완

34 中國之新民(1902), 「張博望班定遠合傳」, 『新民叢報』 第8號, 5月 22日; 『新民叢報』 第23號, 12月 30日.

성했다. 이 두 호걸은 실로 우리 민족제국주의에서 가장 모범적인 인물이다.[35]

이와 같이 그는 장건과 반초를 민족제국주의의 역사적 모델로 평가하고 있다. 장건과 반초 또한 서역에 대한 군사적 정복을 통해 서역과의 무역통로를 확보함과 동시에 중국의 변방을 안정시키는 역할을 한 것으로, 단순히 조공을 핵심으로 하는 천하체계의 건립과는 차이가 있다. 특히 회유원인(懷柔遠人), 즉 멀리서 온 사람을 덕성으로 품어준다는 외국에 대한 포용정책과는 더더욱 거리가 멀다. 오히려 19세기 말 청 제국은 전통적인 천하체계가 이른바 민족제국주의에 의해 붕괴되어가는 과정에 있었는데, 이러한 점에서 장건과 반초는 전통적인 천하체계가 아닌 민족팽창주의를 상징하는 역사인물로 내세운 것이었다.

여기서 민족제국주의(National Imperialism)란 정치학자 파울 라인쉬(Paul S. Reinsch)가 19세기 후반 세계질서의 변화를 설명하기 위해 쓴 개념으로, 근세 이래 유럽을 휩쓴 민족주의가 대내적으로 더는 확장할 수 없게 되자 그 세력을 대외적으로 전환하면서 나타난 19세기 말 새로운 국제 형세를 의미한다.[36] 즉 민족주의에 기반을 둔 제국 주

35 中國之新民(1902),「張博望班定遠合傳」,『新民叢報』第23號, 12月 30日, p. 9.

36 Paul S. Reinsch (1900), *World Politics at the End of the Nineteenth Century as Influenced by the Oriental Situation*, New York: The Macmillan Company. 라인쉬의 이 저서는 다카다 사나에(高田早苗)에 의해 『レイニッシュ氏十九世紀末世界之政治』(東京專門学校出版部, 1901)라는 제목으로 일본어로 번역되었는데, 량치차오가 참고한 책은 이 번역서다.

의를 지칭하는데, 량치차오에 따르면 민족제국주의는 두 가지 형태가 있다. 하나는 우월하고 강한 민족이 스스로 열약한 민족의 거주지로 옮겨 그 팔을 비틀어 빼앗는 것을 말하며 영국이 대표적인 경우다. 두 번째 유형은 우세하고 강한 민족이 동화력으로써 약소민족을 병탄하고 그 경계를 말살하는 것을 말하며 미국이 대표적인 예다.[37]

이와 같이 민족제국주의는 19세기 후반에 출현한 새로운 시대적 현상이지만, 그는 그 개념을 장건과 반초에까지 소급하여 적용하고 있다. 그는 19세기 서구 제국의 행동방식과 논리까지 적용하면서 두 인물의 역사적인 공적을 찬양하고 있다. 그에 따르면 반초의 공적은 야만국을 통치하는 최선의 방법인 이적(夷狄)으로써 이적을 공격한 점에 있다. 이는 영국이 인도를 멸망시킬 때 사용한 방식으로, 영국 정부와 의회는 직접 군대를 징집하거나 군비를 조달하지 않고 인도의 재화로 인도 병사 세포이를 양성하여 그들을 통해 인도를 파괴했다.[38] 반초의 서역 정벌과 영국의 인도 정벌의 직접적인 비교가 적절한가 여부는 논외로 하더라도, 이러한 비교가 지니는 문제점은 반초의 서역 정벌을 통해 영국의 인도 지배를 합리화하고 있다는 것이다.

이는 당시 중국이 처한 위기, 그리고 세계 국가 간의 냉혹한 경쟁의 시대에서 나온 우국의식의 소산이라는 점에서 이해하지 못할 바는 아니다. "오늘날 서방 국가의 동방정책은 이전에 반초가 서역을 대하는 방식으로 우리를 대하고 있다. 애석하도다, 우리 중국에

37 中國之新民(1902), 「論民族競爭之大勢」, 『新民叢報』 第2號, 2月 22日, pp. 2-3.

38 中國之新民(1902), 「張博望班定遠合傳」, 『新民叢報』 第23號, 12月 30日, p. 9.

서 반추 같은 인물은 천 년이 지나도 다시 보기 어려울 것이다"[39]라는 그의 탄식은 우국감정을 토로하는 것으로 보인다. 그리고 그 이면에는 제국주의에 대한 무비판을 넘어 제국주의를 닮고자 하는 또 다른 욕망도 함께 작동하고 있다. 그가 "문명국이 야만국을 통치하는 것은 응당 향유해야 할 자연의 권리고, 문명국이 야만국 인민을 개화[開通]시키는 것은 응당 져야 할 윤리적인 책임이다"[40]라고 할 때는 당시 제국주의적 확장을 문명으로 포장하던 논리의 대변인처럼 보인다. 또 인도를 식민지로 만든 영국의 로버트 클라이브(Robert Clive, 1725~1774)와 워렌 헤이스팅스(Warren Hastings, 1732~1818)를 숭배하고 찬양하며, 그들에 뒤지지 않는 반초에 대해 자긍심을 갖는다는 대목[41]에서는 적극적인 제국주의론자로 변신해 있는 듯하다.

반초에 대한 그의 주목은 여기서 그치지 않았다. 그는 일본 소재 대동학교(大同學校)의 요청을 받아 음악회의 여흥(餘興)용 극본을 창작한 적이 있는데, 그 극본은 바로 반초의 서역 원정을 스토리로 한 「반정원평서역(班定遠平西域)」[42]이다. 이 극본의 취지는 중국인 가운데 대외적인 명성을 떨친 반초를 통해 상무정신을 고취하기 위한 것으로, 이른바 통속적인 정신교육용 극본이었다. 여기서도 그는 반초의 대외정복 활동을 "민족의 생존경쟁" 시대에 중국의 영토를 확장하고 주변 민족을 평정하여 그 영토를 개간했으며 중국의 국기가 곳

39 中國之新民(1902), 「張博望班定遠合傳」, 『新民叢報』 第23號, 12月 30日, p. 9.

40 中國之新民(1902), 「張博望班定遠合傳」, 『新民叢報』 第8號, 5月 22日, p. 1.

41 中國之新民(1902), 「張博望班定遠合傳」, 『新民叢報』 第23號, 12月 30日, p. 2.

42 이 극본은 曼殊室主人이라는 필명으로 『新小說』 제19기(1905年 8月)부터 제21기(1905年 10月)까지 3회에 걸쳐 연재되었다.

곳에서 펼럭이게 한 영웅적인 활동으로 묘사했다. 이러한 반초의 정복 활동에 대한 묘사로부터 19세기 영국 및 서구의 제국주의 팽창 활동을 상기시키는 것은 결코 어렵지 않다.

그의 이러한 사유의 맥락에서 정화 전기를 본다면, 정화는 중국 역사에서 해상 식민지를 건설한 제국주의론자에 가깝다. 장건이나 반초와 마찬가지로 정화는 서구 근대 식민주의자 누구와 비교해도 뒤지지 않는 성공적인 제국주의의 실천자다. 이러한 중국의 영웅들, 그리고 한·당과 청의 군주들의 강력한 대외팽창력이 있었음에도 중국이 19세기 이후 서구에 헤게모니를 빼앗긴 것은, 서구의 제국주의가 국민에 기반한 국민들에 의한 것이었던 반면에 중국은 일개 군주에 의한, 군주를 위한 제국이었기 때문이라고 보고 있다.[43]

전통 시기와 비교하여 량치차오가 욕망하는 바는 민족주의/국민주의에 기반한 제국주의였다. 정화의 역사상의 부상(浮上)이 정화 이후 정부의 해금정책에도 불구하고 동남아 지역으로 진출하여 군주나 지도자가 된 중국인에 대한 발견으로 이어지면서 적극적인 식민화를 강조하는 것과 긴밀히 연계되어 있는 점도 량치차오의 의도를 잘 보여준다. 군주의 기획하에 이루어지는 대외 식민지 개척이 아니라 진취심과 모험적인 개척정신으로 해외로 나아가 식민지를 개척한 개개인의 작은 영웅들이야말로 량치차오가 만들고자 하는 20세기 중국 국민의 모습이었다.[44] 그렇다고 한다면 정화의 개인적인 용맹과 지

43 中國之新民(1902),「張博望班定遠合傳」,『新民叢報』第23號, 12月 30日, pp. 11-12.

44 中國之新民(1905),「中國殖民八大偉人傳」,『新民叢報』第63號, 2月 18日; 中國之新民(1905),「世界史上廣東之位置」,『新民叢報』第64號, 3月 6日, pp. 11-12.

략, 진취정신에 기반을 둔 대외확장은 그러한 국민 만들기의 한 모델이자 중국 통치자들이 국위를 선양하기 위해 본받아야 할 본보기였다.

5. 잠재적인 제국의 욕망

20세기 초 전후는 중국이 제국에서 국민국가 혹은 민족국가로의 전환을 적극적으로 모색하는 과정이었으며, 세계적으로 적자생존의 논리와 제국주의의 팽창이 극대화되던 시기였다. 그로 인해 중국의 개혁론자 혹은 혁명론자들은 민족의식 혹은 국민의식을 양성하고 자신들의 주의를 확산하기 위해 수많은 역사적 영웅을 발굴하고 계보화했다. 장건이나 반초는 물론 정화가 역사적인 영웅의 계보에 오르는 것은 어쩌면 자연스러운 현상이었는지도 모른다. 당시 중국의 역사적인 영웅의 계보화는 단일 계보가 아니라 두 가지 다른 성격의 계보가 만들어졌다. 선숭차오(沈松僑)에 따르면 근대 중국의 역사 영웅의 계보는 반(反)만주족 혁명파에 의해 만들어진 한족 중심의 민족주의 계보와 당시 입헌파들을 중심으로 한 소수민족을 포함한 대중화주의에 의한 영웅 계보가 만들어졌는데, 후자를 대표하는 인물이 바로 량치차오였다.[45]

실제로 『절강조(浙江潮)』나 『호북학생계(湖北學生界)』와 같이 혁명을 주창하던 잡지에서 역사적 인물 전기를 게재한 것을 보면 주로 악

45 沈松僑(2000), 「振大漢之天聲: 民族英雄系譜與晚清的國族想象」, 『中央研究院近代史研究所集刊』 第33期, pp. 77-149.

비(岳飛)나 문천상(文天祥), 정성공(鄭成功), 사가법(史可法)과 같은 한족으로서 비한족의 침략에 저항한 인물들이었다.[46] 혁명파의 견지에서 볼 때 정화는 비록 만주족은 아니지만, 한족 중심의 역사 서사 속에 포함시키기에는 근본적인 결함이 존재한다. 왜냐하면 정화는 회족 출신이자 이슬람교도이고 명이 원을 정복하는 과정에서 포로가 되었지만 공적을 세워 태감에 오른 인물이었기 때문이다.[47] 비록 정화가 한족 왕조인 명조를 위해 기여한 바는 크지만, 그를 민족 영웅의 반열에 올리는 것은 오히려 만주족을 중심으로 다양한 민족연합을 이루어 중국의 국가 위세를 확장시키려 했던 청조의 이데올로기를 강화시켜주는 결과가 될 수 있었다. 이에 비해 대중국론을 주창하며 만주족과 소수민족을 아우르고 새로운 강력한 중국을 건설하려 했던 량치차오에게 정화는 더할 나위 없는 역사적인 본보기였던 셈이다.

요컨대 명의 성조가 남방의 변경을 안정시키는 동시에 천조의 위엄을 멀리 알리고자 시작된 전례 없는 정화의 항해는, 성조 사후 반세기가 채 안 되어 정치적 요인으로 집단적인 망각에 이르렀다가 다시 4세기 반이 지난 20세기 초에 역시 정치적 요인에 의해 집단적인 의식으로 부활했다. 인도와 아프리카 등이 서구 제국 열강에 의해 식민지화되고 제국주의의 상호경쟁하에서 중국의 민족적·국가적 위기

46 이에 대해서는 沈松僑(2000), pp. 107-125 참고.

47 정화의 출신과 삶에 대해서는 Edward L. Dreyer(2007), *Zheng He: China and the oceans in the early Ming dynasty, 1405-1433*, New York: Pearson Longman, pp. 11-26; 上杉千年(2007), 『1421 세계 최초의 항해가 정화』, 임진호 옮김, 이치출판사, pp. 24-50 참고.

가 심화되던 시기에, 망각으로부터 되살려낸 정화는 더 이상 천조 황제의 은덕을 널리 베풀고 세계질서를 수호하는 자로서가 아니라 서구의 탐험가 혹은 식민주의자의 모습에 가까웠다. 20세기 중국인의 기억 속에 자리 잡은 정화는 명조의 인물이지만, 그의 이미지는 오히려 콜럼버스나 마젤란, 제임스 쿡이나 영국 아프리카 탐험가 데이비드 리빙스턴(David, Livingstone, 1813~1873), 그리고 로버트 클라이브 및 워렌 헤이스팅스와 같은 인물에 가까웠다. 즉 탐험가이자 식민지 개척자이자 제국주의적 정복자의 이미지를 함께 갖추고 있었다. 더욱이 중국의 조공질서 및 천하체계와 근대 서구문명 중심의 세계질서를 오버랩시킴으로써, 중국의 전통적인 제국 질서는 근대 제국 질서와 동일한 의미로 변질되어버렸다.[48]

물론 당시 제국 혹은 제국주의와 식민에 관한 개념이나 관념을 현재적인 의미와 같은 차원에서 평가하면서 량치차오를 비판하는 것은 개념의 역사성을 무시한 것일 수도 있다. 당시 제국 혹은 제국주의 개념은 일본을 통해 본격적으로 소개되기 시작하면서 19세기 말 이래 새로운 시대적 조류의 의미로 받아들여지고 있었다. 식민 개념 역시 대외적 지배라는 의미 이외에도 다양한 형식의 국내외 이주의

48 물론 량치차오가 새롭게 부여한 이미지가 당시 중국인들이 받아들인 유일한 것은 아니었다. 예들 들어 1910년 창작된 펑허링(彭鶴齡)의 소설 『삼보태감하서양』에서는 정화가 수에즈 운하를 거쳐 지중해에 이른 것으로 묘사하는 등, 시대를 횡단하는 작가의 근대적 의식이 투영되고, 또 장건, 반초 및 부개자(傅介子) 등 민족의 영광스러운 역사와 영웅을 통해 국민의 민족 자긍심을 진작시키려는 창작 의도가 명확하게 드러난다. 정화의 서양 항해에 대해 무력적인 위세를 과시하기보다는 선진적인 문명의 전파와 상호간의 교역, 그리고 덕성에 근거한 세계의 교화라는 의미에 중점을 두고 있다. 彭鶴齡 著, 許雲樵評 注(1959), 『三保太監下西洋』, 星洲世界書局有限公司 참고.

의미를 포괄한 폭넓은 의미의 스펙트럼을 지니고 있었다.[49] 이러한 측면에서 본다면 량치차오가 정화의 서양 항해를 식민 건설이나 제국주의적 팽창을 위한 행위로서 인식하거나 중국의 미래를 위해 그러한 방향을 제시한 것을 그의 인식의 한계로만 탓할 수는 없다.

20세기 정화의 열기, 특히 1980년대 이후 중국에서의 정화 연구의 붐을 통해서도 알 수 있는 바와 같이[50] 정화는 20세기 중국인의 잠재적인 욕망, 즉 대국의 꿈을 분출시키는 상징적인 코드가 되었음은 부정할 수 없다. 해양 대국이자 문명과 위세를 동시에 과시하는 대국의 모습은 이른바 제국주의 시대에는 제국의 모습으로, 또 탈식민주의 시대에는 화평굴기하며 새로운 문명을 주도하려는 이미지로 탈바꿈해가지만, 심지어 20세기 초 동아병부(東亞病夫)라는 굴욕의 시기에도 중국인에게는 집단적인 제국의 욕망이 내재되어 있었다. 그렇다면 정화는 21세기 지금도 중국의 저 밑바닥에 자리잡고 있는 그러한 욕망의 화신이자 부호가 아닐까?

---

49 식민 혹은 식민주의의 개념에 대해서는 위르겐 오스터함멜(2006), 『식민주의』, 박은영·이유재 옮김, 역사비평사, pp. 13-44 참고.

50 20세기에서 21세기 초까지 정화의 항해와 관련된 자료와 연구목록은 정화 연구가 중국에서는 물론 전 세계적으로 붐을 이루고 있으며, 중국이 세계에 적극 참여하거나 진출하고자 하는 시대 조류와 정화 연구의 붐이 상관적임을 보여준다. 지금까지 정화 연구 자료에 대해서는 Ying Liu, Zhongping Chen, and Gregory Blue, ed. (2014), *Zheng He's Maritime Voyages (1405-1433) and China's Relations with the Indian Ocean World: A multilingual bibliography*, Leiden; Boston: Brill 참고.

참고문헌

자료

「重印三寶太監西洋記出售」(1883),『申報』, 11月 11日.

「鄭和航海的故事」(1905),『敝帚千金』第9期.

「支那航海家鄭和傳」(1903),『大陸報』第11期.

中國之新民(1905),「祖國大航海家鄭和傳」,『新民叢報』第69號, 5月 18日.

中國之新民(1905),「世界史上廣東之位置」,『新民叢報』第63號, 2月 18日; 第64號, 3月 6日.

中國之新民(1902),「張博望班定遠合傳」,『新民叢報』第8號, 5月 22日; 第23號, 12月 30日.

中國之新民(1902),「論民族競爭之大勢」,『新民叢報』第2號, 2月 22日.

中國之新民(1905),「中國殖民八大偉人傳」第63號, 2月 18日.

曼殊室主人(1905),「班定遠平西域」,『新小說』第19期(8月)~제21기(10月).

『明史 · 列傳第一百九十二』(卷三百四).

(明)郎瑛撰(2001),『七修類稿』, 上海書店.

(清)錢曾(1936),『讀書敏求記』, 商務印書館.

彭鶴齡 著, 許雲樵評 注(1959),『三保太監下西洋』, 星洲世界書局有限公司.

「奉天命三保下西洋」(1958),『孤本元明雜劇』(第二伍册)(涵芬樓藏版), 中國戲劇出版社.

羅懋登(1982),『三寶太監西洋記通俗演義』, 上海古籍出版社.

嚴從簡 著, 余思黎 點校(2000),『殊域周咨錄』, 中華書局.

鄭曉撰(1968),『皇明九邊考 · 皇明四夷考(合訂本)』, 華文書局.

俞樾(2003),『春在堂隨筆』(卷七), 內蒙古人民出版社出版.

Liu, Ying, Chen, Zhongping and Blue, Gregory, ed. (2014), *Zheng He's Maritime Voyages (1405-1433) and China's Relations with the Indian Ocean World: A multilingual bibliography*, Leiden; Boston: Brill.

논저

루쉰(2004),『중국소설사』, 조관희 역주, 소명출판.

오스터함멜, 위르겐(2006),『식민주의』, 박은영 · 이유재 옮김, 역사비평사.

유용태(2009), 「근대 중국의 민족제국주의와 단일민족론」, 『동북아역사논총』 23호, pp. 37-66.
전인갑(2012), 「帝國에서 帝國性 國民國家로」, 『중국학보』 제65집, pp. 161-183.
上杉千年(2007), 『1421 세계 최초의 항해가 정화』, 임진호 옮김, 이치출판사.

汪暉(2008), 『中國現代思想的興起』(上卷第一部), 三聯書店.
孔遠志 · 鄭一鈞(2008), 『東南亞考察論鄭和』, 北京大學出版社.
曾玲(2008), 『東南亞的鄭和記憶與文化詮釋』, 黃山書社.
甄蕾(2013), 「試論鄭和下西洋的歷史價值與現實意義」, 『三峽論壇』 第5期.
何平立 · 沈瑞英(2013), 「"鄭和模式": 現代海權構建的思考與啓示」, 『太平洋學報』 第21卷 第4期.
陳亞昌(2013), 「萬斯同《明史》與《明史稿》"鄭和傳"小考」, 『鄭和研究』 第1期.
雛振環(2011), 「《西洋記》的刊刻與明清海防危機中的"鄭和記憶"」, 『安徽大學學報(哲學社會科學版)』 35(3).
沈松僑(2000), 「振大漢之天聲: 民族英雄系譜與晚清的國族想象」, 『中央研究院近代史研究所集刊』 第33期.
國井清音(1903), 北村松之助, 「瀛涯勝覽星槎勝覽地名考」, 『史學雜誌』 第14編 第6, 7, 8, 9, 11號.
高田早苗(1901), 『レイニッシュ氏十九世紀末世界之政治』, 東京專門学校出版部.

Dreyer, Edward L. (2007), *Zheng He: China and the oceans in the early Ming dynasty, 1405-1433*, New York: Pearson Longman.
Mayers, W. F. (1875), "Chinese Explorations of the Indian Ocean During the Fifteenth Century," *The China Review, or Notes & Queries on the Far East* 3(4).
Reinsch, Paul S. (1900), *World Politics at the End of the Nineteenth Century as Influenced by the Oriental Situation*, New York: The Macmillan Company.

제국과 시간: 대영제국의 수도 런던에 울려 퍼지는 빅 벤의 종소리*

손현주

> "런던에 싫증난 사람은 인생에 싫증난 것이다."
> -사무엘 존슨

1. 머리말: 제국의 도시들, 런던과 로마

런던은 19세기부터 20세기 초까지 세계 최대 규모를 자랑하는 명실상부한 메트로폴리스였고, 전 세계에 걸쳐 식민지를 소유한 "해가 지지 않는" 대영제국의 수도로 군림했다. 런던은 기원후 43년경 로마군이 템즈 강변에 건설한 론디니움(Londinium)이라 불렸던 주둔지를 기반으로 발전하여, 이후 여러 차례에 걸친 파괴와 재건을 거듭하며 오늘에 이르렀다.[1] 산업혁명에 힘입어 런던의 인구는 19세기 초 이미

---

* 이 글은 *Horizons: Seoul Journal of Humanities* 7(2)(Institute of Humanities, Seoul National University, December, 2016)에 "Big Ben and Cleopatra's Needle: Exploring the Changing Roles of Time as a Governing Factor of Empire in Virginia Woolf's *Mrs Dalloway*"란 제목으로 게재된 필자의 논문을 번역 및 수정·보완한 것이다.

1 일설에 따르면 로마군 이전에 이미 트로이의 유민인 브루투스가 처음 도시를 건설했

배만을 넘어섰다. 전례가 없었던 이 거대도시는 현대의 대도시가 맞닥뜨리게 되는 수많은 문제를 아무 준비 없이 맞이해야 했다. 그 결과 런던은 찬란한 번영과 그 뒤에 가려진 도시 빈민과 범죄, 질병, 오물 등의 어둠이 공존하는 공간이 되었다. "제국과 도시" 공동연구의 결과물인 이 글은 대영제국의 수도 런던의 모습을 현대 제국을 운영하기 위해 필수불가결한 '시간'의 표준화와 관련하여 살펴보고자 한다. '시간'의 문제는 20세기 현대 도시생활의 핵심 문제 중의 하나로 현대 철학과 음악, 미술, 건축과 더불어 모더니즘 문학의 중요한 화두였다. 영국 모더니즘 문학의 대표 작가인 버지니아 울프(Virginia Woolf)는 시간 문제에 천착했다. 여기서는 시간 문제를 집중적으로 다룬 울프의 소설 『댈러웨이 부인(*Mrs Dalloway*)』(1925)을 중심으로 제국의 도시 런던의 모습을 살펴보고자 한다.

2012년 영국의 BBC 방송은 〈고대 도시 로마와 런던은 얼마나 유사한가?〉라는 제목의 다큐멘터리 방송을 내보냈다. 심한 빈부격차와 인종적 · 문화적 다양성, 주거 문제, 교통 문제, 그리고 개인의 익명성과 고독 등의 측면에서 대제국의 수도이며 거대도시로 성장했던 도시 로마는 현대의 런던과 많이 닮아 있다. 고대 도시 로마와 런던을 비교한 것으로 가장 유명한 사람은 아마도 18세기 영국의 시인이자 평론가였던 새뮤얼 존슨(Samuel Johnson)일 것이다. 그는 로마의 시인 유베날리스(Juvenal)가 쓴 풍자시를 모방해 당시의 런던을 통렬

다고도 한다. 이 이야기는 몇몇 중세 문헌에 등장하는데 역사적 사실로 인정받은 것은 아니다. 여기서 우리는 런던의 역사를 고대 로마를 넘어 그리스까지 연결시키려는 영국인들의 열망을 엿볼 수 있다.

히 비판하는 작품 「런던」을 발표했는데, 존슨의 시는 당시 영국 인구의 절반이 모여 살았다는 근대도시 런던의 명암을 상세하게 보여준다. 존슨 박사는 "런던: 유베날리스의 세 번째 풍자시를 모방한 시"라는 제목을 붙여 자신의 작품이 유베날리스를 적극적으로 모방하고 있다는 점을 분명히 했다. 신랄한 풍자로 유명한 유베날리스는 그의 "세 번째 풍자시"에서 도시 생활에 지친 시인의 벗이 도시 로마를 떠나면서, 자신이 떠날 수밖에 없도록 만든 도시의 문제점들을 조목조목 들어 비판한다.[2] 그가 묘사하는 로마는 사람들은 소음으로 잠들지 못하고, 거리는 오물로 질퍽거리며, 부자와 권력자의 편익을 위해 서민들의 생존이 위협받는 곳이며, "끝없는 악몽 같은 화재와 붕괴되는 집들, 이 야만적 도시의 수없이 많은 위험, 그리고 팔월 내내 자작 서사시를 읊어대는 시인들"이 넘쳐나는 그런 끔찍한 곳이다.[3]

존슨 박사의 「런던」도 유베날리스의 풍자시와 마찬가지로 도시 생활에 지친 주인공(Thales)이 평화로운 삶을 찾아 런던을 떠난다는 극적 설정을 통해 당시의 런던을 비판한다. 18세기 중반의 런던은 영국의 수도이자, 나아가 대영제국이 수도로 자리매김하고 있었다. 유베날리스의 시에 등장하는 도시 로마처럼 런던 또한 전 세계에 걸친 식민지를 소유한 대영제국의 심장부이자 당대 최대 규모의 도시가 가질 수 있는 수많은 문제를 안고 있었다. 극심한 빈부격차, 급증하는 인구로 인한 주거 문제, 하수도 시설의 미비로 인한 오물 처리와 환

---

2 기원후 1~2세기에 활동했던 로마의 시인 유베날리스는 풍자시들로 널리 알려져 있다. 그가 쓴 16편의 풍자시 중 세 번째가 도시 로마에 관한 신랄한 비판으로 유명하다.

3 Juvenal(2010), *The Satires of Juvenal: A Verse translation*, Christopher Kelly, trans. Lewiston: The Edwin Mellen Press, p. 37.

경오염, 식수 문제, 거리의 소음과 범죄, 매춘, 도시빈민과 위생, 그리고 유명한 런던의 스모그와 천식 등의 호흡기 질환 등으로 얼룩진 끔찍한 곳으로 그려진다.

> 여기선 악의, 강탈, 사고가 작당을 하고,
> 자 군중은 봉기하고, 이젠 화재까지.
> 비정한 날강도들이 잠복해 숨어 있고
> 악랄한 변호사들은 먹잇감을 찾아 배회한다.
> 집들이 천둥소리를 내며 머리 위로 무너져내리고
> 여기서는 여자 무신론자가 죽어라 떠들어댄다.[4]

존슨 박사가 그려내는 런던은 그 악덕에 있어 유베날리스의 로마와 무척이나 닮아 있다. 런던과 로마 모두 빈번한 화재로 "집들이 천둥소리를 내며 머리 위로 무너져내리고," 로마에는 "팔월 내내 자작 서사시를 읊어대는 음유시인"이 있다면, 런던 거리에는 "여자 무신론자가 죽어라 떠들어댄다."

존슨 박사가 대제국의 수도로 발돋움하며 급격히 팽창하는 런던의 어두운 면들을 비판했다면, 20세기 런던의 모습을 그에 못지않은 애정과 날카로운 시선으로 묘사한 작가로 버지니아 울프를 꼽을 수 있다. 런던에서 나고 자라면서 도시의 거리와 상점, 대영박물관과 공원을 그의 작품과 일기에 섬세하게 기록한 울프는 글로써 런던의 초

---

4 S. Johnson, "London: A Poem in Imitation of the Third Satire of Juvenal," London, 1738; rev. 1748. ll.13-18.

상을 그려낸 작가라 하겠다. 그의 작품 중에서도 특히 『댈러웨이 부인』은 등장인물들이 하루 동안 런던 곳곳을 돌아다니며 말과 기억과 생각을 통해 1923년 6월 어느 날의 런던의 모습을 마치 기록영화처럼 생생하게 담아내고 있다. 제임스 조이스가 그의 대표적인 소설 『율리시즈(*Ulysses*)』(1922)에서 더블린의 거리를 묘사한 것을 두고, 만일 더블린이 지상에서 사라지더라도 그의 소설을 기초로 그 도시를 재건해낼 수 있을 것이라고 할 만큼 세밀하고 정확한 묘사를 했다고들 하는데, 『댈러웨이 부인』에서 울프가 그려내는 런던의 모습은 그에 비견될 만하다.

『댈러웨이 부인』이 그려내는 각계각층의 등장인물이 서로 다른 눈으로 본 런던 도심과 거리의 모습은 피카소의 큐비스트 작품을 연상시킨다. 유월의 어느 날 런던의 곳곳에서 일어나는 일견 유기적인 연관성이 없어 보이는 여러 장면을 한데 엮어놓은 이 작품은, 거리의 사람들, 상점, 공원, 백화점, 자동차, 빅 벤의 종소리, 비행선이 하늘에 쓴 선전문구에 이르기까지, 섬세하고 치밀한 묘사로 읽는 사람들로 하여금 1920년대의 런던 한가운데 서 있는 듯한 착각에 빠지게 한다. 당시 런던은 세계 제국 수도로서의 위상에 걸맞게 대영박물관, 도서관, 왕궁 등 화려하고 웅장한 건물들을 갖추고, 더불어 옥스퍼드 스트리트와 본드 스트리트를 중심으로 고급 상점들과 화려한 쇼윈도를 자랑하는 백화점 등 상업과 문화의 중심지로 자리 잡았다. 울프의 소설 속 런던은 1차대전이 끝난 직후 희망과 절망, 회한과 꿈이 교차하는 공간으로, 여왕과 수상, 귀족과 중산층, 정치인, 퇴역군인과 외국인, 가난한 지식인, 하인, 노인 등 여러 계층의 다양한 군상이 경험하는 도시의 일상이 상세히 묘사되어 있다. 매 시간 도시 위로 울려

퍼지는 빅 벤의 웅장한 종소리는 사람들에게 그들이 대영제국이라는 큰 틀 안에 살고 있다는 것을 끊임없이 상기시킨다. 황금과 진흙, 화려함과 절망이 공존하는 제국의 수도 런던의 다양한 면모가 울프의 눈을 통해 다채롭게 펼쳐진다. 유베날리스와 존슨 박사의 통렬한 풍자와는 결을 달리하지만, 울프는 자신만의 섬세하고 예리한 시각으로 화려하고 웅장한 도시의 이면에서 펼쳐지는 다양한 군상의 삶이 실타래처럼 한데 얽혀 있고, 제국은 이 모든 것을 아우르는 그릇이며 동시에 근원임을 보여준다.

울프는 일기에서 에세이, 소설작품에 이르기까지 그의 모든 글쓰기에서 런던에 대한 관심과 애착이 특히 두드러지게 드러나보이는 작가다. 울프는 "런던은 매혹적이다. 나는 다갈색 마법 양탄자에 발을 올린다. 그러면 손가락 하나 까딱하지 않고 아름다움 속으로 휩쓸려간다"고 이 도시를 찬양해 마지않았다.[5] 런던 토박이인 울프는 도시의 작은 디테일까지 놓치지 않고 글에 세심하게 담아내었다. 울프가 경험하고 묘사하는 런던은 당시 대영제국의 수도였다. 1882년에 태어나 1941년에 사망한 울프는 대영제국의 전성기에 태어나 빅토리아 여왕의 서거와 1차대전을 경험하며 제국이 와해되기 시작하는 시기까지를 살았다.

『댈러웨이 부인』은 특히 제국에 대한 울프의 인식이 다각적으로 드러나는 작품이다. 중심인물인 댈러웨이 부인은 하원의원 리처드 댈러웨이의 아내로 영국 상류사회를 대표할 수 있는 인물이며 제국

5 V. Woolf (1980), *The Diary of Virginia Woolf* 2, London: Penguin, p. 283.

을 운영하는 집단에 속해 있다. 소설은 댈러웨이 부인인 클라리사의 삶의 단면들을 통해 1920년대 런던의 모습과 당시 런던에서 살아가는 수많은 군상의 다양한 면모를 마치 여러 개의 스냅사진을 나열해 놓은 앨범처럼 보여준다. 이 작품을 집필하면서 울프는 처음엔 "시간들(*The Hours*)"이라는 가제를 사용했다.[6] 비록 다른 제목으로 출판되기는 했지만 "시간들"이라는 가제는 이 작품의 구성과 주제를 잘 드러내 보여준다. 어디서 무엇을 하고 있던 간에 빅 벤은 도심에 있는 모든 사람에게 지금 그들이 속해 있는 객관적 시간을 알려준다. 반면에 각각의 사람들은 내면의 기억과 경험에 따른 자신만의 시간을 가지고 있다. 시계가 알리는 시간과 개인의 주관적 시간이 부딪쳐 충돌하고 또한 어우러지는 드라마가 펼쳐진다. 빅 벤의 종소리는 개개인의 내적 삶의 다양한 모습을 엮어주는 얼개 역할을 한다. 주요 등장인물들은 제각기 다른 모습으로 서로 다른 삶을 살아가지만 빅 벤의 종소리를 매개로 "삶, 런던, 유월의 이 순간(life; London; this moment of June)"[7]을 이루는 구성원이 되는 것이다.

작품에는 시간에 대한 언급이 반복되고, 과거의 회상이나 꿈, 환상에 빠져드는 각각의 사람들에게 현실의 시간을 알리는 빅 벤의 종소리가 끊임없이 울려퍼진다. 경험하는 시간과 계량화된 시간의 간

---

6 흥미롭게도 10여 년 후에 울프는 『세월』(1937)이라는 작품을 내놓는다. 『댈러웨이 부인』이 마치 삶의 어떤 순간을 수직으로 잘라(slice) 그 자른 단편을 보여주려는 시도였다면, 『세월』은 울프 자신과 비슷하게 빅토리아조에서 태어나 20세기 초반을 살아가는 팔지터가 사람들(the Pargiters)의 반세기에 걸친 삶을 서사적으로 그려낸다. 『댈러웨이 부인』이 미시적인 시간의 탐색이었다면, 『세월』은 좀 더 거시적인 관점에서 시간과 개인, 문명과 역사의 관계를 탐구해본 작품이다.

7 V. Woolf (1990), *Mrs Dalloway*, London: Penguin, p. 3.

극은 현대 도시문명을 살아가는 현대인의 삶을 구성하고 특징 짓는 가장 핵심적인 요소로 울프뿐 아니라 현대 철학과 예술의 중요한 이슈이기도 하다.

계량화된 시간은 산업혁명과 더불어 현대인의 삶에 들어와 현대 제국을 운용하는 데 필수불가결한 요소로 자리 잡았다. 산업혁명 이전의 농업중심의 사회에서는 시간이란 해가 뜨고 지는 것, 계절이 바뀌는 것처럼 자연의 리듬에 맞추어져 있어 엄밀하고 세밀하게 계량할 필요가 없는 삶의 요소였다. 그러나 증기기관과 철도의 발명으로 도시화와 산업화가 가속화되자 이전과는 전혀 다른 형태의 시간이 우리의 삶을 지배하기 시작했다. 해가 뜨면 농장과 들판에 나가 작물을 키우고 가축을 돌보던 시절에는 일반인들에게 '출근 시간'이라는 개념이 존재하지 않았다. 그러나 공장제 수공업이 자리잡고, 도시민들은 공장으로 사무실로 출근하게 되었다. 그리고 공장의 생산라인을 효율적으로 가동하기 위해 노동자들은 같은 시간에 작업을 시작하고 같은 시간에 쉬도록 강요받고 통제되었다. 이제 모든 약속은 시간을 중심으로 정해지고, 소위 문명인은 시간을 준수하는 것이 미덕이 되었다. 또한 철도망이 빠른 속도로 유럽 전체에 뻗어나가고, 증기선이 대양을 오가면서 사람들은 빠른 속도로 이동이 가능하게 되자 모든 사람이 함께 공유하는 표준시의 필요성이 대두되었다. 1800년대 초반까지도 영국의 도시마다 있는 시계탑들의 시간은 제대로 맞지 않았고, 대체로 30분의 오차가 있었다고 한다. 일례로 런던에서 레스터로 여행할 경우 런던 시간과 레스터 시간이 30분 정도 차이가 나더라도 아무 문제가 없었다. 마차시간은 출발시간만 공지될 뿐 아무도 정확한 도착시간을 상관하지 않았고, 도착했을 때 지방시간의 차이가 활동에 아무런 문제를 야기하지 않았다. 사실 아무도 도시들 간에 시차가 있다는 것을 알 수 없었기 때문이다. 그러나 철도가 놓이자 이동 속도는 몇 배로 빨라져 시차가 문제가 되기 시작했다. 그 결과 1827년 영국 본토의 시간은 그리니치 시간을 기준으로 표준화되었다. 이른바 그리니치 표준시 GMT가 탄생했다. 이후 시간의 표준화는 영국 식민지 전역으로 확산되었고, 전신전보 시스템 등의 사용으로 표준시의 필요성은 더욱 확대되었다. 로마 제국의 근간이 제국을 연결하는 도로망이었다면, 대영제국을 효과적으로 운용하도록 도움을 준 것은 철도와 증기선, 그리고 전신전보와 전화, 그리고 이들을 효율적으로 운용할 수 있도록 하는 표준화된 시간이었다.

1924년 런던 근교의 웸블리 스테디엄에서 열린 만국박람회의 개회식은 새로운 기술과 시간의 중요성을 화려하게 소개하는 역사적 사건이었다. 대영제국의 위대함을 만방에 떨치려 기획된 만국박람회는 1924년 4월 23일 오전 10시 반에서 12시 반까지 진행되었다. 이 개막식은 영국 왕 조지 1세가 방송에 출연한 최초의 행사이기도 했다. 왕은 "짐은 지금 이 순간 대영제국 박람회를 개최하노라, 조지 1세"라는 전보를 보냈다. 그리고 이 메시지는 핼리팩스, 몬트리올, 밴쿠버, 오크랜드, 시드니, 아델라이데, 퍼스, 코코스, 로드리게스, 더반을 거쳐서 케이프 타운을 돌아 세인트 헬레나, 마데이라를 지나, 마침내 다시 런던으로 돌아왔다. 이 메시지는 1분 20초 동안 지구를 한 바퀴 돌아 제자리에 도착하여 전보의 형태로 조지 1세의 손에 전달되었다. BBC는 이 과정을 라디오를 통해 전 세계에 방송함으로써 놀라운 첨단기술을 자랑하는 제국의 위용을 드러냈다.

2. 빅 벤

템즈 강가에 자리 잡은 웨스트민스터 궁전의 빅 벤은 런던의 상징이자 현대 도시를 관장하는 시간의 사령탑이기도 하다. 빅 벤은 국회의 사당이 위치한 웨스트민스터 궁전의 북쪽 종탑에 달린 큰 시계의 애칭이다. 화재로 소실되었던 웨스트민스터 궁전을 1857년 복원하면서 만들어진 이 종탑은 이후 런던을 대표하는 랜드마크로 자리매김했다. 가로 세로 각각 7미터에 달하는 거대한 시계의 테두리에는 라틴어로 "오, 주여, 우리의 여왕 빅토리아 1세를 보호하소서(DOMINE SALVAM FAC REGINAM NOSTRAM VICTORIAM PRIMAM)"라는 문구가 새겨져 있다.[8] 대영 제국의 전성기에 런던의 한가운데 거대한 종탑을 건립한 것은 로마 제국이 수도의 중심에 포럼을 세우고 아우구스투스 영묘 앞 광장 한가운데 오벨리스크를 배치시킨 것과 유사한 부분이 있다. 이집트에서 기원한 오벨리스크는 제국의 위용을 상징하는 승전 기념비이자 방위를 나타내며 해시계의 기능이 있었다. 그 자체가 제국의 중요한 상징물이었던 것이다. 흥미롭게도 런던에는 빅 벤에서 멀지 않은 곳에 오벨리스크가 하나 세워져 있다. 원래 이집트의 도시 헬리오폴리스에 있던 것으로, 기원전 1450년경에 제작된 한 쌍의 오벨리스크 중 하나를 1878년 런던으로 가져온 것이다. 나머지 한 개는 현재 뉴욕 센트럴 파크에 서 있다. 유럽 열강이 제국주의적 침탈의 일환으로 고대 도시에서 약탈한 오벨리스크를 자신

8 "Big Ben Facts & Figures." http://www.bigbenfacts.co.uk/facts/ (검색일: 2017. 2. 27).

들의 제국의 위용을 뽐내기 위해 템즈 강가에 장식해놓았다. 하지만 이 고대의 석탑은 현대 도시에서 장식품 이상의 기능을 할 수 없었기 때문에, 런던에서는 빅 벤이 고대 오벨리스크의 역할을 일부 이어받았다고 볼 수 있다. 제국이 방대한 영토와 서로 다른 여러 민족, 그들이 가진 다양한 역사와 문화 전통을 함께 아우르기 위해서는 제도와 척도가 필수적이다. 즉, 시간과 돈, 도량형을 통일하는 것이 무엇보다 중요하다. 현대판 오벨리스크로서 빅 벤은 전 세계의 표준 시간을 마련한 대영제국의 심장부에서 자랑스럽게 매 시간 시각을 선포한다. 그리고 사람들은 이에 따라 일상을 영위한다. 사무실에 출근하고, 점심을 먹고, 산책을 한다. 이 빅 벤의 종소리에 맞춰 전개되는 런던의 삶의 모습을 하루에 담아 그려낸 소설이 울프의 『댈러웨이 부인』이다.

『댈러웨이 부인』은 플롯이 있는 전통적인 소설과는 달리 잘 짜인 이야기 구조가 없다. "댈러웨이 부인은 직접 꽃을 사러 가겠다고 말했다"라는 뜬금없는 문장으로 작품은 시작된다. 현관문을 나서는 클라리사 댈러웨이에게 화창한 유월의 아침 런던은 마치 신선한 세계로 "풍덩 빠져"들어가는 듯이 설레는 장소다.[9] 그녀는 열여덟 살 때 부어튼에서 지낸 여름날의 기억과 함께, 자신이 청혼을 거절하자 인도로 떠나버린 젊은 날의 사랑 피터 월쉬를 떠올린다. 저녁에 있을 파티를 준비하며 꽃을 사러 거리로 나선 클라리사와 인도에서 돌아온 피터 월쉬, 1차대전에 참전했던 셉티무스 웨렌 스미스와 그의 아내 레찌아, 서로 만난 적도 없고, 만날 일도 없는 이들이 같은 날 런

9 V. Woolf (1990), p. 3.

던 시내를 거닐며 목격하는 일들과 그들 각자의 삶의 기억과 상처들이 구체적인 개연성 없이 병치되어 있다. 이들의 기억과 삶을 한데 담는 틀은 "아름다운 유월 어느 날의 런던"일 뿐이다. 울프는 이처럼 파편적인 장면들을 한데 묶는 장치로 빅 벤의 종소리를 사용한다. 빅 벤의 종소리는 거리에 나선 클라리사에게 자신이 속한 물리적 세계를 인식시켜주는 강력한 요소로 등장한다.

> 웨스트민스터에서 살았기 때문에—대체 몇 년이나 살았을까? 이십 년이 넘었지—통행이 붐비는 거리 한가운데서나 한밤중에 잠이 깨었을 때에도 클라리사는 분명, 빅 벤이 울리기 전의 특별한 숨죽임이나 엄숙함, 뭐라 형언할 수 없는 정지, 긴장 같은 것을 느낄 수 있다고 확신했다. (하지만 그건 독감 때문에 약해진 그녀의 심장일 거라고들 했다.) 저기! 웅 하고 큰소리로 울렸다. 처음엔 조짐이, 음악이, 그러고는 시간이, 돌이킬 수 없이. 둔탁한 원들이 공중에 퍼져 용해된다.[10]

클라리사가 경험하는 빅 벤의 울림은 청각과 시각, 촉각이 모두 어우러진 강력한 경험이다. 빅 벤은 런던의 상징이자 대영제국의 상징이기도 했다. 웨스트민스터 사원의 한 모퉁이를 장식하는 단순한 시계탑이 아니라 전 세계의 표준시, 그리니치 시간을 대표하며 제국의 모든 사건에 시간적 좌표를 부여하는 장치다.

---

10 V. Woolf (1990), p. 4.

빅 벤은 대영제국의 중심인 영국 의회 건물의 시계탑이다. 제국과 권력, 질서와 기득권을 대변하는 상징이다. 빅 벤이 알려주는 시간은 도시 안에 거하는 모든 사람의 삶을 관장하고 통제한다. 울프는 영리하게 빅 벤의 종소리와 개개인이 경험하는 내적 현실의 시간을 대비시켜 현대인의 실존적 고뇌를 드러낸다. 울프가 시간에 대해 특별한 관심을 나타내는 데는 프랑스의 철학자 앙리 베르그송(Henri Bergson)의 영향과 무관하지 않다. 1909년에서 1911년 사이 영국에서는 관련 기사가 200개가 넘는 등 베르그송의 철학이 상당한 인기를 누렸다. 그의 시간에 대한 이론은 울프와 함께 소위 블룸즈베리 그룹이라고 불리는 작가, 화가, 문필가, 학자들이 포함된 문화 엘리트들 사이에서 활발하게 논의되었다. 베르그송은 시간을 '지속'으로 보고 시간, 분, 초 등으로 계량될 수 없는 것이라 주장했다. 시간의 궤적은 '기억' 등의 흐름으로 드러나며, 몇 시 몇 분이라는 시간의 점은 그 흐름의 궤적에 인위적으로 위치를 지정한 것일 뿐이다.[11]

베르그송의 시간 개념은 울프가 『댈러웨이 부인』에서 빅 벤의 종소리와 등장인물들의 의식의 흐름, 즉 기억을 대비시키는 것에서 그 영향을 찾아볼 수 있다. 일례로, 빅 벤의 종소리가 11시를 알릴 때, 클라리사는 자신의 방에서 저녁에 있을 파티에 입을 이브닝드레스를 수선하고, 상점거리에서 사람들은 비행기가 하늘을 배경으로 선전 문구를 쓰는 것을 바라보고 있다. 인도에서 돌아온 피터 월쉬는 클라

11 베르그송은 그의 박사논문, *Time and Free Will: An essay on the immediate data of consciousness*(1910)에서 서구 사상은 대체로 시간을 공간적으로 인식하여 계량화하고 셀 수 있는 작은 단위로 나누려 했다고 비판했다.

리사를 방문하려 하고, 바울리 씨는 하늘에 쓴 선전문구를 알아보고 "그건 토피로군" 하고 웅얼거린다.[12] 울프는 상점가와 그린파크, 피카딜리, 리전트 스트리트, 리전트 파크 등 그 순간 런던 곳곳에서 일어나는 장면들을 병치시켜 보여준다. 그에 이어지는 장면에서는 리전트 파크에 앉아 있는 셉티무스와 레찌아가 등장하고 셉티무스는 하늘에 쓰여지는 글자를 읽으며 자신만의 내면세계로 빠져든다.[13] 바깥세계와 유리된 셉티무스에게 빅 벤이 시사하는 11시라는 시간은 무의미하기 때문이다. 셉티무스가 경험하는 베르그송적인 '지속'으로서의 시간은 11시라는 기계적 시간의 좌표로 포착되기를 거부한다.

3. 윌리엄 브래드쇼와 셉티무스

빅 벤이 12시를 알리고 셉티무스와 레찌아는 정신과 의사 윌리엄 브래드쇼를 찾아간다. 영국사회의 계급적 특권을 타고나지 못했지만 독학으로 셰익스피어를 읽고 문학에 심취했던 젊은 셉티무스는 "셰익스피어의 영국"에 서약한 군인이다. 그는 1차대전에 참전해 에반스라는 젊은이와 깊은 유대를 맺는다. 하지만 전쟁 막바지에 에반스가 전사하자 이에 충격을 받은 셉티무스는 정상적인 생활이 불가능한 상태로 자살충동에 시달린다. 작품에서 그는 런던의 고급 쇼핑가인 본드 스트리트를 거니는 모습으로 등장한다. 갑자기 무언가가 폭

12 V. Woolf (1990), p. 26.

13 V. Woolf (1990), pp. 27-28.

발한 듯한 소리에 모든 사람들의 시선이 그 쪽으로 쏠리고, 차창을 가림막으로 가린 자동차의 위용에 혹시 여왕이나 황태자가 쇼핑을 나온 것이라는 소문이 돌 즈음, 이 화려한 거리의 한 모퉁이에 전쟁의 상처를 간직한 셉티무스가 불안한 모습으로 굳은 듯 서 있다. "셉티무스 워렌 스미스, 서른 살 정도로, 둥근 얼굴에 매부리코를 하고 갈색 신발과 초라한 외투를 입었는데, 그의 적갈색 눈동자는 생전 처음 보는 사람조차도 불안하게 만드는 표정을 담고 있었다"[14]라고 울프는 그를 묘사한다. 그의 불안은 공원을 산책하는 동안 극에 달한다. 그는 죽은 에반스의 환영을 보고 참새가 그리스어로 메시지를 전하는 것을 듣는다.

> 사람들은 나무를 베면 안 돼. 신이 계셔. (그는 그 같은 계시를 봉투 뒷면에 적었다.) 세상을 바꿔야 해. 증오로 사람을 죽여선 안 돼. 널리 알려야 해 (그렇게 적었다.) 그는 기다렸다. 귀 기울였다. 참새 한 마리가 반대편 난간에 내려앉아 셉티무스 셉티무스 하고 너댓 번을 계속 지저귀며, 곡조를 이끌어내어 새로이 노래했다. 그리스어로 날카롭게 …[15]

셉티무스가 경험하는 세계는 그를 둘러싼 런던의 일상을 살아가는 사람들과 점점 유리되어간다. 레찌아는 사랑하는 남편과 함께하기 위해 가족들과 아름다운 정원이 있는 고향 밀라노를 떠나왔지만,

---

14 V. Woolf (1990), p. 18.
15 V. Woolf (1990), p. 31.

낯선 땅에서 유일하게 의지하는 남편 셉티무스는 미치광이가 되어 자살하겠다고 위협한다.[16] 절망에 빠진 레찌아는 "끔찍해, 끔찍해"라고 절규한다.[17] 겉보기엔 전혀 아무런 문제가 없어 보이는 상류사회의 귀부인 클라리사조차도 "심지어 단 하루를 살아가는 것도 아주 아주 위험한 일이라는 느낌이 항상 들었다"고 고백할 만큼 겉보기에 화려하고 평온한 런던의 거리에는 보이지 않는 불안이 도사리고 있음을 알 수 있다.[18] 하지만 셉티무스와 레찌아가 도움을 청하기 위해 찾아간 브래드쇼는 현대세계의 기술과 이성에 기반한 능률과 물질적 번영을 숭상하는 인물로 셉티무스와 레찌아, 그리고 클라리사가 경험하는 이 같은 불안을 "균형이 깨진" 상태로 단정하고 치료를 통해 강제적으로라도 바로잡아야 할 사회적 문제라고 믿고 있다.

브래드쇼는 상류층 인사들과의 유대를 통해 뛰어난 의사로 인정받고 부와 명성을 쌓고 귀족 작위까지 받아 브래드쇼 경(Sir Bradshaw)이 된 인물이다. 그는 "과학의 사제"로 "균형(proportion)"을 최고의 가치로 숭상한다. 그의 견해에 따르면 셉티무스의 증상도 균형이 깨졌기 때문에 일어나는 현상이기 때문에 환자를 격리시켜 푹 쉬게 하면 정신적 균형을 회복할 수 있다고 주장한다.

> 균형, 신성한 균형, … 균형을 숭배하면서, 윌리엄 경은 자신뿐만 아니라, 영국을 번영케 했으며 나라의 미치광이들을 격리시켰고, 아이

16 V. Woolf (1990), p. 31.

17 V. Woolf (1990), p. 35.

18 V. Woolf (1990), p. 10.

를 낳는 것을 금했고, 절망을 벌했고, 부적격자들이 그들의 견해를 퍼뜨리는 것을 불가능하게 만들었다. 마침내 그들 또한 그의 균형 감각 … 을 공유했다. 그래서 동료들은 그를 존경했고 아랫사람들은 그를 두려워할 뿐만 아니라 환자들의 친구들과 친척들도 그에게 고마움을 느꼈다.[19]

브래드쇼는 도시화된 산업사회에서 빅 벤이 알리는 시간처럼 인간과 그들의 삶도 정확히 균형을 잡아야만 효율적인 제국 경영이 이루어질 수 있다고 믿는 확신에 찬, 제국의 운영을 맡고 있는 중요한 핵심 그룹에 속한 인물이다. 그의 이름이 영국의 대표적 기차시간표인 브래드쇼 기차시간표(Bradshaw timetable)[20]를 연상시키는 것은 우연이 아니다. 현대 대도시에서 인간의 삶은 시간의 틀에 맞춰 재단되고, 적절한 균형을 통해 효율성을 극대화할 수 있도록 하는 데 초점이 맞춰져 있다. 반면에 정확하게 비율에 맞춰 재단된 획일적인 삶에 맞지 않고 그러한 삶을 거부하는 셉티무스 같은 인물은 사회에서 격리되고, 만일 거부할 경우 죽음 외에는 벗어날 방도가 없어 보인다. "그는 죽고 싶지 않고, 삶은 멋지지만" 브래드쇼와 같은 부류의 사람들이 그를 격리시키고 강제로 조련하려 할 때, 비록 "겁쟁이"라 비난받을지라도 창밖으로 몸을 던져 강력하게 저항한다.[21] 셉티무스의 죽

---

19 V. Woolf (1990), p. 129.

20 영국의 지도제작자이자 출판 인쇄업자였던 조지 브래드쇼(George Bradshaw, 1801~1853)가 만든 기차시간표로 지금까지도 통용되고 있다. 철저히 정확한 시간을 지키는 것이 미덕인 현대 산업사회의 시간 관념을 상징한다.

21 V. Woolf (1990), p. 195.

음은 기계적 시간에 적응할 수 없었던 어느 현대인의 극단적 선택인지도 모른다. 그의 트라우마의 근원인 전쟁의 뿌리도 실상 기계화와 산업화로 인한 당시 유럽 사회의 정치경제적 변화와 뗄 수 없는 깊은 관련이 있다는 것을 인식한다면 그의 죽음을 단순히 개인적인 선택의 문제로 치환할 수는 없을 것이다. 전쟁은 산업화와 식민지 수탈 등으로 막대한 부를 획득한 유럽 각국의 민족주의와 이해관계가 충돌한 결과였고, 전대미문의 대량살상과 무의미한 파괴는 겉보기에 평화로워 보이는 아름다운 유월의 런던의 이면에 사람들의 기억 속에 깊이 각인되어 있다. 그리고 셉티무스의 내적 현실은 그러한 기억의 한 극단적 발현일 뿐이다.

4. 제국의 시간, 삶의 시간

소설 『댈러웨이 부인』은 하원의원 리처드 댈러웨이의 부인, 클라리사가 저녁에 있을 파티를 위해 꽃을 사러 집을 나서는 오전에 시작되어 파티가 끝나는 자정 너머 새벽 1~2시까지 이어진다. 약 16시간에 걸쳐 런던의 곳곳에서 살아가는 사람들의 모습이 마치 편집된 영화 장면들처럼 제시되는데, 겉보기에 유기적 연관성이 없어 보이는 제각각의 장면들을 엮어주는 것은 빅 벤의 종소리다. 이와 같은 구성은 동시대를 살아간 작가 제임스 조이스의 『율리시스』와도 유사하다. 출생에서 죽음까지 유년기와 청년기, 결혼과 사회적 성공 등의 대표적 사건들을 기반으로 기승전결로 구성되는 이른바 플롯을 가진 종래의 이야기 틀로는 더 이상 급변된 현대사회의 모습을 심층적으로 담아낼 수 없다고 본 작가들은 새로운 형식을 실험했고, 플롯을 대체할 틀을 찾기 위해 다양한 시도를 했다. 울프나 조이스가 쓴 하루 동안의 이야기는 외적인 사건들을 중심으로 하는 플롯 대신, 내면의 주관적 현실을 담아내는 데 효과적이다.

서사가 사라진 자리에 내적인 독백과 환상과 현실을 뒤섞어 개인이 경험하는 삶의 모습을 재구성하려는 이러한 시도를 위해 조이스가 신화의 구조를 빌어왔다면, 울프는 기계적인 시간이자 제국의 시간을 상징하는 빅 벤의 종소리를 사용했다. 빅 벤의 종소리는 소설을 구성하는 파편적인 여러 장면을 묶어주는 얼개 역할을 하는 동시에, 물리적이고 인공적인 시간 단위를 개개인의 삶에 강제하는 폭력이기도 하다. 한 예로 참전 후 정신적 외상으로 고통받던 셉티무스가 마침내 블룸즈베리의 한 아파트 창문 아래로 뛰어내리는 극단적인 선택을 한 후 충격에 빠진 레찌아와 그 주변에서 오르내리며 사태를 수습하는 사람들, 그 비극적 장면 위로 저녁 6시를 알리는 빅 벤의 종소리는 어김없이 울려퍼진다.

> 시계 종소리가 울렸다 — 하나, 둘, 셋. 쿵쿵거리며 속삭거리는 이 모든 상황에 비교해볼 때, 그 소리는 얼마나 합리적인지, 셉티무스 자신처럼. 그녀는 잠에 빠져들었다. 하지만 시계는 계속 종을 쳤다. 넷, 다섯, 여섯 그리고 필머 부인이 앞치마를 흔드는데 (시신을 이리로 들여오지는 않겠지, 설마하니?) 마치 깃발이나 정원의 일부처럼 보였다.[22]

22 V. Woolf (1990), p. 196.

거대한 시계탑의 종소리는 누가 고통받고 괴로워하는지, 무슨 일이 벌어지는지 상관없이 매시마다 정확하게 무자비하게 도시 위로 울려퍼진다. 정확한 시간은 제국과 제국이 지배하는 세계에 질서를 부여한다. 작품 속에서 빅 벤은 매시간 그리고 그 사이에 낀 반 시간을 알린다. 시계 종소리를 통해 울프는 동시대를 살아가는 런던의 시민들이 매시간 매순간을 어떻게 기계적인 시간에 순응하며 또는 순응하지 못하며 살아가고 있는지를 보여주려 한다.

『댈러웨이 부인』은 장(章) 대신 섹션으로 구분되어 있다. 특별한 표시 없이 한 줄 정도의 공간을 두고 나뉘어 있기 때문에 나뉜 부분이 페이지의 맨 끝이나 맨 위에 올 경우 눈에 잘 띄지 않아서 처음 출판 본에서부터 오류가 있었다고 한다. 앤 퍼날드(Ann Fernald)에 따르면 이 소설은 "정확히 12섹션으로 나뉘어 있고" 12라는 숫자는 이 작품이 외견상 '하루'라는 시간의 폭을 다루고 있다는 것을 상기해볼 때, 특별한 의미를 지닌다고 보지 않을 수 없다.[23] 울프는 심지어 도심 여기저기에 위치한 시계들을 그들이 놓인 위치에 따라 다르게 묘사함으로써, 기계적인 시간과 인물들 간의 관계를 세심하게 전달하려 한다. 예를 들면 할리 스트리트의 시계와 옥스퍼드 스트리트의 시계는 전혀 다른 모습으로 묘사된다.

> 난도질하고 자르고, 나누고, 또 나누며, 할리 스트리트의 시계들은 유월의 하루를 갉아먹고, 복종을 권하고, 권위를 떠받들었다. 그리고

---

23 A. Fernald, ""Mrs. Dalloway" At 88." https://theawl.com/mrs-dalloway-at-88-4a64200cbba6 (검색일: 2017. 3. 3).

> 균형감의 궁극적인 이점을 다함께 노래했으며, 마침내 시간더미가 점점 줄어들어 옥스퍼드 스트리트 상점들 위에 걸려 있는 시계가 다정하게 형제처럼 마치도 릭비 씨와 론디스 씨에게 무료 정보를 제공하게 되어 기쁘다는 듯이 지금 시각이 한 시 반이라고 알렸다.
> 올려다 보니, 그들의 이름자 한 자 한 자가 시간들을 나타내는 것처럼 보였다. 그리니치가 조정해놓은 한 시간씩을 제공해주는 것에 릭비앤 론디스에 저도 모르게 감사하는 마음이 들었다.[24]

런던 시내의 할리 스트리트는 전문병원과 의료시설들이 늘어서 있는 곳으로 브래드쇼 경의 병원이 있는 곳이기도 하다. 울프는 할리 스트리트에 걸려 있는 시계들이 시각을 알리는 것이 마치 그곳에 거주하는 브래드쇼와 같이 "균형"을 숭앙하고 기계적인 시간으로 대표되는 제국적 질서에 복종할 것을 권고한다고 보았다. 반면에 조금 떨어져 있는 상점거리인 옥스퍼드 스트리트의 시계들은 그곳에 있는 백화점 "릭비 앤 론디스(Rigby & Lowndes)"에서 쇼핑을 즐기는 사람들에게 현재 시각을 무료로 알려주는 친절한 존재들로 묘사한다. 쇼핑객들에게 시간은 필요하고 유용한 정보로 받아들여지고, "릭비 앤 론디스"를 구성하는 알파벳, 즉 R-I-G-B-Y의 다섯 자와 L-O-W-N-D-E-S의 일곱 자가 합쳐서 12자가 시계판 위에 시각을 표시하는 12개의 점에 대응하는 것으로 느껴질 만큼 시간은 상업적인 도시 생활에 필수요소라는 점을 은연중에 강조한다.

---

24 V. Woolf (1990), p. 133.

『댈러웨이 부인』에서 시간은 시계의 종소리를 통해 등장인물들의 의식의 자연스런 흐름을 자르고 조각낸다. 그리고 동시에 조각난 장면들을 한데 연결시키고 얽어 묶어내어, 현대 도시 생활의 파편적이며 다양한 모습을 제시해주는 기제로 작용한다. 빅 벤의 종소리는 울프가 작품을 통해 보여주고자 했던 "삶, 런던, 유월의 이 순간"을 멋지게 전달해주는 핵심 수단이다.

5. 문명과 시간, 그리고 삶

문명의 시작과 함께 사람들은 시간을 점차 작은 단위로 나누어갔다. 대략적으로 말하자면, 처음에는 낮과 밤이 있었고, 다음에는 아침, 점심, 저녁으로 나누어졌을 것이다. 이후 열 둘 또는 스물 네 개의 단위로 세분하여 지금 우리가 시각을 말할 때 쓰는 시간 단위가 생겨났다. 다음은 분과 초가 등장했고 이제는 나노초라는 미세한 단위까지 시간은 분절되었다. 이집트와 그리스, 로마와 중국에서는 정교하게 다듬어진 달력들을 만들어냈고, 영국인은 전 세계의 시간의 표준으로 그리니치 시간을 제시하기에 이르렀다. 앞서 언급했던 로마 시인 유베날리스의 풍자시에는 시간을 나타내는 용어로 "8월"이 등장한다.

끝없는 악몽 같은 화재와 붕괴되는 집들,
이 야만적 도시의 수없이 많은 위험들,
그리고 팔월 내내 자작 서사시를 읊어대는 시인들에 비하면 제아무리 누추하고 제아무리 고독한들 사소한 불편함이 아니랴![25]

도시 로마의 끔찍한 현실을 묘사함에 있어, 화재나 건물의 붕괴와 더불어 시인은 더위로 찌든 팔월의 밤을 잠 못들게 하는 서사시를 읊어대는 시인들을 들고 있는 것이 이채롭다. 농경사회였던 로마제국이 관심을 가졌던 시간단위는 농사를 짓는 데 필요한 절기와 세금 징수, 전쟁과 관련하여 연, 월, 일 정도였을 것이다. 비록 해시계 등의 제작기술을 통해 하루의 시각을 재기는 했지만, 일반 사람들의 일상에 정확한 시간이 중요하게 자리매김하진 않은 것 같아 보인다. 그 대신 로마인들은 달력에 집중했다. 그리스에서 전승된 달력에 지배자들은 자신들의 이름을 넣어 제국과 황제의 권위를 시간 속에 각인해 넣었다. 율리우스력은 시저를 기려 그가 태어난 달인 7월(당시의 명칭은 Quintilis)을 July(Julius)라 명명했고, 아우구스투스 황제는 기존 8월(Sextilis)을 자신의 이름을 따서 August(Augustus)로 바꾸었다.[26] 반면에 현대 도시 런던에서의 시간은 현재 몇 시 몇 분인지가 모든 사람의 관심사다. 『댈러웨이 부인』은 "아름다운 유월 어느 날" 도시에서 일어나고 있는 일을 다루고 있다. 전통적으로 이야기는 주인공의 일생이나 적어도 상당한 기간 동안 그가 겪는 사건의 추이를 다루는 것이 통상적이었다. 반면, 1920년대에 나온 『댈러웨이 부인』이나 조이스의 『율리시즈』 같은 소설들이 하루 동안에 일어난 사건들을 다루는 것은 시대적 소산이라 할 수 있다. 작가는 기계적인 시간으로

25 Juvenal (2010), *Satire* 3. 5-9.

26 "Roman Calendar." https://en.wikipedia.org/wiki/Roman_calendar(검색일: 2017. 3. 2).

표상되는 삶의 생체리듬과 유리된 비인간적이고 가혹한 현대 도시 환경에서 혼란스러워하고 고통을 겪는 개인의 내면적 삶이라는 미시적인 세계를 분석하고 묘사하지 않을 수 없었던 것이리라.

고대 로마가 오벨리스크로 표상되는 시간을 바탕으로 제국을 운영했던 반면, 20세기 초반 런던의 삶은 빅 벤이 상징하는 기계적인 시간에 따라 효율성을 극대화하는 방향으로 조직되고 운영되었다. 버지니아 울프의 소설은 산업화된 대도시에서 정확한 시간과 분 단위로 조직된 삶을 살아가는 사람들의 모습을 섬세하게 담아낸다. 이러한 구조에 성공적으로 순응하는 사람들은 그 사회의 승자로 군림하지만, 셉티무스처럼 점점 더 기계적이고 비인간적으로 조직화되는 생활에 적응하지 못하는 이들은 불필요한 잉여로 간주된다. 클라리사는 이 두 극단 사이를 오가며 "유월의 어느 날" 자신의 과거와 현재를 되돌아본다. 대영제국의 수도 런던에서 나고 자란 울프는 빅토리아 시대 후반기와 20세기 초반에 걸친 문화적 변화와 문명의 전환기를 경험했다. 그는 『댈러웨이 부인』을 통해 자신이 속한 시대에서 '시간'이 얼마나 중요한 역할을 하고 있는가를 예리하게 짚어내고 '시간'의 역할에 대해 우리의 주의를 환기시킨다.

우리가 지금 마주하고 있는 세계는 울프의 런던보다 훨씬 더 빠르게 변화하고 있고, 작품의 배경이 되는 1926년에는 상상조차 할 수 없었던 기술적 진보를 이루고 있으며, 유전공학, 뇌과학, 인공지능과 같은 혁신적인 기술을 나날이 발전시키고 있다. 이집트인들이 오벨리스크를 해시계로 사용한 이후, 인류는 시간을 계량하기 위한 다양한 도구를 발명했다. 한때는 귀한 물건이었던 시계는 이제 어디나 있는 흔해 빠진 것이 되었고, 연월일을 세던 시절에서 벗어나 이제 우리는 원자시계로 나노초를 계산한다. 그리고 1967년 인류 역사상 최초로 1초를 세슘 원자의 진동수로 정의함으로써, 천체의 움직임을 기반으로 하는 시간에서 벗어났다.[27] 이처럼 기술적 발전은 항상 우리의 시각을 변화시키고, 삶의 형태와 문명, 나아가 우리의 존재 자체에 변화를 초래한다. 지금 우리가 마주하는 문명과 시간은 어떤 모습일지를 지난 과거 로마와 런던의 시간을 통해 조금이나마 가늠해볼 수 있기를 기대해본다.

27 원자시계는 세슘 원자가 9,192,631,770번 진동하는 시간을 1초로 정의했다. "History of Telling Time." http://www.time-for-time.com/history.htm (검색일: 2017. 2. 27).

참고문헌

Bell, Quentin (1972), *Virginia Woolf: A biography*, vol. 1, London: Hogarth.

Bigbenfacts, "Big Ben Facts & Figures." http://www.bigbenfacts.co.uk/facts/ (검색일: 2017. 2. 27).

Canales, Jimena (2016), *The Physicist and the Philosopher: Einstein, Bergson, and the debate that changed our understanding of time,* Princeton: Princeton University Press.

Caughie, Pamela S. (2000), *Virginia Woolf in the Age of Mechanical Reproduction,* New York: Garland.

Fernald, Anne E., ""Mrs. Dalloway" At 88." https:// theawl.com/mrs-dalloway-at-88-4a64200cbba6 (검색일: 2017. 3. 3).

Johnson, Samuel, "London: A Poem in Imitation of the Third Satire of Juvenal," London 1738, rev. 1748, edited and annotated by Jack Lynch. https://andromeda.rutgers.edu/~jlynch/Texts/london2.htm.

Juvenal (2010), *The Satires of Juvenal: A verse translation*, trans. by Christopher Kelly, Lewiston: The Edwin Mellen Press, pp. 35-63.

Juvenalis (1960), *The Satires of Juvenal*, trans. by Rolfe Humphries, Bloomington: Indiana University Press.

Lee, Hermionie (1997), *Virginia Woolf*, New Yok: Alfred A. Knopf.

Picard, Liza (2004), *Dr Johnson's London: Everyday life in London in the mid 18th century,* London: W&N.

Time-for-time, "History of Telling Time." http://www.time-for-time.com/history.htm (검색일: 2017. 2. 27).

Wikipedia, "Roman Calendar." https://en.wikipedia.org/wiki/Roman_calendar (검색일: 2017. 3. 2).

Woolf, Virginia (1977-1984), *The Diary of Virginia Woolf*, 5 vols, ed. & Intro. by Ann Olivier Bell, London: Penguin.

Woolf, Virginia (1990), *Mrs Dalloway*, London: Penguin.

제국과 좀비:
지속 불가능한 문명에 대한 반성*

박혜영

우리는 열쇠에 대해 생각한다, 각자의 감옥에서
열쇠에 대해 생각함으로써 저마다 갇혀 있음을 확인한다.

We think of the key, each in his prison
Thinking of the key, each confirms a prison.
-T. S. 엘리엇(T. S. Eliot), 「황무지(*The Waste Land*)」

1. 머리말: 현대문명과 좀비산업

아이러니하게도 좀비라는 이름의 '살아 있는 시체들(living dead)'이 침체기에 빠진 미국경제를 되살리고 있다. 영화, 드라마, DVD, 게임,

* 이 글은 『영미문학연구』 제31호(영미문학연구회, 2016년 12월)에 「콜로니얼 좀비의 귀환과 포스트콜로니얼 묵시록의 공포」란 제목으로 게재된 필자의 논문을 수정한 것이다.

만화, 소설, 의류, 광고, 예술에 이르기까지 미국의 대중문화를 휩쓸고 있는 좀비산업은 2011년까지 60억 달러의 상품가치를 구가하며 금융위기 이후의 미국경제에 새로운 활력을 불어넣고 있다.[1] 2013년에 개봉된 〈세계대전 Z(World War Z)〉 영화로만 미국에서 2억 달러, 전 세계적으로는 5억 달러가 넘는 흥행수익을 올렸는데, 이것은 2007년 개봉된 또 다른 좀비영화 〈나는 전설이다(I am Legend)〉의 6억 달러에 뒤이은 높은 흥행수익이었다.[2] 영화뿐 아니라 2009년 출간된 그레이엄-스미스(Seth Grahame-Smith)의 컬트소설 『오만과 편견, 그리고 좀비(*Pride and Prejudice, and Zombies*)』 역시 바로 그해에 70만 부가 팔리는 기염을 토하기도 했다.[3]

이 같은 좀비산업의 활력은 일차적으로는 포스트콜로니얼 시대의 대표적인 문화현상으로 떠오른 '타자 산업(alterity industry)'의 번성과 연관이 깊다. 포스트콜로니얼 시대의 문화산업은 이국적인 문화에 대한 서구 소비자들의 호기심과 취향을 충족시켜주기 위해 다양한 다문화 타자들을 발굴했다. 아메리칸 인디언뿐 아니라 인도와 아프리카의 원시부족에 이르기까지 주로 과거 서구의 식민지였던 많은 소수민족의 문화가 복귀되고 잇달아 소비되면서 제3세계의 '민족성(ethnicity)' 자체가 주요 문화상품으로 떠오르게 되었다. 문화산업

1 http://247wallst.com/investing/2011/10/25/zombies-worth-over-5-billion-to-economy/.

2 국가별 개별 영화의 흥행수익에 대해서는 〈박스 오피스 모조(Box Office Mojo)〉의 통계를 참조. http://www.boxofficemojo.com.

3 Jon Stratton (2011), "Zombie Trouble: Zombie texts, bare life and displaced people," *European Journal of Cultural Studies* 14: 266.

에서 '타자'라는 상품이 갖는 높은 시장성은 그것이 주류문화와는 얼마나 다른가라는 '차이'에 달려 있기 때문에 타자는 항상 서구주체가 욕망하는 만큼 다르게 상상되고 재생산된다. 좀비가 이 문화시장에서 다른 타자들보다 큰 대중적 인기를 끄는 것은 아마도 그것이 서구주체와는 가장 다른 이질적인 타자이자 바로 그런 순수한 타자성으로 인해 가장 공포스러운 대상으로 쉽게 전유될 가능성이 크기 때문일 것이다. 가령 또 다른 공포스러운 타자인 뱀파이어의 경우 그 진화 과정에 있어 가정, 사랑, 양심과 같은 소위 개화된(civilized) 가치를 존중하고 갈망하는 문명화의 길을 걸음으로써 뱀파이어의 괴물성은 점차 인간화되고, 마침내 흡혈을 하는 공포의 괴물에서 에로스가 가능한 판타지 로맨스의 상대로 변신하게 된다. 물론 흡혈과 에로스가 쉽게 결합될 수 있었던 것은 흡혈 행위가 암시하는 근원적인 에로틱한 요소뿐 아니라 뱀파이어 자체가 소위 니그로 좀비와는 달리 지역적으로 유럽산 괴물이자 동시에 계급적으로 귀족이거나 부르주아라는 발생학적 격차에 기인하는 바가 클 것이다. 어쨌든 이렇게 서구가 '검은 뱀파이어'를 상상해내지 못한 자리에 대신 들어선 공포스러운 타자가 바로 '검은 좀비'라고 할 수 있다.

하지만 무엇보다 좀비의 귀환은 서구와의 문화적 차이뿐 아니라 사실은 서구 제국주의와 떼려야 뗄 수 없이 얽혀 있는 좀비의 역사성 때문이기도 하다는 점에 주의해야 한다. 실제로 좀비만큼 서구주체의 제국주의적 욕망이 잘 투사된 역사적 알레고리도 찾기 어렵다. 좀비는 그 탄생의 역사적 기원이 노예로 끌려간 아프리카 흑인들의 디아스포라에 있다는 점에서, 그리고 그 상징적 기원이 주인을 위해 죽을 때까지 일하는 영원한 노예로서의 피식민지인에 대한 서구의 상상력에 기원한다는 점에서 근본적으로 유럽 제국주의가 낳은 괴물이자 그런 괴물 창조의 내밀한 욕망을 되비춰주는 거울이기 때문이다. 뒤집어 말하면 좀비는 유럽 문명이 실제로는 피식민지인의 노예노동 위에 세워진 기생적 문명이며, 그런 문명화의 이면에는 완전히 통제 가능한 영구적 타자를 갈망하던 서구주체의 욕망이 잘 숨겨져 있음을 보여주는 문화적 상징이라고 할 수 있다. 사이드(Edward Said)의 주장대로 타자성은 자연적으로 발생하는 것이 아니라 만들어지는 것이며, 이런 타자성을 문화적으로 잘 만들어내는 것이 실제 식민지배에선 중요하기 때문이다.

물론 서구가 피식민지인들을 끊임없이 좀비로 시각화하여 백인 주인을 위한 흑인노예라는 타자의 위치에 고정시킨 것은 스스로에게 문명화의 미션을 부여하기 위해서였다. 서구가 문명이기 위해서는 타자가 언제나 계몽이 필요한 야만 상태로 남아 있어야 하는데, 좀비 상태는 인간의 이성이 조금도 남아 있지 않은(이것이 과연 실제로 가능한 것인지는 차치하고) 야만의 극한을 상징하기 때문이다. 이런 점에서 18세기 말 프랑스 식민지배 시절에 역사적으로 처음 등장한 아이티(Haiti)의 좀비는 그 시작부터 서구의 계몽적 욕망이 창조한 문화적 판타지였다고 할 수 있다. 네그리(Antonio Negri)에 따르면 제국주의를 이끈 유럽의 국민국가들은 이런 식으로 이분법적 타자들을 생산하고 그 인종적 차이를 창조함으로써 국민국가의 주권을 지지해 줄 다양한 영토적 경계를 확립할 수 있었고, 실제적 식민지배도 성공적으로 완성할 수 있었다. 그는 "'검은 대륙'과의 생산적 관계가 유럽 국민국가의 경제적 토대로 봉사하듯이, 유럽 계몽기의 '검은 타자'는 유럽 계몽기의 근거가 된다"라고 보았다.[4]

여기서 중요한 점은 이런 계몽의 경계들로 인해 적어도 제국주의 시절까지는 백인과 흑인, 문명인과 야만인, 자아와 타자라는 이분법적 구별이 명확히 식별 가능했으며, 이 명확한 차이 덕분에 설령 계몽의 횃불을 밝힌다 하더라도 결코 타자가 주체를 대체할 위험성은 없었다는 것이다. 따라서 제국주의 시절 문명화의 미션은 낯선 암흑세계를 탐험하던 백인들에게 자기연민을 불러일으킬 만큼 고단한 사명이긴 했어도 실제로는 안전한 것이었다. 타자가 영원히 타자성이라는 외부적 위치에만 놓여 있다면, 다시 말해 타자성을 완전히 통제할 수만 있다면 그와 같은 문명화를 위한 식민지배란 백인에게 부담스러운 의무(white men's burden)이기는 해도 백인의 생존을 위협하는 적대적 대결의 현장은 될 수 없기 때문이다. 적어도 프랑스혁명과 함께 1791년 아이티에서도 무장혁명이 일어나 자유, 평등, 박애라는 혁명정신으로 소위 계몽된 '니그로'들이 백인을 모두 몰아내고 1804년 유럽 식민지 가운데 최초로 흑인공화국을 수립하기 전까지는 제국주의는 안전한 미션이었다고 할 수 있다.

좀비가 서구주체를 위한 '안전한 몸'에서 서구와 맞서는 '저항적 몸'이라는 공포스러운 괴물로 변신하기 시작한 것은 스페인, 프랑스, 영국의 식민지배에 맞서 무력으로 독립을 쟁취한 아이티 공화국의 등장과 함께였다. 공화국 건국 이후 서구에 소개되기 시작한 좀비는 무장혁명을 통해 '식민-문명' 상태에서 다시 '독립-야만' 상태로 되돌아간 '검은' 아이티를 상징하는 것이자 서구-평화를 위협하는 비

4 안토니오 네그리 · 마이클 하트(2001), 『제국』, 윤수종 옮김, 이학사, p. 163.

서구-공포의 상징으로 인식되었다. 하지만 콜로니얼 시대까지만 해도 여전히 서구주체를 위협하는 검은 타자란 서구 '밖'에 존재하는 것이지 서구 '안'에서 생길 수 있는 것은 아니었다. 주체를 위협하는 타자성이 바로 내 안에 존재할 수도 있다는 공포감이 좀비를 통해 구현된 것은 20세기 포스트콜로니얼 시대에 이르러서다. 초국적 자본주의의 횡포와 항시적인 구조조정, 방사능오염, 테러와의 전쟁, 기상이변, 자연재해 등으로 생겨난 다양한 난민의 디아스포라 고통이 전지구적으로 일상화되면서 좀비는 종말론적 상상력의 원천으로 다시금 호출되었고, 이후 가히 좀비 르네상스라 불릴 정도로 가장 극한 공포의 대상으로 서구 문화시장에서 소비되기 시작했다.

포스트콜로니얼 시대에 이르러 좀비가 종말적인 공포감을 불러일으키게 된 것은 무엇보다 문명을 위협하는 타자가 이제 외부 영토가 아닌 주체 영토 내부에서 생성되기 시작했다는 데 있다. 사유하는 자아 없이도 생존할 수 있는 무(無)자아의 존재, 그래서 아무런 격차나 차이도 없는 균질적인 타자가 군집화되어 오직 '식인(cannibalism)'의 충동으로 주체를 공격하기 시작함으로써 문자 그대로 주체(인간)도 상시적으로 타자(좀비)로 비주체화될 수 있게 된 것이다. 인간인 이상 누구나 좀비가 될 수 있다는 일종의 '자기 식인화(self-cannibalization)'가 주는 무한한 공포감으로 인해 포스트콜로니얼 시대의 좀비는 콜로니얼 시대의 좀비와 달리 인종, 계급, 성별, 연령, 민족의 경계를 완전히 해체해버리는 대역병의 이미지로 구현되며, 전 지구적으로 무차별적인 감염에의 두려움을 낳게 되는 것이다. '좀비화(zombification)'란 이렇게 주체가 타자가 되어보는 경험이라고 할 수 있는데, 문제는 이런 타자화의 공포가 오늘날 미국이 주도하는 신자유주의가 낳은 전 지구적인 사회적·경제적 낙오자로서의 공포와 무관하지 않다는 점이다. 포스트콜로니얼 시대의 좀비는 말하자면 과거 '제국주의'의 시대에서 오늘날 더 이상 외부 식민지가 없는 전 지구적 '제국'의 시대에 이르러, 무엇보다 식민지적 타자가 바로 제국 안에서 생산되고 있다는, 다시 말해, 제국의 시민들도 언제든지 비시민이자 비인간인 '난민'으로 전락할 수 있다는 대중적 공포감의 문화적 산물로 등장하게 된 것이다.[5] 이 점에서 실제로 미국이 아이티를 무력점령하면서 미국의 대중문화에 좀비가 처음 소개된 시기가 경제사적으로는 미국의 대공황(Great Depression)이라는 전대미문의 자본주의의 공포기와 겹친다는 점에 주목할 필요가 있다.

물론 주체가 타자가 되어보는 경험을 부정적으로만 해석할 필요는 없다. 가령 지금까지 계몽의 이분법 구도 아래 주체로 군림하며 타자를 억압해왔던 서구/남성/백인/이성애가 처음으로 비서구/여성/유색인/동성애가 되어보는 경험을 함으로써 다양한 혼성적·잡종적 타자들도 주체의 권리를 획득할 수 있게 되기 때문이다. 하나의 주체성에서 벗어나 다양한 타자성을 가진 주체들이 등장함으로써 우리는 제국주의 시대의 국민국가의 경계를 가로지르고 뛰어넘어 지구

---

5 네그리는 19세기를 제국주의 시대로, 20세기 이후를 제국의 시대로 구분하는데, 개념어로서의 '제국'은 정복에 의해 생겨난 역사적 체제가 아니라 고정적 경계가 없이 탈영토화, 탈중심화된 전 지구적 영역에 걸친 문명세계 전체를 지배하는 체제를 의미한다. 다시 말해 제국은 제국주의처럼 국민국가 방식으로 주권이 존재하는 것이 아니라 네트워크로서의 세계지배 현상이 새로운 주권으로 나타나는 것을 의미한다. 따라서 인간의 본성을 비롯한 사회질서의 모든 작동 영역에서 미시적 권력이 지배하는 일종의 생체권력(biopower) 형태로 주권이 나타나게 된다. 안토니오 네그리 · 마이클 하트(2001), pp. 16-19.

화 시대에 맞는 코스모폴리탄적인 새로운 주체성을 창조할 수 있을지도 모른다.

하지만 이런 긍정적인 가능성에도 불구하고 좀비라는 메타포에는 여전히 인류의 미래에 대한 묵시적인 공포감이 존재하는 것도 사실이다. 무엇보다 계몽의 이분법이 바로 문명 전파라는 이름으로 자행된 자본주의적 약탈과 노예노동의 토대였다는 점에서, 그리고 그 견고한 이분법의 해체가 실제 현실에서는 아무것도 해체하지 못하는 동시에 전 지구적으로 인간과 자연을 약탈하는 초국적 자본주의에 어떤 일격도 가하지 못할 좀비나 사이보그와 같은 포스트휴먼(posthuman)에 대한 상상력으로 이어진다는 점에서 그렇다. 가령 좀비와 사이보그는 모두 주체이자 동시에 비주체이며, 인간이 아닌 비인간 유기체이거나 아니면 기계와의 혼성적 유기체라는 점에서 기존의 인간/비인간의 경계를 허무는 새로운 주체임에는 분명하지만, 이 두 존재 모두 다른 한편으로는 인류를 위협한다는 점에서 종말론적인 파국을 상징하는 측면이 있다. 다시 말해 서구-휴먼/비서구-비휴먼의 이분법이 해체되는 순간 인간주체의 해체와 함께 새로운 주체로의 재구성의 가능성이 열리기보다는 오히려 인간주체 자체의 소멸을 불러올지도 모를 그런 묵시적인 포스트휴머니티(posthumanity)의 문이 열릴 수도 있다는 것이다.

물론 좀비와 사이보그는 서로 다른 차원의 포스트휴먼이다. 가령 인간과 기계의 혼성체인 사이보그 역시 거대기술이 인간을 지배할지도 모른다는 기술사회에 대한 종말론적 공포감을 자극한다는 점에서는 좀비와 유사하지만 이와 같은 인공지능 기술이 궁극적으로는 가장 완전한 이성을 지닌 인간의 형태, 다시 말해 인간=신의 형태를 지향한다는 점에서 좀비와는 성격이 다른 종말론적 상상력이라고 할 수 있다. 사이보그가 생물학적인 몸으로부터 해방된 뇌만 남은 완전한 이성으로서의 인간을 상징한다면, 좀비는 반대로 뇌만 없이 오로지 생물학적 몸에만 갇히게 된 완전한 비이성으로서의 인간을 상징한다. 물론 인간보다 더 이성적인 인간기계인 사이보그로는 묵시적이나마 문명이 존재할 수 있지만 인간성이 전혀 없는 좀비 상태의 인간 체제로는 더 이상 인간성에 토대를 둔 휴머니즘 문명 자체가 불가능할 뿐 아니라 이런 대파국으로부터 새로운 문명도 생성 불가능하다는 차이가 존재한다. 완전한 기계문명 체제에서는 억압 상태로라도 인간성이 존재할 수 있지만 완전한 식인 체제에서는 인간은 더는 생존하기 어렵기 때문이다.

하지만 여기서 좀 더 중요한 문제는 포스트휴먼 시대에 대한 상상적 공포감이 실제 현실에서는 문화상품으로 소비된다는 것이며, 그 점에서 상품화의 길을 걷게 되는 다른 다문화 타자들과 마찬가지로 초국적 자본주의 체제에 전혀 위협이 되지 못한다는 점이다. 모든 인간이 비인간(nonhuman)-타자로 변신해버리는 '인간 이후'의 시대(포스트휴먼)에 대한 상상력마저 오락용으로 상품화되는 것이 우리 시대가 직면한 진정한 종말에의 위협일지도 모른다. 종말적 두려움마저 소비용으로 상품화되는 '종말경제학(apocalytonomics)'의 등장이야말로 핵전쟁이나 기후변화와 같은 인류 대파국에 대한 진지한 성찰을 어렵게 만들기 때문이다. 그렇다면 다양한 형태의 타자를 포섭하여 새로운 변신을 거듭하는 유동적인 주체의 등장으로, 혹은 네그리의 용어를 빌리자면 '집단지성(swarm intelligence)'이나 '다중(multitude)'과 같은 새로운 주체의 등장으로, 아니면 초국적 자본주의하에서 전 지구적으로 양산된 수많은 타자의 저항으로, 과연 앞으로는 좀 더 인간다운 세상이 도래하게 될 것인가? 아니면 다문화 시대가 발굴한 타자화의 긍정적 가능성마저 오히려 좀비와 사이보그를 내세운 종말경제학에 포섭됨으로써 우리 시대에 이르러 휴머니즘에 토대를 둔 인류문명의 균열이 시작될 것인가? 그 답을 모색하기 위해 먼저 과거 콜로니얼 시대에 기원을 둔 좀비로부터 포스트콜로니얼 시대 미국의 대중문화 속으로 또 다시 호명된 좀비로의 진화 과정을 역사적·문화적으로 살펴보고자 한다.

2. 콜로니얼 좀비: 외부 좀비와 오염의 정치학

서구는 지금까지 드라큘라, 뱀파이어, 프랑켄슈타인, 좀비와 같은 '괴물' 타자에 비친 자신과 정반대의 모습을 바라보면서 스스로의 '인간적' 정체성을 만들어낼 수 있었다. 끊임없이 타자를 들여다보며 "타자가 아닌 존재가 나(I am what the other is not)"라는 '부정(negation)'의 방식으로 자기정체성을 사유한 것이다. 서구주체를 비추기 위한 강박적인 사유 대상으로서의 거울 속의 상상의 타자와 식민지의 실제 타자가 얼마나 다른 존재였는지는 다음의 두 고백을 비교해보면 알 수 있다. 먼저 1910년에 식민주의를 옹호하며 프랑스 정치가인 쥘 아르망(Jules Harmand)은 이렇게 말했다.

> 인종과 문명에는 서열이 있으며, 우리는 우월한 인종과 문명에 속해 있다는 것, 그리고 우월성이 권리도 주지만 거기에 따른 엄격한 의

무도 준다는 사실을 원칙과 출발점으로 받아들이는 것이 필요하다. 토착민들의 정복을 합법화해주는 것은 곧 우리의 우월성—단순히 기계적이고 경제적이며 군사적인 우월성뿐만 아니라 도덕적 우월성—에 대한 확신이다. 우리의 위엄은 바로 그 특성에 달려 있으며, 그것은 곧 다른 인간들을 지도하는 우리의 권리를 강조한다. 물질적인 힘이란 그러한 목적을 이루기 위한 수단일 뿐이다.[6]

이 전형적인 식민주의자의 선언은 자신에게 문명화의 사명감을 부여하기 위해 끊임없이 서구/비서구, 문명/야만, 자아/타자라는 계몽의 이분법으로 식민지를 응시하려던 서구의 강박적인 '구별짓기'를 보여준다. 서구 지배의 정당성은 야만 상태에 대한 서구문명의 도덕적 우월감에서 시작되며, 그 우월성 이면에는 타자를 주체와는 완전히 구별될 수 있도록 영구히 타자 상태로만 남겨두려는 서구의 강박증이 있음을 알 수 있다. 그런데 인간이 오직 다른 인간을 위해 객체로서만 생존한다는 것이 실제 현실에서는 무엇을 의미하는지 살펴볼 필요가 있다. 탈식민주의 사상가인 세자르(Aimé Césaire)는 「식민주의에 관한 담론(Discourse on Colonialism)」에서 사물로 취급된 식민지인들의 실제 고통을 다음과 같이 토로했다.

인간적인 접촉은 없다. 양자 사이엔 오직 지배와 복종만이 존재하며, 그로 인해 식민주의자들은 교실의 장학사, 군대의 병장, 감옥의

6 에드워드 사이드(2005), 『문화와 제국주의』, 박홍규 옮김, 문예출판사, p. 67.

간수, 노예의 관리인이 되고 원주민들은 생산의 도구가 된다. 이것을 방정식으로 표현하자면 식민화 = "사물화"라고 할 수 있다. 이런 명제에 대해 거세게 항의하는 목소리도 들린다. 저들은 내게 진보와 "성취들", 치유된 질병과 향상된 생활수준을 들먹인다. 그러나 나는 지금 정수는 빠져나가고, 문화는 구둣발에 짓밟히고, 제도는 망가지고, 토지는 몰수되고, 장인들의 위대한 창조력은 파괴되고, 다른 특출한 가능성은 모두 다 쓸려 가버린 그런 사회에 대해 말하고 있는 것이다. 저들은 내게 사실과 통계, 도로, 운하, 철로의 개설 거리를 들이대지만 나는 지금 콩고-오션 철로 건설에[7] 희생된 수천 명의 사람들에 대해 말하고 있는 것이다. 내가 이 글을 쓰는 바로 이 순간에도 맨손으로 아비잔 항구의 흙을 파내야 하는 사람들에 대해 말하고 있는 것이다. 나는 지금 조상 대대로 내려온 자신들의 토착신과 터전과 습성, 그리고 생활과 춤과 지혜로부터 뿌리째 떨어져나간 그런 삶을 살아가는 수백만 명의 사람들에 대해 말하고 있는 것이다.[8]

세자르에 따르면 제국주의에서의 자아와 타자의 관계는 그것이 어떤 방식이든 본질적으로 모든 인간적인 접촉이 배제된 사물적

---

7 콩고-오션 철로(Congo-Ocean railway) 건설이란 콩고공화국의 대서양에 면한 항구인 포인트 느와르에서 내륙도시인 브라자빌까지 약 502킬로미터의 철로를 콩고강을 따라 개설했던 대규모 토목공사를 말한다. 프랑스의 식민통치를 위해 1921년부터 약 10년간 계속된 이 공사로 1만 7천 명 이상의 아프리카 원주민들이 가혹한 환경을 이기지 못하고 죽었다.

8 Aimé Césaire, "Discourse on Colonialism," p. 6. http://abahlali.org/files/_Discourse_on_Colonialism.pdf

인 관계다. 피식민지인은 경제적 이윤을 위한 생산의 도구일 뿐 어떠한 인간적인 접촉도 필요하지 않는 비인간으로 간주된다. 이처럼 타자를 인간의 위치에서 잠재적 사물의 위치로 강등시키는 '물화(thingification)' 과정을 통해 제국주의는 주체의 도덕성은 더럽히지 않은 채 피식민지인과 그들의 자연을 약탈할 수 있었다. 타인의 타자성을 사물적 형태로 상상한다는 것은 가장 극단적인 거리에 타자를 두는 것으로, 주체와는 가장 극명한 차이를 만들어내는 행위다. 사물적 존재로 바라볼 수 있는 한 주체는 자신의 부당한 지배에 대해 죄의식을 느낄 필요가 없다. 네그리도 식민주의에서 중요한 것은 식민화된 타자와의 차이를 극단적으로 밀어붙이는 것이며, 이를 위해 "식민지인은 단순히 문명 바깥으로 추방된 타자가 아니라, 절대적 부정(negation)으로, 지평 위의 가장 먼 지점으로 파악되거나 생산되는" 것이라고 보았다.[9]

이처럼 타자를 가능한 먼 거리로 밀어내는 것은 타자로부터의 오염을 피하기 위해서다. 차이가 절대적일수록 주체의 순수성은 타자와의 접촉으로 더럽혀질 위험이 감소되기 때문이다. 하지만 이것은 어디까지나 이데올로기로서의 순수일 뿐 실제 식민통치 과정에서는 자기들처럼 땀을 흘리는 피식민지인의 몸을 가까이서 마주대할 수밖에 없기에 식민주의자들 역시 육체적 오염을 피하기 어렵다. 물론 오염의 정치학에서는 흑인 여성과 백인 남성 간의 접촉보다 주로 백인 여성이 흑인 남성에 의해 오염되는 것이 더 심각한 문제며, 파농

9 안토니오 네그리 · 마이클 하트(2001), p. 180.

(Frantz Fanon)의 지적대로 백인 여성을 더럽혔을 경우의 처벌은 대개 흑인 남성의 거세나 죽음으로 이어질 만큼 가혹했다.[10] 그러나 검은 피부로부터의 오염은 타자에게 그랬던 만큼 주체에게도 위험한 것은 아니었다. 단지 현실적인 식민지배에서는 수많은 물라토들이 태어나더라도 적어도 '식민주의'에서는 존재하지 않아야 하는 것일 뿐이다. 오히려 몸의 오염보다 더욱 위험한 것은 서구적 계몽의 주체성이 마치 보편적인 것인 양 유색인들의 정신이 계몽되어 이에 오염되는 것이다. 프랑스령의 생 도밍그(Saint Domingue) 식민지를 자유, 평등, 박애라는 보편적 이념에 의거하여 아이티 공화국으로 만듦으로써 '니그로'도 보편적 주체가 될 수 있음을 입증하는 소위 계몽화되는 정신적 오염이야말로 프랑스 식민주의자들에게 위험한 일이다. 그와 같은 오염을 막기 위해서는 식민지 타자는 보편 범주 외부에 있는 야만에 존재해야 하며, 아이티의 역사는 이와 같은 제국주의의 전유논리가 실제로는 얼마나 괴물 같은 사물화된 타자를 만들어내게 되는지를 보여준다.

카리브해의 섬나라인 아이티는 1492년 콜럼버스에 의해 처음 발견되어 히스파니올라(Hispaniola)라고 명명된 이래 스페인, 프랑스, 미국의 식민지배를 차례로 받은 세계 최빈국으로 현재까지도 유엔의 평화유지군이 주둔하고 있다.[11] 서구가 상상한 괴물타자 가운데 유

---

10 프란츠 파농(2014), 『검은 피부, 하얀 가면』, 노서경 옮김, 문학동네, p. 93.

11 아이티는 2013년 유엔이 발표한 47개의 세계 최빈국 가운데 아메리카 대륙에 속한 유일한 나라다. 2014년 기준으로 1인당 연소득이 800달러이며, 아메리카 대륙에서 기대수명은 가장 낮고, 영유아 사망률은 가장 높으며, 불모지로 전락한 농토로 인해 100만 명 이상의 아이티인들이 주변국에서 디아스포라 노동을 통해 송금한 돈과

일한 비유럽 기원인 좀비는 바로 이 가난한 나라에서 처음 상상되었지만, 약 500년 전에 이곳을 처음 발견했던 콜럼버스는 자신의 항해일지에 제국주의 지배 이전의 아름답고 풍요로운 지상낙원 아이티에 대해 다음과 같이 기록하고 있다.

> 히스파니올라는 놀라움 그 자체다. 산과 언덕, 평원과 초지가 모두 비옥하고 아름답다. 모두 곡물을 키우기에 적합하고, 가축을 키우기에도 알맞으며, 타운과 마을을 건설하기에도 좋다. 항구는 믿기지 않을 만큼 아름답고, 폭이 넓은 강들이 흘러들고 있으며, 거기에는 황금이 들어 있다. … 섬 주민은 남성이건 여성이건 모두 제 어미가 낳아준 대로 나체로 다니지만 소수의 여성들은 식물의 잎사귀로 가리기도 한다. 이들은 철이나 쇠로 된 무기가 전혀 없으며, … 직접 보지 않으면 믿기지 않을 만큼 소유로부터도 자유롭다. 그들이 가진 것을 뭐든 달라고 하면 거절하는 법이 없으며, 따뜻한 애정의 표시로 가진 것을 나누려 하고, 가치가 있든 없든 자신들이 받은 아주 작은 것에도 만족한다. … 그들은 종교도 없고 우상숭배도 없다. 하지만 주민들은 힘과 선은 하늘에 있다고 믿으며, 배와 함께 우리 역시 하늘에서 내려왔다고 굳게 믿었다. 이런 믿음으로 일단 우리에 대한 공포를 극복하자 어디서나 우리를 환대했는데, 이것은 그들이 바보여서가 아니라—오히려 이들은 바다를 항해하며 모든 것을 설명

커피 수출금으로 경제가 유지되고 있다. 2004년 발생한 폭우로 3천 명이 사망했고, 2010년의 지진으로도 50만 명의 사상자가 발생한 바 있다. 박선미 · 김희순(2015), 『빈곤의 연대기: 제국주의, 세계화, 그리고 불평등한 세계』, 갈라파고스, p. 105.

해주는 놀라운 학식을 지녔는데—우리와 같은 그런 옷을 입고 배를 타고 온 사람들을 처음 보았기 때문이다.[12]

실제 존재했던 이 지상낙원의 원주민인 타이노족과 아라외크족은 5천 년의 역사를 가진 것으로 알려져 있다. 하지만 1697년 프랑스가 스페인으로부터 아이티 영토를 양도받았을 무렵에는 스페인의 강제노동과 질병으로 대부분 사망하여 프랑스 역시 영국과 마찬가지로 사탕수수 대농장을 위해 아프리카에서 대규모의 흑인노예를 데려와야 했다.[13] 이 까닭에 좀비의 어원을 아프리카 콩고강 유역에서 끌려온 반투(Bantu)와 반콩고(Bankongo) 부족의 초인간적인 신령을 뜻하는 "Nzambi"에서 찾는다. 두 부족에게 Nzambi는 자연 속에 있는 종교적 존재로 인간의 삶과 죽음을 관장하다 인간이 죽으면 그 영혼을 데려가는 영(spirit)을 의미하는데, 이것이 프랑스 식민지 시절의 생도밍그에도 그대로 전승되어 크레올어 어원인 "zumbi" 역시 영과 같은 숭배의 대상을 뜻하게 되었다.[14] 이와 같은 어원은 좀비가 백인들의 식민지배 이전에는 영만 있고 몸은 없던 '초인적(super-human)' 존재에서 아이러닉하게도 식민지배 이후에는 반대로 영은 없고 몸만

12 Christopher Columbus (1969), *The Four Voyages*, J. M. Cohen, ed., New York: Penguin, pp. 117-118.

13 아프리카인들이 '이색적인 인종'이라는 원래의 이미지에서 '추하고 원시적이며 동물적이고 거친 인종'이라는 이미지로 바뀐 것도 바로 노예무역이 본격화되기 시작한 17세기 말부터다. 박선미 · 김희순(2015), p. 97.

14 아프리카에서 들어온 좀비의 어원이 아이티 민속에서 어떻게 나타나는가에 대해서는 Deborah Christie and Sarah Juliet Lauro, eds.(2011), *Better off Dead: The evolution of zombie as post-human,* New York: Fordham University Press, pp. 51-52 참조.

남은 '하위인간적(sub-human)' 존재로 변모되었음을 보여준다. 좀비를 초인간적 위치에서 하위인간적 위치로 끌어내린 것이 바로 제국주의이며, 이렇게 해서 흑인노예는 원활한 식민지배에 방해가 되는 그들의 하얀 영혼은 제거되고 노동을 위한 검은 몸만 남겨진 사물적 존재로 강등되었다.

18세기 말에 이르자 흑인노예의 숫자는 50~70만으로 늘어나 생도밍그에서 노예노동으로 생산된 설탕이 세계거래량의 5분의 2, 커피는 2분의 1을 차지하게 되었고, 그 가운데 4분의 3 이상이 프랑스를 통해 세계시장으로 팔려나가게 되었다.[15] 프랑스의 아이티 민속학자인 코헨(Daniel Cohen)에 따르면 식민지배 시절의 좀비는 마법사의 주술에 걸려 죽은 뒤에도 죽지 못하고 되살아나 사탕수수밭에서 밤낮으로 일만 해야 하는 영구적인 노예를 의미했을 뿐 뱀파이어처럼 흡혈을 하는 사악한 존재는 아니었다. 따라서 좀비는 백인주체가 아니라 오히려 흑인 타자들에게 공포감을 불러일으키는 상상의 존재였다. 왜냐하면 흑인들에게 좀비는 죽어서조차도 노예노동에서 해방되지 못할 것이라는 사후적 두려움(posthumous fear)을 불러일으켰기 때문이다.[16] 이런 공포감이 비록 비현실적인 문화적 상상물에 지나지 않았다 하더라도 공포에 질린 피식민지인으로서는 좀비화를 피하기 위해서라도 주인의 말에 순종할 수밖에 없었을 것이다. 이렇게 해서 인간에서 좀비=사물로 강등된 피식민지인은 백인문명을 위해 존재

---

15 한서린(2012), 「워즈워스와 아이티 혁명: 계몽적 보편주의의 재구성」, 『19세기 영어권 문학』 vol. 16, no. 2, p. 141.

16 Sarah Juliet Lauro and Karen Embry (2008), "A Zombie Manifesto: The nonhuman condition in the era of advanced capitalism," *Boundary* 2, 35(1): 98.

하는 '영원한 노예(eternal slave)'로 재생산되었고, 이와 같은 부도덕한 전유방식에 대해 백인 식민주의자들은 적어도 인간 대 사물이라는 이분법적 거리감이 무한히 생산되는 한 어떠한 도덕적 가책이나 공포감을 느낄 필요가 없었다. 노예는 도구일 뿐 인간이 아니기 때문이다. 적어도 생 도밍그가 아이티라는 이름으로 최초의 흑인공화국을 설립했던 1804년까지는 타자와의 이런 접촉이 주체를 위협하진 않았다.

아프리카의 부두교가 백인들에게 '식인' 행위의 온상이자 극단적인 야만성의 상징으로 공포의 대상이 되기 시작한 것은 1804년에 니그로에 불과했던 투쌩 루베르튀르(Toussaint L'Ouverture)가 혁명의 주체가 되어 최초로 흑인공화국을 선포하면서부터다.[17] 실패한 프랑스 혁명과 달리 성공한 아이티혁명은 유럽의 진보세력에게 큰 반향을 불러일으켰다. 영국의 워즈워스는 이 혁명의 지도자를 찬양하는 시를 남기기도 했다. 아이티 독립혁명의 구심점 역할을 했던 부두교 집회에 식인이라는 잔인한 이미지가 덧씌워진 것은 노예해방이 초래할 식민지경제의 파탄과 백인 학살을 두려워한 제국주의자들의 현실적인 공포감 때문인 것으로 추정된다. 물론 이때의 식인은 학살의 알레고리일 뿐 대규모 감염이나 전염의 알레고리는 아니다. '니그로=노예'에서 '흑인=잠재적 유럽인'으로 주체성이 복원되는 순간, 백인에

17 '인간이 다른 인간의 살을 먹는' cannibalism의 어원은 1550년경 스페인어의 carnibal, 혹은 caribal에서 유래되었다. '야만'을 뜻하는 이 스페인어는 콜럼버스가 자신이 발견한 서인도제도의 식민지인들을 Caribs으로 이해한 데서 유래되었다고 한다. 콜럼버스가 인도라고 착각한 까닭에 원주민들을 Khan의 신하들로 보고 이렇게 부른 것인데 실제로는 카리브해의 원주민들이 식인종일지도 모른다고 생각했다. 카리브 사람들을 뜻하는 Caribbean과 셰익스피어의 『태풍』에 등장하는 야만인 칼리반(Caliban)도 모두 cannibal과 어원이 같다.

게는 이제 오염이 문제가 아니라 학살당할 위험성이 문제되기 시작한 것이다.

하지만 더 중요한 것은 식인의 이미지로 인해 '식민지-문명-생도밍그'는 '독립-야만-아이티'로 되돌아갔으며, 이와 같은 문명사적 후퇴로 이제 흑인공화국은 야만 상태로 되돌아간 자신을 스스로 구원할 수 없게 되었고, 따라서 이 섬이 다시 한 번 백인문명의 계몽이 필요한 나쁜 장소로 재창조되었다는 점이다. 생 도밍그에서 아이티로 탈식민화하는 순간 아이러닉하게도 다시 서구문명의 세례가 필요한 잠정적인 후기식민지로 포섭되어버린 것이다. 가령 독립선언 직후인 1805년에 미국 국무장관에게 보낸 프랑스 외무상의 편지에 담긴 다음과 같은 내용, "무장한 니그로의 존재는 모든 백인국가들에게 무시무시한 광경이다. … 모든 정부들과 적이 되겠다고 선언한 이 강도들을 도와줄 이유는 하나도 없다"는 것이 제국주의자들의 진심이었다.[18] 다시 말해 니그로에서 흑인이 되는 것은 독립이 아니라 타락이며, 이러한 타락의 중심에는 식인을 하는 야만적인 부두교가 있는 것이다. 따라서 다시 악의 상태로 전락한 아이티로서는 적어도 니그로 공화국 정부를 유지하는 한 자신들의 힘으로는 서구처럼 문명화될 수 없다고 상상될 수밖에 없다. 1825년에 와서야 막대한 식민지 배상금을 프랑스에 갚는 조건으로 아이티의 독립은 정식 승인되었지만, 이후 아이티는 식민주의자들의 기대대로 쿠데타, 독재정권, 민중봉기, 경제파탄, 자원고갈을 거듭함으로써 스스로를 문명화하지 못한 채 20세기 들어 또 다시 미국의 후기식민지적 지배에 포섭되기에 이

18 Deborah Christie and Sarah Juliet Lauro, eds. (2011), pp. 10-11.

른다. 왜 콜럼버스가 지상낙원으로 묘사했던 예전의 히스파니올라는 20세기에 이르러 또 다시 이렇게 지옥으로 변모되었는가? 네그리에 따르면 유럽식 제국주의가 사라진 자리에 전 지구적 자본 질서로 작동하는 미국적 제국으로의 이행이 시작되었기 때문이다.

> 식민지에서 벗어난 국민국가의 필연적인 종속을 설명하는 마지막 고리는 전 지구적인 자본 질서다. 형식적으로 주권 국민국가를 자신의 질서 안에 종속시키는 전 지구적인 자본주의의 위계제는 식민주의적이고 제국주의적인 국제 지배 회로들과는 근본적으로 다르다. 식민주의의 종결은 또한 근대 세계 및 근대 지배체제의 종결이다. 물론 근대 식민주의의 종결은 실제적으로 무조건적인 자유 시대를 연 것이 아니라, 오히려 전 지구적 규모로 작동하는 새로운 지배 형식들을 가져왔다. 여기에서 우리는 제국으로의 이행을 처음 보게 된다.[19]

이제 인간은 식민지적 이분법으로 나눠지지 않게 되었으며, 세계도 대립 진영들로 구성되지 않게 되었다. 수많은 차이가 생성되었고, 정체성은 본질로부터 해방되었으며, 권력은 미시화되어 보이지 않게 되었다. 그러나 독립 이후 아이티의 역사가 입증하듯이 포스트콜로니얼 시대의 도래는 미국 주도의 전 지구적 자본 질서라는 새로운 지배체제의 문이 열린 것일 뿐 진정한 해방은 아니었다. 이제 주체의 딜레마는 전 지구적인 제국체제에서는 타자와의 지리적·사회적·문

19 안토니오 네그리 · 마이클 하트(2001), p. 189.

화적·심리적 거리감을 통제할 수 없게 되었다는 것이다.

3. 포스트콜로니얼 좀비: 내부 좀비의 등장과 감염의 정치학

양대 세계대전의 종결과 함께 유럽 국민국가들의 식민지 약탈에 토대를 둔 전통적인 제국주의 시대는 막을 내리게 된다. 하지만 포스트콜로니얼 시대를 맞이한 아이티의 역사는 독립이 곧 해방이 아님을 잘 보여준다. 왜냐하면 서구의 눈에는 제국주의 시절의 식민지들이 민족해방을 맞이하자마자 다시 야만 상태로 후퇴해버린 아이티의 경우와 마찬가지로, 독립한 소위 모든 저개발 지역은 여전히 문명화되지 못한 '전근대'적인 낙후된 장소로 비쳐졌기 때문이다. 1949년 1월 2일 미국의 트루먼 대통령은 이제 제국주의라는 구시대는 끝났고, 지금부터는 현대적인 민주주의와 자유무역의 새로운 시대가 모든 저개발 지역에서도 열릴 것이라며 다음과 같이 선언했다. "과학적 진보와 산업발달의 혜택이 저개발 지역의 성장과 향상을 위해서도 이용될 수 있도록 우리는 이제 담대한 새로운 프로그램에 착수해야 합니다. 이익을 위한 착취라는 과거의 제국주의는 우리 계획에 들어 있지 않습니다. 우리가 준비한 것은 민주적인 공정거래 개념에 토대를 둔 개발 프로그램입니다."[20] 2차대전 이후 세계의 생산기계로 떠오른 미국

20 Wolfgang Sachs, ed. (2010), *The Development Dictionary*, New York: Zed Books, p. 1.

의 전 지구적 개발계획으로 식민지에서 갓 독립한 비서구 지역은 다시 뒤처진 '전근대'(문명 이전 단계) 상태로 규정되었고, 따라서 미국식 문명이 이식되도록 미국식 문화, 미국식 민주주의, 미국식 개발계획과 자유시장이 도입되어야 했다.

유럽 제국주의가 지리상의 발견에 따른 영토적 식민지 덕분에 역동적인 팽창과 성장을 거듭했던 것과 마찬가지로 포스트콜로니얼 시대의 미국은 '저개발 지역'이라는 새로운 경제적 식민지를 찾아냄으로써 제국적 헤게모니를 선점하여 전 지구적으로 팽창할 수 있었다. 저개발 국가에 이식된 미국식 발전(대량생산-대량소비-대량폐기의 순환구조)은 필연적으로 또 다시 토착 공동체의 붕괴, 수많은 토착노동력의 착취, 자연의 약탈을 의미했지만, 이와 같은 새로운 착취구조는 식민주의라는 익숙한 옛날 이름 대신 '경제발전'이라는 탈정치적·탈역사적 이름으로 개명되었다.[21] 이후 미국은 평화봉사단, 대외원조 사업, 빈곤과의 전쟁, 진보를 위한 동맹 등과 같은 세계 발전을 위한 담대한 프로그램들을 돌리기 시작했고, 그 덕분에 전 지구의 3분의 2에 해당되는 저개발 지역 사람들은 자신들이 얼마나 문명사적으로 '낙후'되고 경제적으로 '빈곤'한지를 깨우치고 미국식으로 문명화되기 위해 미국식의 성장과 발전을 따라잡고자 전 지구적 자본에 또 다시 빗장을 열어주게 되었다.

1915년 미국의 윌슨 대통령은 자신의 민족자결원칙을 배반하

---

21 영국 역시 1939년에 기존의 〈식민지 발전법〉을 〈식민지 발전복지법〉으로 명칭을 변경하는데 이와 같은 돌연변이적 명칭은 20세기의 경제개발(development)과 19세기 식민주의(colonialism)와의 연속성을 보여준다. W. Sachs (2010), p. 5.

고 아이티를 침략하여 무장 점령함으로써 영국과 프랑스의 구(久)제국주의의 바통을 이어받았다. 물론 아이티는 프랑스와 영국으로부터 독립을 인정받은 뒤에도 소위 야만국답게 1908년에서 1915년 사이에만도 대통령이 일곱 번이나 바뀌고, 스무 번가량의 반란과 봉기가 일어나는 등 극도의 치안 부재와 정국 혼란을 보여주었다. 이에 자국 투자자 보호와 아이티 치안을 핑계로 군사 개입을 감행한 미국은 1934년까지 아이티를 통치하게 되는데, 실제로는 1947년까지도 미국의 세관 통제가 계속되었다. 일찍이 아이티는 독립 후에도 독립 배상금 1억 5천만 프랑을 갚기 위해 다시 프랑스에 경제적으로 예속되지 않으면 안 되었던 것과 마찬가지로, 이번에는 '파파 독'과 '베이비 독'이라고 불린 부자(父子) 독재자 뒤발리에의 손으로 흘러들어간 미국의 대외원조금을 갚기 위해 미국 자본에 자국 경제의 빗장을 열지 않으면 안 되었다. 물론 시장개방과 함께 아이티의 농업은 몰락하고, 수출을 위한 초저임금 공장이 건설되고, 국영기업은 구조조정이라는 이름하에 민영화되고, 마구잡이 자원 약탈로 자연은 극도로 황폐되어 마침내 그 아름답던 히스파니올라는 세계 최빈국으로 전락했다. 오바마 대통령이 아이티의 국가부채 가운데 12억 달러를 탕감해주었지만 여전히 아이티는 매년 엄청난 돈을 미주개발은행에 갚아야 하며, 신임 유엔 아이티 특사인 빌 클린턴을 통해 과거와 별반 다르지 않은 경제정책(서구 부자를 위한 크루즈 관광산업과 수출용 초착취 공장 유치, 각종 민영화와 탈규제화)으로 자국 경제에 대한 아이티 정부의 통제력을 약화시키고 있다. 현재 아이티의 가장 강력한 공권력은 미국이 후원하는 유엔 평화유지군에 있으며, 아이티 정부는 친미적 지배 엘리트들을 보호하고, 조지 소로스와 같은 초국적 투자자들의 투기를 지켜주고, 다국적 기업들이 아이티 노동자들을 마음대로 헐값에 부릴 수 있도록 노조를 탄압하는 역할만 맡고 있다.[22]

미국의 대중문화에 처음 등장하게 된 좀비는 제국주의 시대 이후 시작된 아이티에 대한 이와 같은 미국 지배의 역사와 밀접하게 얽혀 있다. 씨브룩(William Seabrook)의 책 『마법의 섬(*The Magic Island*)』을 시작으로 미국의 대중문화에 좀비가 등장한 것은 미국의 아이티 군사점령기간 동안이었다. 1929년에 출간된 이 책에서 씨브룩은 아이티의 좀비와 부두교를 야만, 원시, 어둠, 식인 등의 특징으로 설명했는데, 나즈만(Charles Najman)에 따르면 이처럼 극도의 폭력 상태로 묘사된 아이티 흑인들의 좀비화는 타자를 주체의 미각에 맞게 마음대로 상상함으로써 이와 같은 문화적 전유가 미국의 무력점령을 정당화하는 데 어떻게 기여할 수 있는지를 잘 보여준다. 좀비가 충분히 횡포하다면 폭력적인 점령은 얼마든지 도덕적으로 정당화될 수 있기 때문이다.

> 아이티는 이제 다시 신화, 테러, 미신과 자연의 힘을 무섭도록 숭배하는 저 멀리 떨어진 낡은 아프리카의 정신을 들이마신 것이다. 과거 노예제를 고무하고 강화해온 그 편견이 낳은 환상들 말이다. "검은, 횡포한, 식인을 하는"과 같은 것이 아이티에 대해 저들이 내린 정의였다. 살아 있는 죽은 자들(living dead)의 신화가 늘고 있지만,

22 미국의 제국적 성향을 가장 잘 보여주는 역사적 사례로 촘스키는 아이티의 성공적인 점령을 들고 있다. 노암 촘스키(2000), 「아이티의 비극」, 『507년, 정복은 계속된다』, 오애리 옮김, 이후 참조.

> 여기에는 아이티에 대한 미국의 "문명화" 미션을 정당화하기 위한 새 기능이 부여되었다. 씨브룩의 책과 함께 살아 있는 죽은 자들은 서글프게도 미국과 유럽 전역에서 찬양되기 시작했다.[23]

1932년에는 미국 뉴욕에서 『마법의 섬』을 각색한 연극 〈좀비〉가 무대에 올라갔고, 영화 〈화이트 좀비(White Zombie)〉도 상영되었다. 1943년에는 영화 〈나는 좀비와 걸었다(I walked with a zombie)〉가, 54년에는 소설 『나는 전설이다(*I am Legend*)』가 공전의 히트작이 되었다. 그러나 좀비가 미국 대중문화의 각광을 받게 된 이 무렵부터 중남미의 식인좀비는 식민지 영토에만 갇혀 있던 안전한 타자에서 벗어나 미국 내부에서도 생겨날 수 있는 '내부 좀비'가 되기 시작했다. 미국 영토 안에서 좀비를 발견하게 될지도 모른다는 대중의 공포심은 물론 일차적으로는 이미 미국 내부에 들어와 있던 또 다른 타자인 해방된 흑인들에 대한 두려움이 반영된 것이다. 가령 영화 〈화이트 좀비〉의 경우 흑인 아이티 마법사의 주술로 백인 여성이 성노예-좀비로 전락할 위험에 처하지만 이를 백인 남성이 구해낸다는 식의 서사를 통해 미국 내부의 인종적 긴장감과 흑백분리정책을 고집하는 백인들의 불안감과 두려움을 대변했다. 이미 주체의 영토에 들어와버린 이 내부 타자는 카리브해의 식민지 흑인처럼 낯선 존재도 아닐 뿐 아니라 통제 가능한 안전한 먼 거리에 있지도 않다. 깨끗한 백인 여성이 더러운 흑인 남성에 의해 좀비가 된다는 서사는 주체의 영토 안에서

23 D. Christie and S. J. Lauro (2011), p. 27.

해방된 새로운 주체의 등장에 대한 백인들의 불안감을 나타낸 것이다.

그러나 이 무렵의 내부 좀비에 대한 두려움은 콜로니얼 시대의 소위 인종적 오염에 대한 긴장감을 넘어 자본주의의 빈부 격차에 따른 가난한 노동자들의 등장이라는 계급적 긴장감의 산물이기도 하다는 점에 주목할 필요가 있다. 키(Chera Kee)는 좀비가 수입된 이 무렵이 무엇보다 대공황 시절 미국이 처음 목격한 또 다른 무시무시한 굶주린 떼거리들의 등장과 밀접한 관계가 있다고 보았다.[24] 비인간적인 근로조건과 저임금으로 노동력을 착취당하던 수많은 노동자가 전대미문의 대공황으로 갑자기 실업자로 전락하게 되면서 많은 미국인이 자신도 언제 "기아선상으로 내몰릴지 모른다는 악몽"에 눈을 뜨게 된 것이다. 실업자로 전락하여 "벌거벗은 삶(bare life)", 혹은 "인간성 제로 단계(zero level of humanity)"로 떨어진 인간이란 존재하지 않는 비존재이자 비시민이며 비인격체다. 인간다운 삶을 영위하지 못한 채 나락으로 떨어진 굶주린 군중의 등장은 제국주의 시대에는 인종이 그랬던 것처럼 제국의 시대에서는 계급에 따른 빈곤이 내부 좀비를 만들어내는 중요한 요소임을 잘 보여준다. 다시 말해 이제 좀비는 식민지라는 외부의 특정 장소에 갇힌 타자가 아니라 어디에도 편재할 수 있는 비장소적 타자가 된 것이다. 왜냐하면 네그리의 지적처럼 전 지구적 제국의 시대에는 더는 제국의 외부가 존재하지 않기 때문이다.

24 영화 〈화이트 좀비〉에 대한 자세한 분석은 Chera Kee (2011), "From Cannibal to Zombie and Back Again," *Better off Dead: The evolution of zombie as post-human,* D. Christie and S. J. Lauro, eds., New York: Fordham University Press, pp. 15-17 참조.

근대성의 주름진 공간은 끊임없이 자기 외부와의 변증법적 놀이에 참여하고 그것에 근거하는 장소들을 구축했다. 대조적으로 제국 주권의 공간은 매끄럽다. 제국 주권의 공간은 이분법적 분할 혹은 근대적 경계의 홈패임으로부터 자유로운 것처럼 보일지도 모른다. 하지만 실제로 제국 주권의 공간은 아주 많은 잘못된 선들에 의해 교차되어서 지속적이고 획일적인 공간으로 보일 뿐이다. 이런 의미에서 명확히 규정된 근대성의 위기는 제국 세계의 총체적 위기로 변한다. 제국의 이런 매끄러운 공간 속에서 권력의 장소는 없다—권력의 장소는 도처에 있지만 또한 어디에도 없다. 제국은 우토피아(ou-to-pia), 사실상 무장소(non-place)다.[25]

네그리에 따르면 초국적 자본이 장소를 넘나들며 보이지 않게 유동하는 것과 마찬가지로 제국 주권도 장소적 개념이 아니다. 따라서 이런 무장소적 자본권력에게 유용성을 입증하지 못하는 존재는 피부색과 장소, 젠더에 관계없이 언제든지 좀비화될 수 있는 것이다. 다시 말해 이제 좀비는 흑인노예와 같은 특정 장소적 존재가 아니라 자본기계의 부속품이거나 구매자로서의 수명이 다해버린 모든 생산자와 소비자를 지칭하는 잠재적 용어가 되어버렸다. 1968년 〈살아 있는 시체들의 밤(Night of the Living Dead)〉을 시작으로 좀비영화의 전설적인 3부작을 내놓은 로메로(George Romero) 감독이 쇼핑몰의 소비자로만 남은 미국 대중의 모습을 좀비로 묘사한 것도 이런 잠재적 공포감

25 안토니오 네그리 · 마이클 하트(2001), p. 257.

과 맥을 같이한다고 하겠다.[26] 로메로는 좀비영화에서 처음으로 식인 속성을 부여하고 감염 모티프를 도입하여 좀비 묵시록의 틀을 확립한 감독이다. 〈살아 있는 시체들의 밤〉에서 로메로는 백인 여성이 흑인 남성과 집 안에 갇혀 있는 상황보다 실제로는 외부에서 몰려드는 좀비 떼가 더 공포스러운 광기임을 잘 보여줌으로써 과거 콜로니얼 시대의 인종적 오염이 포스트콜로니얼 시대에는 더 이상 문제가 되지 않는다는 것을 암시한다. 또한 〈시체들의 새벽〉을 통해 포스트콜로니얼 시대의 진정한 공포는 피부색이 아니라 빈곤이며, 육체적 오염이 아니라 자본에의 감염이라는 것을 쇼핑몰로 몰려드는 무뇌아가 되어버린 좀비 중산층을 통해 은유적으로 암시한다.

이런 점에서 좀비 서사는 크리스티(Deborah Christie)의 지적처럼 "일반적으로 문명이라고 하는 인위적인 복수성(plurality) 속에 살아가는 개인들의 마음 깊숙이 자리잡은 공포를 푸는 시금석"이 될 수도 있다.[27] 그 공포감이란 자신이 지닌 자유로운 인간으로서의 개별성이 자본주의 체제에서는 언제든 가상적 산물로 변할 수 있다는 데서 비롯된다. 아도르노가 지적했듯이 현대 자본주의에서는 상품이 마치 인간처럼 살아 있는 존재가 되고, 반대로 노동자는 사물처럼 물화되어버리기 때문에 주체/객체와 같은 계몽적 이분법은 실제로는 존재할 수 없는 상상의 분리이기 때문이다. 마찬가지로 자유로운 개별자

26 로메로 감독의 좀비영화 3부작은 〈살아 있는 시체들의 밤〉을 필두로 1978년에 나온 〈시체들의 새벽(Dawn of the Dead)〉과 1985년에 나온 〈시체들의 낮(Day of the Dead)〉을 말한다. 로메로 영화에 대한 자세한 분석은 이정진(2014), 「좀비의 교훈: 새로운 정치적 주체에 대한 이론적 논의에 부쳐」, 『안과밖』 제34권, pp. 239-275 참조.

27 D. Christie and S. J. Lauro(2011), p. 63.

로서의 인간이라는 것도 일종의 자아에 대한 '신기루(fata morgana)'며, 주체성이라는 것도 개인을 좀 더 잘 통제하기 위한 상상적 허구일 수 있다.[28] 초국적 자본주의는 모든 계몽적 차이를 허문 대신 오직 단일한 욕망에 사로잡힌 '소비하는 인간(Homo Consumens)'이라는 새로운 인간의 원형을 창조한 셈이며, 이런 자본의 권력망 속에서 좀비화되어 제거되지 않으려면 끊임없이 소비하고, 누구든지 먹어치우는 무한히 폭력적인 방식의 자기식인이라도 하지 않으면 안 된다는 것이다. 다시 말해 자신이 자신을 감염시키고, 인간이 인간을 잡아먹는 서바이벌 경쟁방식으로라도 "우리는 우리 자신을 끊임없이 재창조하고 소비하여 스스로를 정당화하도록 강요받게" 된 것이다.[29] 포스트콜로니얼 시대의 좀비가 일종의 전 지구적 유행병으로 등장하여 모든 인간 종으로 확산되는 감염의 모티프를 취하게 된 이유도 자본의 외부가 사라진 만큼 스스로를 타자화하는 방식 말고는 더는 착취할 타자가 없기 때문일 것이다.

4. 맺는말: 좀비 묵시록의 문명사적 의미

전 지구적 제국체제에서는 더는 외부 식민지에 존재하는 타자를 찾아낼 수 없다. 그리고 이렇게 식민화할 타자가 없다면 자본주의는 계속 팽창할 수 없다. 따라서 자본의 증식을 위해서는 제국 안에서 언

---

28 Sarah Juliet Lauro and Karen Embry (2008), p. 93.
29 김석(2015), 「타임 패러독스, 또는 좀비가 말하지 못한 것」, 『비교문학』 66권, p. 84.

제든지 사물화될 수 있는 내부 타자가 계속 나타나주어야 한다. 이런 맥락에서 포스트콜로니얼 시대에 등장하는 좀비의 경우 일상화된 감염에의 두려움을 동반하게 된다고 생각한다. 소비욕망에 감염된 존재들이 여기저기로 몰려다녀야 상품이 팔리고 주가가 올라갈 수 있지만, 동시에 이것은 하루아침에 빈곤이라는 질병에 걸려 비인간으로 떨어질 수도 있는 변동성의 위험을 동반한 것이기도 하다. 보이지 않는 유동성이 묵시적인 두려움을 주는 것은 주체-객체라는 계몽의 이분법이 상상의 신기루인 것과 마찬가지로 모든 것을 상품화하는 자본의 힘에 의해 어쩌면 인간의 주체성이라는 개념도 사실상 허구로 변모될지도 모른다는 불안감 때문이다. 내부 좀비는 마지막 인간이 좀비가 되어야 비로소 끝나는 좀비화를 통해 전 지구적 제국에 갇힌 인간이 이제는 자신의 인간성을 파괴하는 방식으로 생존하게 되는 자기식인적인 생존경쟁에 대한 메타포로 읽을 수 있다.

> 대중문화에서 좀비는 20세기 괴물이고, 그런 면에서 대량생산, 대량소비, 집단학살 같은 집단현상과 관련이 있다. 좀비는 드라큘라 같은 귀족이나 프랑켄슈타인처럼 돌연변이 유명인사가 아니다. 오늘날 대부분의 민주주의가 그렇듯, 생활의 일상성이 극단의 히스테리와 함께 공존하는 범상함의 괴물인 것이다. 더불어 좀비는 산업노동과 비물질적 노동, 집단과 다중, 그리고 산업주의의 근육과 인지 자본주의의 분산된 두뇌의 경계에 걸쳐 있다.[30]

30 김석(2015), p. 81.

이처럼 경계에 걸쳐 있는 일상적 존재이기에 언제든 인간은 좀비가 될 수 있다. "저들은 우리가 아니야(They are not us.)"에서 "우리가 바로 저들이야(We are them.)"로의 변화는 인간이 좀비보다 더 좀비스럽지 않으면 살아남을 수 없게 된 가혹한 현실에 대한 알레고리인 것이다. 기계에 노동력을 뺏겨버린 인간에게 기계가 생산한 상품을 구매할 소비력마저 사라지게 된다면 인간은 더 이상 자본에 존재 이유를 입증할 수가 없다. 자본력이 없는 인간이란 살아 있지만 죽은 시체와 다름없는데, 문제는 이와 같은 좀비화가 문명이라는 관점에서 보자면 악순환적 특성을 갖는다는 것이다.

먼저 좀비에게는 외계인이나 에일리언, 사이보그와 같이 인간을 위협하는 다른 종말적인 메타포들과 달리 그 어떤 형태의 사회도 존재하지 않는다. 좀비는 가족, 성별, 인종, 연령, 민족과 같은 모든 사회적 관계가 사라지고 오직 식욕이라는 단일 욕구만 남은 세계며, 이 단일 욕구는 마지막 인간이 사라지는 날까지 되풀이된다. 물론 가족, 성별, 인종이나 민족과 같은 요소들이 오랫동안 이분법적 타자를 괴롭혀온 차별과 억압의 근거로 작동했다는 점에서 이런 모든 자아-타자 관계가 해체된 세계가 가져올 해방적 효과를 무시할 수는 없다. 가령 2008년에 있었던 "월가를 점령하라(occupy the Wall Street)"와 같은 반세계화 운동의 경우에서도 좀비 복장으로 변장한 대중이 자신을 99퍼센트라고 외치며 해방적 일탈을 시도했다. 그러나 다른 한편으로 사회관계망은 억압적 요소이기도 하지만 동시에 공동체적 삶의 기반이기도 하다는 점에서 그런 관계망이 모두 해체된 포스트모던 공간을 긍정적으로만 보기도 어렵다. 이 점은 2002년에 나온 대니 보일(Danny Boyle) 감독의 영국 좀비영화 〈28일 후(28 days later)〉에도 잘 묘사되는바, 좀비가 창궐한 런던을 배회하던 소수의 생존자들이 영국 수상인 마가렛 대처(Margaret Thacher)의 유명한 말, "사회 같은 건 없습니다(There is no such a thing as society.)"를 외치며 이미 좀비로 변신한 가족이나 친구, 그 누구로부터도 도움을 받지 못한 채 각자도생의 길을 가는 데서도 알 수 있다.

다음으로 좀비의 세계는 불가역적이다. 대부분의 종말서사에 등장하는 존재들과 달리 한 번 좀비가 되면 다시는 인간으로 돌아올 수 없다. 기계에서 시작되지만 기계의 한계를 넘어서서 최상의 인간을 지향하는 사이보그와 달리 좀비는 인간에서 시작되지만 인간으로 수렴되지 않는다. 인간으로 되돌아오지 못하는 비인간의 증가는 그 자체로 공포감을 자아내며, 이런 공포를 통제할 유일한 방법은 절멸뿐이다. 좀비란 결국 한때 인간이었던 과거의 존재와 앞으로 좀비가 될 수 있는 미래의 존재와의 싸움이며, 둘 다 인간이자 언제든지 누구나 좀비가 될 수 있다는 점에서 생존을 위해 서로를 파괴하는 자멸의 형태로 귀결될 가능성이 있다. 지금 유럽은 보호구역의 범위를 넘어 통제할 수 없을 만큼 늘어나는 각종 난민들로 골머리를 앓고 있으며, 당연히 현실적으로는 절멸의 방법을 쓸 수 없기에 자국민과 난민 사이에서 발생하는 내적 갈등과 긴장을 줄이고자 여러 가지 정치적 방법을 동원하고 있다. 어쨌든 이와 같은 공멸에의 두려움이 좀비묵시록의 메타포로 나타난다고 볼 수 있다.

이런 대파국이 공포스러운 이유는 이것이 지금까지의 휴머니즘 문명의 종말이 될 수도 있기 때문이다. 왜냐하면 인간이 인간을 잡아먹는 좀비적 식인 행위는 코맥 맥카시(Cormac McCarthy)의 동명소설을 영화화한 2009년도 미국 영화 〈더 로드(The Road)〉의 암울한 대파국에서도 드러나듯이 전 세계적인 서바이벌 경쟁체제에 대한 메타포이자 문명의 종말에 대한 암시로 읽을 수 있기 때문이다. 이런 점에서 보면 좀비 상황이란 더는 다른 무엇이 될 수 없는 마지막 '되기(becoming)'를 의미한다고 할 수 있다. 좀비는 들뢰즈가 말한 탈영토화된 유목적 존재, 되기의 존재, 반기억의 존재이기도 하지만 동시에 좀비가 되고 나면 더 이상의 새로운 생성(becoming)은 불가능하다는 점에서 좀비는 모든 되기의 종결을 의미한다. 더 이상 새로운 되기가 가능하지 않기에 문명의 모든 움직임은 좀비적 상황에 이르게 되면 멈출 수 있는 것이다.

문명이란 고정된 것이 아니라 움직이는 어떤 것이다. 영토를 확장하려는 물리적인 움직임뿐 아니라 그 영토를 자기와 가장 닮은 형태로 끊임없이 탈바꿈시켜 어떤 식으로든 자신과 가장 근접한 형질이 '되기'를 지향한다는 점에서 그렇다. 문명이 움직임이 아니라면 문명되기의 대상으로서의 비문명은 발견되거나 상상되지 않았을 것이다. 여기에는 문명화를 향한 움직임, 그 자체를 바람직한 것이자 보편적인 가치라고 보는 생각이 담겨 있다. 그런데 인간이 좀비가 된다는 것은 지금까지의 문명화가 아니라 오히려 정반대의 방향인 반문명화, 혹은 문명의 종말을 향한 움직임을 의미한다. 어떤 유기체이건 인간되기를 지향해왔던 지금까지의 문명화와 달리 좀비되기는 문명이 아닌 것, 인간이 아닌 것, 생명이 아닌 것이 되어보는 것을 의미한다. 좀비되기의 공포감은 마지막 인간이 좀비가 될 때까지 지속되며, 이것이 반문명화를 향해 움직인다는 점에서 지금까지 경험해보지 못한 두려움이다. 영화 〈28일 후〉에도 나오듯이 좀비화에 맞서기 위해서는 좀비보다 더 센 좀비가 되어야 하기 때문에 생존경쟁에 내몰린 인간은 더욱 폭력적인 좀비가 될 수밖에 없다.

이런 까닭에 좀비되기는 종말론적인 상상력이라 할 수 있다. 좀비는 문명화에 수반된 공포에서 탄생되었기에 언제나 약자인 다수의 공포를 상징한다. 제국주의 틀에서는 원주민 노예가, 자본주의 구도에서는 비정규직 노동자가, 소비주의 문화에서는 구매력을 상실한 빈곤층이 가지게 되는, 더는 다른 무엇으로든 되기가 불가능한 가장 밑바닥에 내려왔다는 불안과 공포를 상징한다. 가족, 친구, 정부, 사회와 같은 안전망은 더 이상 존재하지 않으며, 기억, 사유, 도덕, 인권, 이성, 감정과 같은 인류의 모든 역사적 성취도 기대할 수 없다. 타자를 좀비로 만들며 이룩한 문명화는 결국 모두 좀비가 되는 순간 무너지게 될 것이다. 지금처럼 1퍼센트 대 99퍼센트의 사회 속에서 99퍼센트의 인간이 모두 좀비가 되어 오직 각자 생존만을 위한 투쟁적 서식처로 이 지구를 만들어버린다면 아마도 현대문명의 메트로폴리스(metropolis)들은 결국은 살았지만 죽은 자들만 배회하는 공동묘지(necropolis)가 될지도 모른다. 문명화된다는 것이 실제로 비문명-타자의 입장에서는 얼마나 공포스러운 경험이 될 수 있는지를 반성해야 하며, 대중문화에 그려진 좀비의 창궐은 어쩌면 지금이 바로 그런 문명사적 각성과 방향 전환의 시기임을 암시하는 것일지도 모른다.

참고문헌

고진, 가라타니(2016), 『제국의 구조: 중심, 주변, 아주변』, 조영일 옮김, 비.
김 석(2015), 「타임 패러독스, 또는 좀비가 말하지 못한 것」, 『비교문학』 66권, pp. 65-89.
네그리, 안토니오 · 하트, 마이클(2001), 『제국』, 윤수종 옮김, 이학사.
네그리, 안토니오 · 하트, 마이클(2010), 『네그리의 제국 강의』, 서창현 옮김, 갈무리.
듀보이스, 로런트(2014), 『아이티 혁명사』, 박윤덕 옮김, 삼천리.
박선미 · 김희순(2015), 『빈곤의 연대기: 제국주의, 세계화, 그리고 불평등한 세계』, 갈라파고스.
벅모스, 수잔(2012), 『헤겔, 아이티, 보편사』, 김성호 옮김, 문학동네.
브룩스, 맥스(2011), 『좀비 서바이벌 가이드』, 장성주 옮김, 황금가지.
사이드, 에드워드(2005), 『문화와 제국주의』, 박홍규 옮김, 문예출판사.
윤수종(2014), 『네그리 · 하트의 『제국』 · 『다중』 · 『공통체』 읽기』, 세창미디어.
이경원(2015), 『파농: 니그로, 탈식민화와 인간해방의 중심에 서다』, 한길사.
이정진(2014), 「좀비의 교훈: 새로운 정치적 주체에 대한 이론적 논의에 부쳐」, 『안과밖』 제34권, pp. 239-275.
제임스, 시엘 아르(2007), 『블랙 자코뱅: 투생 루베르튀르와 아이티 혁명』, 우태정 옮김, 필맥.
추아, 에이미(2008), 『제국의 미래: 제국은 무엇으로 세계를 지배하는가』, 이순희 옮김, 비아북.
촘스키, 노암(2000), 『507년, 정복은 계속된다』, 오애리 옮김, 이후.
캘리니코스, 알렉스 · 우드, 엘린 메익신즈(2007), 『제국이라는 유령: 네그리와 하트의 제국론 비판』, 김정한 옮김, 이매진.
파농, 프란츠(2014), 『검은 피부, 하얀 가면』, 노서경 옮김, 문학동네.
파농, 프란츠(2010), 『대지의 저주받은 사람들』, 남경태 옮김, 그린비.
하먼, 크리스(2012), 『좀비 자본주의: 세계경제 위기와 마르크스주의』, 이정구 · 최용찬 옮김, 책갈피.

한서린(2012), 「워즈워스와 아이티 혁명: 계몽적 보편주의의 재구성」, 『19세기 영어권 문학』 vol. 16, no. 2, pp. 141-167.
홉스봄, 에릭(1998), 『제국의 시대』, 김동택 옮김, 한길사.

Bishop, Kyle (2008), "The Sub-Subaltern Monster: Imperialist hegemony and the cinematic voodoo zombie," *The Journal of American Culture* 31(2): 141-152.
Césaire, Aimé, "Discourse on Colonialism." http://abahlali.org/files/_Discourse_on_Colonialism.pdf
Columbus, Christopher (1969), *The Four Voyages,* ed. by J. M. Cohen, New York: Penguin.
Christie, Deborah and Lauro, Sarah Juliet, eds. (2011), *Better off Dead: The evolution of zombie as post-human,* New York: Fordham University Press.
Davis, Edmund Wade (1988), *Passage of Darkness: Ethnobiology of haitian zombie,* New York: Library of Congress.
Edna, Aizenberg (1999), "I Walked with Zombie: The pleasure and perils of postcolonial hybridity," *World Literature Today* 73(3): 461-466.
Fay, Jennifer (2008), "Dead Subjectivity," *The New Centennial Review* 8(1): 81-101.
Gilroy, Paul (2012), "My Britain is Fuck All" Zombie Multiculturalism and the Race Politics of Citizenship," *Identities, Global Studies in Culture and Power* 19(4): 380-397.
Lauro, Sarah Juliet and Embry, Karen (2008), "A Zombie Manifesto: The nonhuman condition in the era of advanced capitalism," *Boundary* 2, 35(1): 85-108.
Newbury, Michael (2012), "Fast Zombie/Slow Zombie: Food writing, horror movies, and agribusiness apocalypse," *American Literary History* 24(1): 87-114.
Sachs, Wolfgang, ed. (2010), *The Development Dictionary,* New York: Zed Books.
Stratton, Jon (2011), "Zombie Trouble: Zombie texts, bare life and displaced People," *European Journal of Cultural Studies* 14: 265-281.
Tenga, Angela and Zimmerman, Elizabeth (2013), "Vampire Gentlemen and Zombie Beasts: A rendering of true monstrosity," *Gothic Studies* 15(1): 76-87.

에필로그: 왜 제국을 연구하는가?

안재원

본서는 문명을 총체적으로 이해하고 각 문명의 특성을 이해하기 위해 하나의 전제에서 시작했다. 그것은 "문명은 도시로부터 형성되고, 도시는 주변의 지역과 세력을 통제하는 국가의 핵심이 되며, 국가 영향력의 팽창에서 제국이 성립한다"로. 이 전제에서 제국은 문명을 비추는 가장 중요한 '거울'로 자리매김된다. 본서는 인류 역사의 고대와 중세, 근현대에 나타난 다양한 문명권 제국들의 대표적인 사례를 택해, 제국을 이루는 요소들과 문명과의 관련성을 밝히려 했다. 본서에서 다룬 제국은 고대 중국의 진과 한제국, 알렉산드로스의 헬레니즘 제국, 고대 로마 제국, 중세 이슬람 제국, 중세 서유럽의 샤를마뉴 제국, 베네치아 해상 제국, 근대 러시아 제국, 대영 제국, 그리고 현대의 미국을 위시한 서구 열강과 중국이다.

이 사례들을 다루면서, 본서는 "개념과 이념, 문학, 신화, 종교, 철학, 언어, 상징 등 인문학적 요소들이 제국 형성에 어떻게 참여했는가?"라는 질문을 던지는 한편, 문명권마다 나타난 제국의 다양한 양상을 인문학 관점에서 살펴보았다.

본서의 글들은 제국을 만드는 여러 가지 요소와 이념 등의 개념적이고 관념적인 부분을 다루는 것과, 구체적인 형태로 특정 공간과 시간에 구현된 여러 양상을 기술하고 분석하는 것으로 나눌 수 있다. 이 책은 크게 2부로 구성되었다.

제1부는 "제국을 만드는 이념들"이라는 제목 아래 5편의 글이 담겨 있다.

최진묵은 「중국 고대 제국의 이념적 특성」으로 춘추전국시대의 분열을 통일하여 황제가 다스리는 나라로서의 '제국'을 건설한 진과 한을 중심으로 제국의식의 형성과 제국 이념으로서의 유교가 어떻게 변용 확장되었는지를 살펴보았다. '소국과민(小國寡民)'의 형태로 나눠진 동질적인 집단들을 하나의 집합체로 묶겠다는 '대일통(大一統)'의 이념이 '제국의식' 혹은 천하관을 어떻게 형성하게 되는지 살펴보고, 이와 관련하여 특히 효 관념의 확장과 군권우위의 관념의 형성 등 유교 이념의 변화 과정을 살펴보았다.

김헌의 「그리스 문명 위에 세워진 헬레니즘 제국: 이소크라테스의 범그리스주의를 중심으로」는 그리스 고전기에 활동한 철학자이며 수사학자인 이소크라테스의 정치적 구상을 살펴본 것이다. 이소크라테스는 내분으로 고통을 겪는 그리스의 도시국가들에게 통합을 촉구하는 한편, 거대한 페르시아 제국을 향해 군사 원정을 떠나자는 제안을 내놓았다. 이것이 바로 '범그리스주의'였다. 그의 제안은 알렉산드로스 대왕의 동방원정으로 구현된다. 저자는 알렉산드로스의 동방원정을 이소크라테스의 정치적 상상력이 위대한 영웅을 탄생시킨 역사적 사건으로 평가하며, 분단된 한반도가 그 역사적 경험을 토대로 무엇을 주장해야 하는가를 묻는 계기로 삼고자 했다.

안재원은 「후마니타스! 보편 이념인가, 제국 이념인가?」라는 글을 통해서 키케로의 후마니타스 개념이 로마 제국의 형성과 확장에 어떤 역할을 했는지 살펴보았다. 그동안 후마니타스는 정신문명적 관점에서 조명되었지만, 이번 발표는 키케로의 후마니타스 개념에 담긴 물질문명을 함께 조망했다. 이는 두 가지 관점에서 논의되었다. 한편으로는 제도-문명사의 관점에서 후마니타스 개념이 제국의 단계에서 어떻게 작동하고 있는지를 소개했다. 먼저 부각된 것은 로마의 정치제도인 공화정 체제였다. 논자는 이 체제를 떠받들어주는 개념이 후마니타스였다고 밝히면서, 이 개념의 의의가 공화정을 지지하는 데서 그치지 않고, 더 나아가 제국의 체제를 정당화하고, 그 체제의 보편성을 선전하는 것으로 확대되었다는 점을 주장한다. 다른 한편으로 논자는 후마니타스 개념이 단지 정신 이념에 그치지 않고 물화(物化)의 기본 척도로 자리 잡았음을 보여주는 전거를 제시했다.

차지원은 「제국의 상상(想像): '모스크바-제3로마' 이념과 러시아 제국」이란 글을 통해서 러시아의 팽창적인 정치 행위에 대한 이념으로 지금도 작동하는 '모스크바-제3로마설'의 검토를 통해 인문학적 상상력이 역사적 현실과 어떻게 상호작용하며 제국의 이념을 생산했는지를 살펴봤다. 모스크바-제3로마의 이념은 '제3로마'에 관한 종교적 예언을 거론한 사제의 편지와 종교적 전설을 담아낸 「흰 두건 이야기」를 통해 발생했다는 것이다. 이 이념이 모스크바를 중심으로 공국들을 규합하여 통일된 하나의 대공국으로 발전하던 15세기 말에서 16세기 초 러시아의 역사적 현실과 조응하며 어떻게 국가 이념으로 자라날 수 있었는지가 발표의 주된 논지였다. 이어 모스크바-제3로마 이념이 18세기 근대 러시아에서 제국에 대한 '상상'으로 작동하며 명실상부한 유럽 제국으로서의 러시아 제국의 국가적 이념으로 변형되는지를 살펴보았다.

박배형은 「영원한 평화 그리고 제국주의: 칸트의 평화론과 비서구 세계」라는 글을 통해서 서양 근대의 대표적인 정치철학적 저술인 칸트의 『영원한 평화』를 논의의 중심으로 삼았다. 세계의 항구적 평화 상태라는 목적에 이르기 위한 일종의 실천 계획을 제시하고 있는 이 에세이에서 칸트는 자신의 문명관과 역사관의 일단을 피력했다. 이 에세이는 실제로 국제연맹이나 국제연합과 같은 국가 간 연합체의 결성에 기여함으로써 국제정치적 현실에 변화를 일으키는 성과를 거두기도 했다. 하지만 논자는 칸트의 이 저술을 새롭게 비판적으로 해석했다. 이 저술은 암암리에 유럽중심주의와 문명 간의 위계질서를 당연시함으로써 유럽 열강의 제국주의적 팽창을 정당화하는 이데올로기로서 역할했다는 것이다. 논자는 이 저술의 긍정적 영향을 충분히 인정하면서, 문명사적 측면에서 새로운 비판적 독해를 시도함으로써 이 저술을 균형 잡힌 시작으로 이해하고자 했다.

제2부는 "제국의 다양한 양상"이라는 제목 아래 7편의 글을 포함한다.

서성일의 「로마 제국과 '건축적 권위'의 발명」은 제국과 도시문명의 관계를 도시공간의 관점에서 접근한 연구다. 논자는 로마 제국이 제국으로서 존재하는 데 도시공간의 건립과 운영이 어떤 역할을 했는지에 대해 되물었다. 특히 로마포룸에 주목하여, 로마포룸의 생성과 변형 과정에 여러 주체가 개입했고 우발적인 요인도 많아 그 공간적 의미를 규명하려면 많은 문헌자료와 고고학적 사실을 모아 재해석할 필요가 있음을 환기시켰다. 로마포룸이 가진 대표적 지위와 상징성에도 불구하고 그것에 대한 해석의 역사는, 단순하지 않고 종종 모순적이었음을, 많은 가설과 추론에 기대고 있었음을 논자는 드러냈다. 특히 공화정기에서 제정기로 이행되는 아우구스투스 시기의 로마포룸 개조에 대해, 공화정기의 덕목들, 시민적 덕목과 장소적 가치가 점차 상실되었다고 하는 기존의 해석들이 제국 전체의 도시공간의 변화의 경향을 충분히 고려하지 않았다고 주장한다.

김능우의 「중세 아랍문학에 투영된 중세 이슬람 제국의 양상들: 우마이야조, 압바스조 제국과 아랍문학의 상관성」은 다양한 민족과 인종의 이질적인 요소들을 이슬람교로 묶어내며 거대하고 강력한 이슬람 제국을 형성해나가는 과정을 살펴보았다. 이때 코란은 종교적인 동질성을 부여했고, 언어의 통일을 가능하게 했다. 한편 시인과 산문작가들의 작품 활동은 이민족의 종교적 거부감을 완화하고 정서적 공감대를 형성함으로써 정치적인 기여를 했다. 역으로 제국의 경험은 그 이전의 민속적 · 민족적 한계를 넘어 장대한 스케일의 문학을 탄생시켰다.

박용진의 「샤를마뉴 제국: 서로마 제국인가, 기독교 제국인가?」는 유럽통합의 뿌리라고 할 수 있는 샤를마뉴 제국을 다루었다. 로마 제국 말기 서양사에 등장한 게르만족은 사라진 서로마 제국의 터에 자신들의 왕국을 세웠으며, 기독교를 대표하는 교황이 동로마 제국의 황제와 결별하자 그와 손을 잡고 기독교 사제의 지위도 얻게 되었다. 샤를마뉴는 그렇게 하여 서로마 제국 황제가 되며, 동로마 제국과는 차별성을 갖는 새로운 제국을 형성했다. 저자는 게르만족이 로마 제국의 유산 위에 세운 기독교 세계, 이것이 곧 서유럽의 정체성이 된다고 주장한다.

남종국의 「중세 해상 제국 베네치아: 신화인가, 실체인가?」는 15세기에 지중해무역을 주도한 베네치아를 다루었다. 그렇다면 베네치아를 제국이라 부를 수 있는가? 제국은 대륙 세력의 전유물이며 광활한 영토의 확장을 전제한다는 관념 때문에, 그리고 베네치아는 정치적으로 공화정이기 때문에 제기된 물음이었다. 그런 점에서 베네치아의 확장은 매우 현대적이다. 경제적인 동기로 세력을 확장하고 거점항구도시를 중심으로 독특한 네트워크를 형성했기 때문이다. 현대의 다양한 제국주의적 양상들과 세계화를 배경으로 확장하는 글로벌 기업들의 모습이 여기에 투영되어 있다고 볼 수도 있다.

김수연의 「정화(鄭和)와 중국의 제국의식」은 21세기 들어 대국굴기(大國崛起)를 공공연하게 표방하던 중국이 새삼스럽게 정화라는 인물을 주목하게 된 배경에 착안하여, 중국이 해양 패권을 모색하는 과정에서 찾아낸 일종의 문화적인 기호이자 정치적인 수사법으로서 정화가 갖는 의미를 역사적으로 읽어내고자 했다. 이 글은 20세기 초 정화에 관한 역사 서술 및 인식을 통해 동서 교통을 둘러싼 민족 간의 경쟁이 치열했던 당시에 정화가 단순히 새로운 항로를 개척한 탐험가만이 아니라 해상 제국의 건설자이자 식민 개척자로서 적극적으로 읽혔던 근대의 상징적인 코드였음을 살펴본다. 이를 통해 정화의 부상(浮上) 자체에는 전통적인 제국의식의 연속성과 더불어 근대 특유의 제국의식이 복합적으로 작동하고 있음을 밝히고 21세기 현 중국에도 여전히 밑바닥에 자리하고 있는 잠재적인 제국의 욕망에 의문을 던지고 있다.

손현주의 「제국과 시간: 대영제국의 수도 런던에 울려 퍼지는 빅 벤의 종소리」는 버지니아 울프의 『댈러웨이 부인』에서 그려지는

1920년대 런던을 제국의 수도라는 측면에서 접근했다. 고대 로마제국이 로마법과 도로 건설, 화폐, 기독교 등을 통해 제국통치의 기반이 되는 표준을 마련했다면, 19세기 말에서 20세기 초에 최고의 전성기를 구가했던 대영제국은 산업사회와 함께 등장하여 금융과 산업의 표준을 마련했다. 그중에서도 영어와 그리니치 표준시는 지금도 전 세계 금융과 교통 통신의 기반이다. 논자는 『댈러웨이 부인』이라는 소설의 구성 도구인 빅 벤의 종소리를 통해 현대 산업사회의 메카인 런던의 생활이 시계가 알려주는 물리적 시간에 의해 어떻게 조직되어 있는가를 분석하고, 현대 산업사회를 규정짓는 시간의 의미를 개개인의 삶의 궤적을 통해 추적했다. 즉, 제국이라는 커다란 틀 속에 살아가는 개인의 모습을 유기적이고 비판적 시각으로 점검해본 것이다.

박혜영의 「제국과 좀비: 지속 불가능한 문명에 대한 반성」은 현재 미국을 중심으로 전 세계적으로 가장 대중적인 포스트모던 문화의 상징으로 부상한 좀비를 19세기 제국주의 시대를 거쳐 지금의 포스트콜로니얼 시대의 정치적 현상과 연관하여 살펴보았다. 좀비가 문화시장에서 다른 타자들보다 큰 대중적 인기를 끄는 것이 바로 좀비의 타자성 때문이며, 이와 같은 좀비의 귀환은 서구와의 문화적 차이뿐 아니라 서구 제국주의와 얽혀 있는 좀비의 역사성 때문이기도 하다는 점을 밝히고자 했다. 좀비는 근본적으로 유럽제국주의가 낳은 괴물이자 그런 괴물창조의 내밀한 욕망을 되비춰주는 거울이라고 할 수 있다고 논자는 주장한다. 좀비야말로 유럽 문명이 실제로는 피식민지인의 노예노동 위에 세워진 기생적 문명이며, 그런 문명화의 이면에는 완전히 통제 가능한 영구적 타자를 갈망하던 서구주체의 욕망이 잘 숨겨져 있음을 보여주는 문화적 상징임을 밝히고자 했다.

한편, '제국'에 관심이 높은 독자들은 일반적으로 다음의 주제들에 궁금증을 가질 것이다.

-제국이란 무엇인가?
-제국을 규정하는 개념들은 무엇인가?
-제국의 규모와 체계는 어떠한가?
-제국의 흥망성쇠는 무엇에 의해서 결정되는가?
-제국의 종류는 얼마나 되고 어떻게 구별되는가?
-역사적으로 존재했던 개별 제국들의 특성은 각기 어떠한가?
-제국과 전쟁은 어떠한 관계인가?
-동양의 제국과 서양의 제국은 어떻게 다른가?
-제국의 유산은 무엇인가?
-제국의 단계에서 나타나는 문화적인 특징과 학문들은 무엇인가?
-제국은 개인의 생활 방식을 어떤 방식으로 규정하는가?
-제국과 제국주의는 어떤 관계에 있는가?
-제국과 식민국의 관계는 어떠한가?
-제국과 세계화는 어떤 맥락에서 이해해야 하는가?
-고대 제국과 현대 제국의 연속성과 비연속성은 무엇인가? 등

이상은 당연히 제국에 대한 연구를 수행하기 위해서는 기본적으로 해명해야 하는 물음들이다. 기본적이라고는 했지만 사실 어느 것 하나 쉽게 답할 수 있는 것들이 아니다. 더 나아가 제국에 관한 지금까지의 국내 연구 사정을 보면 위의 질문에 만족스런 답을 구하기가 여간 어렵지 않다. 참고로 최근에 출판된 제국과 관련된 서적을 열거

하면 다음과 같다.

-『제국』, 스티븐 하우 지음, 강유원 · 한동희 옮김, 뿌리와이파리, 2007.
-『제국』, 마이클 하트/안토니오 네그리 지음, 윤수종 옮김, 이학사, 2001.
-『제국』, 이삼성 지음, 소화, 2014.
-『제국의 탄생』, 피터 터친 지음, 윤길순 옮김, 웅진지식하우스, 2011.
-『제국의 구조: 중심-주변-아주변』, 가라타니 고진 지음, 조영일 옮김, 도서출판b, 2016.
-『로마제국쇠망사』, 에드워드 기번 지음, 황건 옮김, 청미래, 2004.
-『바울과 로마제국: 로마 제국주의 사회의 종교와 권력』, 리차드 홀스리 편집, 홍성철 옮김, 기독교문서선교회, 2007.
-『대영제국흥망사』, 나카니시 테루마사 지음, 서재봉 옮김, 까치, 2000.
-『콜로서스: 아메리카 제국의 흥망사』, 니알 퍼거슨 지음, 김일영 외 옮김, 21세기북스, 2010.
-『소련제국: 모스크바에서 블라디보스독까지』, E. 폰드 지음, 김유남 옮김, 양영각, 1984.
-『대원제국』, 오타기 마쓰오 지음, 윤은숙 · 임대희 옮김, 혜안, 2013.
-『몽골 세계제국』, 스키야마 마사아키 지음, 임대희 외 옮김, 신서원, 1999.
-『대청제국』, 마스이 츠네오 지음, 이진복 옮김, 학민사, 2004.
-『청나라, 제국의 황제들』, 엔 총니엔 지음, 장성철 옮김, 산수야,

2014.
-『대일본제국의 시대』, 유이 마사오미 지음, 서정완 외 옮김, 소화, 2016.
-『역사적 제국의 비교 연구』, 김경현 외, 경제인문사회연구회, 2012.
-『동아시아의 지역 질서: 제국을 넘어 공동체로』, 백영서 외 지음, 창비, 2005.
-『제국의 탄생과 몰락: 진시황에서 왕망까지 진한사로 보는 국가경영과 리더십의 본질』, 김원동 편저: CCTV 〈제국의 흥망성쇠〉 제작팀 원작.
-『제국의 상점: 중화주의와 중상주의가 함께 꾼 동상이몽: 광주 13행』, 리궈룽 편저, 이화승 옮김, 소나무, 2008.
-『세계화의 가면을 벗겨라: 21세기 제국주의』, 제임스 페트라스 · 헨리 벨트마이어 지음, 원영수 옮김, 메이데이, 2008.

위 서적들 가운데 상당수가 일본 책들의 번역이다. 일부는 세계화를 반대하는 진영의 입장을 지지하는 것들이고, 대개는 개별 제국들의 흥망사를 다룬 것들이다. 이와 관련해서 두 가지를 지적하고자 한다. 하나는 제국에 대한 접근이 흥미 위주 중심의 상업적인 것이라는 점이고, 다른 하나는 제국에 대한 국내학계의 관심이 매우 낮다는 점이다. 물론, 아예 관심이 없다고 말할 수는 없다. 이를테면,『동아시아의 지역 질서: 제국을 넘어 공동체로』와 같은 책은 한반도를 둘러싼 제국 열강들의 정치-군사-경제의 긴장과 충돌을 이완시키고, 동아시아의 평화체제를 모색하는 책이기 때문이다. 이 책은 담론 혹은 의제 설정에 있어 의미 있는 제안을 하지만, 제국의 실체를 이해하는 것과는 거리가 먼 것이다. 물론, 좀 더 폭넓은 독서와 엄밀한 분석이 요청되겠지만, 제국에 대한 기존의 국내 연구는 가까운 일본의 그것과 비교해볼 때에도 학문적인 수준이 매우 낮고, 다루는 주제도 그 폭이 너무 좁다. 사정이 이렇게 된 데에는 상세한 연구가 필요하겠지만, 아마 일본 제국의 폭압적인 수탈 지배와 통치가 남긴 쓰라린 기억과 열강의 제국주의에 대한 일반적인 반감도 영향을 미쳤으리라고 본다. 그런데 여기에는 또한 제국의 경험을 해보지 못한 우리의 역사도 간과해서는 안 되는 요인으로 작용했을 것이다. 어쨌든 이런 저런 이유에서 제국에 관한 국내의 연구는 한국어로 된 '제국학' 개론서 한 권이 없는 실정이다. 그렇다면, 묻자. 제국에 관한 연구가 필요한 이유는 무엇인가? 그러니까, 왜 제국학인가? 이에 대해서는 적어도 세 가지 정도의 해명을 할 수 있다.

첫째, 우리 역사가 적어도 과거 천 년 동안은 중국이라는 제국의 영향권 아래에 있었다는 점을 지적하고자 한다. 사정은 지금도 마찬가지다. 아니 사정이 더욱 열악해졌다. 지정학적인 이유에서 그리고 군사적인 이유에서 4대 열강의 패권에 의해서 우리의 운명이 결정되고 있기 때문이다. 패권 국가들의 힘겨루기에 깔린 힘의 작동 원리와 갈등의 이면에 자리 잡은 논리들에 대한 이해는 필수적이라 하겠다. 사정이 이러함에도, 제국이 작동하는 방식과 그 방식을 뒷받침해주는 원리와 논리에 대한 탐구는 전무한 편이라고 하겠다. 이와 관련해서 오래 전에 서양에서 유행한 만화「아스테릭스(Asterix)」를 한 사례로 소개하겠다. 이 만화는 영화로도 제작되었다. 만화에서 주목해서 보아야 할 것은 갈리아의 여러 부족이 어떤 논리와 전략으로 로마제국에 대항하는지다. 만화는 대체로 로마를 골탕 먹이는 것을 통해서 웃음을 주는 것으로 대개는 이야기가 갈무리되지만, 물리적인 힘으로 맞설 수 없는 상대의 약점과 단점을 전략적으로 어떻게 이용해서 갈리아 부족들이 자신들이 얻고자 하는 것을 얻어내는지를 살필 수 있다는 점이 이 만화의 장점이다. 소국이 대국을 상대하는 논리와 전략이 무엇인지를 읽어낼 수 있기 때문이다. 중요한 것은 이런 만화를 만드는 사람들이 제국을 지향하기 때문이 아니라 제국에 대한 정확한 이해가 있을 때에 제국을 상대할 수 있기 때문이다. 물론 「아스테릭스」라는 만화의 사례로 제국에 대한 연구를 정당화하기에는 부족하다. 그럼에도 제국에 대한 연구가 우리의 생존과 안위를 위해서 필수적인 탐구라는 점에는 동의할 것이다. 적어도 규모에 따라서 균형의 외교를 구사할 수 있는 판단 능력과 실행 능력이 절실한 시점이고, 맥락과 범주에 따라 대응할 수 있는 정치 주체와 정치 능력이 절실한 시점이기에 더욱 그렇다.

둘째, 좋든 싫든 역사적으로 문명의 표준과 기준을 결정한 것은 제국이었다. 두 개의 사례를 들겠다. 먼저, 로마 제국의 기초를 닦은 카이사르의 개혁 사례다. 참고로, 카이사르는 군대를 해산하고 로마로 돌아오라고 원로원이 결정을 내리자, 기원전 49년 1월, 그 유명한 "주사위는 던져졌다"라는 말을 하고서 이탈리아의 국경에 있는 루비콘 강을 건너서 로마를 진격한 것으로 유명하다. 그런데 군대를 로마로 이끌고 오는 것은 위법이었다. 하지만 그는 "왔노라, 보았노라, 이겼노라(veni, vidi, vici)"라는 말과 함께 로마로 진격했고 로마를 장악했다. 그는 제국의 통치와 지배에는 효율적이지 않는 정치체제인 원로원 중심의 공화정 대신 국가를 강력하게 이끄는 제정으로 바꾸려 시도했다. 또한 그는 각종 사회적 제도(식민·간척·항만·도로건설·구제사업, 달력의 개정과 같은) 개혁사업을 추진했다. 이 개혁은 도시국가 로마가 세계 제국으로 성장할 수 있는 기반을 마련하는 힘이었다. 시간과 공간의 표준을 마련했다는 점이 카이사르 개혁에서 눈여겨보아야 할 것이다. 이와 유사한 사례는 춘추전국시대를 종식시키고 중원을 통일한 진시황의 사례다. 진시황의 통치 방식에 대해서 긍정적인 평가를 내리든 부정적인 평가를 내리든, 그가 시도한 문물제도의 표준화는 중국이 제국이라는 규모의 나라를 유지하는 데에 결정적인 기여를 한 것으로 평가된다. 진시황은 문자 통일, 도량형의 표준화, 화폐의 통일, 도로와 수레바퀴의 표준화를 시도했기 때문이다. 카이사르와 진시황의 사례는 부족이라는 단위를 넘어서서 혹은 국가라는 단위를 넘어서는 물질과 사람이 서로 소통할 수 있기 위해서는 동일한 기준이 필요하고 이를 위해서는 표준화가 필수적인데, 표준을 결정했던 정치조직의 단위가 제국이었음을 잘 보여준다. 바야흐로 세계화의 시대다. 엄밀하게 인적 교류와 이동의 관점에서 세계화는 아니다. 하지만 자본과 물품, 상품의 관점에서 세계화는 상당 정도 진행되었고, 약간의 변동은 있겠지만 세계화는 더욱 가속화될 것이다. 세계화라는 시대 조건은 우리의 생존 조건을 결정하는 상수로 인정할 수밖에 없을 것이다. 이와 관련해서, 이런 세계화 시대에 표준을 결정하는 것이 결국은 제국의 힘이라는 점을 지적하지 않을 수 없다. 이것이 제국을 연구할 또 다른 이유다.

셋째, 제국은 결코 사라지지 않는다는 점도 제국 연구가 필요한 이유다. 문명이라는 형식과 포장을 이용해서 더욱 교묘하고 세련된 방식으로 자신의 지배와 영향력을 확장하거나 문명이 자신의 체제를 유지하고 확장하는 것이 제국이고, 반대로 자신의 유지와 존속과 확장을 위해서 제국을 정치적 숙주로 삼고 있는 것이 문명이기 때문이다. 조금 보충하겠다. 문명은 인류가 자연으로부터 자립하는 혹은 양립하는 과정에서 축적된 경험과 기억의 총화다. 삶의 조건으로서의 문명은 기본적으로 두 가지 목적에 봉사한다. 하나는 생존이고 다른 하나는 생활이다. 생존과 생활을 위해서 문명은 스스로 자신을 유지하기 위한 체제와 방법들을 강구한다. 한편으로 문명은 자신의 체제 유지와 관련해서 인간을 정치적으로 조직하는데, 이 조직은 규모에 따라 구분된다. 모든 조직은 그 규모에 준해서 그에 맞는 정치와 문화의 기준과 척도를 가지고 있다. 씨족 중심의 부족 단계에 있는 나라는 그 나름의 규모에 따라, 도시 중심의 종족 국가는 그 규모에 따라, 다종족과 다국가의 단계를 넘어서는 제국 단계에 있는 나라도 그 규모에 따라 자신의 크기와 무게를 유지하고 균형을 잡을 수 있는 구조와 체계를 가지고 있다. 이러한 구조와 체계는 역사적으로 잠시 존재하다가 사라지는 것만은 아니다. 가령 서구 역사에서, 로마는 제국 단계에 이르는 규모로 힘과 크기가 성장한 나라에서는 어김없이 되살아난다. 세계를 지배하고 통치해 본 경험이 이전 자신들의 종족 역사에서는 찾을 수 없기 때문이다. 대영제국, 프랑스 제국, 독일의 제3제국, 심지어 일본 제국, 지금의 미국 제국이 그것들이다. 이런 까닭에서, 그리스와 로마는 일정 정도 이상의 규모로 커진 국가의 역사에는 항상 반복되어 나타난다. 마찬가지로 중국의 역사에서 진(秦)·한(漢) 제국은 대일통(大一統)을 이룬 왕조의 역사에서 어김없이 되살아난다. 이런 점에서 로마는 또 고대 중국의 제국은 옛날에 아주 옛날에 번성했던 제국이면서 동시에 지금도 살아 있는 제국이기도 하다. 'G2'로 지시되는 미국과 중국의 제국적 행보가 개인부터 국가에 이르기까지, 삶과 사회의 제반 조건에 강력하게 개입하고 있는 우리에게는 더욱 더 그러하다.

문명은 또한 자신의 생존과 생활을 위해서 삶의 양식을 규정함에 있어서 종족과 지역의 경계를 넘어서는 '보편'의 방법과 표준을 추구한다. 고대 그리스에서 이미 그러했고 춘추전국시대 중국에서도 그러했으며, 첨단 과학기술문명을 구가하는 지금도 여전히 그러하다. 이른바 '학문(scientia)'의 이름으로 말이다. 삶을 아름답게 살아가는 데에 요청되는 '삶의 기술'이나 자연의 힘을 이용하는 경험 내지 기술 일반이 실은 그것이다. 문명은 '지금-여기'서 살아 움직이고 있는 제국의 작용 방식이자 표현 형식이다. 이를 위해서, 제국은 문명의 숙주 노릇을 결코 마다하지 않는다. 제국과 문명의 상관성에 대한 연구가 필요한 근거가 바로 여기에 있다. 결국 제국학에 대한 연구가 필요하다는 것이다.

결론적으로, 제국학을 정립하기 위해서는 기본적으로 앞에서 언급한 바 있는 물음들에 대한 해명과 규명을 해야 했음을 인정한다. 하지만, 이 책에 실린 글들은 이상의 기본적인 물음들에 대해서 교리문답 방식의 해명, 즉 제국학을 위한 개론을 시도하지 않았다는 점을 분명하게 밝힌다. 그 이유는, 제국과 문명은 어떤 상관성을 지니고 있는가를 살피는 것이 본 공동 연구팀의 주된 관심사였기 때문이다. 물론, 여기 모은 글들을 통해서 제국과 문명의 상관성에 대한 해명이 만족할 만한 수준으로 충분히 제시되었다고 보지는 않는다. 하지만 제국 연구의 중요성을 환기시키고 연구에 대한 관심을 불러일으키는 데에는 상당 정도 기여했다고 자부한다. 적어도 제국을 연구함에 있어서 어떤 주제를 연구의 기본 대상으로 삼아야 하는지를 확인했다는 점도 본 공동연구의 소중한 자산인 셈이다. 그 자산이 비록 제국 연구의 입구가 어디이고 무엇인지를 파악했음에 불과하다 할지라도 말이다. 하지만 첫술에 어찌 배가 부를 수 있겠는가? 천천히 서두르겠다. 제국의 정의, 성격, 규모, 종류, 유산, 흥망성쇠의 원인들, 고대 제국과 현대 제국의 연속성과 비연속성, 제국과 제국, 소국과 제국의 관계 설정, 제국과 문명의 상관성에 대해서 이것들을 규명하고 해명하는 기초 개념들에 대한 논의부터 시작해야 하기 때문이다. 이제부터가 시작이라는 소리다. 독자 여러분의 비판과 그러나 관심과 애정을 부탁드린다.

❁ 찾아보기

[ㅇ]

[ㅎ]

저자 소개

김능우

한국외국어대학교 학부 아랍어과와 대학원 아랍어문과를 졸업했다. 수단 카르툼 국제아랍어연구소에서 아랍어교육학 석사학위를, 요르단대학교(University of Jordan) 대학원에서 문학 박사학위를 받았다. 서울대학교 인문학연구원 HK연구교수를 거쳐 현재 서울대학교와 한국외국어대학교에서 강의하고 있다. 지은 책으로 『아랍시(詩)의 세계』, 『한국어-아랍어 사전』(공저), 『무알라까트』(주해), 『중세 아랍시로 본 이슬람 진영의 대(對)십자군 전쟁』(역주), 옮긴 책으로 『야쿠비얀 빌딩』, 『황금마차는 하늘로 오르지 않는다』 등이 있으며, 「중세 아랍시에 나타난 '십자군과 이슬람 세계와의 충돌'에 관한 연구」, 「중세 아랍시에 나타난 '몽골과 이슬람 세계와의 충돌'에 관한 연구」 등을 비롯한 여러 편의 논문이 있다. 중세 아랍시를 중심으로, 아랍 문학 작품에 나타난 문화와 사회 현상에 관심을 갖고 연구해오고 있다.

김수연

고려대학교 중문과를 졸업하고 베이징사범대학(北京師範大學)에서 중국현당대문학 전공으로 문학 박사학위를 받았다. 서울대학교 인문학연구원 HK연구교수를 거쳐 객원연구원으로 재직하고 있다. 지은 책으로 『중국 근대 미디어와 소설의 시대』, 『문명의 교류와 충돌』(공저), 『중국 개항장을 가다』(공저), 『1905년 러시아혁명과 동아시아 3국의 반응』(공저) 등이 있고, 옮긴 책으로 『신청년의 신문학론』, 『중국의 충격』(공역), 『사상가들 도시와 문명을 말하다』(공역) 등이 있으며, 중국 현대문학 및 문화 연구와 관련하여 「20세기 초 중국의 대학교육과 문학」, 「매체, 소설과 정치」 등을 비롯한 다수의 논문이 있다.

김 헌

서울대학교 불어교육과를 졸업하고, 같은 대학 대학원 철학과에서 석사학위(서양고대철학), 서양고전학 협동과정에서 석사학위를 받고 박사과정을 수료한 후, 프랑스 스트라스부르대학(Université de Strasbourg)에서 서양고전학 박사학위를 받았다. 서양고대 그리스의 문학과 신화, 고전기 아테네의 수사학과 철학이 주요 관심 분야다. 현재 서울대학교 인문학연구원 부교수(HK교원)로 재직 중이다. 지은 책으로 『고대 그리스의 시인들』,

『인문학의 뿌리를 읽다』, 『그리스문학의 신화적 상상력』 등이 있고, 옮긴 책으로 플루타르코스의 『두 정치연설가의 생애』 등이 있으며, 논문으로는 "L'influence de la légende bouddhique sur le roman de Barlaam et Josaphat: un cas de persuasion rhétorique et religieuse", 「아리스토텔레스의 『시학』에 나타난 창작의 원리」 등이 있다.

남종국

서울대학교 서양사학과에서 학사와 석사 학위를 받았다. 프랑스 파리1대학(Université Paris 1 – Panthéon-Sorbonne)에서 역사학 박사학위를 받았다. 동국대학교 사학과에서 8년간 학생들을 가르쳤으며, 현재 이화여자대학교 사학과 교수로 재직 중이다. 지은 책으로 *Le commerce du coton en Méditerranée à la fin du Moyen Age*, 『이탈리아 상인의 위대한 도전: 근대 자본주의와 혁신의 기원』, 『중세 지중해 교역은 유럽을 어떻게 바꾸었을까?』, 옮긴 책으로 『프라토의 중세 상인』 등이 있으며, 「1480년 예루살렘 순례 여행」, "European Medicine and Asian Spices", "The Scarsella between the Mediterranean and the Atlantic in the 1400s", "Social Perception of Infertility and Its Treatment in Late Medieval Italy", 「베네치아 공화국과 날개달린 사자」 등을 비롯한 여러 편의 논문이 있다. 현재 중세 지중해 문명 교류의 역사, 이탈리아 상인, 향신료의 역사, 몽골 평화시대 동서교류사, 이자와 자본주의 형성을 연구하고 있다.

박배형

서울대학교 경제학과와 같은 대학 미학과 대학원을 졸업하고, 독일 빌레펠트대학교(Universität Bielefeld)에서 철학 박사학위를 받았다. 미학과 정치철학, 형이상학 및 인식론의 주제들에 대해 연구하고 있다. 서울대학교 인문학연구원 HK연구교수를 거쳐 현재 서울대학교 미학과에서 강의하고 있다. 지은 책으로 『헤겔 미학 개요』, 『헤겔과 시민사회』(주해서), 옮긴 책으로 『칸트 미학: 〈판단력 비판〉의 주요 개념들과 문제들』, 『문학이론 입문』(공역) 등이 있으며, 주요 논문으로 「인식능력들의 자유로운 유희: 칸트 미학의 한 문제」, 「세계시민주의에 대한 헤겔의 입장과 타자성」, 「헤겔의 실천철학에서 국가의 목적에 관하여: 시민사회와의 연관성을 중심으로」, 「칸트의 인식론적 이원론에 대한 헤겔의 비판」 등이 있다.

박용진

서울대학교 서양사학과를 졸업하고 같은 대학 대학원에서 석사와 박사 학위를 받았다. 주로 중세 프랑스사 및 유럽 도시사를 연구하고 있으며, 서울대학교 인문학연구원 HK연구교수를 거쳐 현재 객원연구원으로 재직하고 있다. 지은 책으로 『중세 유럽은 암흑시대였는가』, 『도시로 보는 유럽통합사』(공저), 『문명 밖으로』(공저) 등이 있으며, 옮긴 책으로 『기적을 행하는 왕』, 『기베르 드 노장의 자서전』, 『기억의 장소』(공역) 등이 있다. 주요 논문으로는 「중세 말 유럽인들의 아시아에 대한 이미지와 그 변화」, 「순례와 여행」, 「자서전과 중세사회의 변화」, 「중세 기독교와 이단」 등이 있다. 현재 중세도시사, 중세의 순례, 중세의 동방과 아시아 인식, 중세시대 아시아 여행기 등에 대해 연구하고 있다.

박혜영

이화여자대학교 영어교육학과를 졸업하고 서울대학교 영어영문학과에서 석사학위를 받았다. 같은 대학 대학원에서 박사과정을 마친 뒤 영국 글래스고대학교(University of Glasgow)에 유학하여 낭만주의 영시 연구로 문학 박사학위를 받았다. 영남대학교를 거쳐 현재 인하대학교 영어영문학과에 교수로 재직 중이다. 지은 책으로 『문화와 인간』(공저), 『문화이론과 문화콘텐츠의 실제』(공저), 『고전의 향연』(공저), 『페미니즘, 차이와 사이』(공저), 『영어권 탈식민주의 소설연구』(공저), 『생태와 대안의 로컬리티』(공저)가 있으며, 옮긴 책으로 『9월이여 오라』, 『굿워크』가 있다. 최근에 쓴 논문으로는 「구빈법 개정에 담긴 공리주의적 도덕원리와 후기 워즈워스의 경제사상」, 「워즈워스와 가난한 여성들」이 있다.

서정일

서울대학교 건축학과에서 건축이론역사 분야로 박사학위를 받았다. 미국 펜실베이니아대학교와 뉴욕대학교에서 방문학자로 미국 현대도시건축 분야를 연구했다. 서울대학교 인문학연구원 HK연구교수로서 건축과 인문학의 학제연구를 통해 건축고전 텍스트 연구와 도시문명사 연구, 건축비평을 수행했다. 지은 책으로 『소통의 도시: 루이스 칸과 미국현대도시건축』(심원건축학술상 수상), 『사상가들 도시와 문명을 말하다』(공저), 『중국 개항도시를 걷다: 소통과 충돌의 공간 광주에서 상해까지』(공저), 『뉴욕 런던 서울의 도시재생 이야기』(공저), 『그림일기: 정기용의 건축 드로잉』(공저) 등이 있으며, 옮긴 책으로 『루이스 멈퍼드 건축비평선』 등이 있다.

손현주

서울대학교 인문대학 영어영문학과를 졸업하고 같은 대학 대학원에서 석사학위를 받았다. 영국 버밍엄대학교(University of Birmingham)에서 버지니아 울프와 전기문학 연구로 박사학위를 받았다. 서울대학교 인문학연구원 HK연구교수로서 영문학과 문명의 관계에 관한 연구로 학문적 관심의 폭을 넓히고, 영문저널 *Horizons*를 편집했다. 현재 서울대학교 인문학연구원 객원연구원으로 재직 중이다. 지은 책으로 『유럽의 영화와 문학』(공저), 『페미니즘 시각에서 영미소설 읽기』(공저), 옮긴 책으로 『유산』(공역), 『나방의 죽음』(공역) 등이 있고, 「버지니아 울프와 이름 없는 사람들의 전기」, 「거울 속의 이방인: 버지니아 울프의 일기에서 만나는 '낯선' 자아」 등 다수의 논문이 있다.

안재원

독일 괴팅엔대학교에서 서양고전문헌학으로 박사학위를 받고 서울대학교 인문학연구원 문명연구사업단에서 HK연구교수로 재직했고, 현재는 서울대학교 협동과정 서양고전학에서 고전문헌학과 서양고전학을 가르치고 있다. 지은 책으로 『인문의 재발견』, 『고전의 힘』(공저)과 옮긴 책으로 키케로의 『수사학』(편역), 수에토니우스의 『로마의 문법학자들』(편역) 등이 있고, Hagiographia Coreana 2, Hagiographia Coreana 3의 편집 외에 다수의 논문이 있다.

차지원

서울대학교 노어노문학과와 같은 대학 대학원 석사와 박사과정을 마치고 러시아과학아카데미(학술원) 문학연구소(ИРЛИ)에서 박사학위를 받았다. 서울대학교 인문학연구원 HK연구교수를 거쳐 현재 이화여자대학교에서 강의하며 서울대학교 인문학연구원 객원연구원으로 재직 중이다. 지은 책으로 『다시 돌아보는 러시아 혁명사 100년 2-인문예술』(공저) 등이 있으며, 옮긴 책으로 『신화시학1, 2』(공역), 『아방가르드 프런티어』가 있다. 주요 논문으로 「'떨어진 별'의 비극: 알렉산드르 블로크의 드라마 「낯선 여인」, "Imagining an Empire: The Idea of 'Moscow-The Third Rome' and the Russian Empire", 「혁명과 상징주의, 그리고 블로크의 '열둘'」 등이 있다.

최진묵

서울대학교 동양사학과를 졸업하고 같은 대학 대학원에서 석사와 박사 학위를 받았다. 중국 고대의 수술(數術) 분야를 연구하고 있으며, 서울대학교 인문학연구원 HK연구교수로서 문명에 관한 공동연구를 수행했다. 현재 가톨릭대, 한남대 등에서 강의하고 있으며, 서울대학교 인문학연구원 객원연구원으로 활동하고 있다. 주요 논문으로「오경과 육경: 악경(樂經)의 위상과 관련하여」,「중국 고대 망기술(望氣術)의 논리와 그 활용」 등이 있다.

❁ 문명총서 발간사

서울대학교 인문학연구원은 2007년 11월 한국연구재단의 인문한국(HK) 사업을 수탁하여 HK문명연구사업단을 출범시켰다. 한국과 아시아, 세계를 향한 문명연구의 허브를 구축하기 위해 '한국 인문학'의 정립을 목표로 인문학 제 분야는 물론 인근 분야의 전공자들까지 한 지붕 아래 모였다.

인문학연구원이 한국 인문학의 도약을 위해 핵심 과제로 주목한 것은 문명에 대한 새로운 이해이다. 문명이란 장구한 세월 동안 인류가 일구어 낸 정신적·물질적 성과들의 종합이며, 타 문명들과 서로 영향을 주고받으며 진화해온 복합적 실체이다. 이에 대한 심층적인 이해가 선행되지 않는다면, 현재와 미래에 대한 유효적절한 준비와 대응은 불가능하다.

'문명텍스트총서'는 인문학 안팎의 다양한 전공을 가진 우리 연구원의 연구자들이 자신의 영역에서, 과거와 현재 문명의 정수와 그에 대한 인식을 담은 중요한 텍스트를 선정하여 번역하고 주해한 결과물이다. 이는 긴 시간의 노동을 요하면서도 성취가 단기간에 가시화되지 않는 우직한 작업이지만, 인류의 유산을 한국화하는 이 같은 작업이 주체적으로 세계문명을 사유하고 새로운 문명을 개척하는 데 발판이 되리라고 믿는다. 문명텍스트총서가 현재와 과거를 엮는 씨줄 놓기 작업이라면, 문명공동연구총서는 인간과 세계를 총체적으로 이해하려는 날줄 엮기라고 할 수 있다. 오랫동안 자신의 분야에서 전문화를 추구했기에 공동연구가 쉬운 일은 아니지만, 문명 이해의 융합적 시각뿐만 아니라 한국 인문학의 새로운 전망을 써 내려가는 방법론을 제시할 수 있기를 희망한 결과물이다. 또한 문명지평총서는 연구원 안팎의 연구자들이 참여한 연구서와 교양서를 아우르고 있다.

아무쪼록 문명총서 시리즈가 동서고금의 문명을 더 깊고 더 넓게 이해하는 창발의 효과를 가져오길 기대하며, 국내외의 학자들이 참여하고 교류하는 열린 연구공간이 되길 바란다.

2014년 4월

서울대학교 인문학연구원 원장